姜明安公法著作系列丛书

中国特色依宪治国和法治政府建设研究

姜明安——著

Research on the Constitution-based
Governance and Construction of
a Government Based on
the Rule of Law with
Chinese Characteristics

法律出版社
LAW PRESS·CHINA
北京

图书在版编目(CIP)数据

中国特色依宪治国和法治政府建设研究 / 姜明安著
. -- 北京 : 法律出版社, 2022
(姜明安公法著作系列丛书)
ISBN 978-7-5197-7141-6

Ⅰ. ①中… Ⅱ. ①姜… Ⅲ. ①宪法-研究-中国②社会主义法治-建设-研究-中国 Ⅳ. ①D921.04
②D920.0

中国版本图书馆CIP数据核字(2022)第180085号

中国特色依宪治国和法治政府建设研究
ZHONGGUO TESE YIXIAN ZHIGUO HE FAZHI
ZHENGFU JIANSHE YANJIU

姜明安 著

策划编辑 朱 峰
责任编辑 苗 婕
装帧设计 贾丹丹

出版发行 法律出版社
编辑统筹 辞书·融出版编辑部
责任校对 裴 黎
责任印制 吕亚莉
经 销 新华书店

开本 710毫米×1000毫米 1/16
印张 21.25 字数 329千
版本 2022年12月第1版
印次 2022年12月第1次印刷
印刷 三河市龙大印装有限公司

地址:北京市丰台区莲花池西里7号(100073)
网址:www.lawpress.com.cn
投稿邮箱:info@lawpress.com.cn
举报盗版邮箱:jbwq@lawpress.com.cn

销售电话:010-83938349
客服电话:010-83938350
咨询电话:010-63939796

书号:ISBN 978-7-5197-7141-6 定价:88.00元
凡购买本社图书,如有印装错误,我社负责退换。电话:010-83938349

序　　言

本书是教育部人文社会科学重点研究基地“十三五”重大项目“中国特色依宪治国和法治政府建设研究”（项目总负责人：姜明安；项目批准号：16JJD820002）的最终成果中的导论部分以及本项目的部分中期和前期研究成果。本项目的最终成果共五编：第一编　中国特色依宪治国和法治政府建设研究导论（北京大学姜明安教授独立完成）；第二编　依宪治国、依法治国的目标与途径（中央民族大学熊文钊教授主编）；第三编　中外依宪治国、依法治国的发展源流（中共中央党校傅思明教授等著）[1]；第四编　法治政府的理论、模式和道路（清华大学何海波教授主编）；第五编　法治政府的标准与建设途径（北京国际关系学院毕雁英教授主编）。本项目的最终成果各编均由本项目各子课题负责人独立组织统一出版或分专题发表。

本书作为本项目的最终成果的导论部分，共设四章，并附23项前期和中期研究成果。第一章研究中国特色依宪治国和法治政府建设的基本理论和重大意义，分别探讨依宪治国的含义与意义；法治政府建设的含义与意义；依宪治国与依法治国的关系，以及中国特色依宪治国和法治政府建设理论研究的意义。第二章研究中国依宪治国和法治政府建设道路的主要特色。这些特色分别为坚持中国共产党的领导与宪制、法治的统一；突出以人民为中心；突出对公权力的制约与规范；正确处理权力与权利的关系；正确处理国法与党规、硬法与软法的关系；正确处理形式法治和实质法治的关系。第三章研究中国特色依宪治国和法治政府建设的主要理论渊源，分别为中国特色社会主义理论、马克思主义中国化理论、中国传统法律思想和法治理论。第四章研究新时

① 第三编《中外依宪治国、依法治国的发展源流》，最后署名改为：李忠、傅思明、李少文著。

代推进依宪治国和法治政府建设的主要创新,包括三个方面:一是新时代推进依宪治国理念创新的主要内容;二是2018年修宪确立的治国理政的新理念、新方略;三是新时代推进法治政府建设的新理念、新举措。此四章之后所附的23项前期和中期研究成果,主要都是围绕这些章节中的有关重点问题或者相关问题展开专题研究的初步成果。这些初步成果大多(但非全部)经过进一步修改、深化和整合进入最终成果。所以,最终成果与初步成果的内容有某些重复,但却不是完全简单地重复。

如前所述,"中国特色依宪治国和法治政府建设研究"是教育部人文社会科学重点研究基地的"十三五"重大项目。该项目于2016年11月3日立项,2021年5月31日结项,历时近5年。这期间,国家宪制和行政法治有了很大发展,故该项目的研究在各不同阶段发表的前期、中期成果和最终成果都可能有未完全反映我国宪制和行政法治最新状况的情形,甚至有与现状不完全吻合的情形。尽管我们在将这些成果交付出版时又作了一次全面的审校和修改,但成果中的某些用语和表述仍会有与现在最新、最前沿的用语和表述不完全一致的地方。

然而,尽管这些成果可能存在某些用语和表述方面的缺陷,但该项目整个核心内容和观点无疑是与新时代中国特色依宪治国和法治的理论一致的,这些成果对于推进新时代中国特色依宪治国和法治政府建设是有较重要的意义和作用的。正当本课题组在审校、修改这些成果和准备将之交付出版之际,中共中央召开了十九届六中全会,通过了《中共中央关于党的百年奋斗重大成就和历史经验的决议》。十九届六中全会决议对依宪治国和法治政府建设的意义和价值进行了极为深刻的论述,指出,"党深刻认识到,权力是一把'双刃剑',依法依规行使可以造福人民,违法违规行使必然祸害国家和人民。党中央强调,法治兴则国家兴,法治衰则国家乱;全面依法治国是中国特色社会主义的本质要求和重要保障,是国家治理的一场深刻革命;坚持依法治国首先要坚持依宪治国,坚持依法执政首先要坚持依宪执政。必须坚持中国特色社会主义法治道路,贯彻中国特色社会主义法治理论,坚持依法治国、依法执政、依法行政共同推进,坚持法治国家、法治政府、法治社会一体建设"。[①] 这一论述

① 参见《中共中央关于党的百年奋斗重大成就和历史经验的决议》第四部分"开创中国特色社会主义新时代"中"(六)在全面依法治国上"的举措。

说明,本课题组选择这一课题进行研究是非常必要的,是符合国家发展的需要的。当然,目前这一项目的整个研究成果尚不够深入,各个部分还存在或多或少的缺陷,还有待课题组和更多学者对之作更进一步的深入研究。

本课题最终研究成果除了笔者完成的导论部分(本书)外,其他子课题(第二编至第五编)的主要内容如下:

第二编　依宪治国、依法治国的目标与途径。本编共设四章,第一章阐释依宪治国、依法治国的主要理论、学说,分别探讨宪法与依宪治国的关系、法治与依法治国的关系,分析坚持以依宪治国统率依法治国的理据。第二章研究依宪治国、依法治国的控权目标,分别从立法领域、执法领域和司法领域三大领域探讨控权的方式和途径。第三章研究依宪治国、依法治国的人权保障目标,分别论述和阐释立法、行政、司法和守法四个系统的人权保障制度。第四章研究推进依宪治国、依法治国的途径,分别探讨和分析推进依宪治国和推进依法治国的措施和途径。

第三编　中外依宪治国、依法治国的发展源流。本编共设三章,第一章研究西方国家宪制、法治的发展源流,首先考察古希腊和古罗马的宪制、法治发展史,其次梳理分析中世纪欧洲政治和法治的发展脉络,最后分别探讨和分析近现代英国、美国、法国和德国等典型西方国家的宪制、法治的发展历程。第二章研究近代中国宪制、法治的曲折发展历史,分别从中国宪制与法治概念的提出,宪制、法治的推进与变迁,分析近代中国宪制和法治建设的特点、困难和其中的教训。本章还考察了中国民主革命时期中国共产党在各根据地制宪和法制建设的有关情况。第三章研究新中国宪制(依宪治国)的建立和发展沿革,分别从改革开放前在宪制、法治探索方面走过的曲折道路,到改革开放后宪制、法治的逐步推进过程,探讨中国特色依宪治国、依法治国的道路和经验,分析和阐释了党的领导和依宪治国、依法治国的关系,以及宪法实施与宪法保障的若干理论和实践问题。

第四编　法治政府的理论、模式和道路。本编共设七章,第一章研究法治政府的基本原理,分别探讨法治政府概念、法治体系中的法治政府位置以及法治政府的基本要素。第二章研究法治政府建设的阶段与模式,探讨法治与经济发展的关系、经济发展不同阶段对法治的要求,以及法治政府的两种模式:授权模式和控权模式。第三章至第五章分别考察法治政府的英国模式、法国模式和巴西模式。第六章探讨法治政府建设的中国历程,分别考察和分析传统中国政府治理形态以及清朝末年的变革、民国时期部分政治思想家的法治国理想及其实际境遇、计划经济时代的政府治理与行政法制,以及改革开放时期的法治政府建设历程。第七章展望新时代中国法治政府建设的发展趋势和前景。

第五编　法治政府的标准与建设途径。本编共设四章,第一章阐释和分析法治政府标准的理论基础,论述法治政府标准的含义,探讨法治政府评估的功能与模式,以及分析建立和适用法治政府标准的困难。第二章研究法治政府建设的评估主体模式建构,分别探讨两种基本评估模式:政府评估模式和第三方评估模式,并分析和论述评估主体模式的选择路径。第三章研究分析法治政府标准的内容,论述和阐释法治政府标准的要素和法治政府建设的衡量标准,探讨法治政府建设衡量标准的科学性和可行性。第四章研究法治政府标准的实施,阐释法治评估指数,探讨法治政府标准实施的方法和途径。最后,本章还设计了一个法治政府评估指标体系,作为该编的附录。

党的十八届四中全会决定指出,坚持依法治国首先要坚持依宪治国。而坚持依宪治国又必须推进法治政府建设。建设法治国家必须同时解决如何实现宪制和如何建设法治政府的问题。因为宪制是法治的前提,而建设法治政府是建设法治国家的关键。这里需要特别强调的是,党的十八届四中全会决定提出的依宪治国和法治政府建设是具有中国特色的依宪治国和法治政府建设。中国依宪治国和法治政府建设究竟有什么特色?与西方国家的宪制和法治有什么异同?加强对这些重大理论问题的研究,明确中国特色依宪治国和法治政府建设的目标和任务,是新时代中国公法学者的重大历史使命。

同时,依宪治国和法治政府建设也是当下宪法学与行政法学研究的重大前沿课题。宪法学不仅要研究国体、政体和公民基本权利、义务的基础性问题,也要,甚至更要研究如何控制公权力,保障公民基本人权和其他基本权利实现,即依宪治国的各种现实问题;行政法学不仅要研究行政主体、行政行为、行政监督、行政救济的基础性问题,也要,甚至更要研究如何规范行政权行使,保证政府依法行政的法治政府建设问题。宪法与行政法学研究的深化必须开展对这些前沿和现实问题的探讨。

我国公法学者自改革开放以后,特别是党的十八大、十九大以来,对依宪治国和法治政府建设的课题进行了广泛深入的研究,产出了一系列有较高理论价值和实践价值的成果。社会科学文献出版社前几年陆续出版了一套依法治国系列丛书,包括韩大元教授主编的《依宪治国》、姜明安教授主编的《法治国家》、应松年教授主编的《法治政府》、何勤华教授主编的《法治社会》、胡云腾大法官主编的《司法改革》等。这套丛书集中反映了近二十年来我国学者研究依宪治国与法治政府建设的成果。这些成果是我们深入开展本课题研究的起点和基础。

本书只是本课题研究最终成果的导论部分,读者如欲了解本课题整个成果的全貌和系统内容,请关注本项目各子课题分卷此后陆续出版的信息。

姜明安

于北京八里庄公寓

2022 年 4 月 1 日

目　录

第一章 中国特色依宪治国和法治政府建设及其理论研究的意义

第一节 依宪治国的含义与意义

什么是依宪治国？为什么习近平同志①强调坚持依法治国首先要坚持依宪治国，坚持依法执政首先要坚持依宪执政？② 依宪治国与依法治国是什么关系？怎样在治国理政的整个过程中始终坚持依宪治国和依法治国？这些问题是我们在推进中国特色社会主义建设，实现中华民族复兴的伟大事业进程中必须认真研究和回答的重要问题。

依宪治国，从字面含义上讲，就是依照宪法治理国家。依宪治国作为一种治国理念和治国方略，其含义和意义则包括以下四个方面：

---

① 本书对党内领导人一律称“同志”，如毛泽东同志、邓小平同志、江泽民同志、胡锦涛同志、习近平同志等，以体现中国共产党党内民主的原则、精神和政治氛围。

② 2014 年 10 月 23 日，习近平同志在党的十八届四中全会上受中央政治局委托所作的工作报告中首先提出“坚持依法治国首先要坚持依宪治国，坚持依法执政首先要坚持依宪执政”。这一表述之后载入党的十八届四中全会《中共中央关于全面推进依法治国若干重大问题的决定》。2014 年 12 月 3 日，习近平同志在我国首个国家宪法日到来之际作出指示，强调“宪法是国家的根本法，是治国安邦的总章程，是党和人民意志的集中体现，具有最高的法律地位、法律权威、法律效力。我国宪法是符合国情、符合实际、符合时代发展要求的好宪法，是我们国家和人民经受住各种困难和风险考验、始终沿着中国特色社会主义道路前进的根本法制保证。坚持依法治国首先要坚持依宪治国，坚持依法执政首先要坚持依宪执政”。2018 年 12 月 3 日，习近平同志在我国第五个国家宪法日到来之际再次作出指示和强调，“坚持依法治国首先要坚持依宪治国，坚持依法执政首先要坚持依宪执政”。

一、控制国家权力,把国家权力关进宪制的"笼子"里

依宪治国的基本目的即在于创建宪制机制,而宪制机制的基本功能即在于限制国家权力,防止国家权力滥用。孟德斯鸠指出,"一切有权力的人都容易滥用权力,这是万古不易的一条经验。有权力的人们使用权力一直到遇有界限的地方才休止"。"要防止滥用权力,就必须以权力约束权力。"[1]人类共同体制定宪法,就是要创制这样一种"以权力约束权力"和"以权利制约权力"的机制,设置权力行使的"界限",以避免权力自我膨胀和权力滥用。这种为国家权力设置"界限",以约束和制约权力的制度机制就是宪制。依宪治国就是要保障国家权力在宪制机制下运作。尽管我们国家是中国共产党领导的人民当家作主的社会主义国家,但是人民当家作主也需要人民委托"公仆"组成的国家机构行使国家权力,代表人民管理国家事务。既然存在行使国家权力的国家机构及其"公仆",就同样存在权力滥用的风险,从而同样需要以依宪治国的宪制对之加以制约。

二、保障人权,维护和促进公民权利的实现

早在200多年前,法国国民议会通过的《法国人权宣言》即宣示,"任何政治结合的目的都在于保存人的自然的和不可动摇的权利。这些权利就是自由、财产、安全和反抗压迫"。[2] 现代法治国家之所以要制定宪法,因为宪法的基本功能是保障人权,保障公民的权利和自由。宪法限制制约国家权力,防止权力滥用的目的之一也是保障人权,保障公民的权利和自由。例如,我国《宪法》即设专章规定公民的基本权利和自由(虽然该章同时也规定了公民的基本义务,但最主要最核心的内容是公民的基本权利和自由),其中第33条明确宣示,"国家尊重和保障人权",中华人民共和国公民依宪依法享有的各项权利和自由不可侵犯。[3] 因此,依宪治国就意味着保障人权,维护和促进公民权利和自由的实现。

---

① [法]孟德斯鸠:《论法的精神》,张雁深译,商务印书馆2005年版,第184页。

② 肖蔚云等编:《宪法学参考资料》(下册),北京大学出版社2003年版,第964页。

③ 参见《宪法》第33-50条。

三、推进法治，提高国家治理能力

宪法除了限制国家权力和保障公民权利的基本功能和作用外，另一项重要功能和作用就是推进法治，改进国家治理，实现国家治理体系和治理能力的现代化。国家治理体系的现代化要求国家机构的科学设置和国家权力的科学配置，国家治理能力的现代化要求国家权力行使的规范化、科学化和法治化。而要实现这样的目标，则必须通过宪制确定和保障法治。没有法治，国家机构的科学设置和国家权力的科学配置均不可能实现；没有法治，更不可能有国家权力行使的规范化、科学化和法治化。正因如此，我国宪法以明确的刚性条文设置了严格的法治原则："中华人民共和国实行依法治国，建设社会主义法治国家。国家维护社会主义法制的统一和尊严。一切法律、行政法规和地方性法规都不得同宪法相抵触。一切国家机关和武装力量、各政党和各社会团体、各企业事业组织都必须遵守宪法和法律。一切违反宪法和法律的行为，必须予以追究。任何组织或者个人都不得有超越宪法和法律的特权。"①很显然，依宪治国的重要意义之一即在于通过推进国家治理的法治化实现国家治理的现代化，以提高国家治理能力。

四、保障国家的全面、协调和可持续发展

保障国家经济、政治、社会、文化、生态的全面、协调、可持续发展是中国特色依宪治国的重要内容。我国在不同时期制定的宪法②通常都在序言中确定国家在一个时期发展的主要目标和任务，要求全体国民在该时期内努力奋斗，以全力实现。宪法确定国家发展的主要目标和根本任务有利于保持国家发展的稳定性、连续性和凝聚国力民心，推进国家的发展和进步。例如，"五四宪法"③在序言中宣示："从中华人民共和国成立到社会主义社会建成，这是一个过渡时期。国家在过渡时期的总任务是逐步实现国家的社会主义工业

① 《宪法》第5条。

② 中华人民共和国成立后分别于1954年、1975年、1978年、1982年制定过四部宪法。在1982年之后，全国人民代表大会又于1988年、1993年、1999年、2004年和2018年制定过五个宪法修正案。

③ "五四宪法"是指1954年9月20日第一届全国人民代表大会第一次会议通过的《宪法》。

化，逐步完成对农业、手工业和资本主义工商业的社会主义改造。”“八二宪法”[①]在序言中明确：“今后国家的根本任务是集中力量进行社会主义现代化建设……逐步实现工业、农业、国防和科学技术的现代化，把我国建设成为高度文明、高度民主的社会主义国家。”2018 年 3 月 11 日，第十三届全国人民代表大会第一次会议通过的宪法修正案，又根据我国已进入中国特色社会主义建设新时代的现实国情，将我国新时代的国家发展根本任务修正为“沿着中国特色社会主义道路，集中力量进行社会主义现代化建设……逐步实现工业、农业、国防和科学技术的现代化，推动物质文明、政治文明、精神文明、社会文明、生态文明协调发展，把我国建设成为富强民主文明和谐美丽的社会主义现代化强国，实现中华民族伟大复兴”。因此，我们今天提出依宪治国，就是要遵循宪法确定的国家发展目标和任务，推动国家在各个方面、各个领域的全面、协调和可持续发展，即保障“四个现代化”同时推进，“五大文明”协调发展。

第二节　法治政府建设的含义与意义

法治政府建设是全面推进依法治国整体工程中的一项子工程。全面推进依法治国总工程包括国家治理领域的多项子工程，如立法领域的依宪立法、科学立法、民主立法建设子工程；司法领域的公正司法、独立司法和权威司法建设子工程；执法领域的依法执法、文明执法和严格执法建设子工程；执政领域的保证执政党在宪法和法律范围内活动、依法执政、民主执政、科学执政建设子工程；守法领域的保证全民，特别是公职人员、领导干部信法、尊法、守法，加强法治社会建设子工程等。

既然法治政府建设是全面推进依法治国整体工程中诸项子工程中的一项子工程，那么法治政府建设的意义主要就体现在其对于全面推进依法治国的重大作用。这个重大作用可以从两个方面考察：一方面考察法治政府建设对于全面推进依法治国总工程的作用；另一方面考察法治政府建设对于全面推进依法治国整体工程其他子工程的作用。对第一个方面的作用，我们通过论述法治政府建设的目标、任务，即可以感受到，没有法治政府这项子工程建

---

① “八二宪法”是指 1982 年 12 月 4 日第五届全国人民代表大会第五次会议通过的《宪法》。

设，全面推进依法治国总工程就是残缺不全的，法治政府这项子工程建设不成功，全面推进依法治国总工程就不可能成功。对此，我们将在后文详细阐释。这里我们专门论述法治政府建设第二个方面的作用，即它对于促进和保障全面推进依法治国整体工程其他子工程——立法、司法、执法、执政、守法——的作用。

一、法治政府建设对于依宪立法、科学立法、民主立法的作用

就立法而言，法治政府建设对于依宪立法、科学立法、民主立法的作用主要表现在两个方面：一是对于人大立法的作用，二是对于行政立法的作用。对于人大立法来说，人大的立法绝大部分要靠政府执行和实施。政府如果不依法行政，有法不依，执法不严，人大制定出再多再好的法律也没有意义。没有法治政府，即使人大制定出来的都是“良法”，这种良法也只能停留在纸面上，而不可能在实践中实施；政府如果在执法过程中自觉或不自觉偏离立法的目的和宗旨，“良法”将变成仅仅给人民的空头支票，人民不可能从人大制定的“良法”中获得实际的利益。对于行政立法来说，法治政府建设的作用更是直接的。在国家整个立法体系中，人大立法只是法的一个较小的部分（当然是最重要、效力最高的部分），行政立法（行政法规、部门规章、地方政府规章）的数量大大超过人大立法的数量。[①] 因此，如果不建设法治政府，不解决行政立法的民主性、科学性的问题，整个科学立法无从谈起，整个立法体系的“良法”亦无从谈起。

二、法治政府建设对于实现公正司法、独立司法和权威司法的作用

就司法而言，法治政府建设是实现公正司法、独立司法和权威司法的保障。公正司法的最重要的条件是司法机关不受行政机关、社会团体和个人的干涉，保证人民法院依法独立行使审判权，人民检察院依法独立行使检察权。司法机关要公正司法、独立司法就必须排除外部干预，而从可能干预司法的三

① 关于行政立法产生和迅速发展，以致其数量大大超过人大立法、议会立法数量的原因，许多学者均有论述。参见应松年主编：《行政行为法——中国行政法制建设的理论与实践》，人民出版社 1993 年版，第 39–47 页。

类外部主体——行政机关、社会团体和个人——的情况看,行政机关干预的可能性最大,对司法可能产生的影响最大。因此,要排除司法的外部干预,保证司法公正,最重要的是建设法治政府,保证政府和政府部门尊重司法,不对司法施加各种影响。当然,要解决司法公正的问题,推进司法体制、机制、制度本身的改革,防止内部干预同样非常重要,但加强法治政府建设,解决公正司法外部环境的作用更加重要。①

三、法治政府建设对于保障执法严格、公正、文明的作用

就执法而言,政府依法行政是保障执法严格、公正、文明的最关键和最基础的环节。广义的执法包括行政机关的执法和司法机关的执法(司法);狭义的、一般意义的执法则仅指行政执法。党的十八大、十八届三中全会、十八届四中全会提到的"执法",均是指行政执法。因此,要解决依法执法、文明执法和严格执法的问题,必须推进法治政府建设。只有加强法治政府建设,特别是加强行政程序法制建设,才可能避免或防止"钓鱼执法"、"养鱼执法"和野蛮执法、暴力执法的现象不断发生,屡禁不止。② 因为依法执法、严格执法和文明执法不只是确立执法规则的问题,而是要解决执法体制、机制、制度和执法理念、执法文化、执法环境等一系列与执法紧密相关的问题。

四、法治政府建设对于保障执政党依法执政的作用

就执政党依法执政而言,法治政府建设也是其重要条件。因为执政党对国家的领导必须通过国家机关,特别是通过政府实现。党的方针、政策,党在不同时期确立的治国理政目标、路线,都有赖政府去贯彻和实施。改革开放以后,党的十五大提出了"依法治国,建设社会主义法治国家"的治国方略。特别是党的十八大和十八届三中全会、四中全会以后,党确立了全面推进依法治

---

① 时任最高人民法院副院长江必新在论述人民法院独立审判的原则时曾提出独立审判的两个要义:法院系统外部独立是审判独立的第一要义;法院系统内部独立是审判独立的第二要义。参见江必新、梁凤云:《行政诉讼法理论与实务》(上卷),北京大学出版社 2009 年版,第 40-41 页。

② 关于行政程序法制对于法治政府、法治国家建设的作用,从而对于改进行政执法和整个行政管理和公共治理的作用,王锡锌教授在其《行政程序法理念与制度研究》一书中有较详尽的论述。参见王锡锌:《行政程序法理念与制度研究》,中国民主法制出版社 2007 年版,第 40-68 页。

国,建设法治国家的总目标和具体任务,要实现依法治国的方略、目标和任务,执政党自身必须依法执政,加快全面从严治党和依规治党的步伐,[①]同时也要求党领导的各级政府必须依法行政,建设法治政府。没有法治政府建设,没有各级政府的依法行政,执政党依法执政的目标和任务不可能靠党代替政府,代替国家机关去落实,去实现。同时,法治政府建设对于执政党依法执政还能构成一种制约性的保障:如果我们的政府、政府部门、政府公职人员具有法治思维、法治理念,即使执政党的某些组织、某些领导干部违法执政、违法决策、违法领导,他们在执行中也会以适当的方式予以抵制。很显然,有了法治政府,执政党依法执政就多了一道保障。

五、法治政府建设对于推进全民守法和法治社会建设的作用

就守法和法治社会建设而言,法治政府的作用也是多方面的,其一,政府是社会的管理者,社会建成什么样子,政府起关键性甚至决定性的作用。政府在社会中应是社会的表率,政府要求公民守法,政府和政府公职人员,特别是领导干部必须带头守法。[②] 实践一再证明,没有政府守法,就不可能有老百姓的守法,不可能有全民守法。其二,政府是人民民主实现的工具,只有加强法治政府建设,才能保障人民知情权、参与权、表达权、监督权的实现,才能让人民真正监督行政权力,让行政权力在阳光下运行。其三,社会的法治化有赖于政府行为法治化的引导与推进。只有政府依法治标准建设,才有可能培植法治社会的环境。其四,法治社会建设有赖政府的指导和推动,而政府要指导和推进法治社会建设,就必须首先使自己的行为法治化。其五,作为法治社会基本要素的社会公平正义必须通过建设法治政府,由法治政府提供相应的“公共物品”(社会保险、社会救济、公共交通、义务教育等)来实现。没有法治政府建设,社会公平正义就难以保障,从而不可能有法治社会。

---

① 关于执政党依法执政和执政党在法治国家中的地位与作用,参见郭道晖:《论党在法治国家中的地位与作用》,载《中外法学》1998 年第 5 期。

② 党的十八大报告将“全民守法”作为全面推进依法治国十六字方针(科学立法、严格执法、公正司法、全民守法)的构成要素之一。但是,报告在强调“增强全社会学法尊法守法用法意识”时更强调了政府公职人员,特别是领导干部带头守法的意义,更强调了提高领导干部法治思维、法治意识的意义。

六、法治政府建设对于推进法治经济、法治文化和法治生态环境建设的作用

法治政府建设对于依法治国,全面推进法治国家建设所要求的法治经济、法治文化和法治生态环境建设也有重要的保障和促进作用。法治文化和法治生态环境建设包括两个方面的重要内容:一是经济、文化和生态环境建设管理、治理方面的法治;二是经济活动、文化活动和生态环境建设本身的法治。第一方面的法治——经济、文化和生态环境建设管理、治理的法治,实际就是对政府——或主要是对政府——的法治要求。例如,法治经济首先要求政府依法管理经济,依法治理市场;法治文化首先要求政府依法管理文化产业、文化产品和文化服务,依法治理文化市场;法治生态环境建设首先要求政府依法管理生态环境保护,依法治理环境污染和依法改善生态。第二方面的法治——经济活动、文化活动和生态环境建设本身的法治,也与政府的法治密切相关。例如,经济活动的法治,市场主体是否依法经营、公平交易、诚信履约在很大程度上取决于政府是否依法行政、公正办事、诚实守信。没有政府的依法行政、公正办事、诚实守信,要保障市场主体依法经营、公平交易、诚信履约几乎是不可能的。在某种意义上,可以断言,没有法治政府,就没有法治经济,就没有公平竞争的市场。至于文化活动和生态环境建设本身的法治,同样与法治政府建设密切相关。如果政府和政府公职人员不崇尚法治,不以法治思维和法治方式取代人治思维和人治方式,要实现文化市场的法治化和环境生态保护、治理的法治化是不可能的。

第三节　依宪治国与依法治国的关系

依宪治国与依法治国具有紧密的联系,但二者也有一定的区别。它们之间的关系主要表现在下述五个方面。

一、依宪治国主要确定治国理政的基本模式,依法治国主要确定治国理政的途径和手段

作为依宪治国准据的宪法,是国家的根本法,其首先规定的是国家的国

体、政体和根本制度，[①]如人民主权和人民代表大会制度、中央和地方国家机构职权划分制度、民族制度、社会主义市场经济制度、人格尊严和人权保障制度等。[②] 这些根本制度即决定国家公权力主体治国理政的基本模式。依宪治国要求任何执掌国家公权力的机关、组织或个人均不得做出任何有违或有损宪法确定的国体、政体和根本制度的行为。此外，宪法规定国家机构的设置，确定国家机构的职权划分。国家机构的设置和国家机构的职权划分同样决定国家公权力主体治国理政的基本模式。依宪治国要求任何执掌国家公权力的机关、组织或个人不得在宪法规定的国家机构外另设机构或行使宪法或宪法性法律未授予的职权。

而作为依法治国准据的法律，其主要规定治国理政的具体制度。如立法法规定立法权的划分，立法原则，立法的起草、审议、通过程序，立法解释，立法效力位阶和适用规则，以及对立法的监督等；[③]行政法规定行政主体、行政行为、行政程序、行政法制监督、行政责任和行政救济等；[④]司法法规定人民法院和人民检察院的组织，司法权管辖划分和运作原则，刑事诉讼、民事诉讼、行政诉讼的程序，以及司法裁判的执行等。[⑤] 立法法、行政法、司法法等各种法律分别确定各种国家公权力主体治国理政的途径、方式、手段。依法治国要求国家立法机关依法立法，要求国家行政机关依法行政，要求国家监察机关依法监察，要求国家司法机关依法司法。当然，依法立法、依法行政、依法监察、依法司法也是依宪治国的要求，因为法律即从属于宪法，任何法律都必须与宪法相一致，不得与宪法相抵触。

---

① 《宪法》总纲第 1 条第 1 款即确定了我国的国体："中华人民共和国是工人阶级领导的、以工农联盟为基础的人民民主专政的社会主义国家。"《宪法》总纲第 2 条规定了我国的政体，即实行人民代表大会制。

② 参见《宪法》第 1-4、15、33 条等。

③ 广义的立法法既包括名称为《立法法》的狭义的立法法，也包括《行政法规制定程序条例》《规章制定程序条例》等规范法律、法规、规章制定的法律文件。

④ 广义的行政法包括行政组织法、行政行为法、行政救济法等，如《国务院组织法》《公务员法》《行政许可法》《行政处罚法》《行政强制法》《行政诉讼法》等。

⑤ 广义的司法法包括法院组织法、检察院组织法、法官法、检察官法，以及刑事诉讼法、民事诉讼法、行政诉讼法（行政诉讼法既具有行政法的性质，也具有司法法的性质）等。

二、依宪治国为依法治国确定目标和方向，依法治国为依宪治国提供保障

习近平同志之所以一再强调坚持依法治国首先要坚持依宪治国，其重要原因就在于依法治国需要依宪治国确定目标、方向。我国宪法确定的依法治国的目标和方向可以概括为“五个坚持”和“五大文明”。“五个坚持”是：坚持中国共产党的领导，坚持人民民主专政，坚持社会主义道路，坚持马列主义、毛泽东思想、邓小平理论、“三个代表”重要思想、科学发展观和习近平新时代中国特色社会主义思想，坚持改革开放。“五大文明”是：物质文明、政治文明、精神文明、社会文明和生态文明。如果离开这“五个坚持”和“五大文明”，我国法治建设就会失去中国特色，就会偏离正确的方向。

同时，我国宪法确定的目标和方向又必须通过各个地方、各个领域依法治国的实践去落实，去保障。没有各个地方、各个领域的依法治国实践，宪法确定的目标、任务就不可能实现，依宪治国就会成为空洞的口号，宪制就只能是文本的设计和美好的蓝图，而不能化为“善治”的现实。

三、依宪治国主要解决国家权力的配置方式以及国家权力与公民权利的宏观设计问题，依法治国主要解决国家权力的具体行使方式以及公民权利具体实现途径的问题

依宪治国与依法治国在规范治国理政、构建良法善治的治国模式方面，其总的功能、作用是一致的。但是，二者在具体功能作用上却有着一定区别。这些区别源于宪法和法律规定内容的差别。宪法在治国理政方面，通常规定的是各国家机构的性质、地位和基本的职责职权，以及公民的基本权利、义务；而法律通常规定的是各国家机构、政府部门的具体职责、权限和行使权力、履行职责的方式，以及公民相对于各个不同领域国家公权力的具体权利、义务。例如，我国《宪法》第三章分别规定了全国人民代表大会、中华人民共和国主席、国务院、中央军事委员会、地方各级人民代表大会和地方各级人民政府、民族自治地方的自治机关、监察委员会、人民法院和人民检察院的性质、地位和各自的基本职责、职权，第二章规定了公民相对于国家公权力所具有的各项政治权利和自由，如人格尊严权、选举权和被选举权、言论、出版、集会、结社、游行、示威的自由，以及对于任何国家机关和国家工作人员的批评、建议、申诉、控

告、检举权等。[①] 为了保证宪法关于国家机构治国理政基本规范的实现，国家制定了《人民代表大会代表法》[②]《监督法》[③]《国务院组织法》《监察法》《地方组织法》[④]《行政许可法》《行政处罚法》《行政强制法》等；为了保证宪法关于公民基本权利，特别是政治权利、人身权利和经济社会权利的实现，国家制定了《选举法》[⑤]《集会游行示威法》《行政复议法》《行政诉讼法》《国家赔偿法》等。由此可见，宪法和依宪治国解决的是治国理政宏观上的宪制和法治设计问题，法律和依法治国解决的是治国理政具体实施层面的宪制和法治的运作问题。

四、依宪治国和依法治国都与执政党依宪执政有着密切的联系，但依宪治国更多地取决于执政党依宪执政

在中国，依宪治国和依法治国都与执政党依宪执政有着密切的联系，执政党依宪执政对于依宪治国和依法治国都有着决定性的作用。因为，在中国，党政军民学，东西南北中，党是领导一切的。从而无论在何地何部门，国家机关的依宪治国和依法治国都在很大程度上取决于所在地方所在部门的党委党组织的依宪执政。所在地方所在部门的党委党组织如果不坚持依宪执政，要实现所在地方所在部门的政府、政府部门和其他国家机关依宪治国和依法治国，即使不是不可能，也会是极其困难的。相对于依法治国，依宪执政与依宪治国就有着更密切的联系。因为依宪治国更多地涉及高层级国家机关依宪对国家进行宏观顶层设计，依宪决定国家治理的基本方针政策，而对国家进行宏观顶层设计和决定国家治理的基本方针政策必须由党中央把关掌舵，故党中央的依宪执政直接决定着国家机关的依宪治国。在这个意义上，我们也可以说，执政党依宪执政就是中国特色的依宪治国的组成部分。

---

① “八二宪法”将“公民的基本权利和义务”的规定（第二章）置于“国家机构”（第三章）之前，体现了改革开放以后我国宪制的重大进步。

② 《人民代表大会代表法》的全称是《中华人民共和国全国人民代表大会和地方各级人民代表大会代表法》。

③ 《监督法》的全称是《中华人民共和国各级人民代表大会常务委员会监督法》。

④ 《地方组织法》的全称是《中华人民共和国地方各级人民代表大会和地方各级人民政府组织法》。

⑤ 《选举法》的全称是《中华人民共和国全国人民代表大会和地方各级人民代表大会选举法》。

五、作为依宪治国保障机制的主要方式是特设的合宪性审查制度，作为依法治国保障机制的主要方式是一般的合法性审查制度

无论是依宪治国，还是依法治国，都必须有对违宪、违法行为的审查和责任追究机制，即宪法和法律的保障机制。没有这种保障机制，依宪治国和依法治国都只能是停留在口号和宣示层面，而不可能化成治国理政的实践，不可能在国家公权力的实际运作中落实。正因如此，我国宪法明确规定，对任何国家机关和武装力量，任何政党和社会团体、企业事业组织的一切违反宪法和法律的行为，都必须予以追究。[①] 根据《立法法》和《行政诉讼法》的规定，我国由全国人大常委会承担行政法规、地方性法规、自治条例、单行条例的合宪性审查职责（由全国人大宪法和法律委员会、有关的专门委员会、常委会工作机构进行初审），由各级人民法院承担行政行为合法性审查职责。[②] 世界各国实行宪制和法治的国家也都设有宪法保障机制（或称违宪审查机制或合宪性审查机制）和法律的保障机制（或称违法审查机制或合法性审查机制）。但此两种机制的运作主体则是不同的。违法审查（合法性审查）的主体通常为普通法院或行政法院[③]；违宪审查（合宪性审查）的主体通常为特设的宪法法院[④]、宪法委员会[⑤]或者国家最高法院。[⑥] 作为依宪治国的保障机制（其主要方式是特设的合宪性审查）和作为依法治国的保障机制（其主要方式是一般的合法性

---

① 参见《宪法》第 5 条第 4 款。

② 参见《立法法》第 99-100 条，《行政诉讼法》第 6 条。

③ 在英美法系国家，行政行为违法审查的主体为普通法院；在欧洲大陆国家，行政行为违法审查的主体一般为行政法院。

④ 德国联邦宪法（德意志联邦共和国基本法）规定，德国设立宪法法院。宪法法院法官半数由联邦议会、半数由联邦参议院选举产生。宪法法院法官独立行使职权，不隶属于议会、联邦参议院、联邦政府或各邦类似机关。联邦宪法法院审理关于联邦法律或各邦法律与德国联邦宪法（基本法）在形式上及实质上有无抵触或各邦法律与其他联邦法律有无抵触、发生歧见或疑义时，经联邦政府、邦政府或联邦议会议员 1/3 之请求审理的案件等五类案件。

⑤ 法国宪法规定，法国设立宪法委员会。宪法委员会成员为 9 人，3 人由共和国总统任命，3 人由国民议会议长任命，3 人由参议院议长任命。除上述 9 名成员外，各前任共和国总统是宪法委员会当然的终身成员。宪法委员会管辖法律合宪性审查等案件：各种组织法在公布前，议会两院的条例在施行前，都必须提交宪法委员会就其是否合宪作出裁决；所有法律在公布前，均可由共和国总统、总理、国民议会议长、参议院议长、60 名国民议会议员或者 60 名参议院议员提交宪法委员会进行合宪性审查。

⑥ 美国宪法没有规定违宪审查制度。美国违宪审查制度是由判例确定的，其最终审查权属于联邦最高法院。

审查)之所以有这种区别,其缘由即在于宪法和依宪治国的性质、功能不同于一般法律和依法治国的性质和功能。

第四节　中国特色依宪治国和法治政府建设理论研究的意义

中国特色依宪治国和法治政府建设本身的重大意义决定了对之进行理论研究的重大意义。这个重大意义主要表现在下述三个方面。

一、总结新时代中国特色社会主义建设的基本经验

党的十九大报告指出,中国特色社会主义进入新时代。在新时代,我们要"坚持全面依法治国。全面依法治国是中国特色社会主义的本质要求和重要保障","坚定不移走中国特色社会主义法治道路,完善以宪法为核心的中国特色社会主义法律体系,建设中国特色社会主义法治体系,建设社会主义法治国家,发展中国特色社会主义法治理论,坚持依法治国、依法执政、依法行政共同推进,坚持法治国家、法治政府、法治社会一体建设……"①

可见,在新时代中国特色社会主义建设的整个过程中始终坚持依宪治国和法治政府建设,是我们需要始终坚守的一条基本原则。因为依宪治国和法治政府建设既是新时代中国特色社会主义建设的重要内容,也是新时代中国特色社会主义建设取得成功的重要保障。我们总结新时代中国特色社会主义建设的经验,这应该是最基本的经验之一。

新时代中国特色依宪治国和法治政府建设的"特色"取决于新时代中国特色社会主义的"特色",但又不完全等同于中国特色社会主义的"特色"。

中国特色依宪治国和法治政府建设,并不是自党的十八大或十九大始,而是自中国改革开放以后开始的。邓小平同志最先在党的十二大开幕词中提出

---

① 习近平:《决胜全面建成小康社会　夺取新时代中国特色社会主义伟大胜利——在中国共产党第十九次全国代表大会上的报告》,载《人民日报》2017年10月28日,第1版。

“有中国特色的社会主义”的伟大构想①。之后,中国法学界开始提出和阐释“中国(特色)社会主义法制”的概念②,后官方将这一概念逐步演化形成“中国特色社会主义法治”(简称“中国特色法治”)的概念③,或者“中国特色的宪制和法治”④。但是,“中国特色宪制和法治”与“中国特色社会主义”二者所针对的和所欲区别的对象是有所不同的。“中国特色社会主义”针对的和所欲区别的对象主要是苏联东欧计划经济模式的社会主义。邓小平同志作为改革开放的总设计师,其提出“有中国特色的社会主义”构想,主要目的和所欲解决的根本问题是要旗帜鲜明地将我国改革开放以后的社会主义与旧的计划经济模式的社会主义相区分,以走出一条真正能实现民富国强的、有活力的新的社会主义道路。尽管“有中国特色的社会主义”的口号也有针对西方国家的用意,即明确向西方国家宣示:中国的改革开放,不是放弃社会主义道路而走资本主义道路,而只是放弃旧的计划经济模式的社会主义道路而改走承认并注重发挥市场经济作用的社会主义,即中国特色的社会主义道路。但是,毫无疑义,在改革开放初期,邓小平同志提出“有中国特色的社会主义”,其主要和根本用意是为中国拨乱反正,为我们自己的国家、自己的人民明确未来发展的道路:仍然坚持社会主义,但未来所坚持的社会主义不再是过去旧的苏东模式的社会主义,而是新的“有中国特色的社会主义”。⑤

---

① 1982年9月1日,邓小平在中国共产党第十二次全国代表大会的开幕词中指出:“我们的现代化建设,必须从中国的实际出发。无论是革命还是建设,都要注意学习和借鉴外国经验。但是,照抄照搬别国经验、别国模式,从来不能得到成功。这方面我们有过不少教训。把马克思主义的普遍真理同我国的具体实际结合起来,走自己的道路,建设有中国特色的社会主义,这就是我们总结长期历史经验得出的基本结论。”参见《邓小平文选》(第3卷),人民出版社1993年版,第2-3页。

② 1982年,吴祖谋主编的《法学概论》对“中国(特色)社会主义法制”的解释是:“我国社会主义法制是工人阶级和广大人民群众在中国共产党的领导下,经过人民革命斗争,在打碎旧的国家机器、摧毁旧的法制的基础上建立和发展起来的新型法制。它是保护人民,打击敌人,制裁犯罪,维护社会秩序,保护社会主义经济基础,促进社会生产力的发展,实现无产阶级专政历史任务的重要工具。”参见吴祖谋主编:《法学概论》,法律出版社1987年版,第65页。

③ 1997年,党的十五大报告第一次将“法制”改为“法治”,把“依法治国,建设社会主义法治国家”作为“党领导人民治理国家的基本方略”。参见江泽民:《高举邓小平理论伟大旗帜,把建设有中国特色社会主义事业全面推向二十一世纪——在中国共产党第十五次全国代表大会上的报告》,载《人民日报》1997年9月20日,第1版。

④ 之所以使用“中国特色宪制”或“中国特色宪治”,是欲避免与西方“宪政”的混同,故以“宪制”或“宪治”区别之。

⑤ 参见邓小平:《建设有中国特色的社会主义》,载《邓小平文选》(第3卷),人民出版社1993年版,第62-66页。

而“中国特色宪制和法治”针对和所欲区别的对象却不完全相同,其主要不是针对和区别苏联东欧模式的法治,而主要针对和区别的是西方国家的宪政和法治。因为,在计划经济时代苏联东欧国家治国理政的基本方式不是宪制和法治,而主要是高度集权和人治。在我国,改革开放以前,法律、法治一起不受重视,“中国特色宪制和法治”更是在“有中国特色的社会主义”概念提出较长一个时期之后才提出的概念。直至 20 世纪 90 年代,随着改革开放的深入,社会主义市场经济体制的建立,法治才逐步得到全社会的认可。1997 年,党的十五大报告第一次将“法制”改为“法治”,把“依法治国,建设社会主义法治国家”作为“党领导人民治理国家的基本方略”;1999 年,“法治”正式入宪,《宪法》第 5 条增设一款作为该条第 1 款,明确规定“中华人民共和国实行依法治国,建设社会主义法治国家”。“法治”入宪以后,我们怎么实行宪制和法治呢?当时没有现存的社会主义宪制和法治模式可循,怎么办?是否向西方学习,照抄照搬西方宪政、法治模式?对此,学界和实务界曾有两种不同主张:第一种主张是走西方宪政、法治道路,照抄照搬西方宪政、法治模式;第二种主张是学习和借鉴西方国家宪政、法治的经验,但不照抄照搬,而是根据中国的国情,自己探索出一条既能有效控制、制约公权力,把公权力关进制度的“笼子”里,又能有效发挥公权力的正能量,发挥社会主义集中力量办大事的优势,有效推进国家经济、政治、社会、文化和生态环境科学发展的宪制和法治道路。[①] 第二种主张就是我们今天所提倡并大力推进的“中国特色宪制和法治”。可见,“中国特色宪制和法治”主要针对的和所欲区别的是“西方宪政和法治”。与“西方宪政和法治”相对的概念是“中国特色宪制和法治”。“中国特色宪制和法治”的重要特色即是社会主义,社会主义已经包含在“中国特色宪制和法治”的含义之中。从而我们在研究中国当下宪制和法治时,一般即使用“中国特色宪制和法治”这一术语而不一定要使用“中国特色社会主义宪制和法治”术语。

“中国特色宪制和法治”与西方国家宪政和法治究竟有什么区别?二者的区别是多方面的,但最重要的区别体现在下述四个方面:其一,“中国特色宪制和法治”坚持中国共产党对国家的全面领导,中国共产党长期执政和中

① 参见姜明安主编:《法治国家》,社会科学文献出版社 2015 年版,第 1-70 页。

国共产党的领导是“中国特色宪制和法治”最重要最根本的特色[①]；而西方国家宪政和法治实行两党或多党轮流执政的政党轮替制：各政党通过竞选，通过与不同利益集团的利益交换和利益的不断整合、不断洗牌而取得或失去执政地位。其二，“中国特色宪制和法治”坚持人民代表大会制。人民代表大会制度是国家最根本的政治制度[②]；而西方国家宪政和法治实行以总统制或议会制为政体形式的“三权分立”：各种国家权力间相互制约平衡。其三，“中国特色宪制和法治”坚持控制公权力，把权力关进制度的“笼子”里，防止其任性、恣意、滥用，与充分发挥公权力的正能量，最大限度地保障权为民所用相结合、相平衡；而西方国家宪政和法治坚持极端的控权论，推崇重控权而轻国家治理效率的形式法治。[③] 其四，“中国特色宪制和法治”坚持保障人权，保护公民权利自由与促进公民积极履行义务，维护社会公共利益相结合、相平衡；而西方国家宪政和法治坚持自由主义和个人主义至上，推崇偏重公民政治权利而轻视公民社会经济权利的片面人权。[④]

如前所述，“中国特色宪制和法治”的“中国特色”主要是相对于西方国家宪政和法治模式而言的。而“新时代中国特色宪制和法治”的“新时代”则是相对于我国改革开放以后，党的十八大以前开始创立和发展、推进的“中国特

---

① 党的十八届四中全会决定指出：“党的领导是中国特色社会主义最本质的特征，是社会主义法治最根本的保证。把党的领导贯彻到依法治国全过程和各方面，是我国社会主义法治建设的一条基本经验。我国宪法确立了中国共产党的领导地位。坚持党的领导，是社会主义法治的根本要求，是党和国家的根本所在、命脉所在，是全国各族人民的利益所系、幸福所系，是全面推进依法治国的题中应有之义。党的领导和社会主义法治是一致的，社会主义法治必须坚持党的领导，党的领导必须依靠社会主义法治。”

② 《宪法》第2条规定：“中华人民共和国的一切权力属于人民。人民行使国家权力的机关是全国人民代表大会和地方各级人民代表大会。人民依照法律规定，通过各种途径和形式，管理国家事务，管理经济和文化事业，管理社会事务。”第3条规定：“中华人民共和国的国家机构实行民主集中制的原则。全国人民代表大会和地方各级人民代表大会都由民主选举产生，对人民负责，受人民监督。国家行政机关、监察机关、审判机关、检察机关都由人民代表大会产生，对它负责，受它监督。”

③ 美国学者路易斯·亨金指出：“三权分立必然带来低效率，但却防止了专制……防止了权力集中，保护了个人自治和自由。”参见[美]路易斯·亨金等编：《宪政与权利》，郑戈等译，生活·读书·新知三联书店1996年版，第512页。

④ 伊莱休·鲁特认为，公权力“本身就带有很多危险的可让其用于压迫和作恶的机会。如果我们要继续实行宪政的话，这些管理机关自身必须受管理。它们管理公民的权力范围必须固定、明确。公民反抗它们的权利必须规定得清清楚楚”。转引自[美]伯纳德·施瓦茨：《行政法》，徐炳译，群众出版社1986年版，第27页。

色宪制和法治”而言的。“新时代”，是指党的十八大以后的宪制和法治时代。新时代中国特色宪制和法治的发展和进步是多方面的，但最重大的发展和进步主要体现在下述六个方面：

其一，新时代中国特色宪制和法治更重视保护公民的合法权益，更重视保障人权。例如，2013 年 12 月 28 日第十二届全国人大常委会第六次会议作出关于废止劳动教养制度的决定。又如，人民法院自党的十八大以来纠正多起重大冤错案件[①]，如内蒙古自治区“呼格吉勒图案”、河北“聂树斌案”、浙江“张氏叔侄案”、福建“念斌案”、海南“陈满案”等。这些冤错案件的公开平反昭雪，彰显了新时代中国法治对人权的特别保障和重视。

其二，新时代中国特色宪制和法治更重视控制公权力，把权力关进制度的“笼子”里。党的十八大新一届领导班子一上任，就作出改进作风，限制其自身权力的“八项规定”[②]。在党的十八大至十九大的整个任期，中共中央和中纪委发布了一系列党内法规，建立严格的权力监督制约制度（政务公开制度、决策程序制度、问责制度等），限制各级党政干部，特别是高级领导干部滥用权力。

其三，新时代中国特色宪制和法治更重视民主立法和科学立法。例如，第十二届全国人大第三次会议通过新修正的《立法法》，专门就保障和促进民主立法、科学立法作出了一系列规定。如规定人大常委会审议法律案应通过多种形式征求全国人大代表的意见。宪法与法律委员会、有关的专门委员会和常委会工作机构应当听取各方面的意见。听取意见可以采取座谈会、论证会、听证会等多种形式；听取意见的范围包括有关基层和群体代表、部门、人民团体、专家、人大代表和社会有关方面。行政法规在起草过程中，亦应通过座谈会、论证会、听证会等多种形式广泛听取有关机关、组织、人大代表和社会公众的意见。法律、法规草案及其起草、修改的说明应向社会公布，征求意见等。[③]此外，《立法法》还创设了对立法的可行性评价和立法前评估程序制度、立法

---

① 参见 2017 年 3 月 12 日最高人民法院院长周强在第十二届全国人大第五次会议上所作的工作报告。

② 2012 年 12 月 4 日，第十八届中共中央政治局专门召开会议，制定《关于改进工作作风、密切联系群众的八项规定》。

③ 参见《立法法》第 36 条第 1、3 款，第 37、67 条。

后评估程序制度等。[①]

其四,新时代中国特色宪制和法治更重视法治政府建设。2015 年中共中央和国务院专门发布《法治政府建设实施纲要(2015-2020 年)》(以下简称 2015 年《纲要》),详细规定了法治政府建设的总体目标、基本原则、衡量标准以及主要任务和具体措施,如完善依法行政制度体系、推进严格规范公正文明执法、强化对行政权力的制约和监督、依法有效化解社会矛盾纠纷、全面提高政府工作人员法治思维和依法行政能力等。[②] 2021 年中共中央和国务院又发布了《法治政府建设实施纲要(2021-2025 年)》(以下简称 2021 年《纲要》),进一步推进法治政府建设,落实党的十九大对法治政府建设的新要求:改革行政管理体制,完善行政组织法,转变政府职能,深化简政放权,创新监管方式,增强政府公信力和执行力,建设人民满意的服务型政府。[③]

其五,新时代中国特色宪制和法治更重视促进公正司法。党的十八届四中全会决定指出,公正是法治的生命线,而司法公正对整个社会公正具有重要的引领作用。党的十八大以来,我国为保证和推进司法公正推出了一系列重要的改革措施。如改革司法管理体制,探索设立跨行政区划的人民法院和人民检察院,办理跨地区案件;推动省以下地方法院、检察院人财物统一管理;探索实行法院、检察院司法行政事务管理权和审判权、检察权相分离;改革审判委员会制度,完善主审法官、合议庭办案责任制,让审理者裁判,由裁判者负责;最高人民法院设立巡回法庭,审理跨行政区域重大行政和民商事案件;建立领导干部干预司法活动、插手具体案件处理的记录、通报和责任追究制度;

---

① 参见《立法法》第 36 条第 2 款,第 39 条。关于新时代中国特色法治重视民主立法和科学立法的详细情况,参见姜明安:《进一步推进民主立法、科学立法与依法立法》,载《立法研究》2016 年 11 月创刊号。

② 2015 年《纲要》确定的法治政府建设总体目标是:职能科学、权责法定、执法严明、公开公正、廉洁高效、守法诚信的法治政府。法治政府建设衡量标准是:政府职能依法全面履行;依法行政制度体系完备;行政决策科学民主合法;宪法法律严格公正实施;行政权力规范透明运行;人民权益切实有效保障;依法行政能力普遍提高。法治政府建设主要任务和具体措施是:依法全面履行政府职能;完善依法行政制度体系;推进行政决策科学化、民主化、法治化;坚持严格规范公正文明执法;强化对行政权力的制约和监督;依法有效化解社会矛盾纠纷;全面提高政府工作人员法治思维和依法行政能力。

③ 关于 2021 年《纲要》对 2015 年《纲要》的发展,参见姜明安:《积极探索中国特色法治政府建设的模式和路径》,载《中国党政干部论坛》2021 年第 9 期。

健全行政机关依法出庭应诉、支持法院受理行政案件、尊重并执行法院生效裁判的制度;改革法院案件受理制度,变立案审查制为立案登记制;建立司法机关内部人员过问案件的记录制度和责任追究制度;推进以审判为中心的诉讼制度改革;构建开放、动态、透明、便民的阳光司法机制,推进审判公开;健全落实罪刑法定、疑罪从无、非法证据排除等法律原则的法律制度;依法规范司法人员与当事人、律师、特殊关系人、中介组织的接触、交往行为;严禁司法人员私下接触当事人及律师等。

其六,新时代中国特色宪制和法治更重视反腐败和廉政建设。党的十八大以来,中国反腐败力度空前加大,惩治反腐、教育反腐、法治反腐、制度反腐全面推进。反腐败坚持无禁区、全覆盖、零容忍,坚定不移"打虎"①"拍蝇"②"猎狐"③。不敢腐的目标初步实现,"不能腐的笼子"④越扎越牢,不想腐的堤坝正在构筑,反腐败斗争压倒性态势已经形成并巩固发展。为了扩大和深化反腐败斗争的成果,推进中国特色反腐败法治建设,习近平同志在十九大报告中指出,要推进反腐败国家立法,继续坚持重遏制、强高压、长震慑,坚持受贿行贿一起查,坚决防止党内形成利益集团;要在市县党委建立巡察制度,加大整治群众身边腐败问题的力度;要加强对权力运行的制约和监督,让人民监督权力,让权力在阳光下运行,把权力关进制度的"笼子";要深化国家监察体制改革,组建国家、省、市、县监察委员会,同党的纪律检查机关合署办公,实现对所有行使公权力的公职人员监察全覆盖;要制定国家监察法,依法赋予监察委员会职责权限和调查手段;要把党内监督同国家机关监督、民主监督、司法监督、群众监督、舆论监督贯通起来,增强监督合力。总之,要通过所有这些措施,全面建立和形成新时代中国特色法治反腐的体制和机制。

---

① 如查处周永康、薄熙来、郭伯雄、徐才厚、令计划、孙政才等贪官。

② 在党的十八大至十九大期间,纪检监察机关共立案审查县处级干部 6.3 万多人,处分基层党员干部 27.8 万人。参见中央纪委副书记杨晓渡在党的十九大记者招待会上的讲话,载新华网,http://www.xinhuanet.com//politics/19cpcnc/2017-10/19/c_129722984.htm。

③ 在党的十八大至十九大期间,纪检监察机关共追回外逃人员 3453 名,其中"百名红通人员"48人落网。参见中央纪委副书记杨晓渡在十九大记者招待会上的讲话,载新华网,http://www.xinhuanet.com//politics/19cpcnc/2017-10/19/c_129722984.htm。

④ 这里的"不能腐的笼子"主要指各种反腐倡廉制度,如政务公开制度、"八不准"制度、巡视制度、领导干部向组织报告家庭财产及个人事项制度、定期述职述廉制度等。

上述六个方面是新时代中国特色宪制和法治相对于党的十八大以前的中国宪制和法治的主要进步和发展。这些进步和发展即构成“新时代中国特色宪制和法治”的“特色”,体现新时代中国特色宪制和法治的全貌。

如前所述,新时代中国宪制和法治是新时代中国特色社会主义的构成要素和重要保障,因此,探讨新时代中国特色依宪治国和法治政府建设的“特色”及其基本理论对于总结中国特色社会主义制度的基本经验具有十分重要的意义。

二、揭示发展中国家宪制、法治发展的规律

世界各国宪制、法治发展的规律既有共性,又有特殊性。探讨中国依宪治国和法治政府建设的道路、途径,对于揭示、发掘发展中国家宪制、法治发展的一般规律是必要的,尽管中国依宪治国和法治政府建设的道路、途径相对于其他发展中国家也会有很多特殊性,但其中的共性规律肯定是值得其他发展中国家参考和借鉴的。

中国的宪制和法治走过了艰辛曲折的道路,直到20世纪80年代才初步步入正轨。因此,探讨中国作为发展中国家的宪制和法治经验,首先应回顾中国自20世纪80年代改革开放以来宪制和法治发展的进程。40多年前,党的十一届三中全会开启了中国改革开放的伟大进程,同时也开启了中国宪制和法治发展的伟大进程。

中国40多年的改革开放历程,一直伴随宪制和法治的发展与进步。改革开放营造了宪制和法治生长发展的适宜环境,改革开放也不断产生和形成对宪制和法治的巨大需求;而宪制和法治则适应改革开放的需求不断地为之提供规范和指引,促进和保障改革开放沿着正确的方向不断前行。

改革开放40多年来,中国宪制和法治的发展经历了三大阶段。第一阶段:从“文革”全面否定宪制和法治到逐步恢复宪制法制的转变;①第二阶段:从重视依法办事,加强宪制和法制到推进宪制和法治,建设法治国家的转

---

① 这一次跨越的重要标志是党的十一届三中全会提出“有法可依,有法必依,执法必严,违法必究”的十六字法制方针。

变;[①]第三阶段:从确定宪制和法治为治国方略到以宪制和法治为治国方式,全面推进依宪治国、依法治国的转变。[②] 需要说明的是,笔者在这里所说的三个阶段、三大"转变",是指中国作为发展中国家,其宪制和法治发展自身的进步,而非指对法治发达国家的全面超越;是既有前行,但在某些时候也有一定停滞乃至稍有后退的进步,而非直线性的进步;是永远在路上,永远在征途上的前行和进步,而非设定宪制和法治的确切"建成"日期,到此日期则"船到码头车到站"而不再前行的进步。

第一阶段:从"文革"全面否定宪制和法治到逐步恢复宪制和法制的转变。

从中华人民共和国成立到20世纪50年代中期,党和国家还是比较重视宪制和法制的,不仅制定了起临时宪法作用的《中国人民政治协商会议共同纲领》和之后的正式根本大法《宪法》,还制定了各种国家机关组织法和各种行政管理法规。虽然整个国家公权力主要仍是依党的政策和领导人的指示运作,但法制在国家管理中还是或多或少地起了一定作用的。但到20世纪50年代中期以后,由于执政党对社会主要矛盾认识出现偏差,背离了党的八大对社会主要矛盾的正确认识定位,[③]"左"的指导思想开始占据主导地位,在治国理政上轻视法制,否定宪制和法治,坚持"以阶级斗争为纲"。从那时到1978年党的十一届三中全会召开前,中国宪制和法制建设基本上没有任何进展,30年时间国家没有制定刑法、民法,没有制定刑事诉讼法和民事诉讼法,更没有制定制约和规范公权力行使的行政法和行政诉讼法。由于长期推行以政治运动治国而否定依法治国,国民经济停滞不前,人民群众生活得不到改善,部分群众甚至连温饱都难以维持,公民的权利和自由得不到有效保障,"十年浩劫"更是导致国家全面性的灾难和悲剧。邓小平同志总结"文革"十年的教

---

① 这一次跨越的重要标志是党的十五大提出"依法治国,建设社会主义法治国家"的治国方略。

② 这一次跨越的重要标志是党的十八届四中全会提出"依法治国,是坚持和发展中国特色社会主义的本质要求和重要保障,是实现国家治理体系和治理能力现代化的必然要求,事关我们党执政兴国,事关人民幸福安康,事关党和国家长治久安"的关于法治性质、功能和作用的定位。

③ 党的八大提出,生产资料私有制的社会主义改造基本完成以后,国内的主要矛盾不再是工人阶级和资产阶级之间的矛盾,而是人民对于建立先进的工业国的要求同落后的农业国的现实之间的矛盾,是人民对于经济文化迅速发展的需要同当前经济文化不能满足人民需要的状况之间的矛盾。这一矛盾的实质,在中国社会主义制度已经建立的情况下,也就是先进的社会主义制度同落后的社会生产力之间的矛盾。解决这个矛盾的办法是发展社会生产力,实行大规模的经济建设。

训,认为轻视法制、否定法制是重要的原因。没有法制使坏人任意横行,使好人无法充分做好事,甚至使好人也走向反面,造成对党和国家、人民的严重不幸。[①] 他在党的十一届三中全会召开前的中央工作会议上说,"现在的问题是法律很不完备,很多法律还没有制定出来。往往把领导人说的话当做'法',不赞成领导人说的话就叫做'违法',领导人的话改变了,'法'也就跟着改变"。他认为,人治靠不住,没有稳定性和连续性,国家管理和政策因领导人的改变而改变,因领导人的看法和注意力的改变而改变。只有法制才是具有稳定性和长期性的治国理政方式。因此,他在中央工作会议上提出,"应该集中力量制定刑法、民法、诉讼法和其他各种必要的法律"。"为了加强民主,必须加强法制。必须使民主制度化、法律化,使这种制度和法律不因领导人的改变而改变,不因领导人的看法和注意力的改变而改变。"[②]

正是根据邓小平同志和当时中央其他领导同志的意见,党的十一届三中全会作出了坚决停止和改变"以阶级斗争为纲"和依靠政治运动执政的治国理政方式,"把全党工作的着重点和全国人民的注意力转移到社会主义现代化建设上来"和健全民主、加强法制的重大决策。党的十一届三中全会公报上有一段最精准、最深刻反映当时这一转变,而且至今对依法治国仍有重大现实指导意义的精彩论述:"为了保障人民民主,必须加强社会主义法制,使民主制度化、法律化,使这种制度和法律具有稳定性、连续性和极大的权威,做到有法可依,有法必依,执法必严,违法必究……应当把立法工作摆到全国人民代表大会及其常务委员会的重要议程上来。检察机关和司法机关要保持应有的独立性;要忠实于法律和制度,忠实于人民利益,忠实于事实真相;要保证人民在自己的法律面前人人平等,不允许任何人有超于法律之上的特权。"[③]

自党的十一届三中全会始,党和国家的工作重心从"以阶级斗争为纲"转变到经济建设上来。与之相适应,治国理政的方式也开始转变,从轻视法制、

---

① 参见邓小平:《党和国家领导制度的改革》,载《邓小平文选》(第 2 卷),人民出版社 1993 年版,第 333 页。

② 参见邓小平:《解放思想,实事求是,团结一致向前看》,载《邓小平文选》(第 2 卷),人民出版社 1993 年版,第 146 页。

③ 参见中共中央文献研究室编:《三中全会以来重要文献选编》(上),人民出版社 1982 年版,第 11 页。

否定宪制和法治,长期以政治运动治国转变为重视法制,通过逐步完善民主法制,以政策和法制共同治理国家。三中全会后仅仅半年,1979 年 7 月,第五届全国人民代表大会第二次会议仅一次人代会即通过七部法律:《刑法》《刑事诉讼法》《全国人民代表大会和地方各级人民代表大会选举法》《地方各级人民代表大会和地方各级人民政府组织法》《人民法院组织法》《人民检察院组织法》和《中外合资经营企业法》。三中全会后四年,1982 年 12 月,第五届全国人民代表大会第五次会议更是通过了反映现代民主和法治精神的现行宪法,确立了现代宪制和法治的基本原则(尽管当时在文字表述上仍称"法制"而未称"法治"):"国家维护社会主义法制的统一和尊严。一切法律、行政法规和地方性法规都不得同宪法相抵触。一切国家机关和武装力量、各政党和各社会团体、各企业事业组织都必须遵守宪法和法律。一切违反宪法和法律的行为,必须予以追究。任何组织或者个人都不得有超越宪法和法律的特权。"①

当然,在 20 世纪 80 年代,宪制和法制还只是开始成为中国治国理政的一种辅助方式而非主要方式。1984 年,彭真同志在与新闻界人士进行座谈时指出:今后国家管理"要从依靠政策办事逐步过渡到不仅依靠政策,还要建立、健全法制,依法办事"。② 可见,当时中央领导同志对法制的要求是"逐步过渡"而非一步到位,是既靠政策,也靠法制,既依政策办事,也依法办事。这种向宪制和法制的"逐步过渡"是由当时国家整个政治、经济、社会和人大立法的条件决定的。就人大立法而言,当时全国人大和人大常委会每年立法不到 10 部,而各个领域依法办事所需要的法律则是大量的。因此,国家管理的多数领域当时还无法可依。而且,当时即使有了法可依,整个国民和公职人员那时的法制意识和法律素质也远远适应不了全面实行宪制和法制的要求,从而,在中国法制发展的第一阶段,虽然党中央提出了"有法可依,有法必依,执法必严,违法必究"的口号,但真正要做到还只能"逐步过渡"。

第二阶段:从重视依法办事,加强宪制和法制到推进宪制和法治,建设法治国家的转变。

---

① 参见"八二宪法"第 5 条。

② 参见彭真:《在首都新闻界人士座谈会上的讲话》,载《人民日报》1984 年 4 月 8 日,第 1 版。

20 世纪 90 年代,中国的国家管理初步完成了以法制作为治国理政辅助方式的转变。直到 1997 年,党的十五大报告鲜明地提出“依法治国,建设社会主义法治国家”的治国方略。党的十五大报告指出:“依法治国,就是广大人民群众在党的领导下,依照宪法和法律规定,通过各种途径和形式管理国家事务,管理经济文化事业,管理社会事务,保证国家各项工作都依法进行,逐步实现社会主义民主的制度化、法律化,使这种制度和法律不因领导人的改变而改变,不因领导人看法和注意力的改变而改变。依法治国,是党领导人民治理国家的基本方略,是发展社会主义市场经济的客观需要,是社会文明进步的重要标志,是国家长治久安的重要保障。党领导人民制定宪法和法律,并在宪法和法律范围内活动。依法治国把坚持党的领导、发扬人民民主和严格依法办事统一起来,从制度和法律上保证党的基本路线和基本方针的贯彻实施,保证党始终发挥总揽全局、协调各方的领导核心作用。”①1999 年 3 月 15 日,第九届全国人民代表大会第二次会议通过宪法修正案,将“法治”正式入宪。《宪法》第 5 条增加一款,作为该条第 1 款,规定:“中华人民共和国实行依法治国,建设社会主义法治国家。”

在 20 世纪 80 年代后期和 90 年代前期,“法治”一词虽然尚未解禁,但其理念已开始被国人接受。“法治”入宪前后十多年,一系列规范国家治理和行政管理的法律、法规陆续出台。例如,新中国第一次确立“民告官”制度的《行政诉讼法》、第一次确立国家赔偿责任的《国家赔偿法》、第一次确立国家行政权运作基本规则和正当法律程序的《行政处罚法》《行政许可法》《行政强制法》等一大批体现宪制和依法治国要求的法律都是在这个时期制定和实施的。2004 年,国务院颁布了《全面推进依法行政实施纲要》(以下简称 2004 年《纲要》),确立了建设法治政府的目标和要求。1999 年至 2014 年,最高人民法院连续发布了四个“五年改革纲要”,最高人民检察院先后发布了两个“三年改革实施意见”,通过全面改革体制、机制和相关制度,确保司法公正、司法效率和司法权威。这些无疑都是建设宪制和法治国家的重要举措。

对于中国推进依宪治国和依法治国,建设法治国家的第二阶段的目

① 江泽民:《高举邓小平理论伟大旗帜,把建设有中国特色社会主义事业全面推向二十一世纪——在中国共产党第十五次全国代表大会上的报告》,载《人民日报》1997 年 9 月 20 日,第 1 版。

标，胡锦涛同志在党的十七大报告中有一段比较全面的论述："依法治国是社会主义民主政治的基本要求。要坚持科学立法、民主立法，完善中国特色社会主义法律体系。加强宪法和法律实施，坚持公民在法律面前一律平等，维护社会公平正义，维护社会主义法制的统一、尊严、权威。推进依法行政。深化司法体制改革，优化司法职权配置，规范司法行为，建设公正高效权威的社会主义司法制度，保证审判机关、检察机关依法独立公正地行使审判权、检察权。加强政法队伍建设，做到严格、公正、文明执法。深入开展法制宣传教育，弘扬法治精神，形成自觉学法守法用法的社会氛围。尊重和保障人权，依法保证全体社会成员平等参与、平等发展的权利。各级党组织和全体党员要自觉在宪法和法律范围内活动，带头维护宪法和法律的权威。"①

第三阶段：从确定宪制和法治为治国方略到全面推进依宪治国和依法治国的转变。

2012 年 11 月 8 日，党的十八大召开，十八大开启了建设中国特色社会主义的新时代。自此，中国宪制和法治的发展进入第三阶段：全面依宪治国和依法治国的阶段。党的十八大报告正式提出"法治是治国理政的基本方式"。习近平同志在十八大闭幕后不久举行的首都各届纪念现行宪法公布施行 30 周年大会上的讲话中指出，"依法治国是党领导人民治理国家的基本方略，法治是治国理政的基本方式，要更加注重发挥法治在国家治理和社会管理中的重要作用，全面推进依法治国，加快建设社会主义法治国家"。② 这样，中国法治建设第二阶段确定的以法治为治国基本方略即发展到新时代的以宪制和法治为治国理政基本方式，实现宪制和法治从战略目标到全面推进、全面实施的转变，这是中国推进宪制和依法治国的第三次新的伟大飞跃和进步。

中国宪制和法治发展的第三次飞跃促推中国进入新时代。"新时代中国特色宪制和法治"相对于前两个阶段的宪制和法治，在理论上主要有以下六个方面的发展、创新和进步：

---

① 胡锦涛：《高举中国特色社会主义伟大旗帜　为夺取全面建设小康社会新胜利而奋斗——在中国共产党第十七次全国代表大会上的报告》，载《人民日报》2007 年 10 月 22 日，第 1 版。

② 习近平：《在首都各届纪念现行宪法公布施行 30 周年大会上的讲话》，载《习近平谈治国理政》，外文出版社 2014 年版，第 138 页。

其一，重视宪制、法治发展道路的中国特色。

习近平同志2015年在省部级主要领导干部学习贯彻十八届四中全会精神，全面推进依法治国专题研讨班开班式上指出，“我们要坚持的中国特色社会主义法治道路，本质上是中国特色社会主义道路在法治领域的具体体现”。这就是说，中国要推进的宪制和法治不是一般的宪制和法治，不是传统的宪制和法治，而是“中国特色社会主义”的宪制和法治。尽管中国特色宪制和法治也有一般宪制和法治、传统宪制和法治的某些共性，如有法可依、有法必依、执法必严、违法必究等，否则，就不能称为宪制和法治。但中国特色宪制和法治更重在其“特色”。例如，特别注重坚持党的领导、人民当家作主、依法治国有机统一。在中国推进宪制和法治为什么要注重坚持党的领导？因为中国共产党是中国特色社会主义事业的领导核心，处在总揽全局、协调各方的地位。在中国推进宪制和法治为什么要注重坚持人民当家作主？因为中国特色社会主义的本质是保障人民当家作主，在中国推进宪制和法治的目的就是要保障和促进人民民主。在中国推进宪制和法治为什么要注重坚持党的领导、人民当家作主和依法治国的有机统一？因为中国的国情决定了中国宪制和法治的成功取决于此三者关系的正确处理。此三者关系处理得好，三者有机统一，可以促进法治发展；此三者关系如果处理不好，将使宪制和法治变形、异化。又如，中国特色宪制和法治的另一特色是坚持人民代表大会制度的基础，原因在于，中国人民在长期的争取国家独立、民族解放、人民民主的历史进程中认识到，人民代表大会的政治制度最适合中国国情，最有利于加强和巩固全国各族人民的团结和凝聚力，最有利于调动人民群众的积极性，以实现中华民族伟大复兴的中国梦。再如，坚持个人利益与公共利益相结合、个人富裕与共同富裕相结合的价值追求也是中国特色宪制和法治的一项特色。保护公民的个人权利、自由和利益，保护公民的私有财产和公民追求个人福祉的权利是所有宪制和法治的共性，中国特色宪制和法治，同样要依法保护个人利益和促进个人福祉。但是中国特色宪制和法治的特色在于，它在保护个人利益的同时，特别注重维护公共利益；在促进个人富裕的同时，特别注重促进共同富裕。中国特色法治在价值追求上，特别注重个人利益与公共利益、个人富裕与共同富裕的结合与平衡。

其二，重视坚持法治国家、法治政府、法治社会一体建设。

建设法治中国为什么必须坚持法治国家、法治政府、法治社会一体建设？这缘于此三者的相互关系：法治国家建设是法治政府建设的前提，法治政府建设是法治国家建设的关键；法治国家建设是法治社会建设的基础，法治社会建设是法治国家建设的条件。

法治国家建设为什么是法治政府建设的前提呢？第一，法治政府必须是依法行政的政府，依法行政则必须有法可依。要保证政府行政有法可依，国家就必须有健全的立法机关，有保障立法机关正常运作，及时向政府提供所需法律的立法制度，而健全的立法机关和完善的法律制度乃是法治国家的必需的要件。第二，法治政府必须是依良法行政的政府，而良法的产生取决于法治国家建设，取决于法治国家的科学立法、民主立法的机制。第三，法治政府必须是权力受监督制约的责任政府，而政府权力的监督制约不能只来自政府内部，更有效的监督制约应来自外部，如人大的预决算审查制度、特定问题调查制度、质询制度，行政诉讼制度、法院独立审判制度等。第四，中国特色社会主义制度决定了中国共产党的领导在法治建设中的特殊作用。法治政府的依法行政在很大程度上取决于中国共产党的依法执政。据此四者，法治政府必须以法治国家为前提。没有法治国家，不可能有法治政府。

法治政府建设为什么是法治国家建设的关键呢？第一，政府及其部门是国家机关中规模最大，公职人员最多，职权最广泛，与公民打交道最经常、最直接的机关。因此，法治政府建设的目标、任务实现了，法治国家建设的目标、任务也就绝大部分实现了。法治政府建设推进不了，法治国家建设就无从谈起。第二，政府承担着管理国家内政外交的职能，国家治理的法治化，很大程度上取决于国家内政外交事务管理的法治化。而建设法治政府，则是实现国家内政外交事务管理法治化的唯一途径。第三，法治国家建设的目的、目标在很大程度上最终要落实在法治政府建设目标、任务的实现上。

法治国家建设为什么是法治社会建设的基础呢？第一，建设法治社会需要法律，需要良法为人们行为提供规范，确立社会关系准则。而建设法治社会所需法律，所需良法，需要法治国家供给。第二，法治社会需要相对稳固的经济基础和相对稳定的社会秩序支撑，而相对稳固的经济基础和相对稳定的社会秩序有赖法治政府的保障。第三，法治社会需要国家公正司法提供有效的解纷机制。法治社会虽然能自生一定的多元化解纷途径,但是,国家正式司法制度毕竟是解决争议、维护社会公正的"最后一道防线"。如果没有国家的公正司法,法治社会将难以为继。第四,法治社会公民自治主体的生长、发育需要获得政府的宽容、支持和保障,而能宽容、支持和保障公民自治主体生长、发育的政府只能是法治国家的法治政府。第五,社会公权力也需要法治国家、法治政府予以一定的监督、制约。

法治社会建设为什么是法治国家建设的条件呢?第一,法治国家建设需要法治社会建设的配合、支撑。只有在加强法治国家建设的同时加强法治社会建设,法治国家建设才能获得适宜的环境。只有不断打造整个社会尊法、信法、守法、用法的法治社会环境,才可能不断推进法治国家的建设。第二,法治国家建设有赖法治社会为之提供一定的协助治理机制。现代国家治理不同于传统的国家管理,需要社会的广泛参与。所谓"国家治理现代化",最重要的特征就是治理主体的多元化。而在多元治理主体中,最重要的主体就是社会公权力主体。第三,法治国家建设的主体是人民,而人民是生活在各种不同的社会共同体之中的,他们同时是各种不同的社会共同体的成员。各种不同的社会共同体的成员的素质就是人民的素质。建设法治国家需要有高素质的人民,高素质的人民只能源于各种社会共同体的供给,源于法治社会的供给。

其三,重视坚持执政党依宪执政和依法执政。

习近平同志在庆祝中国共产党成立 95 周年大会上的讲话和其他多个场合均指出,办好中国的事情,关键在党。建设法治中国,关键同样在党,即取决于党依宪执政、依法执政。这是因为,第一,中国共产党作为执政党不同于西方国家的政党,它是整个国家的领导,决定国家和社会治理的目标和方式,建设法治中国,就是中国共产党确立的治国理政的目标。然而这一目标的实现,关键取决于中国共产党自身能不能实现法治,能不能将自身建设成法治的执政党。如果执政党自己的各级组织、各级党委不实行法治,不依宪依法执政,建设法治社会的目标无疑会落空。第二,建设法治国家和法治社会,涉及各种利益关系的协调和平衡。执政党要协调和平衡好法治国家、法治社会建设过程中的各种利益关系,必须依宪依法办事。否则,人民群众反映的突出问题就无法得到解决,党自身也可能失去执政的资格。第三,法治国家和法治社会在建设过程中,不可避免地会受到各种阻碍,会遇到各种各样的困难和干扰。对此，执政党对法治的坚定信念，对法治国家、法治社会目标的坚守是法治国家、法治社会建设顺利进行的关键。只有执政党在领导法治国家、法治社会建设的过程中，坚定不移地依宪依法执政，法治中国建设才能不断有序向前推进。否则，法治中国建设的目标就难有实现的希望。

其四，重视不断提高领导干部运用法治思维、法治方式治国理政的能力。

提高领导干部运用法治思维、法治方式治国理政的能力在法治中国建设中具有极为重要的作用。毛泽东同志曾经说过："政治路线确定之后，干部就是决定的因素。"①同理，全面推进依宪治国、依法治国的治国方略确定之后，干部，特别是领导干部，就是决定的因素。领导干部是否具有运用法治思维、法治方式治国理政的能力，即关系法治中国建设的成败。领导干部的"法治思维"，是指领导干部在法治理念的基础上，运用法律规范、法律原则、法律精神和法律逻辑对所遇到或所要处理的问题进行分析、综合、判断、推理和形成结论、决定的思想认识活动与过程。法治思维是建立在法治理念的基础上的，一个平时没有法治理念的领导干部，遇到问题不可能突然形成法治思维，运用法治方式。所谓"法治方式"，是指公权力执掌者通过制定、执行法律、法规、规章，运用法律创制的制度、机制、设施、程序处理各种经济、社会问题，解决各种社会矛盾、争议，促进经济、社会、文化的发展。

其五，重视不断推进实施"互联网+法治"的行动计划。

"互联网+法治"的行动计划包括电子政务、电子商务等多方面的内容。其中也包括对互联网言论和网上舆论的治理。这具体包括两个方面的要求：第一，坚决制止和打击利用网络鼓吹推翻国家政权，危害国家安全，煽动宗教极端主义，宣扬民族分裂思想，教唆暴力恐怖活动等犯罪行为；坚决管控利用网络进行欺诈活动，散布色情材料，进行人身攻击，兜售非法物品等违法行为。要通过法治手段形成和维护网上良好有序的舆论氛围。第二，发挥网络舆论的监督作用，通过网络舆论监督加大把权力关进制度"笼子"里的力度。习近平同志指出，网上不能只有一个声音、一个调子。"对网上那些出于善意的批评，对互联网监督，无论是对党和政府工作提的还是对领导干部个人提的，不

---

① 《毛泽东选集》（第2卷），人民出版社1966年版，第492页。

论是和风细雨的还是忠言逆耳的,我们不仅要欢迎,而且要认真研究和吸取。”①

其六,重视不断推进依法治党、从严治党和反腐倡廉建设。

在推进宪制和法治政府建设过程中,不断推进依法治党、从严治党和反腐倡廉建设是中国特色宪制和法治理论创新的另一项重要内容。在依法治国的大环境下,从严治党自然应以法治为前提,无论是治理党内政治生活,还是治理党的作风,特别是治理党内腐败,均要注重完善法制,保证有法可依,保证依法治理。依法治党的法,既包括国法,也包括党规。党的十八届四中全会决定将党内法规体系确立为中国特色社会主义法治体系五大子体系之一。只有健全完善党内法规体系,才能保障依法从严治党。习近平同志指出,我们党作为执政党,面临的最大威胁就是腐败。② 如何有效治理腐败,现代法治理论认为要综合解决公职人员和党政干部不想腐、不敢腐、不易腐、不能腐的问题。通过法治教育促使公职人员和党政干部“不想腐”自然是最理想的治腐方略,但这又是最难在短时期内取得效果的方略;通过严厉惩治腐败威慑已滋生了腐败念头的公职人员和党政干部,使之“不敢腐”,这也应该是治腐的较优方案,但有强烈腐败欲望的人往往抵制不住腐败的诱惑,他们即使冒着被惩治的风险也不收手。因此,治理腐败的最优方略应认为是健全和完善制度,特别是健全和完善行使公权力的程序制度,将权力关进制度的“笼子”里,使有腐败欲望的人,哪怕是有强烈腐败欲望的人也不易腐、不能腐。

上述是党的十八大以来中国特色社会主义宪制和法治理论的主要创新。法治中国建设的实践在不断推进,中国特色宪制和法治理论的创新也将不断发展。

新时代中国特色宪制和法治的发展进步,党和国家为全面推进依宪治国、依法治国采取的各项重要举措,是建立在新时代执政党对宪制和法治的高度和深刻的理论认识的基础之上的。党的十九大报告有两个论断很好地表述了当下执政党对宪制和法治的这种高度和深刻的理论认识。第一个论断是:全

---

① 习近平:《建设网络良好生态,发挥网络引导舆论、反映民意的作用》,载《习近平谈治国理政》(第2卷),外文出版社2017年版,第337页。

② 参见习近平:《决胜全面建成小康社会 夺取新时代中国特色社会主义伟大胜利——在中国共产党第十九次全国代表大会上的报告》,载《人民日报》2017年10月28日,第1版。

面依法治国是中国特色社会主义的本质要求和重要保障。[①] 这个论断将全面依法治国与中国特色社会主义的本质联系起来,即坚持中国特色社会主义就必须坚持全面依法治国。否定全面依法治国就是否定中国特色社会主义。第二个论断是:全面依法治国是国家治理的一场深刻革命。[②] 这个论断将全面依法治国与推进国家治理现代化联系起来。即要通过推进国家治理的深刻革命来推进全面依法治国(国家治理现代化的最重要内容之一),因为没有全面依法治国就没有国家治理现代化。执政党对依法治国的这种高度和深刻的理论认识不仅是我们今天全面推进依宪治国、依法治国的动力之源,而且将是中国作为发展中国家在推进现代化、实现民族复兴的整个历史进程中永远坚定不移坚持宪制和法治,建设法治国家、法治政府和法治社会的永远不竭的动力之源。

中国作为发展中国家推进依宪治国和法治政府建设的上述经验无疑将对其他发展中国家宪制和法治的发展产生重要和深远的影响。

三、探索人类控制公权力,防止公权力腐败,推进社会文明进步的道路和制度创新

人类自脱离“自然状态”形成社会共同体以后,公权力即伴之而生。人类共同体创设公权力,其初衷无疑是为共同体成员提供“公共物品”——秩序、安全、服务,以保障共同体成员的生命、自由、财产和不断增进共同体成员的幸福。但是,公权力产生以后,并没有完全如人类创设它的初衷——为共同体成员提供“公共物品”,公权力执掌者在很多时候和很多情况下不是利用公权力为共同体成员谋福利,而是利用公权力为自己牟取私利,损害共同体的公共利益或侵犯共同体成员的利益。对于公权力的此种“异化”,创设公权力的共同体在早期还可以通过较频繁地定期更换公权力执掌者来应对和化解。但随着共同体的发展、扩大,原始共同体转化为“利维坦”——国家共同体,原始共同体的公权力转化为国家公权力,人类越来越不能控制自己的创设物——公权

① 这一论断出自党的十九大报告第三部分“新时代中国特色社会主义思想和基本方略”的第六方略“坚持全面依法治国”。

② 这一论断出自党的十九大报告第六部分“健全人民当家作主制度体系,发展社会主义民主政治”的第四举措“深化依法治国实践”。

力了,国家共同体的成员——人民,越来越不能控制国家公权力因腐败而异化了。

长期以来,中外政治家、思想家、法学家一直在研究和探讨人类共同体如何防止公权力的腐败和异化,试图寻找出能抑制公权力在运作过程中腐败和异化的对策。人们认识到,人类必须探寻一条在公权力运作过程中预防腐败、扼制腐败的反腐之路,将公权力腐败控制到最低限度(在公权力由人而非天使执掌的条件下完全消灭腐败是一个不能完成的任务,只可能是将之控制到最低限度),使之不至于泛滥成灾,导致民怨沸腾,政权崩溃。

在人类几千年探寻非暴力反腐道路的历史中,许多政治家、思想家、法学家提出了这样那样的设想、方案、对策。例如,中国古代儒家主张通过教化使公权力执掌者"克己复礼为仁""非礼勿视,非礼勿听,非礼勿言,非礼勿动",从而达至"灭心中贼"而"不想腐"的境界。① 中国古代法家主张通过严刑峻法惩治腐败官员,使公权力执掌者"不敢腐",以达至"以刑去刑",以刑止腐的效果。② 西方国家的许多思想家、政治家在探寻国家治理的过程中,也曾开出过这样那样的反腐防腐"药方",实施过这样那样的扼制腐败对策,如建立"以权力制约权力"的公权力运作机制,③实行政务类公务员与事务类公务员分离制度,对政务类公务员实行严格的问责制,由议会通过质询、罢免、弹劾等方式对之进行严格的监督,对事务类公务员实行考任、常任、中立和"高薪养廉",并通过考核和纪律制裁保障其廉洁履职,等等。

上述古今中外的各种反腐"药方"、对策,对于治理公权力运作的腐败,保障公权力执掌者廉洁执政、从政、履职,无疑都发挥过重要的作用。但是,这些"药方"、对策的作用又都有着很大的局限性。教育反腐是个需要长时间方能见效的工程,对于已经腐败成性的官员来说,仅靠教育是不可能使其腐败行为自动收手的。惩治反腐对于某些有腐败倾向的官员来说,可能有一定的警示作用,他们可能慑于惩罚而停止腐败,但也会有腐败官员因侥幸心理仍腐败不

---

① 参见张国华、饶鑫贤主编:《中国法律思想史纲》(上),甘肃人民出版社 1984 年版,第 85-113 页。

② 参见张国华、饶鑫贤主编:《中国法律思想史纲》(上),甘肃人民出版社 1984 年版,第 179-189 页。

③ 参见[法]孟德斯鸠:《论法的精神》(上册),张雁深译,商务印书馆 2005 年版,第 185-186 页。

止，还会有腐败官员因抵制不住腐败的诱惑明知可能受惩罚而冒被惩罚之险继续腐败。权力制约反腐因权力分立导致的各权力部门的相对独立性使权力的相互制约难以充分有效。问责反腐往往是事后查处，难以避免腐败发生而给国家、社会公共利益造成重大损失。公务员职位保障和相对的高薪待遇虽然对于保障一般公务员的廉洁履职有一定积极作用，但对于那些具有严重或较严重贪婪心理的公职人员来说，再优厚的保障和待遇也不能阻止他们贪腐。

相较于上述反腐"药方"、对策而言，更有效，更灵验的反腐"药方"、对策是宪制和法治，特别是宪制和法治确立的法律程序制约：通过立法规定公权力运作的民主、科学、公开透明的程序，保障公权力执掌者在行使公权力过程中不易腐、不能腐。

我国自改革开放以来，特别是在党的十八大以后，党和国家一直在探索以法律程序控制公权力，把公权力关进制度的"笼子"里的方法和途径。总结中国特色公权力制约的经验，控制公权力腐败的程序制度主要有下述五类：

其一，集体决策程序。腐败与领导班子"一把手"的个人专断有着密切联系。一个地方、一个部门的"一把手"能够就所在地方、部门的人、财、物、建设项目、投资领域、发展方向等重大问题个人说了算，你让他不腐败，他自己想不腐败，都很难。因为任何"一把手"也是人，不是天使。是人就必然有三亲六故，有感情偏好，就难于完全抵制住各种情感的和物质的诱惑而偏离正义。对此，如果通过法律规定严格的集体决策程序：任何地方、部门的任何重大问题的决定都必须经过该地方、部门领导班子的全体会议或常务会议的集体讨论、决定，其"权钱交易""权色交易"达成的协议很难拿上台面，交付会议讨论，即使上会，通过的难度也会很大。如果有这样的法律，对真正"不想腐"的公权力执掌者也是一种保护。

其二，公众参与程序。对于防止和抵御公权力腐败来说，公众参与程序比领导班子集体决策程序更有力度。公众参与有各种形式，如座谈会、听证会、网上讨论、征求意见、公民投票、公私合作（PPP）、行政委托、向社会自治组织部分转移公权力等。无论采取哪种形式，都会给公权力运作的腐败增加很大的难度：公众参与进来，你腐败的事就很难瞒过群众的眼睛、耳朵。公众参与在很多情况下，虽然公众不是行政决定、行政行为的直接作出者和实施者，但只要他们以一定形式参与进来，就有可能发现腐败公职人员"权钱交易""权色交易”的内情或线索，从而阻止这种交易进行或启动有关监管部门查处相应腐败行为。因此，当下应抓紧制定行政程序法，通过行政程序法为公权力运作提供刚性的公众参与机制，对于反腐是一项十分迫切的任务。

其三，公开透明程序。公开透明程序对于反腐的意义更是关键性和决定性的。“暗箱操作是腐败的温床”“阳光是最好的防腐剂”是对公开透明程序的必要性和它的反腐功能、作用的最贴切的说明和阐释。2007 年，国务院即已发布了《政府信息公开条例》。2019 年，国务院对该条例又进行了全面修订，确立了“以公开为常态、不公开为例外”的政府信息公开原则，并在原条例的基础上进一步扩大了信息公开的范围，完善了信息公开的途径和方式，从而使我国在建设阳光政府、透明政府方面迈出了坚实的步伐。但是，目前《政府信息公开条例》还只是行政法规而非法律，其法律效力位阶还有待提高。在实践中，一些地方、一些部门公权力运作的公开透明度还不够高，行政机关对于涉及广大人民群众切身利益的信息，如土地征收、房屋拆迁的条件、范围、补偿标准、被征收、拆迁人的补偿数额，征收后的土地的用途、去向、政府向开发商出让土地所收土地出让费的数额、用途、去向等，有的地方政府和政府部门尚未主动全面公开这些信息，即使利害关系人申请公开，有的地方政府和政府部门也未能为之提供相应充分和准确的信息。这样，就为腐败留下了很大的空间。因此，必须以法律挤压这个空间，严格规定公权力运作信息公开的刚性程序和明确标准，实行现行《政府信息公开条例》明确规定的“公开是常态，不公开是例外”的原则，对于不公开的信息，应由法律、法规作出明确列举的规定。凡是不在法律、法规“负面清单”之内的信息，政府都应当主动公开或应申请人申请公开。

其四，说明理由程序。作出公权力行为必须说明理由的程序是现代法治对公权力运作的基本要求。说明理由程序最初是为保护公权力运作行为相对人权益而设置的：公权力执掌者对相对人做出任何影响其权益的行为，特别是不利行为，必须向相对人说明理由，听取其申辩。这是英国“自然正义原则”(Natural Justice)的两个基本要件之一(“自然正义原则”的另一个要件是任何人不得做自己案件的法官，即任何官员处理与自己有利益关系的事务时必须回避)，也是美国宪法“正当法律程序”(Due Process of Law)条款的基本要求。说明理由程序不仅对于保护相对人权益是必要的，对于扼制公权力腐败也同样具有重要意义。公权力执掌者做出涉及人、财、物、项目审批、资源分配等职权行为，最容易发生利益交换，将私人利益参与其间。而这种利益交换和私益动机在一般情况下难以被人们发现和识破。因此，法律设定这种程序，要求行使公权力的人详细说明其做出相应行为的理由，例如，用人，为什么使用和晋升某人；花钱，为什么将钱用于某项目；购物，为什么选择某人为供货商；批项目，为什么将相应项目确定建于某地，等等。行使公权力的人对其职权行为详细说明理由虽然不能完全避免其腐败，但无疑可能制约其腐败，至少可以给其可能的腐败增加难度。

其五，科学论证程序。科学论证程序的主要目的是用于规制公权力的决策、决定、规划及其实施方案的设计、制定等行为，保障相应决策、决定、规划和实施方案的科学性、合理性，以避免“拍脑袋”式的盲动导致国家利益、公共利益和人民生命财产遭受重大损失。但是科学论证程序也有防腐反腐的作用。有些时候，公权力执掌者作出错误的决策、决定、规划及其实施方案并非出于“拍脑袋”的盲动，而是经过精心设计，以实现其贪腐为目的。对于这种经过“精心设计”，具有很高或较高技术性且打着“公共利益”旗号，以“公共利益”为外包装而内含贪腐目的的决策、决定、规划或实施方案，光靠公众参与等民主程序是难以阻止其出台的。而科学论证程序正好可以弥补民主程序的不足，其不仅可以阻止这些隐含贪腐目的，可能给国家利益、公共利益和人民生命财产造成重大损失的决策、决定、规划或实施方案的出台，而且可能启动反贪腐监督机构的调查程序，查处相关腐败行为和腐败分子。

上述程序制度的功能、作用说明，法律程序制约相较于其他反腐药方和反腐对策具有其特殊的优势，那就是在公权力运作过程中扼制住腐败，使腐败分子不易腐，不能腐。除此之外，法律程序制约机制相对于实体控权机制和其他反腐机制，还有下述三项优势：

第一，程序制约机制可以避免传统实体控权机制的僵硬、死板，用程序制度规范公权力的行使既可不过于束缚政府行为的手脚，又可防止政府实施行为的恣意、滥权、腐败。传统控权机制所基于的理念是“公权力是必要的恶”，只看到公权力可能为“恶”，可能腐败的一面，而没有看到公权力也可以为“善”的一面。因此，法律在对政府授权时，立法者眼睛只盯着权力的范围和限度，将政府权力限制在尽可能狭窄的范围和尽可能没有自由裁量的限度。

这样,政府权力有限,公权力为“恶”和腐败的机会是少了。但是,严格的、僵硬的限权和控权会把政府为“善”的手脚也束缚住了,使政府无法对现代社会、经济事务进行治理,无法维护现代社会、经济运行所必要的秩序,无法保护消费者和各种弱势群体的权益,无法保护人类可持续发展所需要的生活、生态环境。而以程序制约为主要环节架构的现代法治控权机制不是把着眼点放在政府权力本身上,而是放在政府权力的行使上;不是眼睛只盯着公权力的范围和限度,而是更注重公权力行使的方式和程序。法律不仅赋予政府以治理现代社会、经济事务的必要的范围和限度明确的权限,而且赋予政府以应对未来各种具体情况或突发事件的必要的裁量权。但是政府无论是行使法定权限,还是行使裁量权,都必须遵守公开、公正、公平的法律程序。这样,政府就既可以放开手脚为“善”,发挥政府在现代社会中应该发挥,特别是只能由政府发挥的作用;同时,又可以有效防止政府在行使权力过程中为“恶”,抑制其腐败和滥用权力的可能性。

第二,程序制约机制有利于充分调动公权力相对人参与国家治理行为的积极性,避免传统法治“以权力制约权力”的局限性。程序制约机制最重要的特征是公权力相对人参与:参与立法、参与决策、参与管理、参与执法,特别是参与与其自身权益有利害关系的各种行政行为。相对人通过参与实现公民权利对政府权力的制约。“以权利制约权力”相较于“以权力制约权力”虽然也有其不足,例如,相对人在行政程序中不能直接抵抗公权力,不能自行认定公权力行为违法、无效,更不能自行撤销公权力行为,从而二者需要互相补充。但是,相对人参与形成的“以权利制约权力”的机制对政府公权力产生的实际监督、制约效力和效果要远远大于“以权力制约权力”的机制。这是因为,公权力相对人由于与政府实施的行政行为(征用土地、拆迁房屋、罚款吊照等)有切身利害关系,故有着为一般国家机关和公职人员所不具有的极大的参与积极性;而且,公众参与由于与公开和舆论监督紧密联系,它会对政府公权力行使营造一种无形的监督氛围,对可能腐败和滥用权力者形成一种无形的威慑力。此外,公众参与的程序制约机制使公民对政府公权力的控制由几年一次的投票选举变成了每日每时的日常监督。几年一次的投票选举实际上是公民把自己的权利一次性地转交给了代议机关和政府,让代议机关和政府在投票之后几年的时间里代表自己去处置自己的权益;而每日每时的日常监督则是公民把自己的权利一直掌握在自己的手中，随时随地去监督政府，监督公权力的行使，防止其腐败，而不是看着政府腐败而必须忍受四年到五年或更长的时间再通过选票去更换政府。

第三，程序制约机制有利于事前、事中纠错，尽量避免腐败持续运作可能给相对人和社会公众造成不可挽回的损失。程序制约机制相对于事后监督查处机制，其最重要的优势就是尽可能将违法、腐败、滥权消除在萌芽状态，使相应公权力行为可能给相对人和社会公众造成的损失得以避免。无论是传统法治，还是现代法治，事后监督查处机制都是制约违法、腐败、滥权，保护相对人合法权益的重要和不可缺少的环节。但是，由于这种环节是事后运作的，相对人的权益只有在已经受到公权力主体腐败行为侵犯以后，有关监督机关才能启动查处程序。而行政行为的司法监督则更是只有在行政行为已经导致了行政相对人权益被侵犯以后，相对人才可以请求法院进行司法审查。很显然，从尽可能避免或减少公权力腐败行为给相对人和社会公众造成损失的角度看，程序制约机制具有相较于其他反腐机制的优势。

程序制约机制相较于其他反腐机制既然具有这么多优势，那么，我们应该怎么加强和完善这种机制呢？笔者认为，加强和完善程序制约机制应该“两条腿”走路：“一条腿”是抓紧制定和完善单行行政程序法，如行政决策程序，行政征收、征用程序，行政收费程序，行政确认、裁决程序，行政计划、规划程序，行政合同、协议程序等；“另一条腿”是抓紧制定统一的行政程序法典。在现代法制健全或比较健全的国家或地区，通常都制定统一的行政程序法或行政程序法典，或者制定专门的信息公开法。根据已有的资料，现在世界上已有 100 多个国家和地区制定了统一的行政程序法或专门的信息公开法。[①] 当然，也有的国家、地区未制定统一的行政程序法典，而依不同行政领域、不同行

---

① 应松年主编的《外国行政程序法汇编》（中国法制出版社 2004 年版）编译了 16 个国家和地区的行政程序法；王敬波主编的《政府信息公开——国际视野与中国发展》（法律出版社 2016 年版）收集了 104 个国家和地区制定的 130 项信息公开法和行政程序法（有的国家同时制定了行政程序法和行政程序法典或者同时制定了政府信息公开法和公共信息公开法。例如，格鲁吉亚既制定了《行政程序法》，又制定了《行政程序法典》；墨西哥既制定了《联邦信息公开和透明法》，又制定了《公共信息公开和透明法》）。

政事务制定数量众多的单行程序法律、法规。①

建设法治国家和法治反腐都要求健全和完善行政程序法，以法定程序控制公权力的行使。但怎样健全和完善行政程序法？我国面临着立法模式选择：是采用现行模式，一个一个分别制定单行法而不再制定统一的行政程序法典；还是在现有单行法的基础上再制定统一的行政程序法典？笔者主张在现有单行法的基础上再制定统一的行政程序法典。因为统一行政程序法典有较纯单行法所不可能具有的下述优势：其一，有利于保障行政程序法制的统一，以避免分别单行立法可能导致的法律间的相互不一致、相互矛盾、相互冲突，以及由这种相互不一致、矛盾、冲突而引起的对行政相对人的不公正——相同情况不同对待，或不同情况相同对待；其二，有利于行政程序法制的系统化，以避免分别制定单行法导致的法制在一定时期内的残缺、漏洞（在某些领域、某些事项上有法可依，在其他相关领域、相关事项上却无法可循），以及由这种法制残缺、法制漏洞引起的执法主体的滥用权力和腐败；其三，有利于节约立法成本，以避免单独分别立法（在很多方面，很大程度上是重复立法，因为大量行政行为的程序是相同，或者基本相同的，如公众参与、信息公开、说明理由、听证论证等）导致人力、物力、财力的大量浪费；其四，有利于国人，特别是公职人员程序法意识的提高。制定一部统一的行政程序法典不仅可为政府，为所有行政主体实施公法行为提供统一的、规范化的、标准的“操作规则”，以防止滥权和腐败，同时也将为全体国人提供一部系统的行政法治教材，全体国人可从中受到较系统、较深入的现代行政法治教育。显然，这种教育功能是个别的单行法难以企及的。②

---

① 例如，法国没有制定统一的行政程序法，而是制定了若干单行的行政程序法，如《行政机关说明理由和改善与公众关系法》《行政文书公开法》等。

② 参见姜明安等：《行政程序法典化研究》，法律出版社 2016 年版，第 1-20 页。

第二章

中国依宪治国和法治政府建设道路的主要特色

虽然作为宪法文本和宪法的实施、法律文本和法律的实施，无论是东方国家还是西方国家，无论是中国还是外国，在形式上都具有一定的共性，在对公权力主体和私人行为的规范上都具有某些相同的技术性要求。但是，中国的依宪治国和法治政府建设，在实质和内核上却完全不同于西方国家的宪政和法治，这种不同既源于两种不同政治制度的区别，也源于中西经济、社会发展水平现况的区别，还源于中西传统文化的区别。

相对于西方国家的宪政和法治，中国依宪治国和法治政府建设的特色主要体现在下述六个方面。

第一节　坚持中国共产党的领导与宪制、法治的统一

中国依宪治国和法治政府建设的第一项特色是坚持中国共产党的领导与宪制、法治的统一：既强调宪制和法治必须坚持党的领导，又强调党的领导必须依靠宪制和法治。

党的十九大报告指出，"全面依法治国是中国特色社会主义的本质要求和重要保障。必须把党的领导贯彻落实到依法治国全过程和各方面……"① 党的十八届四中全会决定强调：社会主义法治必须坚持党的领导，党的领导必

① 参见党的十九大报告第三部分"新时代中国特色社会主义思想和基本方略"的第六方略"坚持全面依法治国"。

须依靠社会主义法治。[①] 这一论断将党的领导与我国依宪治国和法治政府建设关系的两个层面——党的领导对于依宪治国、法治政府建设的必要性和重要性以及依宪治国、法治政府建设对于党的领导的必要性和重要性——给予了权威、科学和明确的表述。

一、依宪治国和法治政府建设必须坚持党的领导的理由和根据

关于我国依宪治国和法治政府建设必须坚持党的领导的理由和根据，十八届四中全会《中共中央关于全面推进依法治国若干重大问题的决定》将之概括为四个方面：

其一，党的领导是中国特色社会主义最本质的特征，是社会主义法治最根本的保证。这一理由和根据是极显然的。因为依宪治国和法治政府建设是中国特色社会主义的重要内容，是宪制和法治的基本要素。既然是在中国特色社会主义的条件下构建宪制和法治，自然就必须坚持党的领导。故此，党的十八届四中全会决定特别强调，“只有在党的领导下依法治国、厉行法治，人民当家作主才能充分实现，国家和社会生活法治化才能有序推进”。

其二，把党的领导贯彻到依法治国全过程和各方面，是我国社会主义法治建设的一条基本经验。关于依法治国全过程，可以理解为包括立法、执法、司法和守法的整个过程；关于依法治国的各方面，可以理解为包括依法治理经济、政治、文化、社会和生态环境的各个方面。我国改革开放 40 多年来，法治建设之所以能较顺利展开和推进，并在不同阶段均取得一定突破和进展，基本经验之一即是坚持党的领导。习近平同志在庆祝改革开放 40 周年大会上的讲话中指出，“正是因为始终坚持党的集中统一领导，我们才能实现伟大历史转折、开启改革开放新时期和中华民族伟大复兴新征程，才能成功应对一系列重大风险挑战、克服无数艰难险阻，才能有力应变局、平风波、战洪水、防非典、抗地震、化危机，才能既不走封闭僵化的老路也不走改旗易帜的邪路，而是坚定不移走中国特色社会主义道路”。[②]

---

① 参见党的十八届四中全会《中共中央关于全面推进依法治国若干重大问题的决定》的第一部分“坚持走中国特色社会主义法治道路，建设中国特色社会主义法治体系”。

② 习近平：《在庆祝改革开放 40 周年大会上的讲话》，载《人民日报》2018 年 12 月 19 日，第 2 版。

其三,我国宪法确立了中国共产党的领导地位。我国依宪治国和法治政府建设之所以必须坚持党的领导,不仅因为党的领导是我国依宪治国和法治政府建设的保障,而且党的领导本身即是我国宪法规定的重要内容,从而党的领导即是依宪治国的要求。《宪法》在序言中明确指出,“中国各族人民将继续在中国共产党领导下……发展社会主义民主,健全社会主义法治……把我国建设成为富强民主文明和谐美丽的社会主义现代化强国,实现中华民族伟大复兴”,并在第一章总纲的第 1 条中进一步明确规定,“中国共产党领导是中国特色社会主义最本质的特征”。

其四,坚持党的领导,是社会主义法治的根本要求,是党和国家的根本所在、命脉所在,是全国各族人民的利益所系、幸福所系,是全面推进依法治国的题中应有之义。党的十八届四中全会决定的这一论断,将中国特色依宪治国和法治政府建设的党的领导这一特色的重要地位提到了更高的高度,将之与党和国家的根本与命脉、全国各族人民的利益与幸福联系起来。因此,其构成此特色最基础和最本源的理由和根据。

二、党的领导必须依靠宪制和法治的理由和根据

中国依宪治国和法治政府建设必须坚持党的领导的理由和根据如前所述。那么,党的领导必须依靠宪制和法治的理由和根据何在呢?宪制和法治对于加强、改进、改善党的领导有什么必要性和重要性呢?为什么说党的领导必须依靠宪制和法治?对于党的领导与宪制和法治的关系的这一层面,我们过去党的文献较少论证和阐释,十八届四中全会决定也未对其理由和根据详加论述和阐释。笔者认为,关于党的领导必须依靠宪制和法治的理由和根据,可以从以下五个方面理解:

其一,中国共产党是执政党,直接行使一定国家公权力。在治理现代化的条件下,执政和行使国家公权力必须以法治为基础。中国共产党不同于西方国家的政党,宪法赋予了中国共产党对国家的领导地位。党根据这种宪法地位长期执政,并直接行使一定的国家公权力,如党对国家重大事务的决策权、党管干部、党管军队、党管意识形态的权力。特别是党的十九大以后,部分政府机构与党的机构合并或者合署办公,党直接行使国家公权力的范围和领域进一步扩大。但党行使宏观的执政权力和直接行使相关的国家公权力,在今天治理现代化的条件下,必须以宪制和法治为基础。如果脱离宪制和法治,国

家治理将会失序,国家和社会的稳定将难以维系,执政地位将难以维持。我们党要维持执政地位,既不能再靠自己过去打天下的老本,也不能靠西方国家政党那种“民主”说教去争选票,而只能靠扎扎实实地实行宪制和法治,通过宪制和法治规范自己的公权力行使行为,领导人民真正治理好我们的国家,才能赢得人民对我们的信任,才能巩固党的执政地位。

其二,中国共产党是带领人民实行人民民主,并在党的内部实行民主的党。人民民主和党内民主都必须以宪制和法治为保障。《中国共产党章程》(以下简称《党章》)规定,中国共产党领导人民发展社会主义民主政治……切实保障人民管理国家事务和社会事务、管理经济和文化事业的权利。尊重和保障人权。广开言路,建立健全民主选举、民主决策、民主管理、民主监督的制度和程序。《党章》还规定,必须充分发扬党内民主,尊重党员主体地位,保障党员民主权利,发挥各级党组织和广大党员的积极性、创造性。如何实现这两个民主?最基本最重要的途径就是宪制和法治。没有宪制和法治,民主选举、民主决策、民主管理、民主监督以及尊重和保障人权就都只能是一句空话,就不可能有人民民主;没有宪制和法治,党内民主同样不可能实现。没有健全完善的党内法规,党员主体地位的尊重,党员民主权利的保障,各级党组织和广大党员积极性创造性的发挥,在很大程度上也只能是一句空话。在人民民主因各种主客观条件受到限制的情况下,发展党内民主,通过党内民主选举、民主决策、民主管理、民主监督带动和促进国家层面的民主选举、民主决策、民主管理、民主监督极为重要。为此,发展和推进党内生活的法治化对于国家民主建设就具有关键性和决定性的意义。

其三,中国共产党是不断推进国家改革开放,以实现中华民族复兴中国梦的伟大事业的党。推进国家改革开放,实现中华民族复兴中国梦这一伟大事业必须在宪制和法治的指导和指引下进行。党的十五大报告首次提出“两个一百年”的目标:在中国共产党成立一百年时全面建成小康社会;在新中国成立一百年时建成富强民主文明和谐的社会主义现代化国家。党的十八大向全国人民发出实现“两个一百年”奋斗目标[①]的号召。为了实现“两个一百年”

① 党的十八大之后提出的“两个一百年”奋斗目标较前稍有发展:在中国共产党成立一百年时全面建成小康社会;在新中国成立一百年时建成富强民主文明和谐美丽的社会主义现代化国家。在“富强民主文明和谐”后面增加了“美丽”两字,即增加了“生态文明”的要求。

奋斗目标和中华民族伟大复兴的中国梦,党的十九大又制定了新时代中国特色社会主义建设、发展和改革的宏伟规划。怎么推进新时代的建设、发展和改革?是采取人治的方式还是采取宪制、法治的方式?显然只能选择以宪制、法治的方式推进建设、发展和改革。因为党的十九大确定的建设、发展和改革的基本条件是“依法治国、依法执政、依法行政共同推进,法治国家、法治政府、法治社会一体建设”。党的十八届三中全会和十九大均强调改革的总目标是“完善和发展中国特色社会主义制度,推进国家治理体系和治理能力现代化”。什么是国家治理体系和治理能力现代化,其核心内容和关键环节即是国家治理法治化。我们不能设想以人治方式去推动这样的改革。如果我们脱离宪制、法治而以人治方式去进行改革,那样改革的结果只能是领导者的恣意妄为,滥用权力,为领导者建造“政绩”工程而损害人民群众的利益。为了防止改革出现这种偏向,中央反复强调改革要在宪法和法律的范围内进行,重大改革必须于法有据,党必须领导人民以宪制和法治的方式去推进改革,实现国家治理现代化、法治化。

其四,中国共产党是坚持政治文明,坚决反对腐败,反对滥用权力的党。反腐败和扼制滥用权力都必须以宪制和法治作为基本手段和基本路径。政治文明是中国共产党革命和执政始终追求的目标。党的宗旨是完全彻底、全心全意为人民服务。党除了人民的利益之外没有自己的私利,党不允许自己的任何党员以权谋私,党始终和坚决反对腐败和滥权。但是中国共产党不是产生和存在于真空中,“权力导致腐败,绝对的权力导致绝对的腐败”。[①] “一切有权力的人都容易滥用权力,这是万古不易的一条经验。”[②]这种“万古不易的经验”是任何组织和任何个人都不能逃避和超越的。任何执掌国家公权力的统治阶级、政党要维系其执政地位,都有一个如何扼制滥权和反对腐败的问题。执政者要维持和巩固其执政地位,就必须反滥权、反腐败。我国和世界上许多国家反腐的正反经验证明,反腐败、反滥权的最有效、最灵验的药方还是宪制和法治:通过宪法和法律规定公权力运作的民主、科学、公开透明的程序和制度,保障公权力执掌者在行使公权力过程中不易腐、不能腐。因此,我们

---

① [英]阿克顿:《自由与权力》,侯健、范亚峰译,商务印书馆 2011 年版,第 285 页。

② [法]孟德斯鸠:《论法的精神》,张雁深译,商务印书馆 2005 年版,第 184 页。

党要坚持文明执政、廉洁执政,就必须下决心实行宪制和法治,依靠宪制和法治反腐、通过宪制和法治根治腐败。

其五,中国共产党是有着执政70多年正反经验,吃过依宪执政、依法执政甜头,更吃过否定宪制、违反法治苦头的党。历史经验告诫我们,党必须依靠宪制和法治执政,必须依靠宪制和法治领导。党的领导必须依靠宪制和法治,其理由和根据除了以上四项外,另有一项为我党所独有的,非常重要的理由和根据就是我们执政70多年正反方面的经验:在我们党领导人民进行社会主义革命和建设过程中比较重视宪制和法治,比较注重运用法律手段处理相关社会问题和调整社会关系的阶段,我们的事业就发展得比较顺利,党群关系就比较好,社会就比较安定且有活力;而在我们忽视宪制和法治、轻视宪制和法治的历史阶段,我们的事业就停滞不前乃至倒退,党群关系就恶化,社会就出现乱象,人民的积极性、创造性就受到伤害和压抑。正是不同时期、不同阶段、不同地区、不同部门对宪制和法治的不同态度导致的不同的治理效果,深刻说明和证实了宪制和法治对于党的领导,对于国家治理的必要性和重要性。

考察我们党70多年的整个执政史和领导史,我们完全可以得出这样的结论:党的执政必须依靠宪制和法治,党的领导必须依靠宪制和法治。

第二节　突出以人民为中心

中国依宪治国和法治政府建设的第二项特色是突出以人民为中心,既强调保障人民政治权利,更强调保障人民社会经济权利。这一特色既体现于我国宪法的文本,又体现于我国依宪治国、依法治国的实践。

一、我国现行宪法规定的公民基本权利和自由

我国现行《宪法》规定公民各项基本权利和自由共24项。这24项基本权利可分为四类:第一类是政治权利和自由,共5项,包括参与国家和社会管理权,平等权,选举与被选举权,言论、出版、集会、结社、游行、示威自由权,批评、建议、申诉、控告、检举权;[①]第二类是人身、人格权与宗教信仰自由权

---

① 参见《宪法》第2、33-35、41条。

利，共5项，包括人身自由权、人格尊严权、住宅不受侵犯权、通信自由和通信秘密权、宗教信仰自由权；[①]第三类是社会经济权利，共8项，包括私有财产权、劳动权、休息权、退休和社会保障权、社会保险和社会救济权、受教育权以及进行科研、文艺创作和其他文化活动自由权、婚姻和家庭生活权；[②]第四类是对特定人保护的权利，共6项，特定人包括妇女、母亲和儿童、军烈属、残疾人、青少年、华侨等。[③]

我国宪法规定，一切国家机关，都必须尊重和保障人权，尊重和保障宪法规定的公民各项基本权利和自由（既包括政治权利，也包括经济社会权利）。在中国，治国理政必须以人民为中心，以最大限度地实现人民的宪法权利，满足人民日益增长的美好生活需要为最终目标。

二、我国改革开放以来贯彻实施宪法，保障人权，促进公民权利实现方面取得的成绩和进步

改革开放40多年来，我国在贯彻实施宪法，保障人权，促进公民权利实现方面取得了前所未有的成绩和进步。

首先，在立法方面，我国制定了一系列维护和保障公民权利的法律、法规，如《民法典》《行政诉讼法》《国家赔偿法》《老年人权益保障法》《妇女权益保障法》《残疾人权益保障法》等；同时废除了一些违反宪法原则和精神，不利于公民人权保障和公民权利实现的法律、法规，如《劳动教养条例》《收容遣送条例》《房屋拆迁条例》等。

其次，在执法方面，我国推出了一系列为民、便民，有助于公民权利有效实现的改革措施，如行政审批制度的“放管服”改革、“最多跑一次”改革；市场准入的“负面清单”制度改革、民企国企平等对待的政策改革；行政处罚行政强制制度的说明理由、听取申辩等正当法律程序改革等。

最后，在司法方面，我国创建了“民告官”制度和国家赔偿制度，全国每年受理“民告官”案件从最初的几千件到现在的几十万件，国家赔偿公民因国家机关和国家公职人员侵权的款额由最初的几万元到现在的几亿元；另外，我们

---

① 参见《宪法》第36-40条。
② 参见《宪法》第13、42-47、49条。
③ 参见《宪法》第45-46、48、50条。

还建立和完善了冤假错案平反昭雪制度,近年来各级人民法院相继纠正了数十起重大刑事冤假错案。

国务院新闻办公室于2021年8月发布《全面建成小康社会:中国人权事业发展的光辉篇章》白皮书(以下简称2021年白皮书),①从五个方面详细介绍了我国改革开放以来,我国全面建成小康社会,促进人权事业发展的重大成就。下面我们摘要介绍其中若干主要内容。

(一)全面建成小康社会开辟人权事业新境界

1979年12月,邓小平同志提出建设"小康之家"的设想,创造性地借用"小康"这个富有中国传统文化特色的概念来表述"中国式的现代化"的重要内容与目标。2002年党的十六大报告宣告,"人民生活总体上实现了由温饱到小康的历史性跨越",并进一步提出"全面建设小康社会"的目标:在21世纪初期,集中力量,全面建设惠及十几亿人口的更高水平的小康社会。2021年7月1日,习近平同志在北京代表党和人民庄严宣告,在中华大地上全面建成了小康社会。

(二)消除绝对贫困实现基本生活水准权

根据中国农村居民每人每年生活水平在2300元以下(2010年不变价)的现行贫困标准,经过党的十八大以来8年持续奋斗,到2020年年底,中国现行标准下9899万农村贫困人口全部脱贫,832个贫困县全部摘帽,12.8万个贫困村全部出列,区域性整体贫困得到解决。改革开放以来,按照现行贫困标准计算,中国7.7亿农村贫困人口摆脱贫困;按照世界银行国际贫困标准,中国减贫人口占同期全球减贫人口70%以上。中国提前10年实现《联合国2030年可持续发展议程》减贫目标,为全球减贫事业发展和人类发展进步作出了重大贡献。

(三)以发展促人权增进经济社会文化权利

在全面建成小康社会进程中,中国坚持以发展促人权,推动全面落实经济社会权利、文化教育权利以及生态环境权利,人民生活更加富足安康、和谐幸福。在这个方面,白皮书列举了九个领域所取得的重要成就与进步:(1)疫情

---

① 该白皮书于2021年8月12日由国务院新闻办公室发布,含前言、正文和结束语共七个部分,共2.2万字。本节仅摘选介绍其中最重要的若干内容和数据。

防控奉行生命至上。新冠肺炎疫情是百年以来人类经历的最严重的全球公共卫生突发事件。中国坚持人民至上、生命至上，不惜付出巨大经济社会代价，全力以赴救治患者，不遗漏每一个感染者，不放弃每一位病患者，及时出台救治费用保障政策，确保患者不因费用问题影响就医、医疗机构不因费用问题影响收治，最大限度提高了治愈率，降低了病亡率。坚持常态化精准防控和局部应急处置有机结合，不断巩固疫情防控成果。大力推进新冠疫苗接种，加快构筑免疫屏障。(2)卫生健康服务公平可及。全国医疗卫生机构(包含医院、基层医疗机构、专业公共卫生机构)由 1978 年的 17 万个大幅增长到 2020 年的 102.3 万个。包括疾病预防控制、健康教育、妇幼保健、精神卫生防治、应急救治、采供血、卫生监督等各种专业机构在内的公共卫生服务体系基本形成。公共卫生服务范围不断扩大。城乡居民免费享受的基本公共卫生服务项目由 2010 年的 9 类扩展到 2020 年的 12 类，项目内容覆盖居民生命的全过程。持续实施脑卒中、心血管疾病高危筛查、口腔疾病综合干预、癌症早诊早治等项目，慢性病防控效果显著增强。主要传染性疾病得到有效遏制。通过提升免疫规划疫苗接种率，中国在 2000 年消灭了脊髓灰质炎，在 2012 年消除了新生儿破伤风，在 2020 年消除了疟疾，2021 年被世界卫生组织认证为无疟疾国家。艾滋病整体疫情控制在低流行水平，结核病成功治疗率保持在 90%以上。(3)生活质量显著提高。2020 年，全国居民人均可支配收入达到 32189 元；2020 年全国居民恩格尔系数为 30.2%，比 1978 年降低 33.7 个百分点；城镇居民人均住房建筑面积从 1978 年的 4.2 平方米增长到 2019 年的 39.8 平方米；农村居民人均住房建筑面积从 1978 年的 8.1 平方米增长到 2019 年的 48.9 平方米；城市人均公园绿地面积从 1981 年的 1.5 平方米增长到 2019 年的 14.36 平方米；实施城镇保障性安居工程，帮助约 2 亿困难群众改善了住房条件；交通基础网络日益完善，人民出行更加安全便利；2020 年，全国移动电话普及率达 113.9 部/百人；互联网普及率达 70.4%，其中农村地区互联网普及率为 55.9%。(4)就业更加充分。截至 2020 年，全国共有人力资源服务机构 4.58 万家，全年为 2.9 亿人次劳动者提供了就业、择业和流动服务；全国就业人数为 75,064 万人，其中城镇就业人数为 46,271 万人。2019 年，中国城镇新增就业 1352 万人，连续 7 年保持在 1300 万人以上。在新冠肺炎疫情带来的不利影响下，2020 年中国城镇新增就业仍达到 1186 万人。劳动者工资收入快速增长,城镇非私营单位就业人员年均工资从 1978 年的 615 元增加到 2019 年的 90,501 元。(5)公共文化服务不断优化。2020 年,全国共有公共图书馆 3212 个,博物馆 5788 家,文化馆 3321 个,乡镇综合文化站 32,825 个,村级综合性文化服务中心 575,384 个。全年出版各类报纸 277 亿份,各类期刊 20 亿册,图书 101 亿册(张),人均图书拥有量达 7.24 册(张)。全国广播节目综合人口覆盖率为 99.4%,电视节目综合人口覆盖率为 99.6%。公共数字文化工程累计建设可供全国共享的数字资源约 1274TB,数字图书馆推广工程已覆盖全国 39 家省级图书馆、376 家市级图书馆,服务辐射 2760 个县级图书馆。2020 年,全国共有体育场地 371.3 万个,体育场地面积 31 亿平方米,人均体育场地面积 2.2 平方米。(6)受教育权利得到更好保障。2020 年,全国九年义务教育巩固率为 95.2%,义务教育普及程度达到世界高收入国家的平均水平。残疾儿童义务教育入学率达 95% 以上。建立覆盖从学前教育到研究生教育的全学段学生资助政策体系,不让一个孩子因家庭经济困难而辍学的目标基本实现。全国高中阶段教育毛入学率从 2000 年的 42.8% 提高到 2020 年的 91.2%,等教育毛入学率从 2000 年的 12.5%提高到 2020 年的 54.4%,高等教育在学总规模超过 4000 万人。(7)社会保障体系覆盖全民。2020 年,全国参加职工基本医疗保险人数 3.4 亿人,参加城乡居民基本医疗保险人数 10.2 亿人,参保总人数超过 13.6 亿人;参加生育保险人数 23,567 万人。截至 2021 年 6 月,全国参加城镇职工基本养老保险人数 46,709 万人,参加城乡居民基本养老保险人数 54,735 万人;参加失业保险人数 22,229 万人;参加工伤保险人数 27,399 万人,其中参加工伤保险的农民工 9082 万人;参加生育保险人数 23,546 万人。截至 2020 年,全国共有 805 万人获得城市最低生活保障,3621 万人获得农村最低生活保障,31 万人获得城市特困人员救助供养,447 万人获得农村特困人员救助供养,全年临时救助 1341 万人次,全国共实施医疗救助 18,608 万人次,支出资金 546.8 亿元。(8)生态环境持续改善。党的十八大以来,将生态文明建设纳入国家发展“五位一体”总体布局。2020 年,全国万元国内生产总值二氧化碳排放较 2005 年下降 48.4%,提前完成比 2005 年下降 40%至 45%的碳排放目标。天然气、水电、核电、风电等清洁能源消费量占能源消费总量比重从 2016 年的 19.1%上升到 2020 年的 24.3%(初步核算数)。全国 337 个地级及以上城市中,2020 年空气质量达标的城市占59.9%。2020年,1940个国家地表水考核断面中,水质优良(Ⅰ-Ⅲ类)断面比例为83.4%。2020年,全国农村卫生厕所普及率超过68%,生活垃圾进行收运处理的行政村比例超过90%,全国农村生活污水治理率达25.5%;截至2020年,全国共建立自然保护地近万处,保护面积覆盖陆域国土面积的18%;中国森林面积近10年年净增约249.9万公顷;2012年至2021年6月,累计完成防沙治沙任务面积超过1900万公顷。(9)人类发展指数大幅提升。1990年中国还处于低人类发展水平组,1996年便进入了中等人类发展水平组,2011年又步入高人类发展水平组。中国的人类发展指数从1990年的0.499增长到2019年的0.761,是自1990年联合国开发计划署在全球首次测算人类发展指数以来,唯一从低人类发展水平组跨越到高人类发展水平组的国家。

(四)实行良法善治维护公民权利

在全面建成小康社会进程中,党和国家政府践行以人民为中心的发展思想,以更大的力度、更实的措施发展全过程人民民主,维护社会公平正义,确保人民依法享有更加广泛、更加充分、更加真实的权利和自由。这主要表现在五个方面:(1)拓展人民民主权利。坚持人民主体地位,发展完善人民代表大会制度以及中国共产党领导的多党合作和政治协商制度;民主选举有序发展;基层群众自治制度不断完善;丰富民主形式,拓宽民主渠道,人民群众的知情权、参与权、表达权、监督权等民主权利得到切实保障。(2)保障人身权利。第十二届全国人大常委会2013年通过《关于废止有关劳动教养法律规定的决定》,第十三届全国人大常委会2019年通过《关于废止有关收容教育法律规定和制度的决定》,国务院2020年废止《卖淫嫖娼人员收容教育办法》。党的十八大以后,我国人员流动更加便利。国家推进户籍制度改革,实行城乡统一的户口登记制度,促进有能力在城镇稳定就业的常住人口有序实现市民化,更好保障人民公平享有民生权利;更严格依法保护个人信息安全和隐私;更切实保障被羁押人和罪犯的合法权益。(3)保障个人财产权。健全以公平为核心原则的产权保护制度;加强对各种所有制经济组织和自然人财产权的保护,鼓励、支持和引导非公有制经济发展,保证各种所有制经济依法平等使用生产要素、公平参与市场竞争、同等受到法律保护。宪法规定公民的合法私有财产不受侵犯,国家依照法律规定保护公民的私有财产权和继承权。民法典明确规定对所有财产权平等保护,强化对个人信息、数据和网络虚拟财产等的保护,完善了权利保护和救济规则,形成有效的权利保护机制,公民财产权法治保障水平不断提升。另外,国家加大对知识产权保护的力度。加强知识产权保护和运用,健全技术创新激励机制。完善体现知识产权价值的侵权损害赔偿制度。(4)加强人权司法保障。2014 年十八届四中全会通过《中共中央关于全面推进依法治国若干重大问题的决定》,全方位改革司法体制,保证公正司法,提高司法公信力。全面落实司法责任制改革,健全有序放权、科学配权、规范用权、严格限权的司法管理体制和司法权力运行体系。坚决纠正和防范冤错案件。建立健全错案发现、纠正、防范和责任追究机制,坚持程序公正和实体公正相统一,坚持严格公正司法,坚持罪刑法定、无罪推定、证据裁判,严禁刑讯逼供、体罚虐待,严格实行非法证据排除规则,坚持实事求是、有错必纠,落实国家赔偿制度,加强人权司法保障。2019 年至 2020 年,全国各级人民法院分别按照审判监督程序再审改判刑事案件 1774 件、1818 件;依法宣告 637 名、656 名公诉案件被告人和 751 名、384 名自诉案件被告人无罪;审结国家赔偿案件 18,164 件、18,433 件,保障赔偿请求人合法权益。2020 年 1 月至 2021 年 6 月,各级检察机关通过审判监督程序提出刑事抗诉 1325 件,同期法院改判 685 件、发回重审 134 件;提出刑事再审检察建议 616 件,同期法院改判 214 件、发回重审 6 件。(5)保障宗教信仰自由。我国宪法规定公民有宗教信仰自由。政府支持各宗教坚持独立自主自办的原则,在法律范围内进行各种宗教活动;既依法保障公民及境内外国人的宗教信仰自由,又依法打击宗教极端主义以及打着宗教活动名义开展的“邪教”活动。中国现有依法登记的宗教活动场所 14.4 万处,宗教院校 92 所,信仰佛教、道教、伊斯兰教、天主教和基督教等宗教的公民近 2 亿人,宗教教职人员 38 万余人。不断加大宗教教职人员社会保障力度。

(五)促进社会公平保障特定群体权益

白皮书关于切实维护和保障特定群体权益方面主要列举了对四类特定群体权益的保护:(1)农民权益保障全方位改善。土地制度改革极大地增进了农民财产性权利。改革开放后实施家庭联产承包责任制,解决了农民的温饱问题;全面取消农业税费,减轻了农民负担。党的十八大以来,稳定农村土地承包关系并保持长久不变,实施农村集体土地所有权、承包权、经营权“三权分置”,赋予农民对承包地占有、使用、收益、流转及经营权融资担保权能,保障农户宅基地用益物权,增加农民财产性收入,赋予农民更多财产权利。现在,农民工生活条件不断改善。2012 年至 2020 年,全国农民工人均月收入从 2290 元上升到 4072 元。进城农民工居住环境明显改善,人均居住面积达到 21.5 平方米。农村人居环境极大改善。截至 2020 年,全国 95%以上村庄开展了清洁行动。2019 年至 2020 年,累计安排 144 亿元中央财政资金实施农村厕所革命整村推进奖补政策,安排中央预算内投资 60 亿元支持中西部省份以县为单位开展农村人居环境整治项目建设。(2)妇女儿童老年人权益保障持续加强。中国于 20 世纪 90 年代先后制定了《未成年人保护法》《妇女权益保障法》《老年人权益保障法》《母婴保健法》《反家庭暴力法》等法律,以及《女职工劳动保护特别规定》《禁止使用童工规定》《校车安全管理条例》《未成年工特殊保护规定》等行政法规及部门规章,为保障妇女儿童老年人权益奠定了法律基础。妇女经济社会参与能力不断提升。全国女性就业人数占全社会就业人数的比重超过四成。2018 年十三届全国人大代表中有 742 名妇女代表,占比 24.9%;十三届全国政协委员中有 440 名女性委员,占比 20.4%。妇女儿童健康保障水平进一步提高。2020 年,全国有儿童社区服务中心 2.9 万个,全国儿童福利机构集中养育孤儿 6 万名,基本生活保障月平均标准达 1611.3 元/人。老年人生活和权益保障状况持续改善。中国大力发展养老服务,逐步建立居家社区机构相协调、医养康养相结合的养老服务体系,截至 2020 年,全国享受高龄津贴、护理补贴、服务补贴的老年人分别为 3058.9 万、81 万和 23.5 万。(3)少数民族权益保障进一步完善。少数民族参与国家事务管理权利得到有效保障。《选举法》明确规定,人口特少的民族,至少应有全国人大代表一人。55 个少数民族均有本民族的全国人大代表和全国政协委员。十三届全国人大代表中,少数民族代表 438 名,占 14.7%。少数民族和民族地区生活水平大幅提升。内蒙古、广西、西藏、宁夏、新疆五个自治区和贵州、云南、青海三个多民族省份 2018 年至 2020 年的总体经济增长幅度超过全国平均增长水平,居民人均可支配收入从 1978 年的 150 多元增长到 2020 年的 24,534 元。少数民族和民族地区教育事业快速发展。民族地区已全面普及从小学到初中 9 年义务教育,西藏自治区和新疆维吾尔自治区的南疆阿克苏地区、克孜勒苏柯尔克孜自治州、喀什地区、和田地区四地州实现了从学前到高中阶段 15 年免费教育。民族地区人民的生活安宁权、生命健康权、财产权等得到有效保障，获得感、幸福感、安全感不断提升。(4)残疾人权益保障更加有力。残疾人社会保障体系不断完善。全面建立困难残疾人生活补贴和重度残疾人护理补贴制度。截至 2020 年，全国享受困难残疾人生活补贴人数有 1212.6 万人，享受重度残疾人护理补贴人数有 1473.8 万人。截至 2020 年，共有 2699.2 万残疾人参加城乡居民社会养老保险，其中 1140.5 万残疾人领取养老金；1076.8 万残疾人获得城乡最低生活保障，其中重度残疾人 641.4 万人；680.1 万重度残疾人中政府代缴养老保险费比例达到 96.7%；另有 303.7 万非重度残疾人享受全额或部分代缴养老保险费的优惠政策。此外，残疾人康复服务普惠可及。残疾人受教育水平稳步提高。残疾人就业权利得到更好保障。残疾人无障碍环境建设大力推进。

第三节　突出对公权力的制约与规范

中国依宪治国和法治政府建设的第三项特色是突出对公权力的制约与规范：既强调控制公权力，把公权力关进制度的“笼子”里，又强调激励公权力，充分发挥公权力治国理政，为民办事的积极作用。

一、“有限政府”与“有为政府”的关系

正确处理对公权力控制、制约与激励的关系是中国特色依宪治国和法治的重要特色。一方面，中国特色的宪制和法治强调对公权力的控制、制约，把公权力关进制度的“笼子”里，防止其膨胀、腐败和滥用。另一方面，中国特色的宪制和法治同时也强调对公权力的激励，促进其充分发挥治国理政，为民办事的积极作用。中国特色的宪制和法治既注重建立防止、避免公权力滥权和干坏事的机制，也特别注重建立鼓励、促使公权力依法作为和积极干好事的机制。在反腐败反滥权的同时注意防止社会形成促使公权力不干事、不作为的消极反向激励机制。

西方国家早期的宪政理论宣扬“干事最少的政府是最好的政府”，将“有限政府”的理论推向极端。实践证明，这种理论非常有害，且非常不适应现代社会公共治理的现实需要。事实上，20 世纪中期以后，西方国家也在逐步限

缩或放弃这种理论。现在,我们全面推进依宪治国和依法治国,绝不能再引进这种极端的控权理论。习近平同志在总结和论述我国改革开放40年九个“必须坚持”的经验中,其中第五个“必须坚持”即为正确处理市场和政府关系,强调既要“充分发挥市场在资源配置中的决定性作用”,又要“更好发挥政府作用,激发各类市场主体活力”。[①] 这就意味着,依宪治国下的公权力,既应该是“有限”的,又应该是“有为”的;依宪治国下的政府,既应该是“有限政府”,又应该是“有为政府”。

二、控权、限权在宪制和法治中的重要地位

当然,宪制与法治首先强调的是控权、限权。中国有着2000多年的封建专制传统,中华人民共和国成立以后,社会主义宪制和法治没有得到充分地发展,尤其是20世纪50年代以后,由于“左”的思想路线和“以阶级斗争为纲”的治国理念的影响,公权力滥用曾达到相当严重的程度,以致“文革”那样的浩劫发生。从而,改革开放后中国开始推行宪制与法治,毫无疑问应该将控权、限权放在极为重要的位置。邓小平同志说,过去我们党的重要教训即是不重视法制对权力的控制,以致形成“一言堂、人决定重大问题、个人崇拜、个人凌驾于组织之上一类家长制现象”。“我们过去发生的各种错误,固然与某些领导人的思想、作风有关,但是组织制度、工作制度方面的问题更重要。这些方面的制度好可以使坏人无法任意横行,制度不好可以使好人无法充分做好事,甚至会走向反面。”[②]邓小平同志在这里讲的“制度”问题,实质就是宪制和法治问题,就是通过宪制、法治控制和限制权力的问题。

改革开放40多年来,国家通过宪法、法律和党内法规确立了一系列的控权、限权制度。例如,邓小平同志在《党和国家领导制度的改革》一文中提到的废除干部领导职务终身制,提出“要健全干部的选举、招考、任免、考核、弹劾、轮换制度,对各级各类领导干部(包括选举产生、委任和聘任的)职务的任

---

① 习近平同志在庆祝改革开放40周年大会上的讲话中提出我国改革开放“九个必须坚持”的经验,其中第五个“必须坚持”是“必须坚持完善和发展中国特色社会主义制度,不断发挥和增强我国制度优势”。参见习近平:《在庆祝改革开放40周年大会上的讲话》,载《人民日报》2018年12月19日,第2版。

② 《邓小平文选》(第2卷),人民出版社1993年版,第330、333页。

期,以及离休、退休,要按照不同情况,作出适当的、明确的规定。任何领导干部的任期都不能是无限期的"。[①] 在邓小平同志讲话之后,"八二宪法"对领导干部任期制予以了明确的规定。[②]

又如,1989 年 4 月 4 日第七届全国人民代表大会第二次会议和 1999 年 4 月 29 日第九届全国人民代表大会常务委员会第九次会议分别通过《行政诉讼法》(该法后经 2014 年和 2017 年两次修改)和《行政复议法》(该法后经 2017 年修改),明确规定公民、法人和其他组织可以通过向人民法院提起行政诉讼和向法定复议机关申请行政复议的方式监督行政机关,对其违法侵权行为进行制约控制;1996 年 3 月 17 日第八届全国人民代表大会第四次会议、2003 年 8 月 27 日第十届全国人民代表大会常务委员会第四次会议和 2011 年 6 月 30 日第十一届全国人民代表大会常务委员会第二十一次会议分别通过《行政处罚法》(该法后经 2009 年、2017 年和 2021 年修改)、《行政许可法》(该法后经 2019 年修改)和《行政强制法》,明确规定行政机关行使行政权,实施行政处罚、行政许可、行政强制等行政行为必须遵守公开、公平、公正和说明理由、听取申辩等程序规则,受正当法律程序的控制和制约。[③]

三、中国特色宪制和法治对公权力的激励机制

宪法和法律对公权力的控制和制约,将权力关进制度的"笼子"里,在这一层面上,中国与其他法治发达国家没有太大的区别。中国宪制和法治的特色在于,宪法和法律在健全、完善对公权力的控制、制约机制时,同时注重建立和完善激励公权力,调动公权力积极性,促使其敢于作为、敢于担当,充分发挥其治国理政、为民办事的作用的机制。这个机制主要表现在下述三个方面:

其一,通过宪法和法律确立党和国家的奋斗目标,促使公权力执掌者不忘初心,不忘理想信念。例如,《宪法》序言明确规定建设"五大文明"的社会主

① 《邓小平文选》(第 2 卷),人民出版社 1993 年版,第 331-332 页。

② 根据《宪法》第 66、87、124、129、135 条的规定,全国人大常委会委员长、副委员长、国务院总理、副总理、国务委员、监察委员会主任、最高人民法院院长、最高人民检察院检察长连续任职不得超过两届。

③ 参见《行政处罚法》第 3、4、6、31、32、42 条,《行政许可法》第 5、7、36、38、40、46、47 条和《行政强制法》第 4、8、18、35、37、51 条等。

义现代化强国，实现中华民族伟大复兴的目标；宪法总纲明确规定实行依法治国，建设社会主义法治国家和实行社会主义市场经济的目标；各种法律、法规将社会主义核心价值观和宪制、法治的理念、精神、原则融入其中。这些无疑有利于激发公权力执掌者的斗志，促使其积极作为，干事创业。

其二，建立奖优罚劣、奖勤罚懒的严明的奖罚制度，促使公权力执掌者为民办事，建功立业。例如，我国《公务员法》除设专章规定公务员的监督惩戒制度外，还设专章规定公务员的奖励制度。该法对具有下述十种情形之一的公务员或公务员集体给予奖励：(1)忠于职守，积极工作，勇于担当，工作实绩显著的；(2)遵纪守法，廉洁奉公，作风正派，办事公道，模范作用突出的；(3)在工作中有发明创造或者提出合理化建议，取得显著经济效益或者社会效益的；(4)为增进民族团结，维护社会稳定做出突出贡献的；(5)爱护公共财产，节约国家资财有突出成绩的；(6)防止或者消除事故有功，使国家和人民群众利益免受或者减少损失的；(7)在抢险、救灾等特定环境中做出突出贡献的；(8)同违纪违法行为作斗争有功绩的；(9)在对外交往中为国家争得荣誉和利益的；(10)有其他突出功绩的。奖励分为嘉奖、记三等功、记二等功、记一等功、授予称号等五种形式。对受奖励的公务员或者公务员集体予以表彰，并对受奖励的个人给予一次性奖金或者其他待遇。另外，按照规定，国家可以向参与特定时期、特定领域重大工作的公务员颁发纪念证书或者纪念章。除了《公务员法》以外，我国其他法律还规定了对在各相应领域作出突出贡献，政绩突出的公职人员的其他奖励或激励措施。

其三，对敢于积极作为、敢于担当的公权力执掌者建立容错纠错机制。中国特色宪制和法治的重要特征之一是在对公权力加以严格监督制约的同时，鼓励公权力执掌者积极干事创业。为此，就必须建立健全容错纠错机制，营造“鼓励创新、宽容失败”的氛围。在公权力运作实践中，一些公权力执掌者因害怕“为而出错”“多为多错”而“为官不为”，为避免这种现象的发生和蔓延，近年来，我国许多地方和部门通过地方性法规、规章或规范性文件建立容错纠错机制，为改革者提供容错的保障，让改革创新者能够轻装上阵，无后顾之忧干事。各地各部门认真实行习近平同志提出的“三个区分开来”原则：要把干部在推进改革中因缺乏经验、先行先试出现的失误和错误，同明知故犯的违纪违法行为区分开来；把上级尚无明确限制的探索性试验中的失误和错误,同上级明令禁止后依然我行我素的违纪违法行为区分开来;把为推动发展的无意过失,同为谋取私利的违纪违法行为区分开来。以此保护那些作风正派又敢作敢为、锐意进取的好干部。①

第四节　正确处理权力与权利的关系

中国依宪治国和法治政府建设的第四项特色是特别强调正确处理权力与权利的关系:既强调坚持人民代表大会制度,以权利制约权力,也重视国家权力的相互分工,以权力制约权力。

一、人民代表大会制度和以权利制约权力的优越性

中国特色宪制和法治之所以一直坚持以人民代表大会制度为基础,是因为人民代表大会制度特别适合中国国情,在中国实行人民代表大会制度具有诸多优越性。

其一,人民代表大会制度有利于加强全国人民的凝聚力,提高国家治理能力。目前中国尚属于发展中国家,社会经济发展水平与发达国家还存在较大的差距。而此前,在新中国刚成立时,中国更是处在一穷二白、生产力极其落后的国家行列。中国要发展,要在较短的时间内改变落后面貌,必须最大限度地加强全体人民和各种力量的向心力、凝聚力,以保障万众一心,推进国家的现代化建设。为达此目的,在国家宪制和法治设计上保障国家权力的适当集中是必要和必需的。如果我们在社会主义初级阶段,就如同西方国家一样,实行国家立法权、司法权、行政权的严格分立,各种权力互相制约,互相掣肘,那我们就很难集中力量办成任何大事,我们的国家就很难摆脱旧中国那种落后挨打的状况。正因如此,新中国从第一部宪法起,就一直规定实行人民代表大会制度。尽管在共和国的历史上,国家的发展也走过弯路,遭受过挫折,但那不是人民代表大会制度本身的错,而恰恰是当时党和国家政策、路线背离了人民代表大会制度,以及当时人民代表大会制度不完善导致的问题。

---

① 参见习近平:《在省部级主要领导干部学习贯彻党的十八届五中全会精神专题研讨班上的讲话》,载《习近平谈治国理政》(第 2 卷),外文出版社 2017 年版,第 225 页。

其二,人民代表大会制度有利于人民更好地行使权利,实现权利对权力的制约。中国和西方国家现在实行的都是代议制、代表制。但中国的人民代表大会制度不完全同于西方国家的代议制,它更有利于人民对国家公权力的监督,实现权利对权力的制约。因为人民代表的产生不受党派和利益集团的制约,它通过人民民主选举产生,对人民负责,受人民监督。[①] 而人民代表机关则代表人民监督国家公权力的行使,它可以要求国家机关向其报告工作,向国家机关领导人提出询问或质询,可以罢免国家机关领导人。人民代表行使这些监督制约权力也不受各种利益集团的制约。当然,在人民代表大会制度下,人民以权利制约权力并非毫无限制,各种法律上和事实上的制约还是存在的。这些制约有的是现时国情所必需的,有的则是并无必要而需要通过政治体制改革加以消除的。但不管怎样,这些制约并不在总体上影响人民代表大会制度提供权利制约权力机制的优越性。

二、中国特色宪制和法治的权力制约权力机制

中国特色宪制和法治注重权利制约权力,但也并不排除权力制约权力。这种权力制约最早表现在“八二宪法”里。“八二宪法”第 135 条规定,“人民法院、人民检察院和公安机关办理刑事案件,应当分工负责,互相配合,互相制约,以保证准确有效地执行法律”。

“八二宪法”后,中国特色宪制和法治确立权力制约权力最重要和最明显的例子是 1989 年 4 月 4 日第七届全国人民代表大会第二次会议通过的《行政诉讼法》,该法明确规定司法权对行政权的监督制约。其第 1 条规定,人民法院通过审理行政案件,监督行政机关依法行使职权;第 5 条规定,人民法院审理行政案件,对行政行为是否合法进行审查。当时立法能作出这样的规定是非常不容易的,有人认为这是抄袭西方国家分权制约制度,是对人民代表大会制度的违反和背离。但立法者坚持认为,这种权力制约是中国特色宪制和法治的必然要求,是防止行政权滥用,保护公民、法人和其他组织合法权益的有效制度。它虽然借鉴了西方国家分权制约制度的某些技术性因素,但它完全不同于西方国家“三权分立”度的基本政治内核。在我国行政诉讼中,司法机

① 参见《宪法》第 3 条第 2 款。

关只审查行政机关行政行为的合法性,而不对人民代表机关的权力行使进行监督制约,不审查法律的合宪性。不仅如此,司法机关行使职权的行为还要接受人民代表机关的监督,人民法院和人民检察院必须向人民代表大会报告工作和接受人民代表大会的审议,人民代表大会有权罢免失职渎职的人民法院院长、人民检察院检察长。由此可见,中国特色宪制和法治中的权力制约权力机制是有一定限度的,既要防止国家权力滥用,又要保证国家权力行使的效率。

第五节　正确处理国法与党规、硬法与软法的关系

中国依宪治国和法治政府建设的第五项特色是特别强调正确处理国法与党规、硬法与软法的关系:既强调充分发挥作为硬法的国法的作用,也重视发挥党规和其他软法的作用。

一、中国共产党党内法规在依宪治国和法治政府建设中的地位和作用

党的十八届四中全会将中国共产党党内法规确定为中国特色社会主义法治体系的组成部分,作为中国特色社会主义法治体系五大子体系之一。[①] 党规与国法同时作为国家法治体系的组成部分,这是中国宪制与法治的重要特色,其源于中国共产党对国家的全面领导地位和作为国家唯一执政党(中国的其他民主党派均为参政党,接受中国共产党的领导)的执政地位。党内法规虽然不是国家立法机关制定的硬法,但它属于规范国家治理行为的重要软法形式,[②]在国家治理中有着特殊重要的地位和作用。之所以如此,其理论逻

① 党的十八届四中全会确定的中国特色社会主义法治体系的五大子体系包括:完备的法律规范体系、高效的法治实施体系、严密的法治监督体系、有力的法治保障体系,以及完善的党内法规体系。

② 《中国共产党党内法规制定条例》既然将"党内法规"定性为"法规",无疑已明确其姓"法",而使之与一般的"党内制度"相区别。但"党内法规"的基本定位无疑属于软法的范畴,而非国家法和硬法。当然,由于中国共产党在中国的特殊地位,党内法规对党务的调整必然影响和涉及国务。从而,中国共产党的党内法规会同时具有一定的国家法和硬法的因素。例如,中共中央和国务院发布的《党政机关厉行节约反对浪费条例》;中共中央发布的《关于农业和农村工作若干重大问题的决定》《关于国有企业改革和发展若干重大问题的决定》《党政领导干部选拔任用工作条例》;中共中央办公厅和国务院办公厅发布的《关于领导干部报告个人有关事项的规定》《关于实行党政领导干部问责的暂行规定》《关于健全和完善村务公开和民主管理制度的意见》;中共中央纪委发布的《关于严格禁止利用职务上的便利谋取不正当利益的若干规定》《国有企业领导人员廉洁从业的若干规定》;中共中央组织部发布的《公务员调任规定(试行)》《关于因公出国人员审查的规定》;等等。

辑在于，中国共产党直接领导国家的政治、经济、文化等各项事业，而依宪治国和依法治国要求中国共产党对国家的领导必须依法（硬法和软法）进行，党必须在宪法和法律范围内活动。党依法执政，既要依照国家的宪法和法律，也必须依党内法规。对于党的领导体系、党的执政权力结构、党的执政方式与党的组织、党的纪律、党内监督、责任机制等，是国家法律、法规所无法调整而必须通过党内法规予以规范的。

宪制和法治有普适性的原则和要求，也有各国基于国情的特殊性原则和要求。普适性原则要求对公权力进行规范，把权力关进制度的"笼子"里。而中国特色要求中国共产党应当依法执政、依规治党。中国共产党担负领导国家的职责，但其本身又不是国家机关的组成部分，故不仅应通过国家法律，也应通过党内法规，规范其权力行使。[①]

在中国，推进国家治理体系和治理能力的现代化在很大程度上取决于执政党依法执政、科学执政和民主执政。怎么实现？首先当然还是靠硬法，通过硬法保障执政党在宪法和法律范围内活动，但同时也必须靠软法，以软法规范执政党的组织和各种执政行为与活动。因为党不是国家机关，不能完全适用国家硬法。但作为长期执政的中国共产党也不是一般的社会组织，它要直接行使某些重要的国家公权力（党管干部、党管军队、党管意识形态等），从而作为软法的党内法规和其他有关政策性文件对规范党的组织和行为有着必不可少的作用。

作为中国特色社会主义法治体系组成部分的党内法规对于治党治国的作用主要体现在下述两个方面。

（一）党内法规是依法执政、依法治国的保障

根据中国特色社会主义理论，中国共产党依法执政是依法治国的保障，没有中国共产党的依法执政，就没有中国特色的依法治国，中国就不可能实现依法治国。习近平同志《在庆祝中国共产党成立100周年大会上的讲话》中指出："办好中国的事情，关键在党。"中国要实现依法治国，同样关键在中国共产党，关键在中国共产党的依法执政。中国实行依法治国的治国方略，首先是中国共产党提出来的；中国依法治国入宪，也是全国人民代表大会根据中国共

---

① 参见姜明安：《规范党内法规是法治中国需要》，载《人民日报》2013年5月31日，第5版。

产党中央的修宪建议实施的。[①] 中国共产党倡导依法治国,首先即推进本身依法执政,通过本身的依法执政,推进整个国家机关依法治国和各级政府依法行政,推进全社会尊法、信法、守法,从而一体推进法治国家、法治政府和法治社会的建设。在这整个法治中国建设的宏伟工程中,中国共产党依法执政显然处于最核心最关键的环节。而正是在这个最核心最关键的环节中,党内法规发挥着最重要的保障作用。

党内法规对于中国共产党依法执政的保障作用主要表现在下述三个方面:

1. 规范执政党组织和党员(特别是党的领导干部)的行为,实现从严治党,保障党的先进性和纯洁性

规范执政党自身的行为,实现从严治党,保障党的先进性和纯洁性是党内法规的基本使命。中国共产党是整个国家的领导,因此,要建设法治中国,首先必须将中国共产党建设好,使之永葆先进性和纯洁性,坚持正义和坚持依法执政。执政党如果不能保证自身的先进性和纯洁性,坚持正义和坚持依法执政,整个国家的法治便无从谈起。

在当下,要推进执政党从严治党和依法执政,党内法规亟须完善下面四个方面的制度:

其一,党内民主制度。党内民主的重点是决策民主、选人用人民主和选举民主。为此,有必要抓紧制定和完善《党内民主决策条例》《党政领导干部选拔任用工作条例》《党内选举条例》。《党内民主决策条例》应重点规范党中央和各级党委决策的民主程序,保证重大决策有党员或党员代表广泛参与,有对党内、党外专家意见的广泛听取和咨询,最后由党的相应组织(各级党委全委会或常委会、党组、中央委员会、中央政治局或政治局常委会等)集体讨论决定,而不是由个人拍板决定,[②]以确保决策的民主性、科学性,防止恣意、任性

---

① 1999 年 3 月 15 日,第九届全国人民代表大会第二次会议根据中国共产党中央关于修改宪法部分内容的建议,通过宪法修正案,将《宪法》第 5 条增加一款,规定"中华人民共和国实行依法治国,建设社会主义法治国家"。

② 党的十八届四中全会决定曾要求把公众参与、专家论证、风险评估、合法性审查、集体讨论决定确定为重大行政决策法定程序,以确保决策制定科学、程序正当、过程公开、责任明确。这些程序同样适用于党务决策。

决策可能给党和国家造成的重大损失。2019 年 4 月 20 日，国务院制定和发布了《重大行政决策程序暂行条例》。这个暂行条例的许多内容可为党中央制定《党内民主决策条例》所参考和借鉴。《党政领导干部选拔任用工作条例》[①]已由中共中央于 2019 年 3 月 17 日发布，其今后修改完善的重点应是规范党政领导干部选拔任用的民主程序，保证党组织各级各类干部的选拔任用都听取广大党员和党外群众的意见，都经过党的组织部门的全面和公正考察，都经过相应党委全委会或常委会集体审议决定，防止“一把手”等个别领导干部私自决定干部的选拔任用和由此导致的“买官卖官”现象。《党内选举条例》目前尚未制定，但中共中央于 2020 年 7 月 20 日制定发布了《中国共产党基层组织选举工作条例》[②]。今后的任务是在此基础上制定规范整个党内选举的条例，重点规范党内选举的民主程序，包括协商产生候选人，选举人对候选人基本情况、基本观点和主张的了解，以及适当扩大差额选举的程序和制度，以保证党内选举真正体现选举人的意志，保证选举的真实性，防止侵犯党员选举权和被选举权的现象，防止拉票贿选的现象。[③]

其二，党务公开制度。党务公开包括党务的静态公开和动态公开。党务静态公开主要指党务的信息公开，包括党的组织、机构、职能，党的领导干部的分工、权限与责任，党的工作制度、活动程序、党内法规和其他规范性文件等信息的公开。党务动态公开主要指党的会议、党的活动的公开，包括各级党的代表大会、党的中央全会、各级党委全委会或常委会，除需要特别保密的外，可向一定范围的党员乃至公众开放，党员、党员代表或社会公众可申请旁听，并允许媒体记者采访报道。为此，中共中央已于 2017 年 12 月 25 日制定发布了《中国共产党党务公开条例（试行）》。[④] 今后的任务是修改完善，在适当的时候将之制定为正式条例，以进一步明确党务公开的原则，适当扩大公开的范围，改进公开的方式、程序以及相应的监督责任机制。

---

① 该条例共 12 章，分别为总则，选拔任用条件，分析研判和动议，民主推荐，考察，讨论决定，任职，依法推荐，提名和民主协商，交流与回避，免职、辞职与降职，纪律和监督以及附则，条文共 69 条。

② 该条例共 7 章，分别为总则、代表的产生、委员会的产生、选举的实施、呈报审批、纪律和监督以及附则，条文共 41 条。

③ 参见党的十八届六中全会通过的《关于新形势下党内政治生活的若干准则》。

④ 该试行条例共 5 章，分别为总则、公开的内容和范围、公开的程序和方式、监督与追责、附则，条文共 27 条。

其三,党政领导干部家庭财产等个人有关事项的申报、核查和公示制度。这一制度包括三个环节:第一环节是申报,这一环节的成效取决于第二和第三环节(核查和公示)。第二环节是核查。没有核查,申报的真实性就难以保障。对于一个有着几千万党员,几十万领导干部的大党来说,全面核查的工作量也许太大,可以通过两个办法取代:一是进行一定比例的抽查;二是进行互联网经常性监控。将纪检、组织部门的数据系统与银行、不动产登记机构、证券交易所等机构的相应数据系统联网,随时掌握领导干部及其家人的财产变化信息,为核查提供准确的数据基础。第三环节是公示。这一环节尤其重要。只有公示,对腐败才能起到最大的震慑作用。当然,在目前的条件下,全部公示所有领导干部家庭财产等个人有关事项可能存在一定风险,不一定适当。可以考虑先从下面三部分人开始:一是经核查,发现个人申报的情况有较大虚假成分的;二是拟晋升职务的;三是已任省部级以上高层领导职务的。党政领导干部家庭财产等个人有关事项的申报、核查和公示制度对于党的廉政建设,保持执政党的先进性和纯洁性特别重要,甚至是必不可少的。2017 年,中共中央办公厅和国务院办公厅联合发布了《领导干部报告个人有关事项规定》和《领导干部个人有关事项报告查核结果处理办法》,但对党政领导干部个人有关事项(特别是家庭财产)的公示尚未有党内法规加以规范。① 对此有必要在适当的时候制定专门的党内法规加以完善,使该制度能真正有效运转。

其四,党内监督制度。对于党内监督,党的十八届六中全会通过的《中国共产党党内监督条例》(以下简称《党内监督条例》)②规定了多项已在党内先后实施,并取得了较好成效的制度。如层级监督制度、职能监督制度、纪检监

---

① 中共中央办公厅和国务院办公厅曾于 2010 年制定和发布《关于领导干部报告个人有关事项的规定》,党的十八届六中全会对坚持和完善领导干部个人有关事项报告制度又提出新的要求。据此,新的《领导干部报告个人有关事项规定》和《领导干部个人有关事项报告查核结果处理办法》于 2017 年 4 月 19 日出台。新的规定和办法较 2010 年规定相比,强化了监督约束,对报告主体、报告内容、抽查核实及结果处理等作出改进完善。

② 该条例于 2016 年 10 月 27 日由党的十八届六中全会通过,共设 8 章。分别为:总则、党的中央组织的监督、党委(党组)的监督、党的纪律检查委员会的监督、党的基层组织和党员的监督、党内监督和外部监督相结合、整改和保障、附则,条文共 47 条。2018 年 8 月,党中央又发布了与《党内监督条例》配套的新修订的《中国共产党纪律处分条例》,共 11 章 142 条,使监督制度的有效实施有了更切实的保障。

督制度、民主生活会制度、检举揭发制度、纪检派驻制度、巡视制度等。但仅有这些制度还不够，还需要建立常态化的工作报告审议制度、质询制度、罢免制度等。笔者曾经在多个场合提出在现在五年召开一次的党的代表大会之外另设立一年一次的党的代表会议制度。[①] 党的代表会议规模小于党的代表大会。依便利原则，可以由各级人大代表中的共产党员组成。召开时间可在每年“两会”后。在党的代表会议上，党委和党委主要工作部门（组织部、纪委）应向党的代表会议报告工作，代表会议的代表对之进行审议。代表在审议过程中可以对党委和党委主要工作部门的工作提出批评和质询，党委和党委主要工作部门的负责人应对批评和质询予以答复。党代表对答复不满意，可以对相应负责人启动罢免程序，由代表会议相对多数代表或2/3以上多数代表通过罢免决定，报上级党委备案。只有建立这样常态化的监督制度，党廉洁执政和依法执政才有严格的保障。为此，有必要制定相应的党内法规予以规范和加以完善。

2. 规范执政党直接行使相关国家公权力——党管干部、党管意识形态、党管军队等——行为，为执政党的这些执政行为直接提供“法”的依据，保证执政党依法执政

中国共产党是不同于西方国家政党的执政党，其直接行使相关的国家公权力，如党管干部、党管军队、党管意识形态等。依法治国要求执政党依法行使这些国家公权力，“依法”首先是依国法，如党管干部要依公务员法等法律、法规，党管军队要依国防法等法律、法规，党管意识形态要依有关新闻、出版、网络、宗教信仰等方面的法律、法规。“依法”其次是依党规，要通过党内法规具体规范党行使这些公权力的行为，并通过党内法规对直接行使这些公权力的党员公务员和非党员公务员提出要求。

例如，中共中央办公厅和国务院办公厅2009年发布的《关于实行党政领导干部问责的暂行规定》和之后各省市党委发布的《党政领导干部问责办法》均明确规定其适用范围包括党政机关所有领导成员。无论这些领导成员是中共党员，还是非中共党员。只要其具有该暂行规定和办法规定的失职、渎职或

---

① 参见姜明安：《建立健全执政党权力运行制约监督机制的构想》，载姜明安：《法治的求索与呐喊》评论卷，中国人民大学出版社2012年版，第411-414页。

决策失误等情形,均依该暂行规定和办法规定的范围、方式和程序问责。[①] 又如,《中央政治局关于改进工作作风、密切联系群众的八项规定》即不仅适用于党的领导干部,而且也适用于国家机关的领导干部。“八项规定”的内容包括改进调查研究、精简会议活动、改进文风、规范出访活动、改进警卫工作、减少交通管制、改进新闻报道、严格控制住房、车辆配备等,这些规范、规则,党内党外干部均一体适用。

3. 为实现执政党领导国家的地位和作用,直接对一定国家事务作出规定,或以与政府联合发文的形式就一定国家事务作出规定,推动国家相应事业的改革、创新和发展

中国共产党对整个国家事务实施领导,但这种领导不是恣意和任性的,它既要严格遵循国法,在宪法和法律范围内活动,又要通过党内法规对各项领导行为实行规范,通过党内法规实现其领导地位和作用。如《中国共产党党组工作条例》第 2 条和第 3 条规定,党组设立于中央和地方国家机关、人民团体、经济组织、文化组织、社会组织和其他组织的领导机关。党组在所设立的机关、团体、组织中发挥党的领导核心作用。同时,党组在发挥党的领导核心作用时要与本单位领导班子依法依章程履行职责相统一,把党的主张通过法定的民主程序转化为本单位领导班子的决定。

在规范党领导国家,推动依法治国的领导行为领域,中共中央单独发布的,或者中共中央办公厅和国务院办公厅联合发布的具有准党内法规性质的决定、纲要、指导意见等有着重要的地位和作用。例如,2013 年党的十八届三中全会通过的《中共中央关于全面深化改革若干重大问题的决定》、2014 年党的十八届四中全会通过的《中共中央关于全面推进依法治国若干重大问题的决定》等的作用即是全方位的;而 1998 年党的十五届三中全会通过的《中共中央关于农业和农村工作若干重大问题的决定》、1999 年党的十五届四中全会通过的《中共中央关于国有企业改革和发展若干重大问题的决定》以及 2015 年中共中央、国务院联合发布的 2015 年《纲要》和 2021 年《纲要》等的作

---

① 2019 年中共中央修订发布了《中国共产党问责条例》,共 27 条,规定了问责原则、问责主体、问责对象、问责事项、问责方式(通报、诫勉、组织处理、纪律处分等)、问责程序、问责对象的申诉等内容。这些规则原则上也适用非党员领导干部。

用则是一定相应领域的。然而,不管这些党内法规或准党内法规规范和调整的是哪一方面或哪一领域的国家政务,都是执政党领导国家作用的法治化的体现。

（二）党内法规是依规治党的根据和手段

前面我们论述了党内法规对于执政党依法执政和依法治国的作用——政治上和法制上的保障作用;这里再探讨党内法规对于依规治党的作用——为依规治党提供规则根据和治理手段。

中央办公厅法规局局长宋功德博士在其所著《党规之治:党内法规一般原理》一书中详细讨论了党内法规对于依规治党的功能和作用。他指出:“党内法规是用来规范和保障党的领导和党的建设活动的。具体而言,党内法规具有规范党的生活、调整党务关系、引导党的组织和党员作出正确行为选择、预测行为结果、评价行为是非并作出奖惩的作用。”[①]他接着使用六个“隐喻”来提示和描述党内法规的这种功能和作用:其一,党内法规是“规矩”。他认为,全面从严治党,基础在“全”、核心是“加强党的领导”、关键在“严”、要害在“治”。如果没有一套完善的用来规范党的建设活动的党内法规制度(“规矩”),那就难以把党要管党、全面从严治党的方针落到实处,就难以保证党的先进性和纯洁性,就难以保证全党的团结统一、行动一致。其二,党内法规是“轨道”。他认为,只有将党的组织的工作、活动和党员行为纳入党内法规的轨道,才能保证治党执政这个高速列车实现方向可控,朝着既定的提高党的长期执政能力和保持党的先进性、纯洁性的目标前进,不偏不倚,实现速度可控和结果可控。其三,党内法规是“地图”。他认为,党内法规地图是一幅党务关系的制度设计图。党的组织和党员只要按照党内法规设定的行为模式,在党内法规制度规定的“导航”下即可预知其行为结果,明白开展相关党的工作活动需要经历的步骤、环节和期限,明白采用什么方式、遵循什么程序、具备什么条件、经由什么路线即可到达目的地,实现预定的目标任务。其四,党内法规是“衣”。他指出,党内法规制度要适应世情国情党情之变而变,为党的领导和党的建设活动遮风避雨、保驾护航,确保党的工作活动风雨无阻、一往无前。同时,党内法规发展如同换衣。衣服旧了、破了、小了就得换,衣随体变。

---

① 宋功德:《党规之治:党内法规一般原理》,法律出版社2021年版,第76页。

其五,党内法规是“笼子”。他指出,每种权力,无论是党的执政权,还是国家机关的管理权,都要戴上制度的“枷锁”,实行依法治国和依规治党。制约而监督国家权力主要靠国家法律,规范和保障党的权力主要靠党内法规。把党的组织的权力关进制度的笼子,重点是依规制约和监督党员领导干部的用权行为,关键是要管住“一把手”。其六,党内法规是“准绳”。他指出,党内法规具有评判功能,能够作为判定特定党的组织工作活动和党员行为是非曲直的标准。以事实为根据、以党内法规为准绳,定分止争,保护合法权益,惩治违规行为,维护党的团结统一、行动一致。①

宋功德博士关于党内法规功能与作用的六项“隐喻”全面且生动地阐释了党内法规与从严治党、依规治党的关系。本书拟进一步探讨党内法规具体实现这些功能和作用的途径。笔者认为,此途径主要包括制度创建、程序设计、行为规范确立三个方面。

1. 制度创建

关于制度对于从严治党、依规治党的重要性,习近平同志曾经多次强调、一再强调。在党的十九届中央纪委四次全会上,他又一次指出,“党的十八大以来,我们探索出一条长期执政条件下解决自身问题、跳出历史周期率的成功道路,构建起一套行之有效的权力监督制度和执纪执法体系,这条道路、这套制度必须长期坚持并不断巩固发展”。“要用严明的纪律维护制度,增强纪律约束力和制度执行力。要完善全覆盖的制度执行监督机制,强化日常督察和专项检查。要把制度执行情况纳入考核内容,推动干部严格按照制度履职尽责、善于运用制度谋事干事。要以有效问责强化制度执行,既追究乱用滥用权力的渎职行为也追究不用弃用权力的失职行为,既追究直接责任也追究相关领导责任。”②

制度对于从严治党、依规治党的作用是经过我党长期实践和正反两方面经验反复证明,从而是毋庸置疑的。但制度必须通过国法、党规创建和确立,国法必须通过国家强制力,党规必须通过党纪约束力保障实施。否则,制度就将形同虚设,不可能发挥实际作用。

---

① 参见宋功德:《党规之治:党内法规一般原理》,法律出版社 2021 年版,第 77-88 页。

② 《习近平谈治国理政》(第 3 卷),外文出版社 2020 年版,第 547-550 页。

中国共产党保障从严治党、依规治党的制度是多方面的，除了我们前面论述的保障执政党依法执政、依法治国的各项制度（它们同时也是保障从严治党、依规治党的制度）外，还有很多其他制度。这些保障从严治党、依规治党的制度主要包括下述五类：

其一，党的组织制度。如党委党组制度、党的工作部门设置制度、党的协调机构[中央和地方各级深改委、中央和地方各级依法治国委（地方称依法治省委员会、依法治市委员会等）、中央和地方各级网信委、中央财经委、中央外事委等]设置制度、党的基层组织制度、党政机关合并设立或合署办公制度等。

其二，党的会议制度。如党的全国代表大会和党的各级代表会议制度、党的中央全会、中央政治局和政治局常委会会议制度、地方各级党委全会和县级以上党委常委会会议制度、党的临时性紧急会议制度等。

其三，党的组织人事制度。如党的干部任用制度、考核制度、培训制度、晋升制度、奖惩制度、调动轮换制度、回避制度、辞职辞退制度、工资福利休假制度及领导干部住房、用车和勤务人员制度等。

其四，党的职权行使制度。如党管军队、党管政法、党管意识形态、党管干部、党对经济、社会、文化、教育等各项工作的领导制度，包括党政的适当分工、职权配置和规范性文件发布制度等。

其五，党的纪律检查制度。如纪检机构的设置、职权、监督范围、管辖，纪检监督方式、手段，纪律处分的种类、适用条件，被处分人的权利保障和救济制度等。

很显然，这些制度都需要党内法规予以确立和规范。目前，这些制度中的很多制度尚不完善，相应党内法规暂付阙如。因此制定和完善相应党内法规的任务还相当艰巨。

2. 程序设计

党规与国法一样，同样包括实体规范和程序规范。从严治党、依规治党的各种制度主要由实体规范构成，但是，实体规范的运作必须有程序规范保障，程序规范不完善，实体规范就难以发挥作用，制度的功效就会大打折扣，甚至等于零。笔者认为，党内法规保障从严治党、依规治党的程序规范最重要的有下述四类：

其一,党中央和各级党委进行决策的程序规范。中国共产党是执政党,党中央和各级常委的决策关系国家的生死存亡和人民能否安宁幸福,因此,必须十分慎重。决策程序最重要的是民主、科学。必须坚持民主集中制,有领导班子的充分的集体讨论,有广大党员(必要时还要有党外群众)的参与,有专家学者的咨询论证和风险评估。避免由“一把手”拍脑袋决策或少数人暗室决策。

其二,各级党委组织部门选人用人的程序规范。选人用人关系党的决策能否有效执行,从而关系党的事业的胜败兴衰。毛泽东同志曾经指出:“政治路线确定之后,干部就是决定的因素。”①因此,在党的建设中,选人用人具有非常重要的地位。而选人用人的程序对于选对人用对人,保证能选拔出和使用真正德才兼备的干部又具有决定性的意义。选人用人程序的关键是保障“三公”:公开、公正、公平。公开即防止“暗箱操作”,应将“民意”作为重要或基本的考虑因素;公正即防止偏私,避免在“小圈子”选人,只选用领导“身边人”或“唯领导之命是从的人”;公平即平等对待符合基本条件的选用对象,避免性别歧视、出身歧视、年龄歧视、学历歧视等各种歧视。

其三,党员监督党的各级组织及领导干部的程序规范。党内法规程序规范的重要使命之一是建立和完善党员监督党的各级组织及领导干部的程序机制。对于党组织的活动和党的领导干部(特别是高级干部)的行为,党内法规规定了其应遵守的各种规则、规矩。这些规则、规矩能否得到切实遵守、遵循,除了由党的专门纪检监督机关进行监督外,另外的重要监督途径就是广大党员的监督。因此,在这方面,党内法规即要为这种监督设定具体的具有很强操作性和有效的程序规范,如有关检举、控告、举报的提出、受理、核查、处理和反馈的程序规则;有关通过媒体、网络公开揭露、批评党员领导干部违法乱纪、滥用权力和贪污腐败行为的审查、核实、处理及处理结果的公开程序规则等。

其四,纪律检查和对党员进行问责、处分的程序规范。要保持党的先进性和纯洁性,建立强有力的严格的党内纪律检查监督和问责、处分制度是非常必要的。同时,为了保障纪检监督和问责、处分的依法依规和公正进行,防止权

① 《毛泽东选集》(第2卷),人民出版社1966年版,第492页。

力滥用，保障被监督、问责、处分党员的合法权益，通过党内法规确立正当程序制度也是非常必要的。例如，有关纪检监督机构采取调查、处置、问责、处分的程序规则；有关被监督、问责、处分党员的申诉、申请复查、复核以及有关机构受理、审查和处理申诉、复查、复核申请的程序规则等。

3. 行为规范确立

党内法规保障从严治党、依规治党功能作用的发挥的另一重要途径即是确立党员的行为规范。这些规范主要包括三类：第一类是义务性规范；第二类是禁止性规范；第三类是权利性规范。

其一，义务性规范。《党章》规定了党员的八项义务："学习"义务；"起先锋模范作用"义务；"吃苦在先，享受在后，克己奉公"义务；"遵纪守法"义务；"维护党的团结统一"义务；"开展批评和自我批评"义务；"密切联系群众"义务；"在困难危险时刻挺身而出，英勇斗争、不怕牺牲"义务。《党章》是最高党内法规。《党章》规定党员的这些基本义务，还需要其他党内法规在特定领域、特定事项上具体化，以保障这些基本义务得到有效实现。

其二，禁止性规范。禁止性规范即"底线"规范、"红线"规范，是党员行为的负面清单。例如，2012 年 12 月 4 日，中共中央政治局审议通过的关于改进工作作风、密切联系群众的"八项规定"即大多为禁止性规范。又如，2022 年 2 月中央政法委牵头联合有关国家机关发布的《新时代政法干警"十个严禁"》，其内容包括：严禁搞两面派、做两面人；严禁有令不行、有禁不止；严禁放任错误思潮侵蚀影响；严禁不当交往、干预执法司法；严禁玩忽职守、徇私枉法；严禁违规参与营利活动；严禁包庇纵容黑恶势力；严禁滥用执法司法权；严禁不作为乱作为、耍特权抖威风；严禁跑风漏气、失密泄密。其中强调，凡违反"十个严禁"的，依规依纪依法严肃处理。这些禁止性规范对于从严治党、依规治党无疑具有特殊重要的意义。①

其三，权利性规范。《党章》规定了党员的八项权利：参加有关会议，阅读有关文件，接受有关培训的权利；参加党的政策讨论的权利；对党的工作提出建议和倡议的权利；批评、揭发、检举违法乱纪党员及其行为和事实的权利；行

---

① 尽管领导干部和政法干警不全是共产党员，但绝大多数属于共产党员。从严治党、依规治党的党内法规在原则上也适用于非党员的领导干部和政法干警。

使选举权、被选举权和表决的权利;对本人受党纪处分进行申辩和为其他党员作证、辩护的权利;对党的政策、决议保留不同意见和向上级直至中央反映的权利;向上级直至中央提出请求、申诉、控告并要求答复的权利。《党章》规定党员的这些权利是最重要和基本的权利,还需要其他党内法规在特定领域、特定事项上具体化,以保障这些基本权利得到有效实现。

二、中国特色的软法的其他法源形式及其作用

作为中国特色的软法,除了党内法规之外,还有诸多其他法源形式。这些法源形式主要包括下述五类:

其一,法律的基本原则。法律的基本原则是法律条文的灵魂。法律条文通常是以硬法形式表现,而法律基本原则一般以软法,且在很多情况下以不成文软法的形式出现。法律的基本原则包括公法基本原则和私法基本原则。前者如依法行政原则、人权保障原则、信赖保护原则、比例原则、正当法律程序原则等,后者如契约自由原则和民事活动平等、自愿、等价、有偿原则等。法律的某些基本原则兼有公法和私法的双重性质,同时适用于公法和私法领域,如公平原则与诚信原则等。

其二,已经形成和正在形成的宪法惯例。在国外,特别是不成文宪法国家,如英国,宪法惯例(constitutional conventions,或称政治惯例)是重要的宪法渊源之一。我国是成文宪法国家,但是由于正处在社会转型时期,宪法和法律需要适应国家政治、经济、文化的不断发展变化而作出相应的发展变化。然而一个国家的宪法和法律,特别是宪法,不可能频繁地修改。这样,具有软法性质的宪法惯例就不断生长、发展起来,在推进社会转型和国家治理现代化方面发挥出越来越广泛和越来越重要的作用。如我国执政党内部在党和国家领导人换届时就候选人产生方式和人选最终确定协商的惯例,执政党中央政治局常委会委员兼任各主要国家机关(国务院、人大、军队)和政协领导人的惯例,执政党与参政党就国家重大决策协商的惯例,重要立法在人大审议过程中经由公民全民讨论的惯例,人大常委会对政府和政府部门进行专题询问、政协定期就专门问题组织政治、政策协商(全国政协实施的"双周协商会")的惯例等。

其三,已经形成和正在形成的"社会法"。作为与国家法相对应的"社会

法”(社会规范)[①]是指由社会公权力主体,如社会团体、行业组织、社会自治组织等制定的调整其内部关系和相应社会公权力运作所涉及的外部关系,规范社会公权力组织内部机构、内部成员行为以及相应社会公权力运作所及外部组织、外部人员行为的规则系统。目前我国正处于国家公权力逐步向社会转移的转型时期。与之相适应,作为社会法的软法也不断生长、发展,其中包括各种已经形成和正在形成的社会规范或惯例。如公民和公民团体通过申请政府信息公开监督公权力的社会规范和惯例;公民和公民团体通过网络、博客揭露腐败公职人员及其腐败行为的社会规范或惯例;社会公众和专家、学者通过向国家机关提交立法、政策、制度改革、变革建议,参与政治的社会规范或惯例;社会自治组织通过制定章程推进和规范社会自治行为的社会规范或惯例等。

其四,司法判例。司法判例是指法院就典型性案件作出的对今后本级和下级法院审判同类案件有法律约束力的或有指导意义的判决。在英美法系国家,判例称为“判例法”,对今后本级和下级法院审判同类案件有法律约束力,相当于硬法;在大陆法系国家,判例仅对今后本级和下级法院审判同类案件有指导意义,属于软法范畴。我国最高人民法院每年发布若干指导性案例,对本级和下级法院审判同类案件起指导作用。判例的直接效力仅及于法院,但对法院以外的国家机关进行国家治理亦有一定的约束力。例如,行政机关在行政执法过程中如不遵守判例确定的规则,之后在行政诉讼中就可能因法院遵守先例而承担败诉的风险。因此,司法判例在我国亦属于规范国家治理行为的软法形式。

其五,行政执法裁量基准。行政执法裁量基准是指行政机关为正确、公正行使法律、法规授予的行政裁量权,防止执法机关和执法工作人员滥用裁量权或过分任意行使裁量权而导致的不公,而就法律、法规规定的裁量范围、幅度予以细化、具体化所制定的细化、具体化的条件、标准。行政执法裁量基准不是硬法,没有强制执行的法律效力,但它作为软法,也不是没有约束力。在一

---

① 作为与国家法相对应的“社会法”不同于作为国家法法律体系构成的部门法之一的“社会法”。前者是依法的制定主体而划分的法律类别(国家法、社会法、国际法),后者是依法的内容、法的调整对象而划分的法律部门(民商法、经济法、行政法、社会法等)。一般认为,作为法律部门的“社会法”,主要包括社会保险法、社会福利法、劳动法、环境保护法、消费者权益保护法等。参见樊启荣、程芳:《社会法的范畴及体系的展开——兼论社会保障法体系之构造》,载《时代法学》2005 年第 2 期。

般情况下,它应该得到执法者的严格遵守,违反即构成违法。但在某些特定情况下,执法者可以不遵循,而在法律赋予的裁量权大范围内作出行政行为。因为行政机关制定裁量基准时难以对执法现场可能发生的所有情形均予以考虑。故执法者在遇到行政机关制定裁量基准时未考虑的新情形时,允许其超裁量基准而自由裁量。

第六节 正确处理形式法治和实质法治的关系

中国依宪治国和法治政府建设的第六项特色是特别强调正确处理形式法治和实质法治的关系:既强调形式法治,做到有法可依、有法必依、执法必严、违法必究,也重视实质法治,追求良法善治。

一、中国法治从形式法治向实质法治的转化和进步

法治首先是指形式法治。在中国依宪治国和法治政府建设的语境下,形式法治的要求主要体现在党的十一届三中全会公报提出的十六字方针:有法可依,有法必依,执法必严,违法必究。党的十一届三中全会之所以在当时提出这样的十六字方针,是有着反思十年"文革"教训的历史背景的。在十年"文革"中,无论是普通老百姓,还是一大批具有"走资派"头衔的领导干部,都吃尽了当时执掌公权力的造反派和"四人帮"无法无天的苦头。因此,"文革"一结束,上上下下各个方面都希望国家制定法律,建立法制。邓小平同志在1978年中央工作会议闭幕会上的讲话很好地反映了当时广大人民的这种希望。他说,"为了保障人民民主,必须加强法制。必须使民主制度化、法律化,使这种制度和法律不因领导人的改变而改变,不因领导人的看法和注意力的改变而改变。……所以,应该集中力量制定刑法、民法、诉讼法和其他各种必要的法律……做到有法可依,有法必依,执法必严,违法必究"。之后,党的十一届三中全会将这些话语写入全会公报,从而在我们共和国的历史上明确确立了法制原则。十六字方针即是这一法制原则的表述,是形式法治的最好体现。

形式法治是法治初级阶段最符合实际的选择。在20世纪80年代和90年代,法制首先要解决的是无法可依和有法不依、执法不严、违法不究的问题。但是在法制运作一个时期以后,法律、法规逐渐制定得多起来,逐渐相对健全

完善起来以后,“恶法”“良法”的问题就开始出现了,一些侵犯、损害公民、法人和其他组织权益的法规、规章和“红头文件”,人们要不要有“法”必依,见“法”就严格遵守呢?根据实质法治的要求,“恶法”非法,违反宪制和法治基本原则、精神,侵犯、损害公民、法人和其他组织合法权益的“法”,无论在形式上是“红头文件”,还是法规、规章,人们都可以将之视为非法,执法机关可不予执行,公民、法人和其他组织可不予遵守。

但是,“良法”“恶法”是一个非常复杂的问题:“良”与“恶”由谁判断?公民、法人和其他组织是否可自行判断法的“良”与“恶”而决定遵守或不遵守?执法机关可否自行判断法的“良”与“恶”而决定执行或不执行?再说,法的“良”与“恶”有一个“度”的问题,达到多大程度的“恶”,公民、法人和其他组织才可以自行决定不遵守和抵制,执法机关才可以自行决定不执行?法的“恶”如果没有达到这个“度”,则必须由法定专门机关审查和判断,由它们决定是否应予遵守和执行。

在中国特色依宪治国和法治政府建设的新时代,我们所坚持的法治模式无疑应是形式法治和实质法治的统一。但也有人认为形式法治和实质法治二者只能择其一,要么严格坚持形式法治:“恶法”亦法,只要是“法”,就要有法必依,违法必究;要么完全否定形式法治,严格坚持实质法治:“恶法”非法,只要确定是“恶法”,就要予以抵制,不予遵守和执行。这两种极端做法显然均不符合中国特色的宪制和法治的要求。坚持严格的形式法治是机械的法治主义,背离法本应具有的公平正义的本质。但完全否定形式法治而主张所谓严格的实质法治,则可能导致人们各行其是,破坏法的统一性和最终摧毁法治的后果。

二、保障形式法治与实质法治的统一,避免法律冲突的主要方法与途径

在我国现阶段不断推进改革开放的条件下,国家社会经济不断向前发展,而法具有相对稳定性,在一定时期为“良法”的法,到另一个时期就有可能变得过时、不适应,变得不那么“良”而逐渐生发出或多或少的“恶”的因素来。对这些逐渐由“良”变“恶”,妨碍或阻碍改革的法,人们要不要遵守和执行呢?有人主张改革不应受这些过时的法的约束,违反这些过时的法属于“良性违宪”“良性违法”。他们认为,根据我国现行立法体制和立法能力,立法很难适

应发展、改革、创新的需要，有些法律一时半会出不来，有些法律过时、不好用，怎么办，发展、改革、创新不能停下来，因此只能突破现行法律而“先行先试”。①

改革和法治在一定的时空确实可能存在这样的矛盾和冲突。如何处理这种矛盾和冲突？我们既不能为了追求法治（形式法治）而放弃改革，但也不能为了推进改革而放弃法治，搞所谓“良性违宪”“良性违法”的所谓“实质法治”。对此，中国特色的宪制和法治要求是：坚持形式法治和实质法治的统一。习近平同志指出，“凡属重大改革都要于法有据。在整个改革过程中，都要高度重视运用法治思维和法治方式，发挥法治的引领和推动作用，加强对相关立法工作的协调，确保在法治轨道上推进改革”。② 为了协调和平衡改革与法治的关系，保障形式法治和实质法治的统一，在立法、执法和司法实践中目前通常采取下述四种方法和途径避免法律冲突。

其一，由立法机关授权特定地区在特定时期暂停实施某一特定法律、法规或某一特定法律法规的某一特定部分或某一特定条款。例如，第十二届全国人大常委会第四次会议决定授权国务院在中国（上海）自由贸易试验区调整《外资企业法》《中外合资经营企业法》《中外合作经营企业法》中有关行政审批的规定，暂停相应法律有关规定在上海自贸区的实施。③ 在改革实践中，有

---

① 实践中这种情况很多。例如，改革开放初期，“八二宪法”第10条第4款和有关法律（1982年全国人大常委会批准发布的《国家建设征用土地条例》第25条）明确规定，任何组织或者个人不得侵占、买卖、出租或者以其他形式非法转让土地。但随着改革开放的推进，不少地方（深圳等）开始以多种形式“先行先试”有偿转让土地，直至1988年，全国人大修改宪法，规定“土地的使用权可以依照法律的规定转让。”又如，根据1998年国务院发布的《社会团体登记管理条例》第9条规定，“申请成立社会团体，应当经其业务主管单位审查同意”（该条款被俗称为“婆婆把关”条款，目前该条例尚未修改），但北京、广州、深圳等地为了推进改革，促进经济和科研事业的发展，陆续通过地方性法规规定，公民申请成立经济和科研事业性质的社团，可以不找“婆婆”，不经业务主管单位审查同意的程序，直接向民政部门申请筹办。

② 习近平2014年2月28日在中央全面深化改革领导小组第二次会议上的讲话，载《人民日报》2014年3月1日，第1版。

③ 为加快政府职能转变，创新对外开放模式，进一步探索深化改革开放的经验，第十二届全国人大常委会第四次会议决定：授权国务院在上海外高桥保税区、上海外高桥保税物流园区、洋山保税港区和上海浦东机场综合保税区基础上设立的中国（上海）自由贸易试验区内，对国家规定实施准入特别管理措施之外的外商投资，暂时调整《外资企业法》、《中外合资经营企业法》和《中外合作经营企业法》规定的有关行政审批的规定。上述行政审批规定的调整在三年内试行，对实践证明可行的，应当修改完善有关法律；对实践证明不宜调整的，恢复施行有关法律规定。

些事项只是一种改革实验，尚不具备启动修法、立法的条件，立法者可以主动授权执法者在特定时期暂停施行某一特定法律法规或某一特定法律法规的某一特定部分或某一特定条款；执法者也可以请求相应立法机关授权其“先行先试”，如果立法机关授权其“先行先试”，这就是立法者的意志，而不是执法者的恣意、滥权，这样既符合实质法治，也符合形式法治。

其二，执法者建议修法、立法。如果现行法律法规不适应社会经济发展的需要，改革于法无据，无法可依，且执法者通过法律解释和法律的选择适用也不能解决问题，在这种情况下，执法者可以向相应立法机关提出修法、立法的建议，执法者也可以通过所在地区、所在部门的人大代表向立法机关提出在一定期限内尽快修法、立法的议案，以保证相应地区、相应部门发展、改革、创新对法律的需求。

其三，执法者通过法律解释为改革寻求法律依据。法律往往会给执法者留下很大的解释空间。很多时候，执法者在感觉无法可依的时候，只要多阅读几遍法律，认真研究法律的条文和表述，即可从法律的目的、原则，乃至法律具体条文的解释中找到其改革可依据和应依据的法律根据。

其四，执法者通过法律的选择适用为改革寻求法律依据。法是一个体系，有宪法、法律、法规、规章，有上位法、下位法，有基本法、非基本法。有些时候，执法者适用下位法不合适，其可选择适用上位法；其适用非基本法不合适，可选择适用基本法；甚至最后可以选择适用宪法。

实质法治的要求主要体现在法治的目的——追求社会公平正义和人的自由、幸福，保障和发展人权一类美好价值上。实质法治否定“恶法亦法”的消极法治主义。对于明显违宪、违法的“恶法”，如《收容遣送条例》《拆迁条例》《劳动教养条例》，必须通过合宪性审查或合法性审查程序撤销。在“恶法”没有撤销之前，国家机关应适用合宪、合法的上位法而不应适用明显违宪、违法的“恶法”（特别是违法的“红头文件”）；如当时尚没有相应的上位法可适用，可直接适用宪法。对于明显违宪、违法的“恶法”，根据实质法治的要求，公民在穷尽其他救济途径后可以自行依法抵制，直接拒绝履行“恶法”为之确定的义务。

第三章 中国特色依宪治国和法治政府建设的主要理论渊源

中国特色依宪治国和法治政府建设在本质上不同于西方国家的宪政和法治,有其鲜明的特色,导致这些鲜明特色的原因是多方面的,其中之一即是理论渊源的独特性和多元性。例如,中国特色社会主义理论作为中国依宪治国和法治政府建设的理论渊源即是其独特性,而除了中国特色社会主义理论外,马克思主义中国化理论、中国传统法律思想中关于法治的理论等,均构成中国依宪治国和法治政府建设理论渊源的多元性。

第一节 中国特色社会主义理论

中国特色社会主义理论是20世纪80年代初期由以邓小平同志为代表的中共中央第二代领导集体突破传统社会主义学说,根据时代的发展变化和中国当时的国情创立的,之后由江泽民、胡锦涛、习近平等同志为代表的历届中共中央领导集体,特别是党的十八大以后以习近平同志为核心的党中央承继,并与时俱进发展的全新社会主义理论。根据2021年11月11日党的十九届六中全会通过的《中共中央关于党的百年奋斗重大成就和历史经验的决议》(以下简称《决议》),中国特色社会主义理论主要反映和体现在党的十八大以来以习近平同志为核心的党中央所推进的十三项重大举措和重大工作①

① 十三项重大举措和重大工作分别是:(1)坚持党的全面领导;(2)全面从严治党;(3)经济建设;(4)全面深化改革开放;(5)政治建设;(6)全面依法治国;(7)文化建设;(8)社会建设;(9)生态文明建设;(10)国防和军队建设;(11)维护国家安全;(12)坚持“一国两制”和推进祖国统一;(13)外交工作。

的进程中以及十九届六中全会所总结归纳出的党百年奋斗的十项历史经验①中。分析、总结这十三项重大举措和重大工作以及十项历史经验,我们可以概括和归纳出中国特色社会主义理论的最重要的六项基本要素,这些基本要素构成中国特色宪制和法治的第一大理论渊源。

一、坚持党的全面领导

《决议》指出,中国共产党是领导我们事业的核心力量。中国人民和中华民族之所以能够扭转近代以后的历史命运、取得今天的伟大成就,最根本的是有中国共产党的坚强领导。历史和现实都证明,没有中国共产党,就没有新中国,就没有中华民族伟大复兴。治理好我们这个世界上最大的政党和人口最多的国家,必须坚持党的全面领导特别是党中央集中统一领导,坚持民主集中制,确保党始终总揽全局、协调各方。只要我们坚持党的全面领导不动摇,坚决维护党的核心和党中央权威,充分发挥党的领导政治优势,把党的领导落实到党和国家事业各领域各方面各环节,就一定能够确保全党全军全国各族人民团结一致向前进。

改革开放以后,党为加强和改善党的领导进行持续努力,为党和国家事业发展提供了根本政治保证。以习近平同志为核心的党中央旗帜鲜明地提出,党的领导是党和国家的根本所在、命脉所在,是全国各族人民的利益所系、命运所系,全党必须自觉在思想上政治上行动上同党中央保持高度一致,提高科学执政、民主执政、依法执政水平,提高把方向、谋大局、定政策、促改革的能力,确保充分发挥党总揽全局、协调各方的领导核心作用。

党的领导是全面的、系统的、整体的,保证党的团结统一是党的生命;党中央集中统一领导是党的领导的最高原则,加强和维护党中央集中统一领导是全党共同的政治责任;坚持党的领导首先要旗帜鲜明讲政治,保证全党服从中央;党坚持民主集中制,建立健全党对重大工作的领导体制,保证全党在政治立场、政治方向、政治原则、政治道路上同党中央保持高度一致。

---

① 十项历史经验分别是:(1)坚持党的领导;(2)坚持人民至上;(3)坚持理论创新;(4)坚持独立自主;(5)坚持中国道路;(6)坚持胸怀天下;(7)坚持开拓创新;(8)坚持敢于斗争;(9)坚持统一战线;(10)坚持自我革命。

二、坚持人民至上

《决议》指出，党的根基在人民、血脉在人民、力量在人民，人民是党执政兴国的最大底气。民心是最大的政治，正义是最强的力量。党的最大政治优势是密切联系群众。党代表中国最广大人民根本利益，没有任何特殊的利益，从来不代表任何利益集团、任何权势团体、任何特权阶层的利益，党始终坚持全心全意为人民服务的根本宗旨，坚持群众路线，坚持一切为了人民、一切依靠人民，坚持为人民执政、靠人民执政，坚持发展为了人民、发展依靠人民、发展成果由人民共享，坚定不移走全体人民共同富裕道路。

改革开放以后，党领导人民坚持中国特色社会主义政治发展道路，发展社会主义民主，建设社会主义民主政治，发展社会主义政治文明，使中国特色社会主义政治制度深深扎根于中国社会土壤。坚持党的领导、人民当家作主、依法治国有机统一，积极发展全过程人民民主，健全全面、广泛、有机衔接的人民当家作主制度体系，构建多样、畅通、有序的民主渠道，丰富民主形式，从各层次各领域扩大人民有序政治参与，使各方面制度和国家治理更好体现人民意志、保障人民权益、激发人民创造。

坚持人民至上，以人民为中心，就必须坚持人民主体地位，保证人民依法实行民主选举、民主协商、民主决策、民主管理、民主监督；坚持和完善人民代表大会制度，支持和保证人民通过人民代表大会行使国家权力，支持和保证各级人民代表大会依法行使立法权、监督权、决定权、任免权，维护人民代表大会制度权威和尊严，发挥人民代表大会制度的根本政治制度作用。坚持人民至上，以人民为中心，还必须完善办事公开制度，保障人民知情权、参与权、表达权、监督权。

三、坚持全面深化改革开放

《决议》指出，实践发展永无止境，解放思想永无止境，改革开放永无止境，改革只有进行时、没有完成时，停顿和倒退没有出路，党必须以更大的政治勇气和智慧推进全面深化改革，敢于啃硬骨头，敢于涉险滩，突出制度建设，注重改革关联性和耦合性，真枪真刀推进改革，有效破除各方面体制机制弊端。

党的十八届三中全会对经济体制、政治体制、文化体制、社会体制、生态文明体制等各方面的体制、机制、制度改革作出了全面部署，确定了全面深化改革的总目标、战略重点、优先顺序、主攻方向、工作机制、推进方式和时间表、路线图，开创了我国全面改革开放的新局面。

改革必须坚持正确的方向，以促进社会公平正义、增进人民福祉为出发点和落脚点，突出问题导向，聚焦进一步解放思想、解放和发展社会生产力、解放和增强社会活力，加强顶层设计和整体谋划，增强改革的系统性、整体性、协同性，激发人民首创精神，推动重要领域和关键环节改革走实走深。

改革与开放是紧密相连的。开放带来进步，封闭必然落后；我国发展要赢得优势、赢得主动、赢得未来，必须顺应经济全球化，依托我国超大规模市场优势，实行更加积极主动的开放战略，坚持对内对外开放相互促进、“引进来”和“走出去”更好结合，推动贸易和投资自由化便利化，推动规则、规制、管理、标准等制度型开放，形成更大范围、更宽领域、更深层次对外开放格局，构建互利共赢、多元平衡、安全高效的开放型经济体系，不断增强我国国际经济合作和竞争新优势。

四、坚持全面依法治国

《决议》指出，权力是一把“双刃剑”，依法依规行使可以造福人民，违法违规行使必然祸害国家和人民。党中央强调，法治兴则国家兴，法治衰则国家乱；全面依法治国是中国特色社会主义的本质要求和重要保障，是国家治理的一场深刻革命；坚持依法治国首先要坚持依宪治国，坚持依法执政首先要坚持依宪执政。必须坚持中国特色社会主义法治道路，贯彻中国特色社会主义法治理论，坚持依法治国、依法执政、依法行政共同推进，坚持法治国家、法治政府、法治社会一体建设。

党的十八届四中全会和中央全面依法治国工作会议专题研究全面依法治国问题，就科学立法、严格执法、公正司法、全民守法作出顶层设计和重大部署，统筹推进法律规范体系、法治实施体系、法治监督体系、法治保障体系和党内法规体系建设。全面依法治国最广泛、最深厚的基础是人民，必须把体现人民利益、反映人民愿望、维护人民权益、增进人民福祉落实到全面依法治国各领域全过程，保障和促进社会公平正义，努力让人民群众在每一项法律制度、每一个执法决定、每一宗司法案件中都感受到公平正义。

五、坚持全面从严治党

习近平同志指出,打铁必须自身硬,办好中国的事情,关键在党,关键在党要管党、全面从严治党。必须以加强党的长期执政能力建设、先进性和纯洁性建设为主线,以党的政治建设为统领,以坚定理想信念宗旨为根基,以调动全党积极性、主动性、创造性为着力点,不断提高党的建设质量,把党建设成为始终走在时代前列、人民衷心拥护、勇于自我革命、经得起各种风浪考验、朝气蓬勃的马克思主义执政党。党以永远在路上的清醒和坚定,坚持严的主基调,突出抓住"关键少数",落实主体责任和监督责任,强化监督执纪问责,把全面从严治党贯穿于党的建设各方面。

改革开放以后,党坚持党要管党、从严治党。党历来强调,全党必须做到理想信念坚定、组织体系严密、纪律规矩严明。腐败是党长期执政的最大威胁,反腐败是一场输不起也绝不能输的重大政治斗争。必须把权力关进制度的笼子里,依纪依法设定权力、规范权力、制约权力、监督权力。党坚持不敢腐、不能腐、不想腐一体推进,惩治震慑、制度约束,确保党和人民赋予的权力始终用来为人民谋幸福;坚持无禁区、全覆盖、零容忍,坚持重遏制、强高压、长震慑,坚持受贿行贿一起查,坚持有案必查、有腐必惩,以猛药去疴、重典治乱,坚定不移"打虎""拍蝇""猎狐";完善党和国家监督体系,推动国家监察体制改革,加强对权力运行的制约和监督。

六、坚持理论创新、制度创新和道路创新

《决议》指出,马克思主义理论不是教条而是行动指南,必须随着实践发展而发展,必须坚持解放思想、实事求是、与时俱进、求真务实,坚持把马克思主义基本原理同中国具体实际相结合、同中华优秀传统文化相结合,坚持实践是检验真理的唯一标准,坚持一切从实际出发,勇于结合新的实践不断推进理论创新、善于用新的理论指导新的实践,让马克思主义在中国大地上展现出更强大、更有说服力的真理力量。

独立自主是中华民族精神之魂,是我们立党立国的重要原则。党历来坚持独立自主开拓前进道路,坚持把国家和民族发展放在自己力量的基点上,坚持中国的事情必须由中国人民自己作主张、自己来处理。人类历史上没有一

个民族、一个国家可以通过依赖外部力量、照搬外国模式、跟在他人后面亦步亦趋实现强大和振兴。只要我们坚持独立自主、自力更生，既虚心学习借鉴国外的有益经验，又坚定民族自尊心和自信心，不信邪、不怕压，就一定能够把中国发展进步的命运始终牢牢掌握在自己手中。

方向决定道路，道路决定命运。中国特色社会主义道路是创造人民美好生活、实现中华民族伟大复兴的康庄大道。脚踏中华大地，传承中华文明，走符合中国国情的正确道路。改革开放以来，党中央一再强调，中国共产党和中国人民既不走封闭僵化的老路，也不走改旗易帜的邪路，坚定不移走中国特色社会主义道路。

以上六大要素是中国特色社会主义理论的基本内容。关于这一理论的形成和发展和这一理论之所以能成为中国特色依宪治国和法治政府建设的理论渊源，我们认为主要有下述四个重要原因。

其一，改革开放摆脱了计划经济的桎梏，建立和发展市场经济，将社会主义和市场经济联系起来。

传统社会主义理论将社会主义与计划经济等同起来，认为只有完全按计划开展经济活动，以计划控制和规范国家的整个宏观经济运作乃至微观经济行为，才是社会主义；引入市场调节，哪怕是坚持计划为主，市场为辅，让市场发挥一点补充辅助作用，那也都是资本主义。正是这种传统的计划经济社会主义理论，曾经抑制了苏联东欧社会主义国家和改革开放前我国经济的活力，深重惨痛的教训，促使以邓小平同志为代表的中共第二代领导人开始思考什么是真正的社会主义，计划经济与市场经济是否是区分社会主义与资本主义的标准和界线。早在 1979 年，邓小平在与美国不列颠百科全书出版公司编委会副主席吉布尼和加拿大麦吉尔大学东亚研究所主任林达光等的谈话中就指出，“说市场经济只存在于资本主义社会，只有资本主义的市场经济，这肯定是不正确的。社会主义为什么不可以搞市场经济，这个不能说是资本主义……市场经济不能说只是资本主义的……社会主义也可以搞市场经济”。“当然我们不要资本主义，但是我们也不要贫穷的社会主义，我们要发达的、生产力发展的、使国家富强的社会主义。”①这些话明显地透露出他和他当时

① 参见《邓小平文选》（第 2 卷），人民出版社 1993 年版，第 231–236 页。

的其他中央领导人已经在开始探索一条新的不同于传统旧的社会主义——计划经济(贫穷社会主义)的道路:中国特色社会主义——市场经济社会主义的道路。之后,1992 年,邓小平同志在“南方谈话”中又进一步阐述了关于市场经济与社会主义的关系的观点,“计划多一点还是市场多一点,不是社会主义与资本主义的本质区别。计划经济不等于社会主义,资本主义也有计划;市场经济不等于资本主义,社会主义也有市场。计划和市场都是经济手段。社会主义的本质,是解放生产力,发展生产力,消灭剥削,消除两极分化,最终达到共同富裕”。这实质上已经提出了中国特色社会主义的模式框架:市场经济+共同富裕。为了明确其观点,他还在此基础上提出了判断姓“资”姓“社”的是否“三个有利于”的标准:“改革开放迈不开步子,不敢闯,说来说去就是怕资本主义的东西多了,走了资本主义道路。要害是姓‘资’还是姓‘社’的问题。判断的标准,应该主要看是否有利于发展社会主义社会的生产力,是否有利于增强社会主义国家的综合国力,是否有利于提高人民的生活水平。”①这个是否“三个有利于”的标准即为建立和发展社会主义市场经济提供了重要的理论根据。

经过 20 世纪 80 年代初到 90 年代十多年的理论酝酿和实践运作,在这个时期,江泽民同志和胡锦涛同志在任中共中央总书记期间,对社会主义市场经济也作过很多深刻的论述,党中央关于中国特色社会主义市场经济理论终于逐步成熟。1993 年 3 月 29 日第八届全国人民代表大会第一次会议通过宪法修正案,明确将《宪法》第 15 条“国家在社会主义公有制基础上实行计划经济”修改为“国家实行社会主义市场经济”。从此,社会主义市场经济理论构成中国特色社会主义理论的基础理论,一直指导着中国改革开放的伟大实践。到 2013 年党的十八届三中全会,以习近平同志为核心的党中央又提出了“使市场在资源配置中起决定性作用”的进一步深化市场经济作用的表述。习近平同志指出,“提出使市场在资源配置中起决定性作用,其实就是贯彻了问题导向。经过 20 多年实践,我国社会主义市场经济体制不断发展,但仍然存在不少问题,仍然存在束缚市场主体活力,阻碍市场和价值规律充分发挥作用的弊端。这些问题不解决好,完善的社会主义市场经济体制是难以形成

① 《邓小平文选》(第 2 卷),人民出版社 1993 年版,第 231-236 页。

的，转变发展方式、高速经济结构也是难以推进的。我们要坚持社会主义市场经济改革方向，从广度和深度上推进市场化改革，减少政府对资源的直接配置，减少政府对微观经济活动的直接干预，加快建设统一开放、竞争有序的市场体系，建立公平开放透明的市场规则，把市场机制能有效调节的经济活动交给市场，把政府不该管的事交给市场，让市场在所有能够发挥作用的领域都充分发挥作用，推动资源配置实现效益最大化和效率最优化，让企业和个人有更多活力和更大空间去发展经济、创造财富”。① 到2017年党的十九大时，党对社会主义市场经济的认识进一步深化。十九大报告提出了“加快完善社会主义市场经济体制”的任务和具体措施、具体途径，指出“经济体制改革必须以完善产权制度和要素市场化配置为重点，实现产权有效激励、要素自由流动、价格反应灵活、竞争公平有序、企业优胜劣汰……深化国有企业改革，发展混合所有制经济，培育具有全球竞争力的世界一流企业。全面实施市场准入负面清单制度，清理废除妨碍统一市场和公平竞争的各种规定和做法，支持民营企业发展，激发各类市场主体活力。深化商事制度改革……完善市场监管体制。创新和完善宏观调控，发挥国家发展规划的战略导向作用……深化投融资体制改革，发挥投资对优化供给结构的关键性作用。加快建立现代财政制度，建立权责清晰、财力协调、区域均衡的中央和地方财政关系。建立全面规范透明、标准科学、约束有力的预算制度全面实施绩效管理。深化税收制度改革……深化金融体制改革……健全金融监管体系，守住不发生系统性金融风险的底线”。②

从党的十一届三中全会到党的十九大，历经40年，作为中国特色社会主义理论重要构成要素之一的社会主义市场经济理论逐步形成并日益完善。这个理论之所以构成中国特色依宪治国和法治政府建设的理论渊源，是因为中国特色依宪治国和法治政府只能在社会主义市场经济体制的基础上建立。在传统的计划经济体制的基础上，不可能有依宪治国和依法治国，不可能建设法治政府。

---

① 《习近平谈治国理政》，外文出版社2014年版，第117页。

② 参见党的十九大报告第五部分“贯彻新发展理念，建设现代化经济体系”第（五）点“加快完善社会主义市场经济体制”。

首先,市场经济是法治经济,它要求有限政府,公权力不得随意干预市场经济主体的经营自主权,企业生产什么,怎样生产,均由企业根据市场需求决定。当然,为了弥补市场的缺陷,政府可以和应该对市场进行必要的宏观调控,但是,这种宏观调控不能没有边际,不能扩展至干预企业的人财物产供销。政府的手不能伸得太长,政府不能有太多太广泛的自由。政府如果有太多太广泛的自由,它就必然不断扩张自己的权力,任性对企业发号施令,使企业听命于自己而不是听命于市场。那么,怎么能让政府少一点自由和任性,少一点权力扩张和膨胀呢?完全靠政府自律,靠政府自我约束,是不可行的。因此,必须通过宪制和法治控制和限制权力。只有把权力关进宪制和法治的笼子里,市场经济才能正常运作。从另一个角度说,这也恰恰是市场经济对宪制和法治,对依法治国和法治政府建设提出的强烈需求。

其次,市场经济是与公平竞争紧密相连的。而公平竞争必然依赖规则,依赖秩序,依赖政府监管机关严格和公平执行规则。这就如同两个或几个球队举行球赛,要保证比赛公正公平,就必须有公正的比赛规则,有裁判严格监督规则执行和维持球场秩序一样。在赛场上,如果裁判不公,参赛者可以通过诉诸仲裁或诉讼寻求公正。在市场竞争中,如果政府监管机关不公,权利受到侵害的市场主体同样可以诉诸行政复议或行政诉讼寻求救济,以纠正政府监管机关违法侵权行为,恢复被侵权者的合法权益。保障市场公平竞争的这种救济机制就是宪制和法治秩序的组成部分。市场经济越发展,就越要求有更完善的宪制和法治秩序,从而也就会越推动依宪治国和法治政府建设的进步。

最后,市场经济必然产生和形成各种互相依赖同时互相博弈的利益主体。这种利益主体不同于计划经济时代的个人和组织,计划经济时代的个人和组织很少有自己的私有财产,其生活、生存均依赖于单位、组织,对宪制和法治没有或少有需求。市场经济下的利益主体则不同,他们有较多的私有财产,不仅有生活资料,而且有生产资料,如工厂、机器、设备等。他们对宪制和法治有天然的需求,他们需要宪制和法治保护他们的财产,他们需要宪制和法治为他们提供与其他市场主体进行竞争和博弈的市场秩序,他们更需要宪制和法治排除政府和政府部门、政府公职人员对他们经营自主权的干预和对他们其他合法权益的侵犯。因此,市场经济下的利益主体视宪制和法治为他们的“护身符”。如果没有这个“护身符”，他们就会没有安全感，就会失去竞争、发展的积极性和动力。

由此可见，宪制和法治是市场经济运作和发展的保障。我们要发展社会主义市场经济，就必须依宪治国和建设法治政府。另外，市场经济则是宪制和法治的基础，社会主义市场经济建立和发展起来了，就必然推进依宪治国和法治政府建设。

其二，减少和消除过分集权，发展和完善民主政治，将社会主义和民主政治联系起来。

传统社会主义理论虽然在口头上和形式上提倡民主集中制，但在实践中却轻视民主、忽视民主，而只注重集中，实行过分的集权制度。例如，我国在宪法上确定实行人民代表大会制度，但是，从 1964 年第三届全国人大会议到 1975 年第四届全国人大会议，11 年时间全国代表大会未曾召开过。就执政党而言，从 1956 年中国共产党八大到 1969 年党的九大，13 年时间党亦未曾召开过全国代表大会。“文革”10 年，整个国家基本上是按党的领导人的“最高指示”办事，权力高度集中。邓小平同志在“文革”后总结传统社会主义制度重集中、轻民主的教训时说，“权力过分集中，妨碍社会主义民主制度和党的民主集中制的实行，妨碍社会主义建设的发展，妨碍集体智慧的发挥，容易造成个人专断，破坏集体领导，也是在新的条件下产生官僚主义的一个重要原因”。[①] 在 1980 年 8 月 18 日中共中央政治局扩大会议上，他讲了很长一段话，深刻分析了传统社会主义制度下权力过分集中的原因以及这种集权导致的种种危害。他指出：

> 权力过分集中的现象，就是在加强党的一元化领导的口号下，不适当地、不加分析地把一切权力集中于党委，党委的权力又往往集中于几个书记，特别是集中于第一书记，什么事都要第一书记挂帅、拍板。党的一元化领导，往往因此而变成了个人领导。全国各级都不同程度地存在这个问题。权力过分集中于个人或少数人手里，多数办事的人无权决定，少数有权的人负担过重，必然造成官僚主义，必

① 《邓小平文选》（第 2 卷），人民出版社 1993 年版，第 321 页。

然要犯各种错误,必然要损害各级党和政府的民主生活、集体领导、民主集中制、个人分工负责制等等。这种现象,同我国历史上封建专制主义的影响有关,也同共产国际时期实行的各国党的工作中领导者个人高度集权的传统有关。我们历史上多次过分强调党的集中统一,过分强调反对分散主义、闹独立性,很少强调必要的分权和自主权,很少反对个人过分集权。过去在中央和地方之间,分过几次权,但每次都没有涉及到党同政府、经济组织、群众团体等等之间如何划分职权范围的问题。我不是说不要强调党的集中统一,不是说任何情况下强调集中统一都不对,也不是说不要反对分散主义、闹独立性,问题都在于"过分",而且对什么是分散主义、闹独立性也没有搞得很清楚。党成为全国的执政党,特别是生产资料公有制的社会主义改造基本完成以后,党的中心任务已经不同于过去,社会主义建设的任务极为繁重复杂,权力过分集中,越来越不能适应社会主义事业的发展。对这个问题长期没有足够的认识,成为发生"文化大革命"的一个重要原因,使我们付出了沉重的代价。现在再也不能不解决了。

革命队伍内的家长制作风,除了使个人高度集权以外,还使个人凌驾于组织之上,组织成为个人的工具。家长制是历史非常悠久的一种陈旧社会现象,它的影响在党的历史上产生过很大危害。陈独秀、王明、张国焘等人都是搞家长制的。从遵义会议到社会主义改造时期,党中央和毛泽东同志一直比较注意实行集体领导,实行民主集中制,党内民主生活比较正常。可惜,这些好的传统没有坚持下来,也没有形成严格的完善的制度。例如,党内讨论重大问题,不少时候发扬民主、充分酝酿不够,由个人或少数人匆忙做出决定,很少按照少数服从多数的原则实行投票表决,这表明民主集中制还没有成为严格的制度。从一九五八年批评反冒进、一九五九年"反右倾"以来,党和国家的民主生活逐渐不正常,一言堂、个人决定重大问题、个人崇拜、个人凌驾于组织之上一类家长制现象,不断滋长。林彪鼓吹"顶峰"论,说毛主席的话是最高指示,这种说法在全党全军全国广为流传。粉碎"四人帮"后,还把个人崇拜的一套搬了一段时间。

对其他领导人的纪念,有时也带有个人崇拜的成分。最近,中央发出了关于坚持"少宣传个人"的几个问题的指示,指出这些不适当的纪念方法不但造成铺张浪费,脱离群众,而且本身就带有个人创造历史的色彩,不利于在党内外进行马克思主义教育,不利于扫除封建思想和资产阶级思想的影响。这个指示还为纠正这一类缺点,作出了若干规定。这是一个很重要的文件。还要说到,一九五八年以后,到处给毛泽东同志和其他中央同志盖房子,"四人帮"垮台后,还搞中南海地面工程,都造成很坏的影响,很大的浪费。此外,至今还有一些高级干部,所到之处,或则迎送吃喝,或则封锁交通,或则大肆宣扬,很不妥当。以上种种严重脱离群众的事情,从中央到各级不许再做了。

不少地方和单位,都有家长式的人物,他们的权力不受限制,别人都要唯命是从,甚至形成对他们的人身依附关系。我们的组织原则中有一条,就是下级服从上级,说的是对于上级的决定、指示,下级必须执行,但是不能因此否定党内同志之间的平等关系。不论是担负领导工作的党员,或者是普通党员,都应以平等态度互相对待,都平等地享有一切应当享有的权利,履行一切应当履行的义务。上级对下级不能颐指气使,尤其不能让下级办违反党章国法的事情;下级也不应当对上级阿谀奉承,无原则地服从,"尽忠"。不应当把上下级之间的关系搞成毛泽东同志多次批评过的猫鼠关系,搞成旧社会那种君臣父子关系或帮派关系。一些同志犯严重错误,同这种家长制作风有关,就是林彪、江青这两个反革命集团所以能够形成,也同残存在党内的这种家长制作风分不开。总之,不彻底消灭这种家长制作风,就根本谈不上什么党内民主,什么社会主义民主。

干部领导职务终身制现象的形成,同封建主义的影响有一定关系,同我们党一直没有妥善的退休解职办法也有关系。……五中全会讨论的党章草案,提出废除干部领导职务终身制,现在看来,还需要进一步修改、补充。关键是要健全干部的选举、招考、任免、考核、弹劾、轮换制度,对各级各类领导干部(包括选举产生、委任和聘用的)职务的任期,以及离休、退休,要按照不同情况,作出适当的、明确的规定。任何领导干部的任职都不能是无限期的。

“文化大革命”中,林彪、“四人帮”大搞特权,给群众造成很大灾难。当前,也还有一些干部,不把自己看作是人民的公仆,而把自己看作是人民的主人,搞特权,特殊化,引起群众的强烈不满,损害党的威信,如不坚决改正,势必使我们的干部队伍发生腐化。我们今天所反对的特权,就是政治上经济上在法律和制度之外的权利。搞特权,这是封建主义残余影响尚未肃清的表现。旧中国留给我们的,封建专制传统比较多,民主法制传统很少。解放以后,我们也没有自觉地、系统地建立保障人民民主权利的各项制度,法制很不完备,也很不受重视,特权现象有时受到限制、批评和打击,有时又重新滋长。克服特权现象,要解决思想问题,也要解决制度问题。公民在法律和制度面前人人平等,党员在党章和党纪面前人人平等。人人有依法规定的平等权利和义务,谁也不能占便宜,谁也不能犯法。不管谁犯了法,都要由公安机关依法侦查,司法机关依法办理,任何人都不许干扰法律的实施,任何犯了法的人都不能逍遥法外。谁也不能违反党章党纪,不管谁违反,都要受到纪律处分,也不许任何人干扰党纪的执行,不许任何违反党纪的人逍遥于纪律制裁之外。只有真正坚决地做到了这些,才能彻底解决搞特权和违法乱纪的问题。要有群众监督制度,让群众和党员监督干部,特别是领导干部。凡是搞特权、特殊化,经过批评教育而又不改的,人民就有权依法进行检举、控告、弹劾、撤换、罢免,要求他们在经济上退赔,并使他们受到法律、纪律处分。对各级干部的职权范围和政治、生活待遇,要制定各种条例,最重要的是要有专门的机构进行铁面无私的监督检查。

我们过去发生的各种错误,固然与某些领导人的思想、作风有关,但是组织制度、工作制度方面的问题更重要。这些方面的制度好可以使坏人无法任意横行,制度不好可以使好人无法充分做好事,甚至会走向反面。即使像毛泽东同志这样伟大的人物,也受到一些不好的制度的严重影响,以至对党对国家对他个人都造成了很大的不幸。我们今天再不健全社会主义制度,人们就会说,为什么资本主义制度所能解决的一些问题,社会主义制度反而不能解决呢?这种比较方法虽然不全面，但是我们不能因此而不加以重视。斯大林严重破坏社会主义法制，毛泽东同志就说过，这样的事件在英、法、美这样的西方国家不可能发生。他虽然认识到这一点，但是由于没有在实际上解决领导制度问题以及其他一些原因，仍然导致了“文化大革命”的十年浩劫。这个教训是极其深刻的。不是说个人没有责任，而是说领导制度、组织制度问题更带有根本性、全局性、稳定性和长期性。这种制度问题，关系到党和国家是否改变颜色，必须引起全党的高度重视。

如果不坚决改革现行制度中的弊端，过去出现过的一些严重问题今后就有可能重新出现。只有对这些弊端进行有计划、有步骤而又坚决彻底的改革，人民才会信任我们的领导，才会信任党和社会主义，我们的事业才有无限的希望。①

邓小平同志这个讲话对传统社会主义制度下民主政治的缺陷和不足的分析非常到位，抓住了问题的根本和要害。为什么会高度集权？社会主义民主政治为什么建立和运作不起来？关键在于没有制度限制和制约权力，没有建立宪制和法治，没有通过宪制和法治去控制集权和维护、保障民主政治。

中国共产党领导人民闹革命，打江山，其初衷本来是要为人民争民主，争自由。但是，在革命取得成功，人民政权建立以后，一些同志却逐渐淡忘了初心。这是为什么？这可能与我们理论上的失误有关。在传统的社会主义理论学说中，有人越来越多地将民主、自由这些美好的事物归入资本主义的范畴，而与社会主义割裂开来。这种理论失误又严重影响我们的宪制和法治建设。因为民主政治理论是宪制和法治的重要理论基础，否认民主政治理论，自然不可能推进依宪治国和建设法治政府。

其三，放弃阶级斗争扩大化理论，承认和保障人权，将社会主义和人权保障联系起来。

宪制、法治是与人权紧密相连的，否定人权，否定公民追求自由、财产和幸福的基本权利，即不可能有建立宪制和推进法治的需求和动力。只有承认人

① 《邓小平文选》(第2卷)，人民出版社1993年版，第328-333页。

权,承认不断增进和提高中国人民的人权水平,不断满足中国人民对美好生活的向往是中国共产党发动革命,进行社会主义现代化建设和推进改革的重要目标,才有可能和必要建立和推进依宪治国和法治政府建设。因为建立和推进依宪治国和法治政府建设是发展和增进人权的基本保障。

2004 年,第十届全国人民代表大会第二次会议通过宪法修正案,在我国《宪法》中郑重写入"国家尊重和保障人权",以国家根本大法的形式确立了人权的崇高地位。此后,我国学界越来越重视对人权理论的研究,对人权有了越来越深入的认识。张文显教授等编写马克思主义理论研究和建设工程重点教材《法理学》设专节研究"法与人权"的关系,揭示了人权较其他权利的三个特点:第一,人权是普遍性的权利,是最普遍地为所有人平等地享有或应当享有的权利;第二,人权是本源性的权利,是其他法律权利存在的正当性根据和理由,在整个权利体系中属于最基础性的权利;第三,人权是综合性的权利,是包含多项权利内容的复杂的综合性权利体系。人权的综合性特征说明人权本身就是一个开放性的权利体系,随着人对自身认识和理解的不断深化,人权的具体权利项也就是所谓新的权利类型也将不断地出现,加入人权的权利体系之中;同时也说明人权的权利范围具有扩展的可能性。尽管人权所包含的内容层次和类型各不相同,但它们互相联系,互相支持,相互交织在一起。①

2017 年 12 月 15 日,国务院新闻办公室发表的《中国人权法治化保障的新进展》白皮书(以下简称 2017 年白皮书)较好地阐述了人权与法治的关系以及我国在改革开放以来,特别是在党的十八大以来人权法治方面的重大进步。2017 年白皮书指出,"法治是人类文明进步的标志,也是人权得以实现的保障。全面依法治国,全方位提升人权保障法治化水平,保证人民享有更加充分的权利和自由,努力实现社会公平正义,更好推动人的全面发展、社会全面进步,是中国共产党、中国政府的坚定意志和不懈追求。多年来,中国坚持依法治国基本方略,努力建设社会主义法治国家,人权法治化保障不断迈上新台阶。中共十八大以来,以习近平同志为核心的党中央,坚持以人民为中心的发展思想,从推进国家治理体系和治理能力现代化的高度,作出了全面依法治国的重大战略部署,将尊重和保障人权置于社会主义法治国家建设更加突出的

---

① 参见法理学编写组:《法理学》,人民出版社、高等教育出版社 2010 年版,第 89 页。

位置，开启了中国人权法治化建设的新时代。在推进全面依法治国的伟大进程中，中国将人权保障贯穿于科学立法、严格执法、公正司法、全民守法等各个环节：尊重和保障人权成为立法的一条重要原则，以宪法为核心的中国特色社会主义法律体系不断完善；依法行政深入推进，行政权力运行更加规范；深化司法改革，努力让人民群众在每一个司法案件中感受到公平正义；法治社会建设向纵深发展，全社会法治观念和人权法治保障意识显著增强；中国共产党坚持依法执政，为人权法治化保障提供了坚强保证。"①

2017 年白皮书分别从中国人权保障法律体系的不断完善、依法行政保障公民合法权益、有效提升人权司法保障水平、夯实人权法治化保障的社会基础、加强中国共产党对人权法治化保障的领导，以及积极促进全球人权法治建设六个方面介绍和论述了我国在人权法治方面的重大进步。

2021 年 8 月，国务院新闻办又发布了 2021 年白皮书。2021 年白皮书指出，"全面建成小康社会的进程，也是中国人权事业全方位发展的进程，始终体现和包含着解放人、保障人、发展人的战略、目标和任务。全面建成小康社会首先要保障生存权。生存是享有一切人权的基础。小康社会建设将解决温饱问题、保障生存权作为首要目标，不断满足人民日益增长的物质文化需要。在全面建成小康社会进程中，人民生活质量显著提高，衣食住行用都有较大改善，生存权保障水平稳步提升。全面建成小康社会必然要实现各类人权协调发展。全面小康强调保障物质文明、政治文明、精神文明、社会文明、生态文明建设成果惠及人民。坚持人权相互依存、不可分割的基本原则，既保护经济社会文化权利，又保障公民人身权、人格权、财产权和民主政治权利，全方位增进各类人权和基本自由。全面建成小康社会就是要促进所有人的人权。全面小康，本质上是全民共享人权的小康。在全面建成小康社会的历史进程中，中国构建起机会公平、规则公平和权利公平的社会公平体系，切实保障人民平等参与发展、共同促进发展、共享发展成果。中国共产党和中国政府坚持人权主体的普遍性，确保全面小康路上不让一个人掉队；坚持共同富裕方针，通过一部

---

① 参见中华人民共和国国务院新闻办公室：《中国人权法治化保障的新进展》，载国务院新闻办公室网站，http://www.scio.gov.cn/zfbps/32832/Document/1613514/1613514.htm，2022 年 5 月 3 日访问。

分人先富带动全体人民共富,让发展成果平等惠及全民,实现分配正义;坚持法律面前人人平等和不歧视原则,确保全体公民不分民族、种族、性别、职业、家庭出身、宗教信仰、教育程度、财产状况、居住期限,一律、无差别地享有人权,受到同等的尊重;坚持保护弱势群体,以坚定决心、精准思路、有力措施,举全社会之力,向绝对贫困发起总攻,重点保障贫困地区、贫困人口的基本权利”。

2021年白皮书还指出,“人权是善治之本。中国全面建成小康社会,始终坚持尊重人权、保障人权、促进人权的价值遵循,将增加人民的获得感、幸福感、安全感作为出发点和落脚点。全面建成小康社会为人权保障与发展奠定了坚实物质基础。在全面建成小康社会进程中,中国坚定不移贯彻新发展理念,保持经济长期快速增长,稳定解决了十几亿人的温饱问题;破除城乡二元结构,改革收入分配格局,人民收入水平不断提升;开展精准扶贫、精准脱贫,决胜脱贫攻坚,加强对各类弱势群体的保护;基本建立覆盖全民的社会保障体系,人民健康和医疗卫生水平大幅提高;建设完善公共文化服务体系,全面实现城乡免费义务教育,构建高效泛在的信息网络;加快生态文明建设,实施环境保护基本国策,污染防治力度加大,生态环境明显改善。全面建成小康社会,经济、社会、文化、环境权利更加公平可及,各类主体在经济、政治、社会和文化等领域的平等参与和平等发展,更加切实和顺畅便捷。全面建成小康社会为人权保障与发展奠定了坚实民主政治基础。坚持中国共产党领导、人民当家作主、依法治国有机统一,党的领导体制机制更加完善,人民代表大会制度、中国共产党领导的多党合作和政治协商制度、民族区域自治制度、基层群众自治制度稳步发展。社会主义民主政治制度化、规范化、法治化、程序化建设不断推进,民主形式更加丰富,民主渠道更加畅通,共建共享的社会治理格局初步构建,人民当家作主落实到国家政治生活和社会生活之中,公民权利更有保障,民主政治权利更加充分。全面建成小康社会推动了人权法治保障持续加强。‘国家尊重和保障人权’载入宪法,成为治国理政重要原则。全面推进依法治国上升为国家战略,保证宪法全面实施的体制机制不断健全,科学立法、严格执法、公正司法、全民守法深入推进,法治国家、法治政府、法治社会建设相互促进,中国特色社会主义法治体系日益完善,全社会法治观念明显增强。行政体制改革、国家监察体制改革、司法体制改革取得实效,权力运行制约和监督体系建设有效实施。人权保障法治化水平不断提升。全面建成小康社会培育了全社会尊重和保障人权的文化。全面建成小康社会,推动了中华优秀传统文化的创造性转化、创新性发展,社会主义核心价值观深入人心,公共文化服务水平不断提高,文化事业和文化产业蓬勃发展。全面建成小康社会,更好构筑了中国精神、中国价值、中国力量,文化自信得到彰显,国家文化软实力和中华文化影响力大幅提升。全面建成小康社会的过程,也是每一个人对自身价值、人格尊严和主体地位认识不断提升的过程,促进了尊重和保障人权文化氛围的形成”。①

中国共产党和中国政府对人权认识的进步和 21 世纪以来对人权的论述及其政策是中国特色社会主义理论的重要组成部分,是中国依宪治国和法治政府建设的重要理论渊源。

其四,以法治取代人治,推进依宪治国和依法治国,将社会主义和宪制与法治联系起来。

作为中国宪制和法治建设理论渊源的中国特色社会主义理论的另一重要组成部分是法治理论。在改革开放以前,传统的社会主义理论不承认社会主义与法治的联系,认为社会主义国家的治理主要依靠政策,依靠各级干部对政策的执行,从而轻视法治,否定法律和法治的作用,从而不可能有依宪治国和依法治国。改革开放以后,党和国家领导人从“文革”的教训中认识到法律的重要作用和法制、法治的重大意义,以及社会主义和宪制、法治的联系,开始逐步重视法制,从提出推进社会主义法制,做到“有法可依、有法必依、执法必严、违法必究”到之后确定依法治国、建设社会主义法治国家的治国方略。这经历了一个相当长的过程。关于这个过程,张文显教授等编写马克思主义理论研究和建设工程重点教材《法理学》有一个简要的叙述:

> 1949 年中华人民共和国成立以后,围绕新生政权建设的需要,根据当时的社会实际我国制定了包括宪法在内的许多重要法律法规。中国的法制有了初步发展,但不久就被人为夸大的阶级斗争

① 参见中华人民共和国国务院新闻办公室:《中国人权法治化保障的新进展》,载国务院新闻办公室网站,http://www.scio.gov.cn/37234/Document/1710543/1710543.htm,2022 年 5 月 3 日访问。

以及社会运动所取代,直至发生了“反右斗争扩大化”和“文化大革命”那样严重的政治错误。1978年12月,党的十一届三中全会召开。这次会议制定了以经济建设为中心的政治路线,果断地停止了“以阶级斗争为纲”,作出了把工作重点转移到社会主义现代化建设上来的战略决策;提出了加强社会主义民主、健全社会主义法制的方针。随后国家又审查和解决了党的历史上一些重要的冤假错案和一些重要领导人的功过是非问题。

1982年制定的现行宪法确认了党的十一届三中全会以来的政治成果,并为中国的未来发展规划了蓝图。1982年宪法强化了人民民主,强调了法制原则,完善了人民代表大会制度,确定了经济体制改革和政治体制改革的原则和方向。

1988年的宪法修正案,在第11条中增加规定:国家允许私营经济在法律规定的范围内存在和发展。私营经济是社会主义公有制经济的补充。国家保护私营经济的合法权利和利益,对私营经济实行引导、监督和管理。将第10条第4款“任何组织或个人不得侵占、买卖、出租或以其他形式非法转让土地”修改为“任何组织或个人不得侵占、买卖或以其他形式非法转让土地。土地的使用权可以依照法律的规定转让”。

1993年的宪法修正案将第15条关于计划经济的规定修改为“国家实行社会主义市场经济”“国家加强经济立法,完善宏观调控”“国家依法禁止任何组织或者个人扰乱社会经济秩序”,从而启动了中国社会主义市场经济建设的进程。

1996年2月8日,江泽民同志在中共中央举办的中央领导同志法制讲座上发表重要讲话,提出:要“加强社会主义法制建设,依法治国”。1997年9月党的十五大报告,对依法治国方针的科学含义、重大意义和战略地位作了全面阐述,明确提出了“依法治国,建设社会主义法治国家”的治国基本方略和奋斗目标,标志着我国社会主义法治建设进入了一个新的发展阶段。

1999年的宪法修正案在第5条中增加“中华人民共和国实行依法治国,建设社会主义法治国家”为第一款。至此,依法治国基本方略被上升为宪法规则，依法治国基本方略在法律的意义上得到宪法的确认。①

我国在改革开放以后，国家和社会治理模式逐步放弃了计划经济和人治的模式，转而走上了社会主义市场经济的和法治的道路，但实践中仍有一些公权力执掌者（包括一些地方、一些部门的“一把手”）相信人治而不相信法治，坚持人治思维而不是运用法治思维，以人治方式、人治手段而不是运用法治方式、法律手段去治理相应领域的政务和推进相应领域的工作。今天，我们要推进依宪治国和法治政府建设，必须改变这些的思维方式，提高他们对法治思维、法治方式、法律手段的认识，引导和促使他们运用法治思维、法治方式、法律手段治国理政，运用法治思维、法治方式、法律手段推进改革和发展，依法创新，依法解纷，依法维稳，从而保障新时代依宪治国、依法治国基本方略的全面落实，保障法治政府建设目标的实现。

第二节　马克思主义中国化理论

中国特色依宪治国和法治政府建设的第二个重要理论渊源是马克思主义中国化理论。这个理论最早起源毛泽东对中国革命道路的探索——“以农村包围城市，最后夺取城市”的理论。之后形成毛泽东思想（特别是其中的新民主主义理论）、邓小平理论（特别是其中的改革开放理论）和习近平新时代中国特色社会主义理论。正是这些马克思主义中国化理论，为中国特色宪制和法治提供了理论基础和政策前提。

一、马克思主义中国化理论的最早实践探索——“以农村包围城市，最后武装夺取政权”的理论

马克思、恩格斯关于“巴黎公社”的论述和列宁关于俄国“十月革命”的论述，都论证了无产阶级革命要以中心城市为重心，通过武装起义首先夺取中心城市，然后取得全国政权，在全国实行无产阶级专政的革命目标及其途径。这

① 法理学编写组：《法理学》，人民出版社、高等教育出版社2010年版，第361-362页。

一理论对于当时的共产国际和全世界各国的共产党,是唯一正统的和必须遵循的权威命令和铁的规则。中国共产党在初期也是对此坚信不疑,并且严格照此行动的。虽然中国共产党当时力量很小,党员不过几万人,所掌握的武装力量也非常有限,但党的领导人却一而再再而三地命令全国各地的党组织和它们领导的武装力量发动工人和市民暴动,攻打大中城市。结果不仅没有攻下一座大中城市,还把自己的力量几乎丧失殆尽。正是在这种情况下,毛泽东在秋收起义的部队打长沙失败后,将部队带往农村,上了井冈山,思考马克思主义如何中国化的问题,如何把马克思主义的普遍真理与中国革命的具体实践相结合。他在《中国的红色政权为什么能够存在?》一文中分析中国革命为什么不能走先城市暴动夺取中心城市再夺取全国政权,而必须走"农村包围城市,最后夺取城市"的道路的原因时,指出了当时中国的五项国情:

其一,中国处在帝国主义间接统治的半封建、半殖民地的状况。而且,"帝国主义和国内买办豪绅阶级支持着的各派新旧军阀,从民国元年以来,相互间进行着继续不断的战争,这是半殖民地中国的特征之一。不但全世界帝国主义国家没有一国有这种现象,就是帝国主义直接统治的殖民地也没有一处有这种现象,仅仅帝国主义间接统治的中国这样的国家才有这种现象"。

其二,中国革命发展不平衡,一些地方有革命的基础,一些地方不存在这种基础,不能同时建立红色政权。"中国红色政权首先发生和能够长期地存在的地方,不是那种并未经过民主革命影响的地方,例如四川、贵州、云南及北方各省,而是一九二六和一九二七两年资产阶级民主革命过程中工农兵士群众曾经大大地起来过的地方,例如湖南、广东、湖北、江西等省。"

其三,小地方民众政权之能否长期地存在,则决定于全国革命形势是否向前发展这一个条件。全国革命形势是向前发展的,则小块红色区域的长期存在,不但没有疑义,而且必然地要作为取得全国政权的许多力量中间的一个力量。

其四,好的工农群众基础与正规武装力量的存在是工农武装割据的重要条件。相当力量的正式红军的存在,是红色政权存在的必要条件……虽有很好的工农群众,若没有相当力量的正式武装,便决然不能造成割据局面,更不能造成长期的和日益发展的割据局面。

其五,红色政权的长期存在并且发展的另一个要紧的条件,就是共产党组织的有力量和它的政策的不错误。①

对于中国革命应摒弃中心城市暴动模式而走农村包围城市的道路的原因，毛泽东在《中国革命和中国共产党》一文中还有进一步的论述：

> 因为强大的帝国主义及其在中国的反动同盟军，总是长期地占据着中国的中心城市，如果革命的队伍不愿意和帝国主义及其走狗妥协，而要坚持地奋斗下去，如果革命的队伍要准备积蓄和锻炼自己的力量，并避免在力量不够的时候和强大的敌人作决定胜负的战斗，那就必须把落后的农村造成先进的巩固的根据地，造成军事上、政治上、经济上、文化上的伟大的革命阵地，借以反对利用城市进攻农村区域的凶恶敌人，借以在长期战斗中逐步地争取革命的全部胜利。在这种情形下面，由于中国经济发展的不平衡（不是统一的资本主义经济），由于中国土地的广大（革命势力有回旋的余地），由于中国的反革命营垒内部的不统一和充满着各种矛盾，由于中国革命主力军的农民的斗争是在无产阶级政党的领导之下，这样，就使得在一方面，中国革命有在农村区域首先胜利的可能；而在另一方面，则又造成了革命的不平衡状态，给争取革命全部胜利的事业带来了长期性和艰苦性。②

中国革命之所以能摒弃通过中心城市暴动夺取国家政权的模式而最终选择农村包围城市最后夺取城市进而夺取全国政权的正确道路，完全是马克思主义中国化的结果，是将马克思主义的普遍真理和中国革命的具体实践相结合的结果，是长期坚持与教条主义、本本主义、党八股作斗争的结果。毛泽东批评党内顽固坚持教条主义、本本主义、党八股的那些人“只会片面地引用马克思、恩格斯、列宁、斯大林的个别词句，而不会运用他们的立场、观点和方法，来具体地研究中国的现状和中国的历史，具体地分析中国革命问题和解决中国革命问题”。“他们违背了马克思、恩格斯、列宁、斯大林所谆谆告诫人们

---

① 参见《毛泽东选集》（第1卷），人民出版社1966年版，第755-759页。
② 《毛泽东选集》（第2卷），人民出版社1966年版，第598页。

的一条基本原则:理论和实际统一。"①毛泽东认为,要将马克思主义的普遍真理和中国革命的具体实践相结合,就必须理论联系实际,不能言必称希腊。

> 不单是懂得希腊就行了,还要懂得中国;不但要懂得外国革命史,还要懂得中国革命史;不但要懂得中国的今天,还要懂得中国的昨天和前天。在这种态度下,就是要有目的地去研究马克思列宁主义的理论,要使马克思列宁主义的理论和中国革命的实际运动结合起来,是为着解决中国革命的理论问题和策略问题而去从它找立场,找观点,找方法的。这种态度,就是有的放矢的态度。"的"就是中国革命,"矢"就是马克思列宁主义。我们中国共产党人所以要找这根"矢",就是为了要射中国革命和东方革命这个"的"的。这种态度,就是实事求是的态度。"实事"就是客观存在着的一切事物,"是"就是客观事物的内部联系,即规律性,"求"就是我们去研究。我们要从国内外、省内外、县内外、区内外的实际情况出发,从其中引出其固有的而不是臆造的规律性,即找出周围事变的内部联系,作为我们行动的向导。而要这样做,就须不凭主观想象,不凭一时的热情,不凭死的书本,而凭客观存在的事实,详细地占有材料,在马克思列宁主义一般原理的指导下,从这些材料中引出正确的结论。②

毛泽东的这些论述及其从事的"工农武装割据"的实践,即是马克思主义中国化理论的最初探索及其成果。

二、马克思主义中国化理论的实践探索之二——毛泽东思想中的新民主主义理论

马克思主义中国化理论探索的第二项最重要的成果是毛泽东思想中的新民主主义理论。新民主主义理论之所以是马克思主义中国化的产物,是因为根据马克思主义的传统理论和苏俄东欧无产阶级革命的实践,无产阶级革命

① 《毛泽东选集》(第3卷),人民出版社1966年版,第755-756页。
② 《毛泽东选集》(第3卷),人民出版社1966年版,第759页。

胜利后，其所建立的国家应是实行无产阶级专政的社会主义国家。但是毛泽东提出：

中国革命的历史进程，必须分为两步，其第一步是民主主义的革命，其第二步是社会主义的革命，这是性质不同的两个革命过程。而所谓民主主义，现在已不是旧范畴的民主主义，已不是旧民主主义，而是新范畴的民主主义，而是新民主主义。

这种新民主主义共和国，一方面和旧形式的、欧美式的、资产阶级专政的、资本主义的共和国相区别，那是旧民主主义的共和国，那种共和国已经过时了；另一方面，也和苏联式的、无产阶级专政的、社会主义的共和国相区别，那种社会主义的共和国已经在苏联兴盛起来，并且还要在各资本主义国家建立起来，无疑将成为一切工业先进国家的国家构成和政权构成的统治形式；但是那种共和国，在一定的历史时期中，还不适用于殖民地半殖民地国家的革命。因此，一切殖民地半殖民地国家的革命，在一定历史时期中所采取的国家形式，只能是第三种形式，这就是所谓新民主主义共和国。这是一定历史时期的形式，因而是过渡的形式，但是不可移易的必要的形式。①

根据马克思主义普遍真理和中国革命具体实践相结合的理论，即马克思主义中国化的理论，中国革命胜利后不是立即进入社会主义，而是先进入新民主主义；不是立即实行无产阶级专政，而是实行人民民主专政。关于“人民民主专政”，毛泽东在《论人民民主专政》一文中有详细的论述。他指出：

人民是什么？在中国，在现阶段，是工人阶级，农民阶级，城市小资产阶级和民族资产阶级。这些阶级在工人阶级和共产党的领导之下，团结起来，组成自己的国家，选举自己的政府，向着帝国主义的走狗即地主阶级和官僚资产阶级以及代表这些阶级的国民党反动派及其帮凶们实行专政……对于人民内部，则实行民主制度，人民有言论

① 《毛泽东选集》(第2卷)，人民出版社1966年版，第626、636页。

> 集会结社等项的自由权。选举权,只给人民,不给反动派。这两方面,对人民内部的民主方面和对反动派的专政方面,互相结合起来,就是人民民主专政。①

至于人民民主专政的主体,为什么除了工人阶级和农民阶级外,还要包括民族资产阶级,毛泽东阐释道:

> 民族资产阶级在现阶段上,有其很大的重要性。我们还有帝国主义站在旁边,这个敌人是很凶恶的。中国的现代工业在整个国民经济上的比重还很小……为了对付帝国主义的压迫,为了使落后的经济地位提高一步,中国必须利用一切于国计民生有利而不是有害的城乡资本主义因素,团结民族资产阶级,共同奋斗。我们现在的方针是节制资本主义,而不是消灭资本主义。②

由此可见,中国新民主主义理论和人民民主专政理论完全是中国创造性地而不是机械式教条式运用马克思主义指导中国革命的结果,是马克思主义中国化的重要产物。

三、马克思主义中国化理论的实践探索之三——邓小平理论中的改革开放理论

邓小平理论中的改革开放理论是中国进入社会主义建设时期的重要理论创新,是马克思主义中国化的又一重大成果。邓小平的改革开放理论是在传统的计划经济社会主义模式走入困境,苏联东欧社会主义国家陷入严重危机,我国经过十年动乱后国民经济接近崩溃的边缘的背景下产生和形成的。传统社会主义的种种弊端使邓小平同志和其他老一辈中国共产党人开始思考社会主义能不能有一种另外的不同于计划经济模式的模式:社会主义能不能搞市场经济?社会主义能不能实行宪制和法治?社会主义能不能有更多的民

---

① 《毛泽东选集》(第4卷),人民出版社1966年版,第1412页。

② 《毛泽东选集》(第4卷),人民出版社1966年版,第1416页。

主？社会主义能不能有更充分的人权保障？对此，邓小平同志在党的十二大鲜明地提出了另一种社会主义的模式，即“有中国特色的社会主义”的伟大构想：

> 我们的现代化建设，必须从中国的实际出发。无论是革命还是建设，都要注意学习和借鉴外国经验。但是，照抄照搬别国经验、别国模式，从来不能得到成功。这方面我们有过不少教训。把马克思主义的普遍真理同我国的具体实际结合起来，走自己的道路，建设有中国特色的社会主义，这就是我们总结长期历史经验得出的基本结论。①

要从计划经济社会主义模式转变为“中国特色社会主义”模式，即承认市场、承认民主、承认法制（法治）、承认人权的社会主义模式，从而推进改革开放，首先必须解放思想，必须让广大干部和群众用马克思主义中国化的理论和思想来考虑问题，而不能坚持“两个凡是”，不能用教条主义的态度对待马克思主义。邓小平的改革开放理论，就是首先从解放思想开始的。在改革开放政策尚在酝酿阶段的十一届三中全会前夕的中央工作会议上，他即发表了专门推动思想解放的重要讲话：

> ……首先是解放思想。只有思想解放了，我们才能正确地以马列主义、毛泽东思想为指导，解决过去遗留的问题，解决新出现的一系列问题，正确地改革同生产力迅速发展不相适应的生产关系和上层建筑，根据我国的实际情况，确定实现四个现代化的具体道路、方针、方法和措施。
>
> 在我们的干部特别是领导干部中间，解放思想这个问题并没有完全解决。不少同志的思想还很不解放，脑筋还没有开动起来，也可以说，还处在僵化或半僵化的状态。这并不是因为他们不是好同志。

---

① 1982年9月1日邓小平在中国共产党第十二次全国代表大会上的开幕词，载《邓小平文选》（第3卷），人民出版社1993年版，第2-3页。

这种状态是在一定历史条件下形成的。

一是因为十多年来，林彪、“四人帮”大搞禁区、禁令，制造迷信，把人们的思想封闭在他们假马克思主义的禁锢圈内，不准越雷池一步。否则，就要追查，就要扣帽子、打棍子。在这种情况下，一些人就只好不去开动脑筋，不去想问题了。

二是因为民主集中制受到破坏，党内确实存在权力过分集中的官僚主义。这种官僚主义常常以“党的领导”、“党的指示”、“党的利益”、“党的纪律”的面貌出现，这是真正的管、卡、压。许多重大问题往往是一两个人说了算，别人只能奉命行事。这样，大家就什么问题都用不着思考了。

……

思想不解放，思想僵化，很多的怪现象就产生了。

思想一僵化，条条、框框就多起来了。比如说，加强党的领导，变成了党去包办一切、干预一切；实行一元化领导，变成了党政不分、以党代政；坚持中央的统一领导，变成了“一切统一口径”。违反中央政策根本原则的“土政策”要反对，但是也有的“土政策”确是从实际出发的，是得到群众拥护的。这些正确政策现在往往也受到指责，因为它“不合统一口径”。

思想一僵化，随风倒的现象就多起来了。不讲党性，不讲原则，说话做事看来头、看风向，满以为这样不会犯错误。其实随风倒本身就是一个违反共产党员党性的大错误。独立思考，敢想、敢说、敢做，固然也难免犯错误，但那是错在明处，容易纠正。

思想一僵化，不从实际出发的本本主义也就严重起来了。书上没有的，文件上没有的，领导人没有讲过的，就不敢多说一句话，多做一件事，一切照抄照搬照转。把对上级负责和对人民负责对立起来。

不打破思想僵化，不大大解放干部和群众的思想，四个现代化就没有希望。

目前进行的关于实践是检验真理的唯一标准问题的讨论，实际上也是要不要解放思想的争论。大家认为进行这个争论很有必要，意义很大。从争论的情况来看，越看越重要。一个党，一个国家,一个民族,如果一切从本本出发,思想僵化,迷信盛行,那它就不能前进,它的生机就停止了,就要亡党亡国。这是毛泽东同志在整风运动中反复讲过的。只有解放思想,坚持实事求是,一切从实际出发,理论联系实际,我们的社会主义现代化建设才能顺利进行,我们党的马列主义、毛泽东思想的理论也才能顺利发展。从这个意义上说,关于真理标准问题的争论,的确是个思想路线问题,是个政治问题,是个关系到党和国家的前途和命运的问题。

实事求是,是无产阶级世界观的基础,是马克思主义的思想基础。过去我们搞革命所取得的一切胜利,是靠实事求是;现在我们要实现四个现代化,同样要靠实事求是。

……

当前这个时期,特别需要强调民主。因为在过去一个相当长的时间内,民主集中制没有真正实行,离开民主讲集中,民主太少。现在敢出来说话的,还是少数先进分子。我们这次会议先进分子多一点,但就全党、全国来看,许多人还不是那么敢讲话。好的意见不那么敢讲,对坏人坏事不那么敢反对,这种状况不改变,怎么能叫大家解放思想,开动脑筋？四个现代化怎么化法？

我们要创造民主的条件,要重申“三不主义”:不抓辫子,不扣帽子,不打棍子。在党内和人民内部的政治生活中,只能采取民主手段,不能采取压制、打击的手段。宪法和党章规定的公民权利、党员权利、党委委员的权利,必须坚决保障,任何人不得侵犯。

……

我想着重讲讲发扬经济民主的问题。现在我国的经济管理体制权力过于集中,应该有计划地大胆下放,否则不利于充分发挥国家、地方、企业和劳动者个人四个方面的积极性,也不利于实行现代化的经济管理和提高劳动生产率。应该让地方和企业、生产队有更多的经营管理的自主权。

……

同样,要切实保障工人农民个人的民主权利,包括民主选举、民主管理和民主监督。不但应该使每个车间主任、生产队长对生产负

> 责任、想办法，而且一定要使每个工人农民都对生产负责任、想办法。
>
> ……
>
> 我们要学会用经济方法管理经济。自己不懂就要向懂行的人学习，向外国的先进管理方法学习。不仅新引进的企业要按人家的先进方法去办，原有企业的改造也要采用先进的方法。
>
> ……
>
> 在经济政策上，我认为要允许一部分地区、一部分企业、一部分工人农民，由于辛勤努力成绩大而收入先多一些，生活先好起来。一部分人生活先好起来，就必然产生极大的示范力量，影响左邻右舍，带动其他地区、其他单位的人们向他们学习。这样，就会使整个国民经济不断地波浪式地向前发展，使全国各族人民都能比较快地富裕起来。①

邓小平同志对马克思主义中国化的最重要的贡献就是他提出的改革开放理论。在他生命即将结束的耄耋之年，还谆谆告诫全党和全国人民，一定要坚持改革开放不动摇，不改革开放，只能死路一条。

> 改革开放迈不开步子，不敢闯，说来说去就是怕资本主义的东西多了，走了资本主义道路。要害是姓“资”还是姓“社”的问题。判断的标准，应该主要看是否有利于发展社会主义社会的生产力，是否有利于增强社会主义国家的综合国力，是否有利于提高人民的生活水平。对办特区，从一开始就有不同意见，担心是不是搞资本主义。深圳的建设成就，明确回答了那些有这样那样担心的人。特区姓“社”不姓“资”。
>
> ……
>
> 计划多一点还是市场多一点，不是社会主义与资本主义的本质区别。计划经济不等于社会主义，资本主义也有计划；市场经济不等于资本主义，社会主义也有市场。计划和市场都是经济手段。社会

① 《邓小平文选》（第2卷），人民出版社1993年版，第141-152页。

主义的本质，是解放生产力，发展生产力，消灭剥削，消除两极分化，最终达到共同富裕。就是要对大家讲这个道理。证券、股市，这些东西究竟好不好，有没有危险，是不是资本主义独有的东西，社会主义能不能用？允许看，但要坚决地试。

……

走社会主义道路，就是要逐步实现共同富裕。共同富裕的构想是这样提出的：一部分地区有条件先发展起来，一部分地区发展慢点，先发展起来的地区带动后发展的地区，最终达到共同富裕。

……

对改革开放，一开始就有不同意见，这是正常的。不只是经济特区问题，更大的问题是农村改革，搞农村家庭联产承包，废除人民公社制度……不争论，大胆地试，大胆地闯。农村改革是如此，城市改革也应如此。①

邓小平同志关于改革开放的思想和理论，是中国进入社会主义初级阶段马克思主义中国化的最重要的成果，从而也是中国特色依宪治国和法治政府建设的最重要的理论渊源。

四、马克思主义中国化理论的实践探索之四——习近平新时代中国特色社会主义思想

关于习近平新时代中国特色社会主义思想，我们首先引用党的十九大报告中对“新时代中国特色社会主义的思想和基本方略”的论述，对之作一简要的背景介绍。

十八大以来，国内外形势变化和我国各项事业发展都给我们提出了一个重大时代课题，这就是必须从理论和实践结合上系统回答新时代坚持和发展什么样的中国特色社会主义、怎样坚持和发展中国特色社会主义，包括新时代坚持和发展中国特色社会主义的总目

---

① 《邓小平文选》（第3卷），人民出版社1993年版，第372-374页。

标、总任务、总体布局、战略布局和发展方向、发展方式、发展动力、战略步骤、外部条件、政治保证等基本问题，并且要根据新的实践对经济、政治、法治、科技、文化、教育、民生、民族、宗教、社会、生态文明、国家安全、国防和军队、“一国两制”和祖国统一、统一战线、外交、党的建设等各方面作出理论分析和政策指导，以利于更好坚持和发展中国特色社会主义。

围绕这个重大时代课题，我们党坚持以马克思列宁主义、毛泽东思想、邓小平理论、“三个代表”重要思想、科学发展观为指导，坚持解放思想、实事求是、与时俱进、求真务实，坚持辩证唯物主义和历史唯物主义，紧密结合新的时代条件和实践要求，以全新的视野深化对共产党执政规律、社会主义建设规律、人类社会发展规律的认识，进行艰辛理论探索，取得重大理论创新成果，形成了新时代中国特色社会主义思想。①

关于新时代中国特色社会主义思想，习近平同志在党的十九大报告中将之归结为下述八个“明确”：(1)明确坚持和发展中国特色社会主义，总任务是实现社会主义现代化和中华民族伟大复兴，在全面建成小康社会的基础上，分两步走在本世纪中叶建成富强民主文明和谐美丽的社会主义现代化强国；(2)明确新时代我国社会主要矛盾是人民日益增长的美好生活需要和不平衡不充分的发展之间的矛盾，必须坚持以人民为中心的发展思想，不断促进人的全面发展、全体人民共同富裕；(3)明确中国特色社会主义事业总体布局是“五位一体”、战略布局是“四个全面”，强调坚定道路自信、理论自信、制度自信、文化自信；(4)明确全面深化改革总目标是完善和发展中国特色社会主义制度、推进国家治理体系和治理能力现代化；(5)明确全面推进依法治国总目标是建设中国特色社会主义法治体系、建设社会主义法治国家；(6)明确党在新时代的强军目标是建设一支听党指挥、能打胜仗、作风优良的人民军队，把人民军队建设成为世界一流军队；(7)明确中国特色大国外交要推动构建新

① 习近平：《决胜全面建成小康社会　夺取新时代中国特色社会主义伟大胜利——在中国共产党第十九次全国代表大会上的报告》，人民出版社2017年版，第18-19页。

型国际关系，推动构建人类命运共同体；(8)明确中国特色社会主义最本质的特征是中国共产党领导，中国特色社会主义制度的最大优势是中国共产党领导，党是最高政治领导力量，提出新时代党的建设总要求，突出政治建设在党的建设中的重要地位。①

关于新时代中国特色社会主义的基本方略，习近平同志在党的十九大报告中归结为下述十四项"坚持"：(1)坚持党对一切工作的领导；(2)坚持以人民为中心；(3)坚持全面深化改革；(4)坚持新发展理念；(5)坚持人民当家作主；(6)坚持全面依法治国；(7)坚持社会主义核心价值体系；(8)坚持在发展中保障和改善民生；(9)坚持人与自然和谐共生；(10)坚持总体国家安全观；(11)坚持党对人民军队的绝对领导；(12)坚持"一国两制"和推进祖国统一；(13)坚持推动构建人类命运共同体；(14)坚持全面从严治党。②

上述习近平同志关于新时代中国特色社会主义思想和基本方略的论述，均可构成我国依宪治国和法治政府建设的理论渊源，特别是其中的第五个"明确"(明确全面推进依法治国总目标是建设中国特色社会主义法治体系、建设社会主义法治国家)和第六个"坚持"(坚持全面依法治国)，则构成我国依宪治国和法治政府建设的直接依据。

第三节　中国传统法律思想和法治理论

中国传统法律思想和法治理论也是中国特色依宪治国和法治政府建设的理论渊源之一。当然，这种理论渊源往往是间接的，是经过转化的。因为中国传统法治其"治"的主体往往定位于统治者而非人民；"治"的对象大多定位于"民"而非"官"；"治"的目的大多确定为追求统治秩序而非人权；"治"的手段大多选择"罚治"(所谓"以刑去刑")或"德治""礼治"(所谓"道之以德，齐之以礼")而非旨在控制公权力和保护公民权利的宪制、法治。但是中国传统法律思想和法治理论的某些理念和治理方法也有一定的可供现代宪制、法治借

① 参见习近平：《决胜全面建成小康社会　夺取新时代中国特色社会主义伟大胜利——在中国共产党第十九次全国代表大会上的报告》，人民出版社2017年版，第19-20页。

② 参见习近平：《决胜全面建成小康社会　夺取新时代中国特色社会主义伟大胜利——在中国共产党第十九次全国代表大会上的报告》，人民出版社2017年版，第20-26页。

鉴之处,中国特色宪制和法治在事实上也确实吸收了中国传统法律思想和法治理论的某些精华要素。正是在这个意义上,我们说中国传统法律思想和法治理论也构成我国依宪治国和法治政府建设的理论渊源之一。

一、春秋战国时期"法家"和"儒家"的法律思想与法治理论

中国春秋战国时期是一个百家争鸣的时期,各家(法家、儒家、墨家、道家、名家、阴阳家、农家、纵横家、杂家等)都有自己各不相同的法律思想。其中以法家的"法治"思想和儒家的"德治""礼治"思想影响最为深远。法家的代表人物有李悝、商鞅、韩非等,儒家的代表人物有孔丘、孟轲、荀况等。

"以法治国"的"法治",是法家法律思想的核心,也是与儒家进行争论的焦点。法家是继墨家之后反对儒家最有力的一个学派。他们在政治法律思想上的对立主要就表现为"法治"与"礼治""德治""人治"的对立。

第一,"法治"与"礼治"的对立是两种不同质的法律和制度的对立。法家的"法治"要求"不别亲疏,不殊贵贱,一断于法",反对贵族垄断土地所有权的土地国有制和世袭各级官吏的宗法等级制;主张土地私有、允许自由买卖和根据功劳和才能选拔官吏,因而在制度上同维护贵族世袭特权的"礼"形成了对立。

第二,"法治"和"德治"的对立是儒法两家在统治方法上的对立。儒家主张"以德服人"的"德治""仁政",强调道德教化的作用,相对轻视法律及其强制作用。法家主张"不务德而务法",认为只能"以力服人",强调以国家暴力为后盾的法律的作用,把法律的强制手段说成是最有效的,甚至是唯一有效的统治方法,轻视甚至完全否定道德和教化的作用。

第三,"法治"和"人治"的对立,是持"法"和"人"在治理国家上何者起决定作用。儒家主张"为政在人"的"人治",认为在治理国家方面起决定作用的是"人"而不是"法":"其人存则其政举,其人亡则其政息"。法家则强调治国的关键是"法"而不是"人"。他们认为只要有了根据新兴地主阶级意志所立的"法"并坚决加以贯彻就能轻而易举地治理好国家,即所谓"以法治国,举措而已"。他们抨击"人治",把"人治"说成是统治者随心所欲的"心治"或"身治"。《慎子·君人》说:"君人者舍法而以身治,则诛赏夺与从君心出矣。然则受赏者虽当,望多无穷;受罚者虽当,望轻无已。君舍法而以心裁轻重,则是

同功而殊赏,同罪而殊罚也。怨之所由生也。"《韩非子·用人》也说:"释法术而任心治,尧不能正一国。"①

关于法家推行"法治"的理论,张国华、饶鑫贤主编的《中国法律思想史纲》将之归结为两个方面:一是"好利恶害"的人性论,即认为"夫凡之人性,见利莫能勿就,见害莫能勿避""人生有好恶,故民可治也""人性好爵禄而恶刑罚",所以统治者应该用赏罚的手段而不能用仁义来进行统治;二是"法与时转则治"的历史观,即认为一切法律和制度必须随历史的发展而发展变化,不能"欲以先王之政,治当今之民"。关于法家推行"法治"的方法,《中国法律思想史纲》将之归结为四个方面:一是"以法为本",必须"当时而立法"(适应时代需求),立法必须"因人之情""令顺民心""毋强不能"(应考虑可行性);二是"刑过不避大臣,赏善不遗匹夫",法必须有绝对的权威,无论官民,均必须遵守;三是"信赏必罚"、"刑多赏少"和"以法为教";四是"法""势""术"结合使用。②

关于儒家的法律思想,《中国法律思想史纲》将之归结为三个方面:一是"为国以礼","礼者,法之大分,类之纲纪",礼乃"承天之道"以"治人之情";二是"为政以德",重教化,主张"道之以德,齐之以礼",反对"不教而杀";三是重"人治",轻"法治",主张"为政在人","有治人,无治法"。③

二、秦汉隋唐时期的法律思想

公元前 221 年,秦始皇统一六国,建立起中国第一个中央集权的封建王朝。秦始皇在建立秦王朝后,遵循法家学说,兼采阴阳五行学派的思想,推行"事统上法"的政策,并将法家学说推展到极端,实行严刑峻法、横征暴敛,"苛政猛于虎"。作为秦始皇主要辅佐者的李斯,在秦始皇建立与巩固中央集权制度的过程中起了重要的作用。他向秦始皇鼓吹,"明主圣王之所以能久处尊位,长执重势而独擅天下之利者,非有异道也","是故主独制于天下而无所

---

① 张国华、饶鑫贤主编:《中国法律思想史纲》(上),甘肃人民出版社 1984 年版,第 162-163 页。

② 参见张国华、饶鑫贤主编:《中国法律思想史纲》(上),甘肃人民出版社 1984 年版,第 163-171 页。

③ 参见张国华、饶鑫贤主编:《中国法律思想史纲》(上),甘肃人民出版社 1984 年版,第 77-85 页。

制也”。集大权于一身的君主,必须用“法、术”来驾驭群臣:“独操主术以制听从之臣,而修其明法,故身尊而势重也”;君主必须“独断”,并以刑罚“督责”和“深罚”来维护其绝对权威。李斯认为,“督责之术设”,才能使“臣无邪”“主严尊”“天下安”,君主“所欲无不得矣”,主“督责之,则臣不敢不竭能以徇其主”,“群臣百姓救过不给,何变之敢图”。[①] 李斯公开宣扬极端专制以及镇压与恐怖的法律思想,并且运用于秦始皇的暴政实践,这是秦王朝统治不得人心,短短十多年即被农民起义推翻的重要原因。

公元前 202 年,刘邦建立西汉王朝,其吸取秦王朝严刑峻法、横征暴敛,导致民怨沸腾,最终丧失政权的教训,改采“无为而治”的统治术:“萧何为法,讲若画一;曹参代之,守而勿失;载其清静,民以宁。”汉初,刘邦的谋士陆贾给刘邦讲述“无为而治”和“文武并用”的治国之道,并称道《诗》《书》。刘邦不以为然,曰,“乃公居马上而得之,安事《诗》《书》”。陆贾答曰:“居马上得之,宁可以马上治之乎?且汤武逆取而以顺守之,文武并用,长久之术也……秦任刑法不变,卒灭赵氏。向使秦已并天下,行仁义,法先圣,陛下安得而有之?”刘邦认为有道理,故听其言,采纳其法律思想和治国之术,“秦以刑罚为巢,故有覆巢破卵之患,以赵高、李斯为杖,故有倾仆跌伤之祸”,秦“事愈烦天下愈乱,法愈滋而奸愈炽,兵马益设而敌人愈多。秦非不欲为治,然失之者,乃举措暴众而用刑太极故也”。当然,汉初“无为而治”并非否定法律的作用,而只是否定严刑峻法和烦琐的法律。刘邦在打江山时就命萧何立法三章,取得江山后又提出,“四夷未附,兵革未息,三章之法,不足以御奸”,法网太疏可致“漏吞舟之鱼”,故又命萧何作《九章律》,以法律作为治国的重要辅助工具。[②]

汉代在法律思想方面有较重要影响的人物是董仲舒。他的法律思想主要可归纳为四个方面:一是“君权神授”及其“天人感应”理论。“王者承天意以从事”;“天子受命于天,天下受命于天子”。“帝王之将兴也,其美祥亦先见;其将亡也,妖孽亦先见。”他提出,君主施政立法,教化人民,都是“承天意以从

---

① 参见张国华、饶鑫贤主编:《中国法律思想史纲》(上),甘肃人民出版社 1984 年版,第 269-277 页。

② 参见张国华主编:《中国法律思想史》,法律出版社 1986 年版,第 143-148 页。

事”;君主“立于生杀之位,与天共持变化之势”,有代天实行赏罚的绝对权力。君主代行“天意”,如果臣民不服从君主的统治,就是违背“天意”。二是确立“三纲五常”为道德和立法根本原则的理论。所谓“三纲”,君为臣纲、父为子纲、夫为妻纲;所谓“五常”,即仁、义、礼、智、信。董仲舒把“三纲五常”说成是“天意”的要求:“王道之三纲,可求于天。”无论何人,违背“三纲五常”即为“反天之道”,为法所不容。三是主张“大德而小刑”的理论。他提出,“天道之大者在阴阳,阳为德,阴为刑,刑主杀而德主生。是故阳常居大夏,而以生育养长为事,阴常居大冬,而积于空虚不用之处。以此见天之任德不任刑也……王者承天意以从事,故任德教而不任刑。刑者不可任以治世,犹阴之不可任以成岁也。为政而任刑,不顺于天,故先王莫之肯为也”。四是主张《春秋》决狱,“论心定罪”的理论。他提出“春秋之听狱也,必本其事而原其志。志邪者不待成,首恶者罪特重,本直者其论轻。……罪同异论,其本殊也”;“《春秋》之决狱,论心定罪。志善而违于法者免,志恶而合于法者诛”。其主张定罪判刑只看动机,不论行为危害结果。而动机又须根据他的“三纲五常”之道德准则衡量。①

隋唐时期在法律思想方面有较重要影响的人物是唐太宗李世民和他的重臣魏征。唐太宗李世民的法律思想主要可归纳为五个方面:一是“安人宁国”和“国以民为本”的民本思想。李世民说,“为君之道,必须先存百姓,若损百姓以奉其身,犹割股以啖腹,腹饱而身毙”;“舟所以比人君,水所以比黎庶,水能载舟,亦能覆舟”;“国以民为本”;“安人宁国,惟在于君”。他还说,“夫治国犹如栽树,本根不摇则枝叶茂荣。君能清净,百姓何得不安乐乎”。二是“开直言之路”“兼听纳谏”的广开言路思想。李世民说,“朕开直言之路,以利国也,而比来上封事者多讦人细事,自今复有为是者,朕当以谗人罪之”。他还鼓励臣下批评他本人的过失:“自古人君莫不欲社稷永安,然而不得者,只为不闻己过,或闻而不能改故也。今朕有所失,卿能直言,朕复闻过能改,何虑社稷之不安乎。”三是“用法务在宽简”的思想。李世民说,“国家法令,惟须简约,不可一罪作数种条。格式既多,官人不能尽记,更生奸诈”。立法不仅应当由繁而简,而且应当去重从轻。“死者不可再生,用法务在宽简”。四是“守

---

① 参见张国华主编:《中国法律思想史》,法律出版社 1986 年版,第 165-174 页。

文定罪”,“恤刑慎杀”的刑罚思想。李世民说,“古来帝王以仁义为治者,国祚延长,任法御人者,虽救弊于一时,败亡亦促”;“为国之道,必须抚之以仁义,示之以威信,因人之心,去其苛刻,不作异端,自然安静”。他要求君臣上下都据律断罪,“庶免冤滥”。特别是对于死刑,予以最严控制,“自今以后,大辟罪,皆令中书、门下四品以上及尚书九卿议之”,并改死刑“三复奏”为“五复奏”,以保证“恤刑慎杀”。五是赏罚分明,“事须画一”的奖惩公正公平思想。李世民说,“法者,人君所受于天,不可以私而失信”,故必须“赏不避仇雠,罚不阿亲戚,此天下至公之道”;“国家大事,惟赏与罚。赏当其劳,无功者自退;罚当其罪,为恶者咸惧”;“自古帝王多任情喜怒,喜则滥赏无功,怒则滥杀无罪,是以天下丧乱,莫不由此。”魏征的法律思想基本同于唐太宗李世民的法律思想。因为魏征作为唐太宗李世民的谏议大夫,其观点、主张自然对李世民产生着深刻的影响,而李世民作为一代“明君”,也愿意和勇于接受魏征这种有思想有远见,且敢于犯颜直谏的官员的建言,哪怕是扎心逆耳之言。[①]

三、宋至明清时期的法律思想

宋代在法律思想方面较有影响的人物是王安石。王安石的法律思想主要可以概括为下述四个方面:一是“变风俗,立法度”和“改易更革”的改革和法治思想。他针对他当时所处的国家和社会衰败景象指出,“天下之财力日以困穷,而风俗日以衰坏,四方有志之士,諰諰然常恐天下之久不安。此其故何也?患在不知法度故也”。因此,必须“视时势之可否,而因人情之患苦,变更天下之弊法”,以适应当前的“所遭之变”和“所遇之势”。他针对当时保守派提出的“祖宗之法不可变”的反改革主张,指出,“祖宗之法,未必尽善,可革则革,不足循守”;“夏之法至商而更之,商之法至周而更之,皆因世就民而为之节,然其所以法意不相师乎”,即只有废旧立新才能适应治国安民的需要。二是“立善法于天下,则天下治”的科学立法思想。王安石认为,治理国家,必须依靠“善法”,“盖君子之为政,立善法于天下,则天下治,立善法于一国,则一国治”。何谓“善法”?他说,善法乃“于方今实为便,于古义实为宜”,不得“务以求利为功”,不得只顾暂时利益,而须兼顾人民和长远利益。如果立法

① 参见张国华主编:《中国法律思想史》,法律出版社 1986 年版,第 245-262 页。

“夺民之所甘,而使不得食”,即为恶法,人民就将起而反抗,“则严刑峻法有不能止者”。三是“有司议罪,惟当守法”的依法办案、依法司法的思想。王安石在给皇帝的奏疏中指出,“臣以为有司议罪,惟当守法,情理轻重,则敕许奏裁。若有司辄得舍法以论罪,则法乱于下,人无所措手足矣”。他反对依《春秋》“断天下之事,决天下之疑”,而主张依法断案,维护法律的权威和人民在法制下的合理预期。四是任贤使能,保证法律有效实施的用人和执法思想。他说,“古人有言,徒善不足以为政,徒法不能以自行”,仅仅有好的法律尚不足以治理好国家,还必须选拔有良好素质的执法官吏保证“善法”的贯彻执行。他认为,官吏的良善关系到国家治理的实效,“夫合天下之众者财,理天下之财者法,守天下之法者吏也。吏不良,则有法而莫守;法不善,则有财而莫理”。这些话即体现了王安石关于财、法、吏三者关系的理论。①

明代在法律思想方面较有影响的人物是张居正。张居正的法律思想主要可以概括为下述三个方面:一是“以法绳天下”的严格法治思想。他旗帜鲜明地反对儒家的礼治,痛斥当时的保守派官吏“不达时变,动称三代”,谓这些人的言行是“宋时奸臣卖国之余习,老儒臭腐之迂谈”“学术不明,高谈无实”。他建议嘉靖皇帝“奋乾刚之断,普离照之明,张法纪以肃群工,揽权纲而贞百度”。他认为,当时之所以一切都废弛不振,不是由于没有法律,而是因为“法之不行”。“盖天下之事不难于立法,而难于法之必行;不难于听言,而难于言之必效”;“法令政刑,世之所恃以为治者也”。他建议“振纪纲以正风俗,省议论以行国是,核名实以行赏罚”,他认为,若如此,“则法行如流而事功辐辏矣”。二是治腐败,抑豪强和公正、“公道”执法的思想。张居正认为导致当时国家衰败的重要原因是官吏腐败和豪强“骄恣不法”,“酿祸之根”是“吏不恤民,驱而为盗”,皇亲国戚“外求亲婿于主上,以张其势,而内实奸贪淫虐,陵轹有司,朘刻小民,以纵其欲”。为此,他坚决主张加强法制,反对腐败,抑制豪强,“强其根本,振其纪纲”,并主张公正、“公道”执法,“刑赏予夺,一归之公道,而不必曲徇私情。政教号令,必断于宸衷而毋致纷更于浮议。法所当加,虽贵近不宥;事有所枉,虽疏贱必申”。三是“民惟邦本,本固邦宁”的民本思想。他认为,“唯百姓安乐家给人足则虽有外患而邦本深固自可无虞,唯是

---

① 参见张国华主编:《中国法律思想史》,法律出版社 1986 年版,第 300-308 页。

百姓愁苦思乱民不聊生,然后夷狄盗贼乘之而起”。他告诫皇帝,“天之立君以为民也”,故人君必须体恤民众之苦,“安宁百姓”。同时,他主张刑罚应宽严相济,“法宜严,不宜猛”,“省法令,不宜烦苛”,在一般情况下,应实行宽刑,应删削刻峻法条,防止冤狱,禁止法司受贿“卖狱”,“深文巧诋”和轻入人死罪等。①

清代在法律思想方面较有影响的人物应是康熙皇帝爱新觉罗·玄烨。玄烨的法律思想主要可以概括为下述四个方面:一是“便民”“恤民”的行法、执法思想。玄烨说:“凡事必期便民,若不便于民,而惟言行法,虽厉禁何益?”玄烨认为法律的目的和作用有二:“禁暴”和“止奸”。他喻示刑部:“国家设立法制,原以禁暴止奸,安全良善,故律例繁简,因时制宜,总期合于古帝王钦恤民命之意。”在执法司法时,要适当对强者严、弱者宽,“刑法者,专以禁戢凶暴。若豪强奸慝、固难宽宥。其贫贱愚昧者,略施宽贷亦未尝不可”。玄烨认为治理天下应以宽为本,“宽则得众,信则民任”。他要求断狱勿用严刑,轻毙人命,违者罪之。“夫治狱之吏,以刻为明,古人所戒也。近见引律繁多,驳察诬良,时见参奏,出入轻重之间,率多未协于中,何以使民气无怨,而谳法克当欤”;“今欲疏禁网以昭惇大,缓催科以裕盖藏,务使物阜民安”。二是“矢公得中”的法律公正思想。玄烨认为立法和司法都必须“矢公得中”,处理问题,裁决案件均对事不对人,“朕止底细事之是非,不论其为何人也”。他明确反对贵族官员干预司法审判,“盛京刑部,遇讯鞫时或别部及旗下各官,蒸蒸日上得杂至并坐,干预所审之事,向日京师,亦往往有此。朕再三申饬,今已肃清矣”。他指令去盛京赴任的官吏,力除此弊,强调讯狱要“从公审断,勿徇一时私见”。另外,玄烨针对当时狱讼中违法长时间羁押犯人虐待犯人等弊端指出,审案“不行速结,使良民久羁囹圄,改造口供,草率定案,证据无凭,枉坐人犯,其间又有衙门蠹役,恐吓索诈,致一事而破数家之产”;一些犯人,“未死于法,先死于狱”。他要求刑部对之严格查处。三是“弼教化民”的法律教化思想。玄烨崇尚儒家的礼治,强调治民须以礼义教化为主。他谕示三法司:帝王要“以德化民,以刑弼教”;司法官员审案断罪,要“听断明允,拟议持平”,务期“原情准法,协于至当”,不得“故纵市恩”,也不得“苛刻失入”。他说,国家设

① 参见张国华主编:《中国法律思想史》,法律出版社 1986 年版,第 367-371 页。

立问刑衙门,旨在“明罚敕法,弼教化民”,故司法官吏必须“审鞫精详,谳决平允”,以使“民情悦服,冤抑毕伸”。四是“有治人,始有治法”的人治重于法治的思想。玄烨深信,“为下全在得人”,“治国家者,在有治人,不患无治法也”。他认为,即使有法,如果官吏营私徇情,每滋弊端,“以致良法美意,泽未下究,而累已及民”。在有关人治、吏治与法治的关系上,玄烨一直主张人治重于法治,吏治重于法治。“从来民生不遂,由于吏治不清”;“民生休戚”全取决于“吏治之贤否”;“吏治纯而不杂,则民心感而易从”。当然,玄烨重视人治、吏治,并非完全否定法治,在他的治国理念中,其“便民”“恤民”的行法、执法思想,“矢公得中”的法律公正思想,“弼教化民”的法律教化思想都具有较重要的地位,只是他认为实现上述法治理念,关键在人,关键在吏治。①

四、中国传统法律思想和法治理论为中国特色宪制和法治所借鉴的主要要点

中国传统法律思想和法治理论是非常丰富的,其中既有精华,亦有糟粕。毫无疑问,中国现时的依宪治国和法治政府建设,可以和应该汲取其精华,舍弃其糟粕。下面我们特举中国传统法律思想和法治理论为中国特色宪制和法治所借鉴的最主要最典型的五个例证以说明之:

(一)法家“以法治国”的法治思想和“法与时转则治”的法治发展观

对此,笔者曾在《人民日报》理论版以此为题发表短文阐述相应观点。现摘要如下。

坚持全面依法治国,建设社会主义法治国家,切实保障社会公平正义和人民权利,是我国国家制度和国家治理体系的显著优势之一。我国社会主义法治凝结着我们党治国理政的理论成果和实践经验,是制度之治最基本最稳定最可靠的保障。随着我国经济社会不断发展,人民生产生活方式不断变化,社会各方面利益关系不断调整,调节社会关系的法也需要与时俱进。中国特色社会主义实践向

① 参见张国华主编:《中国法律思想史》,法律出版社1986年版,第392-397页。

前推进一步,法治建设就要跟进一步。

“法与时转则治,治与世宜则有功。”实现善治,要求法治建设与时俱进,根据治国理政理论和实践的创新发展不断发展完善。改革开放以来特别是党的十八大以来,我们党在治国理政方面进行深入探索,取得一系列理论创新和实践创新成果。我们党将全面依法治国纳入“四个全面”战略布局,以法治方式推进国家治理体系和治理能力现代化,为解放和增强社会活力、促进社会公平正义、维护社会和谐稳定、确保党和国家长治久安发挥了重要作用。在实践中,中国特色社会主义法治体系不断发展完善、日益成熟定型。

法治理论创新和实践创新,必须结合我国改革开放实践中出现的新情况、新问题来推进,积极回应人民群众对美好生活的新期待。如今,坚持以人民为中心的发展思想已经充分体现在立法、执法、司法、守法等法治建设的各个环节。比如,在立法环节,为回应人民群众关心的看病难、传染病防控等问题,今年6月1日起实施基本医疗卫生与健康促进法。十三届全国人大三次会议审议通过的民法典,在制度和规则设计上,致力于回应人民群众日益广泛的权益需求。

党的十九届四中全会《决定》指出:“中国特色社会主义制度是党和人民在长期实践探索中形成的科学制度体系,我国国家治理一切工作和活动都依照中国特色社会主义制度展开,我国国家治理体系和治理能力是中国特色社会主义制度及其执行能力的集中体现。”我国法治建设体现并保障制度之治。党的十九届四中全会《决定》提出13个方面的制度建设任务,坚持和完善中国特色社会主义法治体系是其中之一,并与其他制度建设任务紧密联系。一方面,法治体系是其他制度的保障,其他制度要发挥优势、体现治理效能,需要程序化、规范化、法治化。另一方面,法治体系需要紧密联系其他制度,吸收其他制度运作的理论成果和实践经验,不断与时俱进。

党的十九大报告将坚持新发展理念确定为新时代坚持和发展中国特色社会主义的基本方略之一,强调“必须坚定不移贯彻创新、协调、绿色、开放、共享的发展理念”。这一理念在我国法治建设中得到充分体现，推动中国特色社会主义法治理论和实践不断深化。例如，在创新发展方面，法治保护知识产权，促进和保障科技创新、制度创新。在协调发展方面，法治体系的内部协调性不断增强，同时有力保障经济建设、政治建设、文化建设、社会建设、生态文明建设“五位一体”统筹推进。在绿色发展方面，民法典在立法中融入绿色原则，加强对生态环境的保护，促进节约资源；等等。我国法治建设以我们党治国理政的新理念新思想新战略为指引，不断回应实践发展的要求，持续焕发勃勃生机。①

（二）法家“刑过不避大臣，赏善不遗匹夫”的法律面前人人平等思想

虽然这种法律面前人人平等的思想在历朝历代的统治者那里从来没有完全实行过，但这一理念对于我们今天中国特色宪制和法治却有重要的借鉴作用。对于法律平等理念，邓小平同志在我国改革开放初期即有很深刻的论述。

“文化大革命”中，林彪、“四人帮”大搞特权，给群众造成很大灾难。当前，也还有一些干部，不把自己看作是人民的公仆，而把自己看作是人民的主人，搞特权，特殊化，引起群众的强烈不满，损害党的威信，如不坚决改正，势必使我们的干部队伍发生腐化。我们今天所反对的特权，就是政治上经济上在法律和制度之外的权利。搞特权，这是封建主义残余影响尚未肃清的表现。旧中国留给我们的，封建专制传统比较多，民主法制传统很少。解放以后，我们也没有自觉地、系统地建立保障人民民主权利的各项制度，法制很不完备，也很不受重视，特权现象有时受到限制、批评和打击，有时又重新滋长。克服特权现象，要解决思想问题，也要解决制度问题。公民在法律和制度面前人人平等，党员在党章和党纪面前人人平等。人人有依法规定的平等权利和义务，谁也不能占便宜，谁也不能犯法。不管谁犯了法，都要由公安机关依法侦

① 姜明安：《法与时转则治》，载《人民日报》2020 年 10 月 22 日，理论版。

查,司法机关依法办理,任何人都不许干扰法律的实施,任何犯了法的人都不能逍遥法外。谁也不能违反党章党纪,不管谁违反,都要受到纪律处分,也不许任何人干扰党纪的执行,不许任何违反党纪的人逍遥于纪律制裁之外。只有真正坚决地做到了这些,才能彻底解决搞特权和违法乱纪的问题。要有群众监督制度,让群众和党员监督干部,特别是领导干部。凡是搞特权、特殊化,经过批评教育而又不改的,人民就有权依法进行检举、控告、弹劾、撤换、罢免,要求他们在经济上退赔,并使他们受到法律、纪律处分。对各级干部的职权范围和政治、生活待遇,要制定各种条例,最重要的是要有专门的机构进行铁面无私的监督检查。①

(三)唐代李世民的"国以民为本""水能载舟,亦能覆舟"的民本思想

虽然这种"民本思想"与中国特色依宪治国和法治政府建设所基于的"以人民为中心"的思想有本质的区别,但是后者无疑借鉴了前者的某些合理内核。对于这种本质区别和一定的借鉴因素,我们可以从习近平同志在十八届中共中央政治局常委会上见中外记者时的讲话内容中感受到。

这个重大责任,就是对人民的责任。我们的人民是伟大的人民。在漫长的历史进程中,中国人民依靠自己的勤劳、勇敢、智慧,开创了各民族和睦共处的美好家园,培育了历久弥新的优秀文化。我们的人民热爱生活,期盼有更好的教育、更稳定的工作、更满意的收入、更可靠的社会保障、更高水平的医疗卫生服务、更舒适的居住条件、更优美的环境,期盼孩子们能成长得更好、工作得更好、生活得更好。人民对美好生活的向往,就是我们的奋斗目标。人世间的一切幸福都需要靠辛勤的劳动来创造。我们的责任,就是要团结带领全党全国各族人民,继续解放思想,坚持改革开放,不断解放和发展社会生产力,努力解决群众的生产生活困难,坚定不移走共同富裕的道路。

这个重大责任,就是对党的责任。我们的党是全心全意为人民

---

① 《邓小平文选》(第2卷),人民出版社1993年版,第332页。

服务的政党。党领导人民已经取得举世瞩目的成就,我们完全有理由因此而自豪,但我们自豪而不自满,决不会躺在过去的功劳簿上。新形势下,我们党面临着许多严峻挑战,党内存在着许多亟待解决的问题。尤其是一些党员干部中发生的贪污腐败、脱离群众、形式主义、官僚主义等问题,必须下大气力解决。全党必须警醒起来。打铁还需自身硬。我们的责任,就是同全党同志一道,坚持党要管党、从严治党,切实解决自身存在的突出问题,切实改进工作作风,密切联系群众,使我们党始终成为中国特色社会主义事业的坚强领导核心。

人民是历史的创造者,群众是真正的英雄。人民群众是我们力量的源泉。我们深深知道,每个人的力量是有限的,但只要我们万众一心、众志成城,就没有克服不了的困难;每个人的工作时间是有限的,但全心全意为人民服务是无限的。责任重于泰山,事业任重道远。我们一定要始终与人民心心相印、与人民同甘共苦、与人民团结奋斗,夙夜在公,勤勉工作,努力向历史、向人民交出一份合格的答卷。①

(四)宋代王安石的"立善法于天下,则天下治,立善法于一国,则一国治"的良法善治思想

党的十八大以来,党中央和习近平同志一直倡导良法善治,这无疑是对王安石这一思想的借鉴,尽管二者关于善法、良法的内涵和外延均有重要的区别。2014年10月23日,习近平同志在党的十八届四中全会上的讲话中,在论述立法问题时直接引用了王安石的上述说法。

紧紧围绕全面推进依法治国总目标,加快建设中国特色社会主义法治体系。全面推进依法治国总目标是建设中国特色社会主义法治体系,建设社会主义法治国家。这是贯穿决定全篇的一条主线,既明确了全面推进依法治国的性质和方向,又突出了全面推进依法治国的工作重点和总抓手,对全面推进依法治国具有纲举目张的意义。

① 《习近平谈治国理政》,外文出版社2014年版,第4-5页。

依法治国各项工作都要围绕全面推进总目标来部署、来展开。法治体系是国家治理体系的骨干工程。落实全会部署,必须加快形成完备的法律规范体系、高效的法治实施体系、严密的法治监督体系、有力的法治保障体系,形成完善的党内法规体系。

“立善法于天下,则天下治;立善法于一国,则一国治。”要坚持立法先行,坚持立改废释并举,加快完善法律、行政法规、地方性法规体系,完善包括市民公约、乡规民约、行业规章、团体章程在内的社会规范体系,为全面推进依法治国提供基本遵循。要加快建设包括宪法实施和执法、司法、守法等方面的体制机制,坚持依法行政和公正司法,确保宪法法律全面有效实施。要加强党内监督、人大监督、民主监督、行政监督、司法监督、审计监督、社会监督、舆论监督,努力形成科学有效的权力运行和监督体系,增强监督合力和实效。

要完善党内法规制定体制机制,注重党内法规同国家法律的衔接和协调,构建以党章为根本、若干配套党内法规为支撑的党内法规制度体系,提高党内法规执行力。党章等党规对党员的要求比法律要求更高,党员不仅要严格遵守法律法规,而且要严格遵守党章等党规,对自己提出更高要求。①

(五)明代张居正重视法律执行的“法之必行”的执法思想

张居正认为,治国理政必须“以法绳天下”,而法治不仅要重视立法,更要重视执法。“盖天下之事不难于立法,而难于法之必行。”张居正的这一法治思想,在我们今天推进依宪治国,建设法治政府的伟大工程中亦有重要借鉴意义。中共中央、国务院发布的2021年《纲要》中即设专节规定执法问题,“健全行政执法工作体系,全面推进严格规范公正文明执法”。② 2021年《纲要》指出,推进法治政府建设,要“着眼提高人民群众满意度,着力实现行政执法水平普遍提升,努力让人民群众在每一个执法行为中都能看到风清气正、从每一项执法决定中都能感受到公平正义”。2021年《纲要》从下面四个方面对行

① 《习近平谈治国理政》(第2卷),外文出版社2017年版,第118-119页。
② 参见《法治政府建设实施纲要(2021—2025年)》,中国法制出版社2021年版,第11-14页。

政执法予以全面和规范:其一,深化行政执法体制改革。完善权责清晰、运转顺畅、保障有力、廉洁高效的行政执法体制机制,大力提高执法执行力和公信力。其二,加大重点领域执法力度。加大食品药品、公共卫生、自然资源、生态环境、安全生产、劳动保障、城市管理、交通运输、金融服务、教育培训等关系群众切身利益的重点领域执法力度。分领域梳理群众反映强烈的突出问题,开展集中专项整治。对潜在风险大、可能造成严重不良后果的,加强日常监管和执法巡查,从源头上预防和化解违法风险。建立完善严重违法惩罚性赔偿和巨额罚款制度、终身禁入机制,让严重违法者付出应有代价。畅通违法行为投诉举报渠道,对举报严重违法违规行为和重大风险隐患的有功人员依法予以奖励和严格保护。其三,完善行政执法程序。全面严格落实行政执法公示、执法全过程记录、重大执法决定法制审核制度。统一行政执法人员资格管理,全面落实行政裁量权基准制度,细化量化本地区各行政执法行为的裁量范围、种类、幅度等并对外公布。全面梳理、规范和精简执法事项,凡没有法律法规规章依据的一律取消。规范涉企行政检查,着力解决涉企现场检查事项多、频次高、随意检查等问题。按照行政执法类型,制定完善行政执法程序规范。全面严格落实告知制度,依法保障行政相对人陈述、申辩、提出听证申请等权利。其四,创新行政执法方式。广泛运用说服教育、劝导示范、警示告诫、指导约谈等方式,努力做到宽严相济、法理相融,让执法既有力度又有温度。

上述五项例证,充分说明中国传统法律思想和法治理论是中国特色依宪治国和法治政府建设的理论渊源之一。

第四章

新时代推进依宪治国和法治政府建设的主要创新

第一节　新时代推进依宪治国理念创新的主要内容

党的十九大报告指出，全面依法治国是中国特色社会主义的本质要求和重要保障，是国家治理的一场深刻革命。

在新时代，之所以要特别强调依宪治国和全面推进依法治国，是因为新时代我国社会主要矛盾已经转化为人民日益增长的美好生活需要和不平衡不充分的发展之间的矛盾。要适应这一社会主要矛盾转化的需要，国家管理、社会治理就必须规范化、制度化、法治化。权力不能任性、恣意，政策不能反复无常。经济、政治、社会、文化、生态必须坚持全面、协调和科学发展。即不能在推进经济发展时忽略生态环境的保护，不能在推进沿海和东部地区发展时忽略大西北和东北的振兴，不能在保护产权和企业家权益时忽略了对弱势群体权益的维护。要平衡和协调所有这些关系和利益，化解各种社会矛盾，就必须坚持依宪治国和全面推进依法治国。

在新时代，之所以要特别强调依宪治国和全面推进依法治国，是因为新时代国家发展的目标和任务较过去更加宏伟，更加依赖宪制、法治的推进和保障。2018 年 3 月 11 日第十三届全国人大第一次会议通过了“八二宪法”的第五个修正案（以下简称 2018 年修宪），将修订前《宪法》确定的“三大文明”——物质文明、政治文明和精神文明——协调发展，建设富强民主文明的社会主义国家的目标修改为“五大文明”——物质文明、政治文明、精神文明、社会文明和生态文明——协调发展，建设富强民主文明和谐美丽的社会主义现代化强国的目标，并相应地将实现国家发展目标、任务的途径之一从“健全社会主义法制”修改为“健全社会主义法治”。“五大文明”的每一大文明，均与中国特色宪制和法治息息相关。要实现物质文明，必须推进市场经济发展，而市场经济只能是法治经济；要实现政治文明，必须把权力关进制度的“笼子”里，而制度的“笼子”只能由宪制、法治铸筑；要实现精神文明，必须让全体国民信仰宪制、法律、法治，而国民信仰的宪制、法律、法治必须是融入了社会主义核心价值观的宪制、法律和法治；要实现社会文明，必须培育社会组织和推进社会自治，使社会生活和社会交往规范有序，而规范有序的社会必须和必然是宪制、法治社会；要实现生态文明，必须控制人对自然的过度开发和过度索取，必须在开发金山银山的同时保护好绿水青山，而要做到这点，必须有生态、环境、资源的法治。可见，要实现“五大文明”的每一大文明，都必须坚持依宪治国和全面推进依法治国。

在新时代，之所以要特别强调依宪治国和全面推进依法治国，是因为新时代国际关系日益复杂，全球化与反全球化、多边主义与单边主义、追求和平安宁与迷恋恐怖杀戮、追求人类命运共同体与迷恋霸权，各种思潮、各种势力相互争斗、相互角逐。在这种国际局势下，中国要应对内外各种挑战，有理、有利、有节地处理各种外部争议、内部纠纷，化解危机、消除隐患，保持社会稳定，必须依靠宪制、法治，必须坚持依宪治国和全面推进依法治国。

在新时代，之所以要特别强调依宪治国和全面推进依法治国，还因为在新时代互联网、人工智能、大数据等高科技迅猛发展，人类进入网络时代、信息化时代、元宇宙时代。在这样的时代治国理政，如果不依靠规则、不依靠法律、不厉行宪制、法治，整个社会就会失序。高科技的迅猛发展在给人们造福的同时，也可能给人们带来祸患，甚至带来万劫不复的灾难。全球化、信息化均是“双刃剑”，如何趋利避害，关键在于坚持依宪治国和全面推进依法治国。

在新时代，坚持依宪治国和全面推进依法治国是治国理政的关键和重中之重。这里“治国”的“国”是广义的国，既包括国家（国家自然包括政府），又包括社会（社会自然包括政党）。所以，习近平同志指出，依法治国要“法治国家、法治政府、法治社会一体建设”。而且，在我国，执政党在国家中具有特殊重要的领导地位,它虽然不是国家、政府和社会,但它领导国家、政府和社会。且执政党对国家、政府和社会的领导也需要依法进行。所以,习近平同志指出,法治不仅要求依法治国、依法行政,而且要求依法执政,要"坚持依法治国、依法执政、依法行政共同推进"。

根据《宪法》第5条的明确规定和党的十八大、十九大提出的关于依宪治国的一系列要求,新时代我国推进依宪治国的总目标可以归结为:一切公权力(国家公权力和社会公权力)均依宪法和法律运作;一切国家机关和武装力量、各政党和各社会团体、各企业事业组织均遵守宪法和法律;一切法律、法规、规章和规范性文件都不与宪法法律相抵触;公民的人权和其他合法权益都得到有效保障;任何组织或个人都不具有超越宪法和法律的特权;一切违宪违法行为,都能得到追究。这一总目标包括下述五项主要内容。

一、保障公权力依宪依法运作

要实现公权力依宪依法运作,首先,要求国家公权力应依宪依法产生。在一个实行依宪治国、依法治国的国度内,不能有任何无宪法和法律根据的国家公权力。为此,必须制定和完善各种国家组织法,我们不仅要抓紧制定和完善"一府一委两院"①的组织法,而且要抓紧制定和完善各级别(省、市、县、乡镇等)政府组织法和中央政府主要部门(公安部、司法部、应急管理部等)的组织条例。其次,国家公权力必须依法行使。在一个实行依宪治国、依法治国的国度内,不允许任何国家公权力任性、恣意、滥用。为此,必须制定和完善国家机关各种公权力运作的实体法和程序法,如行政程序法、政务公开法、政务问责法等。最后,要实现公权力依宪依法运作,还要求对社会公权力(非国家机关的社会组织行使的公权力)进行规范和控制,保证其自治权依宪依法运作。

在我国,要保障公权力依宪依法运作,作为执政党的中国共产党坚持依宪执政和依法执政非常重要。因为中国共产党承担着党和国家重大决策,确定国家发展目标、方向的历史使命,党要对经济、政治、社会、文化、生态环境建设实行全方位的领导,而且党直接行使最核心的国家公权力,如党管国家基本政

---

① "一府一委两院"中的"一府"是指人民政府;"一委"是指监察委员会;"两院"是指人民法院和人民检察院。

策的制定、党管干部、党管军队、党管意识形态等。因此,在我国,要实现依宪治国和依法治国,首先要推进党依宪执政和依法执政。《宪法》第5条明确规定,各政党[①]都必须遵守宪法和法律。一切违反宪法和法律的行为,必须予以追究。《党章》总纲规定,“党必须在宪法和法律范围内活动”,“坚持科学执政、民主执政、依法执政”。为了保证依宪执政和依法执政,中国共产党不仅推进国家立法机关制定各种规范执政党机关、组织行使公权力行为的相应法律,如《公务员法》《监察法》等,而且执政党自己制定了大量规范自己组织、活动、行为的党内法规,如《中国共产党廉洁自律准则》《中国共产党党务公开条例(试行)》《中国共产党纪律处分条例》《中国共产党问责条例》《党政机关厉行节约反对浪费条例》等。为了保证党中央及其部门和省级党委制定党内法规的科学性和合法性,党的十八大以后,中共中央办公厅和党的中央部门(中纪委、中组部、中宣部等)与省级党委还组建了专门的法制机构,负责党内法规的起草、修订和监督实施。对于违法执政,违反宪法、法律和党内法规行使公权力的党组织和党员领导干部,则由党的专门纪检机关进行监督和追究纪律责任,构成犯罪的,则移交司法机关追究刑事责任。从总体上考察,党的十八大以后,中国共产党已经初步形成了推进和保障依宪执政和依法执政的整体机制。尽管这个机制目前还需要进一步完善,但它对于全面推进依法治国的总进程发挥了重大的和不可替代的作用。

二、保障国家机关既依法行使职权,又自己守法

在一个实行依宪治国、依法治国的国度内,国家机关不仅必须依宪依法运作,依宪依法治理国家和社会,依宪依法管理相对人,而且必须自己遵宪守法。这是建设法治国家的必然要求。在依宪治国和全面推进依法治国的宏伟工程中,推进法治国家建设是最重要的任务之一。在我国,国家机关包括人民代表机关、各级人民政府、各级监察机关、各级人民法院、各级人民检察院。由于各级人民政府在国家机关中体量最大,公职人员数量最多,且其行使的国家行政权与公民、法人和其他组织有最广泛、最经常、最直接的联系,故在依宪治国和全面推进依法治国的宏伟工程中,将政府作为一个独立的层面设计,即将法治

---

① 这里的“各政党”当然包括中国共产党,而且首先是指中国共产党。

政府建设与法治国家建设并列,依法行政与依法治国并列。因此,本书探讨的作为依宪治国和全面推进依法治国层面的法治国家建设,其“国家”是狭义的,主要包括全国人民代表大会及其常务委员会以及具有地方立法权的地方人大及其常委会依法立法、民主立法、科学立法;各级人民代表机关依法行使对“一府一委两院”的监督权;各级监察机关对全体公职人员依法、独立、公正行使监察权;各级人民法院和各级人民检察院依法、独立、公正行使司法权。法治国家对立法的要求不仅是保障治国理政每一个领域都“有法可依”,而且要求有“良法”“善法”可依。为此,立法必须保证公众参与、专家参与,保证立法符合民意和客观规律。法治国家对监察的要求不仅是保障监察对全体公职人员的全覆盖,而且要求构建不敢腐、不能腐、不想腐的长效机制。为此,必须坚持法治反腐、制度反腐,标本兼治、综合治理。法治国家对司法的要求不仅是保障公民有案必立、有诉必理,而且要求“努力让人民群众在每一个司法案件中都感受到公平正义”。为此,必须深化司法体制、机制和制度的改革,确保司法公正、权威、高效。

三、保障社会组织遵宪守法,推进法治社会建设

依宪治国和全面推进依法治国必须和必然要求推进法治社会建设。新时代如果不解决社会的法治化问题,整个国家治理的善治良政目标不可能实现。相对于国家和政府,在新时代,“社会”在人们生活和交往中地位和作用日益突出。在我国,目前除工、青、妇、律协、注协、医协等传统的社会组织、团体、机构外,大量的群众自治组织、社区组织、非政府非营利组织、公益事业机构不断出现。另外,各种各样的企事业组织、宗教团体、科学技术文化团体也属于广义的“社会”范畴。党的十九大报告特别要求加强社会治理制度建设,提出要完善党委领导、政府负责、社会协同、公众参与、法治保障的社会治理体制,提高社会治理社会化、法治化、智能化、专业化“四化”水平。其中,法治化既是“四化”的内容之一,也是其他三者的保障,社会化、智能化、专业化没有法治的规范和保障,不可能实际运作和产生正能量。关于法治作用于社会治理的领域,党的十九大报告特别提出了“四大体系”建设:一是公共安全体系,即要通过健全法治,完善安全生产责任制,遏制重特大安全事故,提升防灾减灾救灾能力;二是社会治安防控体系,即要通过健全法治,依法打击和惩治黄赌毒

黑拐骗等违法犯罪活动，保护公民合法权益和生活安宁；三是社会心理服务体系，即要通过培植法治理念，提高公民自尊自信、理性平和、积极向上的社会心理素质；四是社区治理体系，即要通过完善法治，推动社会治理重心向基层下移，发挥社会组织作用，实现政府治理和社会调节、居民自治良性互动。在法治社会建设中，健全和完善软法具有极为重要的作用。党的十八届四中全会决定指出，要注重提高社会治理法治化水平，“深化基层组织和部门、行业依法治理，支持各类社会主体自我约束、自我管理。发挥市民公约、乡规民约、行业规章、团体章程等社会规范在社会治理中的积极作用”。这里的“市民公约、乡规民约、行业规章、团体章程等社会规范”就是重要的软法。要推进法治社会建设，既要靠硬法，也要靠软法，软法的作用是硬法不可取代的。

四、保障各种法规范合宪合法，公民人权及其他合法权益得以实现

在一个实行依宪治国、依法治国的国度内，法律必须符合宪法；法规、规章必须符合法律；其他规范性文件必须符合法律、法规、规章。在一个实行依宪治国和依法治国的国度内，公民的人权及其他合法权益应获有效保障。虽然在任何国家，冤假错案和侵权事件都不可能绝对根除，但必须将这种冤假错案和侵权事件的发生率降至最小限度；而且，对于已经发生的冤假错案和侵权事件，国家必须建立健全有效的救济机制，使受害人及其亲属能及时得到有效申雪冤屈的机会。

五、保证无任何个人或组织享有特权，建立完善的违宪违法追究机制

在一个实行依宪治国、依法治国的国度内，任何组织和个人都不得有超越宪法和法律的特权，绝不允许以言代法、以权压法、逐利违法、徇私枉法。坚持法律面前人人平等。对于党和国家各级领导人的住房、用车、警卫、秘书等各种待遇，必须以党内法规明确规定，任何人不得任意突破。同时，在一个实行依宪治国、依法治国的国度内，必须建立完善的违宪违法审查机制和追究机制。只有这样，在人们对公权力行为的合宪性、合法性发生争议、质疑时，才能有权威机构作出权威裁判；在有国家公权力或社会公权力行使者实施违宪违法行为时，才能及时有效对之问责追责，以保障宪法和法律的顺利实施，有效维护宪法和法律的权威。

第二节　2018 年修宪确立的治国理政的新理念、新方略

一、2018 年修宪的主要内容

2018 年修宪所确立的治国理政的新理念、新方略主要有以下六项：

其一，坚持中国共产党对国家和社会的全面领导。2018 年修宪在整个宪法中充实和增加了坚持和加强中国共产党全面领导的内容，将党的领导作为新时代改进和完善我国治国理政，实现国家治理体系和治理能力现代化的首要要求。2018 年修宪之所以在宪法中充实和加强党的领导的内容，是因为党的领导是中国特色社会主义最本质的特征，是中国革命、建设和改革最根本的保证；把党的领导贯彻到革命、建设和改革的全过程和各方面，是我们事业不断取得胜利的基本经验。坚持党的领导，是中国特色社会主义的根本要求和最大优势，是党和国家的根本所在、命脉所在，是全国各族人民的利益所系、幸福所系，也是中国特色宪制的题中应有之义。

其二，坚持贯彻“创新、协调、绿色、开放、共享”的新发展理念。改革开放 40 多年来(乃至新中国成立以来)，我们党一直在探索我国现代化建设的高速度和高质量发展的道路。这期间既有正面经验，也有负面教训。党的十八大以来，以习近平同志为核心的党中央全面总结改革开放以来我国建设和发展正反两方面的经验，提出和首创了“创新、协调、绿色、开放、共享”这一新发展理念。2018 年修宪通过根本法将之加以确立，使之上升为治国理政的理念，这对于保证我国今后在现代化建设和发展模式上坚定不移地走科学发展、可持续发展，既高速度又高质量发展的道路具有重要意义。

其三，坚持“推动物质文明、政治文明、精神文明、社会文明、生态文明协调发展，把我国建设成为富强民主文明和谐美丽的社会主义现代化强国”的奋斗目标。2018 年修宪前，《宪法》确定的奋斗目标是“推动物质文明、政治文明和精神文明协调发展，把我国建设成为富强民主文明的社会主义现代化强国”。2018 年修宪，在奋斗目标中增加了“社会文明”和“生态文明”以及与之相适应的“和谐”“美丽”的内容，将原来的“三大文明”扩展为“五大文明”，将原来的“三项愿景”扩展为“五项愿景”。这一增加和扩展反映了我们党对社

会主义建设规律认识的深化，体现了我们党对中国特色社会主义事业总体布局的丰富和完善。毫无疑问，宪法所确立的奋斗目标的这一增加和扩展，对于保障和推进全党全国人民更加全面更加科学地建设社会主义现代化国家将发挥重要的指导和引领作用。

其四，坚持全面推进依法治国，健全社会主义法治。法治是1999年“八二宪法”第三次修正案确定的，在《宪法》总纲第5条中增加“中华人民共和国实行依法治国，建设社会主义法治国家”的规定。但是，将全面推进依法治国作为“四个全面”之一的治国理政新理念、新方略则是党的十八大以后提出和首创的。党的十八届四中全会将全面推进依法治国的总目标确定为“建设中国特色社会主义法治体系”和“建设社会主义法治国家”。党的十九大报告进一步提出“全面推进依法治国是中国特色社会主义的本质要求和重要保障”，要求“坚持依法治国、依法执政、依法行政共同推进，坚持法治国家、法治政府、法治社会一体建设”。2018年修宪将宪法序言中“健全社会主义法制”修改为“健全社会主义法治”，正是对上述治国理政新理念、新方略的落实，体现了党的十八大以来全面推进依法治国的战略部署和要求。

其五，坚持加强对公权力运行的制约和监督，不断推进反腐败制度建设。2018年修宪总体内容中占最大比重的部分是有关设立监察委员会的内容。宪法修正案共21条，涉设立监察委员会的条款达11条，而且其中最后一条包含了整整1节5个条文。2018年修宪的这些内容为我国监察体制的重大改革提供了基本的宪法依据和保障：“中华人民共和国设立国家监察委员会和地方各级监察委员会”；“监察委员会依照法律规定独立行使监察权，不受行政机关、社会团体和个人的干涉”。根据2018年修宪设立的国家各级监察委员会和全面实施的国家监察体制改革，反映和体现了以习近平同志为核心的党中央治国理政在法制监督和执法执纪方面的重要理念和方略：严格加强对公权力运行的制约和监督，把权力关进制度的“笼子”。

其六，坚持“推动构建人类命运共同体”，努力为我国现代化建设和发展营造良好外部环境。2018年修宪在宪法序言涉外交政策部分增加了“坚持和平发展道路，坚持互利共赢开放战略”和“推动构建人类命运共同体”的内容。这一内容是以习近平同志为核心的党中央在新时代处理外事关系的新理念、新思想、新战略的反映和体现。2018年修宪将之载入宪法，对于推进和发展我国与各国的外交关系和经济、文化交流，推进“一带一路”倡议目标的实现，以及为我国现代化建设拓展广阔空间，营造良好外部环境均有重大的现实意义。

二、落实现行宪法确立的新理念、新方略的主要举措

2019 年年初，习近平同志主持召开中央全面依法治国委员会第二次会议，要求各地区各部门扎扎实实把全面依法治国推向前进，发挥法治固根本、稳预期、利长远的保障作用。为此，各级党和国家机关必须把认真贯彻实施好现行宪所确立的治国理政新理念、新方略放在首位，扎扎实实推进和深化依宪治国和依宪执政，落实“坚持依法治国首先要坚持依宪治国，坚持依法执政首先要坚持依宪执政”的要求。为推进和深化依宪治国和依宪执政，需要特别抓紧做好以下三件事：

一是认真学习现行宪法，特别是认真学习 2018 年修宪所确立的治国理政新理念、新方略。学习好现行宪法是贯彻、实施好宪法，推进和深化依宪治国和依宪执政的前提。因此，要在全社会广泛开展尊崇宪法、学习宪法、遵守宪法、维护宪法、运用宪法的宣传教育，弘扬宪法精神，增强广大干部群众的宪法意识，使全体人民成为宪法的忠实崇尚者、自觉遵守者、坚定捍卫者。伯尔曼说：“法律必须被信仰，否则它将形同虚设。”[①]亚里士多德说：“邦国虽有良法，要是人民不能全都遵循，依然不能实现法治。”[②]要推进依宪治国、依宪执政，必须不断增强全党全国人民的宪法意识，树立对宪法的信仰。如果国家公职人员和全体人民没有宪法意识和宪法信仰，依宪治国、依宪执政不可能实现。

二是加强立法和制度建设，健全完善落实 2018 年修宪所确立的治国理政新理念、新方略的相关法律和制度。宪法是根本法，宪法的许多规范，特别是有关理念、方略的规范，大多具有高度的原则性、抽象性。要予以落实，必须制定具体的法律、法规，完善相关的制度、机制。如前文提到的“创新、协调、绿

---

① [美]哈罗德·J. 伯尔曼：《法律与宗教》，梁治平译，生活·读书·新知三联书店 1991 年版，第 28 页。

② [古希腊]亚里士多德：《政治学》，吴寿彭译，商务印书馆 1996 年版，第 199 页。

色、开放、共享”的新发展理念、“五大文明”“五项愿景”的奋斗目标、对公权力运行的监督制约机制，以及构建人类命运共同体，营造我国建设发展的良好外部环境等，都需要具体法律、制度的落实和保障。中央全面依法治国委员会第二次会议专门研究了法治建设规划问题。做好立法规划是提高立法工作质量和效率，从而保证宪法实施，保证依法治国和依宪治国的基础性工作。

三是完善释宪和合宪性审查与监督机制。宪法在实施过程中，依宪治国、依宪执政在推进过程中，必然会遇到这样那样的问题、疑义或争议，人们对宪法的相应规范、原则、制度，可能会因各自不同的理解而发生歧见、争议。为此，必须建立权威的和有效的宪法解释制度和合宪性审查与监督机制。否则，人们会各行其是，甚至恣意违宪。人们的违宪行为如得不到及时有效的监督和纠正，依宪治国、依宪执政就会成为一句空话。因此，要全面推进依宪治国，就必须完善释宪制度和合宪性审查与监督机制。根据我国现行宪法和《立法法》的规定，宪法实施监督的权限属于全国人大和全国人大常委会，[①]宪法解释和合宪性审查的权限属于全国人大常委会。[②] 但笔者认为，全国人大常委会的释宪和合宪性审查应该理解为最终解释和最终裁决权。因为我们国家这么大，宪法争议案件的量会很大，完全靠全国人大常委会解释和进行合宪性审查是不可能的。为此，应该赋予地方人大常委会和人民法院对具体争议案件的初步解释和裁决权。当事人对地方人大常委会和人民法院的初步解释和裁决不服，可诉诸全国人大常委会终释终裁。

2021 年 1 月 10 日，中共中央发布了《法治中国建设规划（2020—2025 年）》（以下简称《规划》），对下一步实施依宪治国、依法治国，建设法治中国做出了全面部署。

关于法治中国建设的总体目标，《规划》指出，建设法治中国，应当实现法律规范科学完备统一，执法司法公正高效权威，权力运行受到有效制约监督，人民合法权益得到充分尊重保障，法治信仰普遍确立，法治国家、法治政府、法治社会全面建成。到 2025 年，党领导全面依法治国体制机制更加健

---

① 参见《宪法》第 62 条第 2 项和第 67 条第 1 项。

② 参见《宪法》第 67 条第 1 项，《立法法》第 99 条。根据《立法法》第 99 条和第 100 条的规定，合宪性审查的具体工作由全国人大宪法和法律委员会以及有关的专门委员会、人大常委会工作机构承担。

全,以宪法为核心的中国特色社会主义法律体系更加完备,职责明确、依法行政的政府治理体系日益健全,相互配合、相互制约的司法权运行机制更加科学有效,法治社会建设取得重大进展,党内法规体系更加完善,中国特色社会主义法治体系初步形成。到 2035 年,法治国家、法治政府、法治社会基本建成,中国特色社会主义法治体系基本形成,人民平等参与、平等发展权利得到充分保障,国家治理体系和治理能力现代化基本实现。

关于全面贯彻实施宪法,实现依宪治国、依法治国的任务和措施,《规划》指出,建设法治中国,必须高度重视宪法在治国理政中的重要地位和作用,坚持依宪治国、依宪执政,把全面贯彻实施宪法作为首要任务,健全保证宪法全面实施的体制机制,将宪法实施和监督提高到新水平。具体任务和措施有以下三项:

(1)坚持把宪法作为根本活动准则。全国各族人民、一切国家机关和武装力量、各政党和各社会团体、各企业事业组织,都负有维护宪法尊严、保证宪法实施的职责,都不得有超越宪法法律的特权。坚持宪法、法律至上,维护国家法制统一、尊严、权威,一切法律法规规章规范性文件都不得同宪法相抵触,一切违反宪法法律的行为都必须予以追究。党带头尊崇和执行宪法,把党领导人民制定和实施宪法法律同党坚持在宪法法律范围内活动统一起来,保障宪法法律的有效实施。

(2)加强宪法实施和监督。全国人大及其常委会要切实担负起宪法监督职责,加强宪法实施和监督,并将其作为全国人大常委会年度工作报告的重要事项。全国人大及其常委会通过的法律和作出的决定决议,应当确保符合宪法规定、宪法精神。推进合宪性审查工作,健全合宪性审查制度,明确合宪性审查的原则、内容、程序。建立健全涉及宪法问题的事先审查和咨询制度,有关方面拟出台的行政法规、军事法规、监察法规、地方性法规、经济特区法规、自治条例和单行条例、部门规章、地方政府规章、司法解释以及其他规范性文件和重要政策、重大举措,凡涉及宪法有关规定如何理解、实施、适用问题的,都应当依照有关规定向全国人大常委会书面提出合宪性审查请求。在备案审查工作中,应当注重审查是否存在不符合宪法规定和宪法精神的内容。加强宪法解释工作,落实宪法解释程序机制,回应涉及宪法有关问题的关切。

(3)推进宪法学习宣传教育。在全社会深入开展尊崇宪法、学习宪法、遵守宪法、维护宪法、运用宪法的宪法学习宣传教育活动,普及宪法知识,弘扬宪法精神。抓住领导干部这个"关键少数",把宪法法律学习列为党委(党组)理论学习中心组学习的重要内容,纳入党和国家工作人员培训教育体系。全面落实宪法宣誓制度。加强青少年宪法法律教育,增强青少年的规则意识、法治观念。在"五四宪法"历史资料陈列馆基础上建设国家宪法宣传教育馆。加强宪法理论研究和教材编写、修订、使用,凝练《宪法》的时代特色和实践特色,形成中国特色社会主义宪法理论和宪法话语体系。

第三节　新时代推进法治政府建设的新理念、新举措

关于新时代法治政府建设的新理念、新举措,党的十八届四中全会决定和中共中央、国务院发布的法治政府建设 2015 年《纲要》、中共十九大报告以及中共中央、国务院发布的法治政府建设 2021 年《纲要》都有明确的论述和阐释。

一、十八届四中全会决定和 2015 年《纲要》确定的法治政府建设的目标和任务

十八届四中全会决定将法治政府建设的目标和任务概括为下述六项:职能科学、权责法定、执法严明、公开公正、廉洁高效、守法诚信。这六项目标和任务是对我国过去十年(2004-2014 年)建设法治政府经验的总结、提炼、发展和创新。①

国务院发布的 2004 年《纲要》对法治政府建设提出了七项目标,这七项目标的大致内容可概括为:(1)转变政府职能,改革行政管理体制,规范行政行为;(2)改进行政法和行政规范性文件的制定机制,保证合宪、合法,且充分反映客观规律和民意的"良法"供给;(3)推进法的全面正确实施,维护法制统一和政令畅通;(4)形成民主、科学、规范的行政决策机制,促进行政公开、公正、公平和提高行政效率,方便民众办事;(5)建立有效和便捷的解纷机制,促

---

① 职能科学、权责法定、执法严明、公开公正、廉洁高效、守法诚信这六项要求既是法治政府建设所要追求的目标,也是当下法治政府建设所要实施和完成的任务。

进社会矛盾的化解;(6)健全行政监督机制,促进行政权力与责任挂钩,与行政主体利益脱钩;(7)提高行政机关工作人员特别是各级领导干部依法行政的观念,形成尊法、崇法、守法的氛围。

十八届四中全会决定提出的法治政府建设六项目标和任务对国务院2004年《纲要》提出的七项目标既有继承,又有发展,而且更概括、明确、精炼,较好地体现了新时代我国法治政府建设的新理念。

职能科学是法治政府的首要要求。所谓职能科学设置,主要有三个方面的要求:第一,简政放权,建设有限政府。"有限政府"应做到"三个凡是":凡是能由公民、法人或者其他组织自主决定的事项,保留给公民、法人和其他组织自己去解决,政府不横加干预;凡是能由市场竞争机制有效调节的事项,保留给市场去灵活调节,政府不越俎代庖;凡是能由行业组织或者中介机构自律处理的事项,保留给社会自律去解决,政府尽量放权,推进政府公权力向社会公权力转移。[①] 第二,科学配置政府内部职权。在处理政府上下级的纵向关系上,应推进政府职权适当下移,以让"看得见的管得着",防止"管得着的看不见,看得见的管不着"(有权管的管不了,管得了的无权管)的现象;在处理政府部门之间的横向关系上,要尽量将相同和相近职能统一配置,适当推行"大部制",避免和防止"九龙治水",谁都有权管,谁都不管(互相推诿、互相扯皮)的现象。第三,根据时代的发展进步,随时调整增减政府职能。有些政府职能,如部分政府规制职能,随着公民、社会自治能力的加强,应逐步取消;而有些政府职能,随着服务型和信息化社会的建立和发展,应予增加或加强,如政府信息公开服务和对网络信息的管理、规制等。

权责法定包括权力法定和责任法定。权力即职权,而责任除指职责外,还指违法行使职权和履行职责以及不作为应承担的法律后果。职责与职权是紧密相连的。职责是政府和政府部门应该做和必须做的事项,其不履行或不认真履行即构成不作为。职权是政府和政府部门履行职责的手段、保障,其以达到履行职责的目的为限,不能超越,超越了就构成越权。例如,公安机关有维护公共安全和社会治安的职责,为保障公安机关履行此种职责,法律即授予其实施检查、调查、扣押、查封、带离现场、约束等行政强制和科处警告、罚款、没

---

① 关于"三个凡是"的要求,是从《行政许可法》第13条有关放松许可规制的规定演化而来的。

收、拘留等行政处罚的职权。职责职权法定特别要求完善行政组织法,只有完善行政组织法,才能明确政府和政府部门职责、权限的范围、边界,以此保证政府和政府部门依法行政,既不错位、越位,也不缺位。至于"权责法定"中"责"的另一种含义:责任,即违法行使职权和履行职责以及不作为的法律后果,则应由行政法制监督法和行政责任法规定。因此,要实现权责法定的法治政府目标,迫切需要加快行政组织法、行政法制监督法和行政责任法的制定、完善。

执法严明是从法定规则和法定程序两个方面提出对政府依法行政的要求。执法严明既要求行政执法严格遵守法定范围、条件、处理措施、手段,又要求严格遵守法定程序,包括法定方式、过程、步骤。这里"执法严明"的"严明"应作广义的解释,即不仅指严格执法,也包括依法执法和文明执法。依法执法首先要求按法律明文规定执法。但是法律的明文规定往往包含一定的不确定用语,往往授予行政机关和行政机关工作人员一定的自由裁量空间。例如,法律规定对某种行政违法行为,情节轻微的处警告或 200 元以下罚款;情节较严重的处 500 元以下罚款或 10 日以下拘留;情节严重的处 1000 元以下罚款或 15 日以下拘留。但何为"情节轻微""情节较严重""情节严重",法律并未明确,这些即为不确定法律用语。至于罚种、罚幅的选择,即是法律赋予行政机关和行政机关工作人员的自由裁量权。在这种情况下,行政机关和行政机关工作人员如何界定不确定法律用语和如何行使行政裁量权选择罚种、罚幅才是依法行政、依法处罚。这就要求行政机关和行政机关工作人员除要熟悉法律、法规、规章的明文规定外,还必须把握相关法律原则(比例原则、平衡原则等)以及各种相应的执法基准(行政处罚执法基准、行政强制执法基准、行政给付执法基准等)。[①] 至于严格执法和文明执法,二者是从另外两个不同角度对执法者提出要求:严格执法是要求执法者不徇私情,不放纵、放任违法行为;文明执法是要求执法者善意、文明地对待执法对象,不得野蛮执法、暴力执法或者"钓鱼执法""养鱼执法"。

公开公正包含公开、公正和公平。法治政府要求行政行为"三公":公开、

---

① 关于在行政执法中如何规范行政自由裁量权,保障依法执法,参见姜明安:《论行政裁量权及其法律规制》,载《湖南社会科学》2009 年第 5 期。

公正和公平。党的十八届四中全会决定虽然只提了公开公正，但这里的“公正”实际包括“公平”。公开主要是法律对行政行为程序透明的要求，目的主要在于保护公民的知情权；公正主要是法律对行政行为实体正义的要求，目的主要在于防止行政机关和行政机关工作人员履行职务时偏私；公平主要是法律对行政行为平等性的要求，目的主要在于防止行政机关和行政机关工作人员履行职务时歧视。当然，“三公”的价值是多方面的。例如，公开除保护公民知情权的价值外，还有推进民主、防止腐败、辟谣维稳以及信息资源的充分利用等价值；公正、公平除防偏私、反歧视的价值外，还有保障人权、维护人格尊严、提高政府公信力、改善官民关系等价值。至于“三公”的具体要求，法律、法规、规章有规定的应遵循相应规定，如政府信息公开、公务回避、行政行为说明理由、听取申辩、平等对待行政相对人等；法律、法规、规章没有规定的应遵循正当法律程序的要求，如政务公开、政府会议公开、权力清单、责任清单、负面清单、重大决策听证以及利害关系人、公平竞争人平等参加行政程序等。

廉洁高效实际包括两项要求：廉洁和高效。廉洁要求行政机关和行政工作人员为政清廉，不得利用职权为自己和自己的亲戚朋友牟取私利。廉洁的反面是腐败，因此，这项目标和任务从另一个角度讲就是反腐败。党的十八大以来，我国在反腐败方面采取了一系列重大措施，也取得了很大的成效，但目前反腐败的形势依然非常严峻。高效则是要求行政机关和行政机关工作人员提高办事效率，不得推诿扯皮、拖延耽搁，更不得为官不为，不履责，不作为。为此，应特别注意从制度上解决“多做事不如少做事，少做事不如不做事”的问题和现象。法律监督机关不仅要注重追究“乱作为”者的法律责任，也要注重追究“不作为”者的法律责任。另外，作为“廉洁高效”目标的“高效”还包括“便民”的要求，即行政机关和行政机关工作人员在履职过程中应尽量为行政相对人提供高效且方便当事人的服务。

守法诚信是党的十八届四中全会提出的法治政府建设的第六项目标和任务。[①] 该项目标和任务同样包括两项要求：守法和诚信。守法要求行政机关

① 国务院发布的2004年《纲要》规定了“诚实守信”的要求，十八届四中全会决定增加了“守法”的新目标，为了格式化，仍保持4个字一句，就表述为“守法诚信”。

和行政机关工作人员不仅要依法行政,依法实施行政行为,而且自身要遵守法律、法规规定的义务。凡是要求行政相对人做到的,行政机关和行政机关工作人员要首先做到;凡是禁止行政相对人实施的行为,行政机关和行政机关工作人员要带头不涉禁区,不踩红线。有些要求,是法律、法规专门给行政机关和行政机关工作人员规定的,行政相对人可以做,但行政机关和行政机关工作人员不能做。如行政工作人员不能经商办企业,不能从事或参与营利性活动等。诚信要求行政机关和行政机关工作人员对行政相对人要以诚相待,要讲信任,保护行政相对人的信赖利益。诚信又包含两个方面的具体要求:一是诚意;二是信任。前者的反面是欺诈、蒙骗,如“钓鱼执法”;后者的反面是朝令夕改,反复无常,如任意收回、撤销、变更行政相对人合法取得的行政许可、行政给付等。无论是出于恶意还是善意,上述行为均违反了法治政府的诚信要求。建设法治政府,确立守法诚信的目标和要求是非常重要的。一个国家,如果政府和政府公职人员带头违法,带头不讲诚信,怎么期望国民守法,怎么期望国民诚信?而一个官民均不守法,均不诚信的国度,还能叫“法治国家”吗?因此,建设法治国家、法治政府、法治社会,必须自要求政府和政府公职人员守法诚信始。

二、党的十九大提出的新时代法治政府建设的新理念、新举措

关于新时代法治政府建设的新理念、新举措,党的十九大报告进一步提出了“推进依法行政,严格规范公正文明执法”“深化依法治国实践”“深化机构和行政体制改革”“增强政府公信力和执行力,建设人民满意的服务型政府”“形成科学合理的管理体制,完善国家机构组织法”等内容。这些新内容有的是对党的十八大以来中央已经提出的理念、举措的强调和深化,有的则是根据新时代依法治国的需要对原要求的完善和发展。其主要有下述四个方面:

(一)推进依法行政,严格规范公正文明执法

法治政府建设最重要最基本的要求是依法行政。依法行政包括依法进行行政决策,依法制定行政法规、规章和规范性文件以及依法执法和依法裁决争议纠纷。在目前行政立法日趋完善的条件下,相较于依法决策和依法行政立法,依法执法在依法行政中具有更为重要的地位。依法执法有形式意义的依法执法和实质意义的依法执法。形式意义的依法执法指行政机关严格依法

律、法规、规章明确的条文、规则执法;实质意义的依法执法则要求行政机关不仅应依法律、法规、规章明确的条文、规则执法,而且还要求依法律原理、原则和法律条文所蕴含的价值、理念[①]执法,要求执法者严格执法、规范执法、公正执法和文明执法。

"严格执法"要求执法者执法铁面无私,不放纵违法行为,不法外施恩,不网开一面。特别是对于"黄赌毒"和假冒伪劣、坑蒙拐骗、网络诈骗等损害人民群众生命健康和严重侵害公民、法人或其他组织财产权的行为,绝不心慈手软,依法该采取行政强制措施的坚决采取行政强制措施,依法该科处行政处罚的坚决科处行政处罚,行为构成犯罪的必须移交司法机关处理,不能以罚代刑。

"规范执法"要求执法者严格依法定权限、法定规则、法定程序执法。依法定权限执法要求执法机关公开权力清单,保证执法不越位、不错位、不缺位。依法定规则执法要求执法机关公开执法依据,并制定和公开执法基准。因为法律、法规的规定往往过于原则、抽象,需要通过执法基准予以细化和具体化。依法定程序执法要求执法机关执法要遵守法定方式、手续、步骤,如出示证件、表明身份、说明理由、听取陈述申辩等。[②]

"公正执法"要求执法者执法不偏私。如执法事项与之有利害关系,应主动回避。平等对待行政相对人,不歧视弱者和弱势群体。如多个行政相对人申请同一行政许可事项,应通过招标、拍卖、考试、考核等公平竞争程序选择被许可人。[③] 如多个行政相对人实施相同或不同的行政违法行为,应根据其各自违法行为的事实、性质、情节及社会危害程度等给予处罚,做到过罚相当。[④]执法只考虑相关因素,不考虑不相关因素。

"文明执法"要求执法者在执法过程中摆事实,讲道理,以理服人,以法服人。执法时讲究语言文明,举止文明,尊重行政相对人的人格;不得任性、恣意,不得主观武断、滥用职权;严禁暴力执法、野蛮执法、"钓鱼执法"和"养鱼执法"。

---

① 这里讲的"法律条文所蕴含的价值、理念"主要指社会主义核心价值观。

② 参见《行政处罚法》第40-45条,《行政许可法》第61条,《行政强制法》第18-20条等。

③ 参见《行政许可法》第53条。

④ 参见《行政处罚法》第5条。

（二）转变政府职能，深化简政放权，创新监管方式

“转变政府职能”要求政府和政府工作人员牢固树立“创新、协调、绿色、开放、共享”的发展理念，坚持政企分开、政资分开、政事分开、政社分开，理顺政府与市场、政府与社会的关系，使市场在资源配置中起决定性作用，政府只管政府该管的事，只行使宏观调控、市场监管、社会管理、公共服务、环境保护等政府该行使的职能，建设既有限又有为的政府。

“深化简政放权”首先要求各级政府继续全面清理行政审批事项，最大限度减少政府对生产经营活动的许可，最大限度缩小投资项目审批、核准的范围，最大幅度减少对各类机构及其活动的认定和对行政相对人办事的各种无理证明的要求；其次对直接面向基层、量大面广、由地方实施更方便有效的行政许可事项，一律下放地方和基层管理；最后加大取消和下放束缚企业生产经营，影响群众就业创业行政许可事项的力度，鼓励大众创业、万众创新。

“创新监管方式”要求政府充分发挥互联网、人工智能和大数据等现代科学技术在行政监管中的作用。利用现代科学技术进行监管不仅可以大大提高监管质量和监管效率，而且可以为行政相对人提供更多的便利（让数据多跑路，让相对人少跑腿），尽量减少监管者与被监管者的矛盾和冲突。因此，各级政府均应加强行政监管的平台建设，实施在线监督并将监督数据向社会公开。同时，行政监管方式的创新还包括扩大社会公众参与，推进在监管过程中与行政相对人协商、互动，通过与行政相对人签订行政协议实现监管目标等。

（三）增强政府公信力和执行力，建设人民满意的服务型政府

增强政府公信力和执行力，建设人民满意的服务型政府同样是党的十九大提出的法治政府建设的重要任务和要求。

“增强政府公信力”首先要求政府依法履职，杜绝乱作为和不作为，尽量减少和消除“三拍”决策①和“政绩”工程，避免给人民群众利益造成重大损害。其次要进一步推进政府和政府公职人员诚信守法。因为政府和政府公职人员如果不诚信，打着“公共利益”的招牌，追求自己的私利，这些行为对政府

① “三拍”决策指决策者进行决策不调查研究、不听取公众意见、不进行科学论证和风险评估，拍脑袋、凭兴趣决策；在有人对相应决策质疑时，拍胸脯担保决策正确；最后决策失误造成重大损失时拍屁股走人。

公信力损害极大。最后增强政府公信力，需要全面推进政务公开，坚持以公开为常态，不公开为例外。政府运作不仅要求结果公开，而且要求过程公开；不仅要求决策公开，而且要求执行公开；不仅要求管理公开，而且要求服务公开。政府只有在阳光下运作，打造“透明政府”，才能不断增强公信力。

“增强政府执行力”要求政府和政府公职人员加强学习，全面提高依法行政的能力，提高政府治理能力和现代化治理水平。为此，必须加强对政府公职人员法律知识、法治理念和现代科学技术的培训，使之既善于运用法治思维、法治方式和现代科学技术进行执法，改进执法质量和提高执法效率，又善于运用法治思维、法治方式和现代科学技术解决行政执法过程中的争议、纠纷，维护社会和谐与稳定。

“建设人民满意的服务型政府”是法治政府建设的重要目标。党的十九大报告在阐述习近平新时代中国特色社会主义思想和基本方略时，强调我们的一切工作要以人民为中心，践行全心全意为人民服务的根本宗旨，要坚持在发展中保障和改善民生。大力发展和改进公共服务，保障和改善民生是现代政府不可推卸的责任。为此，政府特别需要在“幼有所育、学有所教、劳有所得、病有所医、老有所养、住有所居、弱有所扶”①方面有所作为，以解决这些最基本的民生问题。法治政府必然和必须是服务型政府。政府只有不断为人民提供高效优质的公共服务，人民才会满意，人民才会拥护和支持政府。②

（四）形成科学合理的管理体制，完善国家机构组织法

关于“形成科学合理的管理体制”，党的十九大报告是将行政管理体制放在党和国家整个机构设置和治理机制中进行考虑、谋划和设计的。报告要求“统筹考虑各类机构设置，科学配置党政部门及内设机构权力、明确职责。统筹使用各类编制资源，形成科学合理的管理体制”；“在省市县对职能相近的党政机关探索合并设立或合署办公”。实行职能相近的党政机关合并设立或合署办公的体制，其意义是多方面的，首先，这有利于节约成本，提高效率；其

---

① 党的十六大对基本公共服务仅提出“学有所教、劳有所得、病有所医、老有所养、住有所居”，党的十九大报告增加“幼有所育、弱有所扶”，发展为“幼有所育、学有所教、劳有所得、病有所医、老有所养、住有所居、弱有所扶”等更全面的基本公共服务。

② 关于服务型政府，参见姜明安：《建设服务型政府应正确处理的若干关系》，载《北京大学学报（哲学社会科学版）》2010 年第 6 期。

次,有利于减少机构职能重复,避免相互摩擦冲突,加强相应管理的统一协调;最后,有利于加强党对政府工作的领导。当然,党政机构合一必须依党规国法进行,不影响我国基本政治制度——人民代表大会制度——的有效实施。相应机构仍应坚持由人民代表大会产生,切实对人民代表大会负责,接受人民代表大会监督(同时对同级党委负责和接受党委监督)。

“完善国家机构组织法”是法治国家、法治政府的基本要求。党的十九大以前,我国各类国家机构组织法,特别是行政组织法不甚完善。造成这种情况的原因除过去组织法观念较为淡薄外,主要因为改革开放以来,政府机构一直在不断进行改革,整个政府机构的设置一直处于不断的变动中,从而难于制定具有相对稳定性的行政组织法。十九大以后,行政机构改革将进一步深入进行并将取得重大成效。在各级各类机构改革的目标、任务基本实现,政府机构设置具有相对稳定性以后,我们就可以而且必须启动各种行政组织法的立法,如国务院各部委的组织条例,各直属机构、办事机构的组织简则,省级、市级、县级、乡镇级人民政府的组织法等。这是一项需要几年或十几年才能完成的相当宏大的任务,我们只能先易后难,先从较传统、较稳定部门(公安部、财政部、教育部、民政部、交通运输部等)的组织条例开始,一年完成若干个,争取到 2035 年前,我国能有一个一定规模的行政组织法体系。行政组织法建设是法治政府建设的不可缺少的部分,我们必须下大决心和下大力气做好这件事情。

新时代中国特色法治政府建设是新时代中国特色法治建设总工程中的一项关键性的子工程。只有把这个子工程建设好,完成好,才可能实现法治中国的总目标,从而实现中华民族伟大复兴的中国梦。

三、2021 年《纲要》确定的法治政府建设的新目标和任务

中共中央和国务院发布的 2021 年《纲要》是在全面总结 2004 年《纲要》和 2015 年《纲要》发布以来我国努力探索中国特色法治政府建设的模式和路径,不断推进中国特色法治政府建设的经验的基础上制定的,既有衔接和继承,也有发展、深化和创新。其发展、深化和创新既体现在总体目标方面,也体现在具体任务方面。

在总体目标上,2015 年《纲要》确定的是六项目标:职能科学、权责法定、

执法严明、公开公正、廉洁高效、守法诚信。2021年《纲要》将总体目标(置于“指导思想”之内,2021年《纲要》的“总体目标”规定的只是2021年至2025年这5年的总体目标,而非整个法治政府建设的总体目标)设置为七项,并对第五项和第六项的内容进行了修改。总体目标增加的第七项内容是“人民满意”。该项反映和体现了党的十八大以来确立的中国特色法治政府建设的“以人民为中心”的理念。修改的两项内容则分别是将第五项“廉洁高效”修改为“智能高效”;将第六项“守法诚信”修改为“廉洁诚信”,即增加了“智能”(数字政府)的要求和去掉了“守法”的要求。增加“智能”的要求显然是回应现代社会高科技的发展对政府治理能力的挑战。至于去掉“守法”的要求则并不意味着政府守法对建设法治政府不重要了,而是“守法”对于新时代的政府来说是最低要求,不宜作为整个法治政府建设总体目标规定。但笔者认为,政府守法非常重要,不宜去掉,仍应保留作为整个法治政府建设的总体目标。其表述可在第三项目标之后增加一项“守法便民”,作为总体目标的第四项。

在具体任务上,2021年《纲要》的发展、深化和创新主要有三个方面。一是第三部分内容:健全依法行政制度体系,加快推进政府治理规范化程序化法治化。在这方面,2021年《纲要》特别提出要“加强规范共同行政行为立法”和“完善行政程序法律制度”。对此,笔者近30年来一直呼吁立法机关制定行政程序法或者编纂行政程序法典。2021年《纲要》对此作了明确规定,法治政府建设的这一项子工程应有望在此五年规划期间内完成。

二是第六部分内容:健全突发事件应对体系,依法预防突发事件。在这方面,2021年《纲要》特别要求“坚持运用法治思维和法治方式应对突发事件,着力实现越是工作重要、事情紧急,越要坚持依法行政,严格依法实施应急举措”。对此,笔者主张,应认真研究和总结我国防控新冠肺炎疫情的经验,针对防控过程中存在的各种突出问题,抓紧修改和完善《突发事件应对法》(修订草案已于2021年12月20日经全国人大常委会一审),并单独制定《紧急状态法》。因为突发事件并不一定都构成紧急状态,只有特别严重的突发事件才构成紧急状态。只有单独制定专门的《紧急状态法》,才能保证在国家遇到特别重大疫情、重大自然灾害、重大恐怖袭击事件或发生社会动乱、暴乱、骚乱乃至战争状态时,政府应对和处置这些最严重的突发事件才能有法可依,既保障有效应对和处置,又切实保障公民的人权和其他合法权益。

三是第九部分内容:健全法治政府建设科技保障体系,全面建设数字法治政府。在这方面,2021 年《纲要》特别要求“着力实现政府治理信息化与法治化深度融合”;“推动数据共享和业务协同,形成高效运行的工作机制,构建全国一体化政务大数据体系,加强政务信息系统优化整合”;“善于运用大数据辅助行政决策、行政立法、行政执法工作”。笔者认为,在高科技迅猛发展的现代社会推进法治政府建设,对有效解决好政府治理信息化与法治化深度融合的问题非常重要。信息化如果脱离法治化,互联网、大数据、人工智能(人脸识别、健康码、行程码等)不仅不能成为政府有效治理的手段,还可能成为侵犯公民权利和自由的工具。但法治化如果脱离信息化,政府则不可能有效解决现代高科技社会和风险社会的各种复杂社会问题。就防控新冠肺炎疫情来说,如果没有互联网、大数据、人工智能的广泛和深度运用,其防控效率和效果将大打折扣。

中共中央和国务院 2021 年《纲要》在总体目标和具体内容上的上述发展、深化和创新,完全遵循了问题导向,充分体现了中国特色法治政府建设的模式和路径。从现在起到 2035 年乃至 2035 年以后,我国法治政府建设无疑将进一步探索并不断完善这一模式和路径。

附　录

“中国特色依宪治国和法治政府建设研究”课题部分前期和中期研究成果

法治中国建设路径的探索*

《法治国家》篇是“依法治国丛书”的第一篇。该篇收集了改革开放以来,特别是近10年来,法学理论界和法律实务界的专家、学者研究和论述“依法治国,建设法治国家”方面的有代表性和典型性的学术论文14篇,约20万字。这些学术论文从不同角度、不同方面反映了中国人民在中国共产党的领导下,对建设社会主义法治国家道路和途径在理论上的艰难探索过程。

在改革开放之初,由于我们刚开始拨乱反正,思想解放刚开始起步,“左”的观念仍在很大程度上桎梏着我们。那时,我们绝大多数人还不敢讲“法治”,不敢讲“人权”,不敢讲“权力制约”,更不敢直接讲“法治国家”。对“法治”的研究只能用“法制”取代,通过研究健全完善“国家法制”去探索建设“法治国家”的道路。当然,那时也有一些勇于探索前沿问题的学者开始在自己的学术著作或论文里介绍国外的“法治”理论和实践,探讨法治发达国家实行依法治国的经验和在中国推进法治的可能性。

到20世纪八九十年代,越来越多的学者开始突破“左”的思想的桎梏,他们已经着手研究在中国推行“法治”,建设“法治国家”的必要性了(不仅是可能性),并进一步探讨法治与社会主义的相容性和建设社会主义法治国家的途径。如我们在本文中收集的李步云教授、沈宗灵教授、郭道晖教授、吴家

* 本文原载于姜明安主编:《法治国家》,社会科学文献出版社2015年版,“前言”,文章题目是作者编著本书时所加。

麟教授等老一辈法学家的文章,不仅都明确提出了“法治”和“法治国家”的概念,而且也都开始研究社会主义法治国家的要素和实现途径。到1999年,“法治”在中国终于入宪。第九届全国人大第二次会议通过的宪法修正案明确规定,“中华人民共和国实行依法治国,建设社会主义法治国家”。

进入21世纪以后,学界(不仅是法学界)和实务界(也不仅是法律实务界)开始全面研究和探讨依法治国,建设法治国家的理论、道路和具体制度架构。学者们发表了大量的文章,为全面推进依法治国提供了深入扎实的理论根据和建设法治国家的实施方案及路线图。本文重点选择四个类别的论文,展现学者们从不同角度、不同视域、不同层面对建设“法治国家”道路与途径的研究成果(包括理论探讨与实践对策两个方面):第一个类别的论文是对依法治国,建设法治国家一般原理的阐释,如李步云、沈宗灵、张文显等专家的文章;第二个类别的论文是对法治国家与宪制(依宪治国)关系的阐释,如吴家麟、韩大元、焦洪昌等学者的文章;第三个类别的论文是对法治国家与行政法治关系的阐释,如姜明安、江必新等学者的文章;第四个类别的论文是关于建设法治国家基础与保障制度的研究成果,如郭道晖、郑成良等学者的文章。

为了准确反映学界和实务界对法治、法治国家理论探索的时代性,我们在编辑本书时没有要求作者对过去发表的论文进行任何修改、增删,我们作为编者更没有对之进行任何修改、删节。当然,对于这些论文原文中明显的错别字和作者写作时个别明显的笔误,我们在编辑时还是进行了更正。

本书专门研究法治国家,但是“法治国家”与“法治中国”“法治社会”等概念有着特别密切的联系。为了让读者明了这些相互密切联系的概念的不同内涵和外延,不在实践中加以混淆,我们在正式推出学者们的原始论文前,先对上述概念的相互关系予以适当地阐释。

“法治中国”的概念是习近平总书记在2013年全国政法工作电视电话会议上提出的概念。之后,在新一届中共中央政治局第四次集体学习时他又提出“坚持依法治国、依法执政、依法行政共同推进,坚持法治国家、法治政府、法治社会一体建设”的论述。过去我们的各种学术著作、论文和法律文献经常提到法治国家、法治政府、法治社会三个概念,且往往是分别单独使用这三个概念,很少有人将三者放在一起同时使用,更无人同时使用四者。因此,人们一般不对这三者、四者进行严格界分，通常赋予这三者、四者以交叉或重合的含义。① 现在，习近平总书记将此四者放在一起，提出要三者“一体建设”从而实现“法治中国”的目标。在这种情况下，我们就不能不对法治中国、法治国家、法治政府、法治社会和依法执政所涉及的“中国”“国家”“政府”“社会”“政党”（执政党）这些概念的内涵和外延做一定的辨析和区分。

人作为社会动物和政治动物存在，总是在一定的共同体中生活。人类共同体各种各样，但最基本的共同体是国家共同体和社会共同体。现代国家共同体通常设置立法机关、行政机关和司法机关等公权力机构管理公共事务。因此，政府是国家的组成部分，国家必然包括政府。而社会共同体是各种各样的，有政治性的如政党；有经济性的如各种经济组织、行业协会；有文化性的如各种学会、文艺团体；还有特定利益特定目标性的、地域性的、血缘性或宗教性的等。社会共同体通常也设置一定的组织机构管理内部事务和处理与国家（政府）及其他社会共同体的关系。由于现代社会在任何一国之内总是两种共同体并存，故一国的治理必然包括国家治理和社会治理，一国的法治建设必然包括法治国家建设和法治社会建设。

“法治中国”是中国实行依法治国，建设法治国家和法治社会的统称或简要表述。这里之所以用“法治中国”而不用“法治国家”表述中国实行依法治国的治国方略和目标，是因为“国家”有两重含义：地域意义的国家和政治意

---

① 例如，张文显等学者主编的马克思主义理论研究和建设工程重点教材《法理学》认为，“法治国家”包含“法治政府”：“对于法治国家来说，法治政府是其最核心、最根本的部分”。建设法治国家的任务包括建立完备的法律体系、实现依法执政、加强宪法和法律的实施、实现民主政治的制度化和法律化、依法行政、建立法治政府、建设保障社会公正的司法制度、完善权力制约与监督机制以及增强全社会的法律意识和法律素质。参见张文显等主编：《法理学》，人民出版社、高等教育出版社 2010 年版，第 369-373 页。李林和杨建顺教授认为，法治国家应该是人民当家作主或者主权在民的国家，是坚持宪法法律至上的国家，是尊重和保障人权的国家，是坚持依法执政，坚持民主立法、科学立法、高质量立法，坚持依法行政的国家。法治政府相对于法治国家是一个更为具体的概念，法治政府的核心要求包括：行政权的获得要有宪法和法律的依据，要依法（实体法和程序法）实施行政行为，要与建设廉洁政府、服务政府、高效政府联系起来，要有权必有责，任何违法行为都要受到追究。而法治社会相对于法治政府和法治国家，则处于基础的地位。“如果没有坚实的社会基础，有序的法治社会建设，法治政府和法治国家根本无从谈起。”在法治社会中，应该把公民、其他社会组织、政党、团体等包括进来。此外，在法治社会中，社会应该具有法治的秩序和法治的信仰，法治的氛围和法治的环境。所有人都在宪法和法律的规范体系保护之下来进行自由的活动。法治社会应该做到和谐、有序、稳定。参见李林、杨建顺：《权威解析三个“法治”为何要“一体建设”——解读中央政治局第四次集体学习》，载《法制日报》2013 年 3 月 1 日，第 4 版。

义的国家。就地域意义的国家而言,“法治中国”等同于“法治国家”,“法治中国”指在中华人民共和国这个地域范围内建设法治国家。但就政治意义的国家而言,“法治中国”则不等于“法治国家”,而是包括“法治国家”和“法治社会”,法治社会建设在法治中国建设中占有重要的地位和具有重要的作用。

法治社会建设和法治国家建设是法治中国建设必须同时推进的两大宏伟工程。法治国家建设工程主要包括人大制度建设、法治政府建设和公正司法制度的建设诸项子工程;法治社会建设工程则主要包括社会组织建设、社会行为规范建设和社会解纷机制建设诸项子工程。

另外,我们在这里还要特别强调的是,在中国推进法治社会建设和法治国家建设,都必须以推进依法执政的执政党建设为前提和保障。因为作为中国执政党的中国共产党是整个国家和社会的领导力量,中国共产党在性质上既有国家的因素,又有社会的因素,但它既不完全属于国家,也不完全属于社会,而是国家和社会的领导。中国共产党的领导地位和作用,对于依法治国,建设法治中国是决定性的。在中国,没有依法执政的执政党建设,没有执政党的依规治党,法治国家建设和法治社会建设的目标和任务都不可能完成。因此,本书研究法治国家,不仅要与研究法治社会联系起来,而且要与研究依法执政的执政党建设联系起来。

关于法治国家建设与法治社会建设的关系,我们认为,法治国家建设是法治社会建设的基础,法治社会建设则是法治国家建设的条件。

法治国家建设之所以是法治社会建设的基础,理由主要有五:其一,建设法治社会所需之良法,需要法治国家供给。没有法治国家,没有人大的科学立法为法治社会建设提供良法基础,法治社会不可能生长、存在。尽管建设法治社会所需之良法并非完全由人大立法(硬法)供给,社会自治过程中形成和产生的软法也是法治社会建设的重要法源,但人大立法(硬法)毕竟是基本法源。其二,法治社会需要相对稳固的经济基础和相对稳定的社会秩序支撑,而相对稳固的经济基础和相对稳定的社会秩序有赖法治政府的保障。没有法治政府,国家经济基础不可能稳固,社会秩序不可能稳定,从而法治社会也就难以存在和运行。其三,法治社会需要国家公正司法提供有效的解纷机制。法治社会虽然能自生一定的多元化解纷途径,能够通过自治化解大部分社会矛盾和纠纷。但是,国家正式司法制度毕竟是解决争议,维护社会公正的最后一道防线。如果没有国家的公正司法,社会稳定将会受到影响,法治社会将难以维继。其四,社会公权力组织的生长、发展是法治国家建设的产物。在高度集权的国家,非政府组织、非营利组织等社会公权力组织的生存受到种种限制、打压,国家公权力执掌者害怕社会组织发展会威胁他们的集权统治,会极力给社会共同体的生长发育设置重重障碍,从而难以有社会(相对于国家、政府的社会)发展的空间,更难以有法治社会发展的空间。只有在法治国家的条件下,社会共同体才会蓬勃生长发育,国家公权力也才会主动地向社会转移,社会公权力发展壮大了,才谈得上建设法治社会。其五,法治国家为社会公权力的良性运作提供保障。随着市场经济和民主政治的发展,社会公权力必然相应增长、发展。社会公权力虽然不具有国家公权力所具有的强制力和扩张性,但如果不对之加以适当的约束、规范,也有发生滥用、腐败的可能。对社会公权力约束、规范主要有两个途径:一是社会公权力组织的自律途径;二是国家监督途径。由此可见,社会公权力的依法运作有赖于法治国家的建设,而社会公权力依法运作乃是法治社会的重要标志。

建设法治社会之所以是建设法治国家的条件,理由主要有三:其一,只有加强法治社会的建设,才能为法治国家建设提供适宜的环境。法治国家不可能在虚无缥缈的空间建设,必须在现实社会中建设。现实社会是法治国家建设的无可选择的环境。很显然,只有不断打造整个社会尊法、信法、守法、用法的法治社会环境,才可能不断推进法治国家的建设。试想,如果我们整个社会都不尊奉法律、不信仰法律,我们的大多数国民都不懂法、不信法、不守法,在这样的社会环境中,我们还能建设法治国家,建成法治国家吗?在这样的社会环境中建设、建成法治国家即使不是完全不可能,也会是非常非常困难的。当然,法治社会与法治国家的建设是一个互动的过程,法治社会的建设也有赖于法治国家的建设,这一点我们在前面已经论述过了。其二,只有加强法治社会建设,才能为法治国家建设提供完善的制度机制。法治国家的基本要素之一是对国家公权力的监督制约机制。这一机制主要包括三个环节:国家公权力的相互监督制约、社会公权力(行业协会、社会团体、基层自治组织等)对国家公权力的监督制约,以及公民、法人和其他组织对国家公权力的监督制约(以权利制约权力)。第一个环节是法治国家建设本身的任务,而第二个、第三个环节则有赖于法治社会建设。只有加强法治社会建设,夯实公民参与公共治理的社会基础,才有可能真正把国家公权力关进制度的“笼子”。其三,只有加强法治社会建设,才能为法治国家建设不断注入动力、活力。法治社会是国民人权和自由获得有效保障的社会,国民人权、自由有了切实保障,他们就会不断增强当家作主的意识,就会焕发出无穷的创造力和追求美好幸福生活的热情。国民这种当家作主的意识、创造力和热情正是法治国家建设所特别需要的,且用之不竭的动力、活力。在一个国民没有自主精神,没有追求,没有改革创新热情,只知愚忠,只知服从,只知个人自保的国度里,是不可能建成法治国家的。

关于法治国家建设与法治政府建设的关系,二者本是一个包容关系。政府本来是国家的组成部分,建设法治国家就必然包含建设法治政府,建设法治政府实际上也就是在建设法治国家。但是,由于政府在国家中有相对特殊的重要地位,有时我们研究法治中国的问题时,会将法治国家、法治政府和法治社会三者并列。因此我们在讨论了法治国家建设与法治社会建设的关系后,还有必要进一步单独讨论一下法治社会建设与法治政府建设的关系。关于此二者关系,我们认为,法治国家建设是法治政府建设的前提,法治政府建设是法治国家建设的关键。

我们之所以说法治国家建设是法治政府建设的前提,理由有四:其一,法治政府必须是依法行政的政府,依法行政则必须有法可依。要保证政府行政有法可依,国家就必须有健全的立法机关,有保障立法机关正常运作,及时向政府提供所需法律的立法制度,而健全的立法机关和完善的法律制度乃是法治国家必需的要件。其二,法治政府必须是依良法行政的政府,[①]而“良法”的产生取决于法治国家的建设,取决于法治国家的科学立法、民主立法的机制。没有法治国家的科学立法、民主立法,政府依良法行政是不可能有保障的。其三,法治政府必须是权力受监督制约的责任政府,而政府权力的监督制约不能只来自政府内部,更有效的监督制约应来自外部,这种独立性的监督制约只有外部才能提供,如国家权力机关的监督,司法机关的监督。法治国家建设的重

① 亚里士多德指出,“法治应包含两重意义:已成立的法律获得普遍的服从,而大家所服从的法律又应该本身是制定得良好的法律”。参见[古希腊]亚里士多德:《政治学》,吴寿彭译,商务印书馆1996年版,第199页。

要内容即在于完善这种外部监督机制,如人大的预决算审查制度、特定问题调查制度、质询制度、行政诉讼制度、法院独立审判制度等。[①] 其四,中国特色社会主义制度决定了中国共产党的领导在法治建设中的特殊作用。法治政府的依法行政在很大程度上取决于中国共产党的依法执政,而中国共产党的领导必须坚持依法执政的原则(党必须在宪法和法律范围内活动,必须依宪法和法律实施领导),依法执政乃是法治国家、法治社会的基本要素。据此,法治政府必须以法治国家为前提。没有法治国家,不可能有法治政府。

我们之所以说法治政府建设是法治国家建设的关键,主要根据有三:其一,政府,即行政机关,是国家机关中规模最大,公职人员最多,职权最广泛,与公民打交道最经常、最直接的机关。因此,法治政府建设的目标、任务实现了,法治国家建设的目标、任务也就绝大部分实现了。法治政府建设推进不了,法治国家建设就无从谈起。其二,政府承担着管理国家内政外交的职能,国家治理的法治化,很大程度上取决于国家内政外交事务管理的法治化。而建设法治政府,则是实现国家内政外交事务管理法治化的别无选择的途径。其三,法治国家建设的目的、目标在很大程度上最终要落实在法治政府建设目标、任务的实现上。法治政府建设成功与否是衡量法治国家建设成功与否的最重要的指标。试想,国家即使通过民主立法、科学立法的途径制定了很多“良法”,法院也能依“良法”独立办案,但各级政府却我行我素,公职人员任意违法、滥权、腐败,百姓怨声载道,这样的国家还能叫“法治国家”吗?我们不能想象没有法治国家的法治政府,同样,我们也不能想象没有法治政府的法治国家。

前已述及,在中国,研究依法治国必须研究执政党依法执政。研究法治国家建设必须研究执政党依法执政。因此,本书探讨法治国家建设问题,就需要同时探讨法治国家建设与执政党依法执政的关系。关于此二者的关系,笔者认为,执政党依法执政是法治国家建设(同时也是法治社会、法治政府建设)的前提和保障,法治国家建设是推进执政党依法执政的促动力。

执政党依法执政之所以是法治国家建设的前提和保障,其主要理由有三:其一,中国共产党作为执政党,不同于西方国家的政党,它是整个国家的领

① 参见《宪法》第62、67、71、73条,《行政诉讼法》第1、3、5条。

导,决定国家和社会治理的目标和方式,建立法治国家和法治社会,就是中国共产党确立的治国理政的目标。然而这一目标的实现,关键取决于中国共产党自身能不能坚持法治,能不能将自身建设成依法执政的执政党。如果执政党自己的各级组织、各级党委不坚持法治,不依法执政而任性执政,建设法治社会的目标无疑会落空。其二,建设法治国家和法治社会,涉及国家公权力和政府公权力(制定规则的权力、社会管理的权力、解纷止争的权力等)依法行使和适当向社会转移的问题,从而社会组织与国家机关、政府部门之间有大量的利益和关系需要协调和平衡。谁能担负起这种协调和平衡的重任呢? 在中国,当然只能是执政党。但是执政党要协调和平衡好法治国家、法治社会建设过程中的各种利益关系,其所基于的思维必须是法治思维,其所运用的方式必须是法治方式,执政党自身必须是坚持法治的执政党。否则,将可能促退而不是促进法治国家和法治社会的建设。其三,法治国家和法治社会在建设过程中,不可避免地会受到各种阻碍,会遇到各种各样的困难和干扰。对此,执政党对法治的坚定信念,对法治国家、法治社会目标的坚守是法治国家、法治社会建设顺利进行的关键。只有执政党在领导法治国家、法治社会建设的过程中,坚定不移地推进科学立法、严格执法、公正司法和全民守法,推进社会自治,培育和发展基层民主,指导各种社会共同体完善自治规则,依规则处理社会共同体内部、外部的关系,依规则解决共同体内部、外部的各种争议、纠纷,法治国家、法治社会建设才能不断有序向前推进。如果我们执政党对法治不坚定,在法治国家、法治社会建设过程中一出现问题、困难、矛盾,就动摇、止步不前,甚至退缩,法治国家、法治社会建设的目标就难有实现的希望。

法治国家建设之所以可成为推进执政党依法执政的促动力,其理由有二:其一,执政党对国家、社会的领导在很大程度上决定国家、社会的发展方向和发展模式。但是,执政党对国家、社会的领导并不是,也不可能是随心所欲地进行,它必然受国家现实政治、经济、文化及其制度的既成运作模式影响。一个国家,一旦经过执政党和人民的共同努力,选择了法治的治理模式,法治的模式、形态、制度架构、运作方式初步形成,人民在此过程中就会逐步产生了对法治的信仰和依赖。这种情况反过来会影响执政党的执政方式和推进执政党依法执政,促进执政党自身的法治化建设。其二,执政党的党员和领导者均生活在社会之中而不是生活在真空之中,从而其思想和行为会受社会的影响。

一个国度或地区,其治理方式如果已经法治化或初步法治化,这种法治化对执政党的党员和领导者个人的思想和行为方式产生影响。执政党的全体或绝大多数党员、领导者如果都具有了一定的法治理念,对法治有了一定信仰,这自然会影响整个执政党的执政风格。在这种情况下,即使个别或少数党员、领导者,乃至一把手,想弃法治而行人治、专制,其行为、政策也会在很大程度上受到党内和社会的有形或无形的抵制、反对。因此,法治国家和法治社会一旦形成,任何个人、组织,即使是执政党,想改变它、扭转它的方向,都不是一件容易的事情。由此可见,执政党领导人民建设法治国家、法治社会,法治国家和法治社会反过来又会促进执政党的法治化,促进执政党依法执政。这是一个互动的过程和关系。

关于法治国家与法治中国、法治政府、法治社会、执政党依法执政的联系与区别有如前述。如果我们从地域意义上界定“法治国家”,我们可以将法治国家与法治中国等同起来,法治国家可以包括法治政府、法治社会和依法执政的执政党。对此种意义“法治国家”的内涵,我们可以从党的十八大报告提出的我国建设和发展“五位一体”总体布局的层面和角度予以阐释和解读。党的十八大报告指出,“必须更加自觉地把全面协调可持续作为深入贯彻落实科学发展观的基本要求,全面落实经济建设、政治建设、文化建设、社会建设、生态文明建设五位一体总体布局,促进现代化建设各方面相协调,不断开拓生产发展、生活富裕、生态良好的文明发展道路”。毫无疑问,我们要建设法治国家,不能离开我国建设和发展“五位一体”的总体布局,必须将法治贯穿于“五位一体”的总体布局之中,即贯穿于经济建设、政治建设、文化建设、社会建设、生态文明建设之中。这也就是说,我们只有在推进经济建设、政治建设、文化建设、社会建设、生态文明建设的过程中重视法治,加强法治,以法治指导、规范、促进和保障经济、政治、文化、社会和生态文明的建设,进而实现法治经济、法治政治、法治文化、法治社会、法治生态文明的协调统一,我们才能实现法治国家的整体目标。

因此,我们要全面、正确认识和理解法治中国,进而建设法治国家,就必须全面、正确把握作为法治国家“五位一体”构成要素的法治经济、法治政治、法治文化、法治社会、法治生态文明的具体标准和要求。

法治经济的具体标准和要求主要包括两个方面:一是政府依法管理经济;

二是从事经济活动的组织、个人依法进行经济活动。要保障政府依法管理经济,就必须以法律限制政府干预经济、管理经济的权力和手段,以法律规范政府调控经济、规制市场的方式和程序,减少、压缩乃至消除政府违法、恣意干预经济主体经济活动的空间,防止和尽量避免政府侵犯经济主体的合法权益并在政府违法干预和侵权时,为被干预、被侵权者提供有效的救济途径。要保障从事经济活动的组织、个人依法进行经济活动,就要求国家为经济活动和市场交易提供完善的法律规范,特别是民、商事法律规范,并要求从事经济活动的组织、个人严格守法,诚信经营,对不正当竞争和以假冒伪劣产品侵犯消费者权益的行为予以严厉惩治,通过严格执法来维护市场经济秩序。

法治政治的具体标准和要求主要包括三个方面:一是执政党依法执政;二是政府依法行政;三是公民依法参与国家管理。要推进执政党依法执政,就必须建立和完善保障执政党在宪法和法律范围内活动的体制、机制和制度;要通过法律明确党与人民代表机关、政府、司法机关的关系;正确处理党对国家的领导与党的各级机关及其领导人接受法律监督的关系;保证党的决策、执政行为透明;党内腐败和滥用权力行为能依法得到追究。要促进政府依法行政,就必须健全、完善控制政府权力的范围、边界,规范政府权力行使的行政组织、行政程序、行政法制监督和问责的法律制度;加强人大对政府财政、政策和政府组成人员依法行使职权的监督,以及人民法院对政府及其工作部门行政行为合法性的司法审查;推进政府的廉政、勤政建设。要保障公民依法参与国家管理,则必须推进政治体制改革和行政管理体制改革,使公民在国家政治生活中真正享有知情权、表达权、参与权和监督权,逐步扩大票决民主和发展协商民主。

法治文化的具体标准和要求主要包括两个方面:一是在国家意识形态和国民观念中培植法治精神和法治理念;二是在促进国家文化产业建设中加强相应法律规范。要在国家意识形态和国民观念中培植法治精神和法治理念,必须加强法治宣传和法治教育,让法治精神和法治理念进教材、进课堂、进广播电影电视、进文学作品,从而潜移默化地影响国民的思想、观念和行为方式。要推进国家文化产业建设的法治化,则必须通过加强文化立法和执法,发展和促进国家文化产业建设,规范文化产业建设的行为和企业、组织、个人的文化活动。

法治社会的具体标准和要求主要包括三个方面:一是依法推进国家公权力向社会转移;二是依法保护社会组织、团体的权利,规范社会组织、团体的活动;三是依法推进社会管理创新。要依法推进国家公权力向社会的转移,必须坚持“三个凡是”的原则:凡是个人能够自主决定的事项,国家公权力不要越俎代庖;凡是市场能够有效调节的事项,国家公权力不要干预;凡是社会能够自律管理的事项,国家公权力不要包揽取代。要依法保护社会组织、团体的权利,规范社会组织、团体的活动,则必须制定社团法,在社团的建立、运作和监督、管理上做到有法可依。此外,还必须健全完善社团组织的自律机制,通过软法规范社团的活动和行为。要依法推进社会管理创新,则既要建立健全激励和促进社会管理创新的体制、机制,调动管理者与被管理者参与创新的主动性和积极性;又要正确处理创新和依法的关系,创新要在法律的指导下进行,创新不能突破法律的基本原则和基本制度界限。

法治生态文明的具体标准和要求也主要包括三个方面:一是国家建立严格的环境、生态保护法律标准;二是国民形成强烈的环境、生态保护法律意识;三是政府建立严格的环境、生态保护执法制度。国家要建立严格的环境、生态保护法律标准,就必须修改、完善我国现行的各种环境、生态保护法,提高保护标准和改进保护措施,使之和人与自然可持续发展的需要相适应。要使国民形成强烈的环境、生态保护法律意识,则必须加强环境、生态法律保护的宣传、教育,特别是通过环境污染危害性的实例宣传、教育,使国民认识环境保护的重要性和迫切性,提高环保自律和他律的主动性、积极性。要推进政府建立严格的环境、生态保护执法制度,则必须通过立法和修法建立两种严格的责任追究制度:一是对环境污染者的严格责任追究制度,要保障政府环保机关惩治环境污染者和环境污染行为有法可依,有严法可依;二是对政府环保机关及其公职人员的严格责任追究制度,保障监督机关对失职、渎职的政府环保机关及其公职人员问责有法可依,有严法可依。

经济建设、政治建设、文化建设、社会建设、生态文明建设全面、协调推进,是保证中国科学发展和可持续发展的必须,法治经济、法治政治、法治文化、法治社会、法治生态文明全面、协调推进,则是建设法治国家,实现法治中国梦的必备条件。

论新时代中国特色法治的特色*

《新时代中国特色法治论》收集了笔者自中共十八大以来(2012—2017年)在各种报刊和杂志上发表的72篇论述我国法治建设理论和实践的文章,根据文章的内容分别整理编辑成"中国特色法治理论""中国特色宪制""中国特色法治政府建设""中国特色法治社会建设""中国特色反腐败与程序法治""中国特色法制监督与救济制度"六编,并取书名为《新时代中国特色法治论》。之所以在"中国特色法治"前面加上"新时代"一词修饰,是因为本书收集的文章都是中共十八大以后撰写的,研究和探讨的内容均是中共十八大以后中国法治的理论和实践,以区别十八大前笔者对中国法治问题的研究成果。[①] 虽然中共十九大报告宣告"新时代"是自十九大开始,但是,十九大后的中国法治理论源于十八大以来以习近平同志为核心的党中央新一届领导集体和中国学界(特别是中国法学界)创立的法治理论,十九大后的中国法治道路源于十八大以来以习近平同志为核心的党中央新一届领导集体领导中国人民开辟的具有重大创新的法治道路,十九大法治理论和十九大后要走的法治道路与十八大法治理论和十八大后所走的法治道路一脉相承。应该说,"新时代中国特色法治"实际上是从十八大开始的。即使中国法治只是自十九大才正式开始进入"新时代",本书研究和探讨的问题也正是回答关于十九大以后我们应信奉和坚持什么法治理论,应坚信和坚持什么法治道路的问题,从而是

---

* 本文原载于姜明安:《新时代中国特色法治论》,2018年版,"序言",文章题目是作者编著本书时所加。

① 十八大前笔者对中国法治研究、探索的成果分别编辑出版了《法治的求索与呐喊(评论卷)》、《法治的求索与呐喊(论文卷)》、《法治的求索与呐喊(案析与访谈卷)》(中国人民大学出版社2012年版)和《法治思维与新行政法》(北京大学出版社2013年版)。

“新时代”的中国法治问题。所以本书的书名和本书的内容一致,均是“新时代中国特色法治论”。

至于“中国特色法治”,则不是自中共十八大或十九大始,而是自十二大邓小平同志提出“中国特色的社会主义”这一伟大构想①以后,从“中国法制”逐步演化形成的。“中国特色法治”的全称应当是“中国特色社会主义法治”。但是,“中国特色法治”与“中国特色社会主义”二者的针对性、二者所欲区别的对象却有所不同。“中国特色社会主义”针对的和所欲区别的对象主要是苏联东欧计划经济模式的社会主义。邓小平同志作为改革开放的总设计师,其提出“中国特色社会主义”构想,主要目的和所欲解决的根本问题是要旗帜鲜明地与旧的计划经济模式的社会主义相区分,以走出一条真正能让民富国强的,有活力的新的社会主义道路。尽管“中国特色社会主义”的口号也有针对西方国家的用意,即明确向西方国家宣示:中国的改革开放,不是放弃社会主义道路而走资本主义道路,而只是放弃旧的计划经济模式的社会主义道路而改走承认并注重发挥市场经济作用的社会主义道路,即“中国特色的社会主义”道路。但是,毫无疑义,在改革开放初期,邓小平提出“中国特色的社会主义”,其主要和根本用意是为中国拨乱反正,为我们自己的国家、自己的人民明确未来发展的道路:仍然坚持社会主义,但未来所坚持的社会主义不再是过去旧的苏联东欧模式的社会主义,而是新的“中国特色的社会主义”。

而“中国特色法治”的针对性和所欲区别的对象却不完全相同,其主要不是针对和区别苏联东欧模式的法治,而主要针对和区别的是西方国家的法治。因为,其一,苏联东欧国家基本不存在法治,它们治国理政的方式根本不是法治而是专制、人治,我国在改革开放前也基本上不实行法治,从而“中国特色法治”不可能是为区别苏联东欧国家法治而创立的概念;其二,“中国特色法治”是在“中国特色的社会主义”概念提出较长一个时期之后才提出的概念。改革开放初期至 20 世纪 90 年代中叶,“法治”在我国尚是禁用词,自然也无

① 1982 年 9 月 1 日,邓小平在中国共产党第十二次全国代表大会的开幕词中指出,“我们的现代化建设,必须从中国的实际出发。无论是革命还是建设,都要注意学习和借鉴外国经验。但是,照抄照搬别国经验、别国模式,从来不能得到成功。这方面我们有过不少教训。把马克思主义的普遍真理同我国的具体实际结合起来,走自己的道路,建设有中国特色的社会主义,这就是我们总结长期历史经得出的基本结论”。参见《邓小平文选》(第 3 卷),人民出版社 1993 年版,第 2-3 页。

“中国特色法治”之说，随着改革开放的深入，社会主义市场经济体制的建立，法治才逐步随之解禁。1999 年，法治方才正式入宪，这时，宪法才明确规定“中华人民共和国实行依法治国，建设社会主义法治国家”。但是实行法治与实行社会主义不完全一样，社会主义过去有苏联东欧模式，法治没有苏联东欧模式，只有西方模式。那我们要实行法治，而当时又没有现存的社会主义法治模式可循，怎么办？是否就向西方学习，照抄照搬西方法治模式。对此，学界和实务界曾有两种不同主张：第一种主张是走西方法治道路，照抄照搬西方法治模式；第二种主张是学习和借鉴西方国家法治的经验，但不照抄照搬，而是根据中国的国情，自己探索出一条既能有效控制制约公权力，把公权力关进制度的“笼子”里，又能有效发挥公权力的正能量，发挥社会主义集中力量办大事的优势，有效推进国家经济、政治、社会、文化和生态环境科学发展的法治道路。第二种主张就是我们今天所提倡并大力推进的“中国特色法治”。可见，“中国特色法治”主要针对和所欲区分的是“西方法治”。因为世界上不存在“西方社会主义法治”模式和“中国特色资本主义法治”模式，所以与“西方法治”相对的概念即是“中国特色法治”。“中国特色法治”的重要特色即是社会主义，社会主义已经包含在“中国特色法治”的含义之中。从而本书在研究中国当下法治时，一般即使用“中国特色法治”这一术语而未使用“中国特色社会主义法治”术语。

“中国特色法治”与西方国家法治究竟有什么区别？二者的区别是多方面的。但最重要的区别体现在下述四个方面：其一，“中国特色法治”坚持中国共产党对国家的全面领导，党的领导是“中国特色法治”最重要最根本的特色，①而西方国家法治实行两党或多党轮流执政的政党轮替制：各政党通过竞选，通过与不同利益集团的利益交换和利益的不断整合、不断洗牌而取得或失去执政地位；其二，“中国特色法治”坚持人民代表大会制度，人民代表大会制

① 中共十八届四中全会《关于全面推进依法治国若干重大问题的决定》指出，“党的领导是中国特色社会主义最本质的特征，是社会主义法治最根本的保证。把党的领导贯彻到依法治国全过程和各方面，是我国社会主义法治建设的一条基本经验。我国宪法确立了中国共产党的领导地位。坚持党的领导，是社会主义法治的根本要求，是党和国家的根本所在、命脉所在，是全国各族人民的利益所系、幸福所系，是全面推进依法治国的题中应有之义。党的领导和社会主义法治是一致的，社会主义法治必须坚持党的领导，党的领导必须依靠社会主义法治”。

度是国家最根本的政治制度，[①]而西方国家法治实行以总统制或议会制为政体形式的“三权分立”：各种国家权力间相互制约平衡；其三，“中国特色法治”坚持控制公权力，把权力关进制度的“笼子”里，防止其任性、恣意、滥用，与充分发挥公权力的正能量，最大限度地保障权为民所用相结合、相平衡，而西方国家法治坚持极端的控权论，推崇重控权而轻国家治理效率的形式法治；其四，“中国特色法治”坚持保障人权，保护公民权利自由与促进公民积极履行义务，维护社会公共利益相结合、相平衡，而西方国家法治坚持自由主义和个人主义至上，推崇偏重公民政治权利而轻视公民社会经济权利的片面人权。

本书取书名为“新时代中国特色法治”。如前所述，“新时代中国特色法治”的“中国特色”主要是相对于西方国家法治模式而言的。而“新时代中国特色法治”则是相对于我国改革开放以后，中共十八大以前开始创立和发展、推进的“中国特色法治”而言的。“新时代”是指我国十八大和十九大以后的法治时代。那么，“新时代”的“中国特色法治”相对于的十八大以前的“中国特色法治”有什么区别呢？前者对于后者有什么重大发展和重大进步呢？笔者认为，“新时代”的“中国特色法治”相对于“新时代”前的“中国特色法治”，发展和进步是多方面的，但最重大的发展和进步主要体现在下述六个方面：

其一，新时代中国特色法治更重视保护公民的合法权益，更重视保障人权。如第十二届全国人大常委会第六次会议作出《关于废止劳动教养制度的决定》[②]；人民法院自十八大以来纠正多起重大冤错案件，[③]如“呼格吉勒图案”“聂树斌案”“张氏叔侄案”“念斌案”“陈满案”等。这些冤案的公开平反昭雪，彰显了新时代中国法治对人权保障的重视。

---

① 《宪法》规定：“中华人民共和国的一切权力属于人民。人民行使国家权力的机关是全国人民代表大会和地方各级人民代表大会。人民依照法律规定，通过各种途径和形式，管理国家事务，管理经济和文化事业，管理社会事务。”“中华人民共和国的国家机构实行民主集中制的原则。全国人民代表大会和地方各级人民代表大会都由民主选举产生，对人民负责，受人民监督。国家行政机关、审判机关、检察机关都由人民代表大会产生，对它负责，受它监督。”参见《宪法》总纲第2、3条。

② 《关于废止有关劳动教养法律规定的决定》于2013年12月28日由第十二届全国人民代表大会常务委员会第六次会议作出。

③ 参见最高人民法院院长周强2017年3月12日在第十二届全国人大第五次会议上所作的工作报告。

其二,新时代中国特色法治更重视控制公权力,把权力关进“笼子”里。如中共十八大新一届领导班子一上任,就作出改进作风,限制其自身权力的“八项规定”。[①] 在十八大整个任期,中共中央和中纪委发布了一系列党内法规,建立严格的权力监督制约制度(如政务公开制度、决策程序制度、问责制度等),限制各级党政干部,特别是高级干部滥用权力。

其三,新时代中国特色法治更重视民主立法和科学立法。第十二届全国人大第三次会议通过新修正的《立法法》专门就保障和促进民主立法、科学立法做出了一系列规定。如规定人大常委会审议法律案应通过多种形式征求全国人大代表的意见;法律委员会有关的专门委员会和常委会工作机构应就立法草案举行立法听证会,听取有关基层、群体代表、部门、人民团体、专家和社会各方面的意见;行政法规在起草过程中,应通过座谈会、论证会、听证会等多种形式广泛听取有关机关、组织、人大代表和社会公众的意见;法律、法规草案及其起草、修改的说明应向社会公布,征求意见等。此外,《立法法》还创设了对立法的可行性评价和立法前评估程序制度、立法后评估程序制度等。[②]

其四,新时代中国特色法治更重视法治政府建设。2015 年中共中央和国务院专门发布《法治政府建设实施纲要》,详细规定了法治政府建设的总体目标、基本原则、衡量标准,以及主要任务和具体措施,如完善依法行政制度体系、推进严格规范公正文明执法、强化对行政权力的制约和监督、依法有效化解社会矛盾纠纷、全面提高政府工作人员法治思维和依法行政能力等。这次十九大报告,又进一步要求加大法治政府建设力度:改革行政管理体制,完善行政组织法,转变政府职能,深化简政放权,创新监管方式,增强政府公信力和执行力,建设人民满意的服务型政府。

其五,新时代中国特色法治更重视公正司法。十八届四中全会决定指出,公正是法治的生命线,而司法公正对整个社会公正具有重要的引领作用。中共十八大以来,我国为保证和推进司法公正推出了一系列重要的改革措施。

---

① 2012 年 12 月 4 日,第十八届中共中央政治局专门召开会议,制定《关于改进工作作风、密切联系群众的八项规定》,载《人民日报》2012 年 12 月 5 日,第 1 版。

② 关于新时代中国特色法治重视民主立法和科学立法的详细情况,参见姜明安:《进一步推进民主立法、科学立法与依法立法》,载《立法研究》2016 年 11 月创刊号。

如改革司法管理体制，探索设立跨行政区划的人民法院和人民检察院，办理跨地区案件；推动省以下地方法院、检察院人财物统一管理；探索实行法院、检察院司法行政事务管理权和审判权、检察权相分离；改革审判委员会制度，完善主审法官、合议庭办案责任制，让审理者裁判，由裁判者负责；最高人民法院设立巡回法庭，审理跨行政区域重大行政和民商事案件；建立领导干部干预司法活动、插手具体案件处理的记录、通报和责任追究制度；健全行政机关依法出庭应诉、支持法院受理行政案件、尊重并执行法院生效裁判的制度；改革法院案件受理制度，变立案审查制为立案登记制；建立司法机关内部人员过问案件的记录制度和责任追究制度；推进以审判为中心的诉讼制度改革；构建开放、动态、透明、便民的阳光司法机制，推进审判公开；健全落实罪刑法定、疑罪从无、非法证据排除等法律原则的法律制度；依法规范司法人员与当事人、律师、特殊关系人、中介组织的接触、交往行为。严禁司法人员私下接触当事人及律师等。

其六，新时代中国特色法治更重视反腐败和廉政建设。中共十八大以来，中国反腐败力度空前加大，惩治反腐、教育反腐、法治反腐、制度反腐全面推进。反腐败坚持无禁区、全覆盖、零容忍，坚定不移“打虎”（如查处周永康、薄熙来、郭伯雄、徐才厚、令计划、孙政才等，5 年共立案审查省军级以上党员干部及其他中管干部 440 人，其中十八届中央委员、候补委员 43 人，中央纪委委员 9 人，厅局级干部 8900 余人）、“拍蝇”（5 年共立案审查县处级干部 6.3 万人，处分基层党员干部 27.8 万人）、“猎狐”（5 年共追回外逃人员 3453 名，“百名红通人员”48 人落网）①，不敢腐的目标初步实现；“不能腐的笼子”（如政务公开制度、“八不准”制度、巡视制度、领导干部向组织报告家庭财产及个人事项制度、定期述职述廉制度等）越扎越牢；不想腐的堤坝正在构筑，反腐败斗争压倒性态势已经形成并巩固发展。为了扩大和深化反腐败斗争的成果，推进中国特色反腐败法治建设，习近平同志在党的十九大报告中指出，要推进反腐败国家立法，继续坚持重遏制、强高压、长震慑，坚持受贿行贿一起查，坚决防止党内形成利益集团；要在市县党委建立巡察制度，加大整治

---

① 资料和数据来源参见中央纪委副书记杨晓渡在党的十九大记者招待会上的讲话，载 2017 年 10 月 19 日《新华网》。

群众身边腐败问题的力度;要加强对权力运行的制约和监督,让人民监督权力,让权力在阳光下运行,把权力关进制度的"笼子";要深化国家监察体制改革,组建国家、省、市、县监察委员会,同党的纪律检查机关合署办公,实现对所有行使公权力的公职人员监察全覆盖;要制定国家监察法,依法赋予监察委员会职责权限和调查手段;要把党内监督同国家机关监督、民主监督、司法监督、群众监督、舆论监督贯通起来,增强监督合力。总之,要通过所有这些措施,全面建立和形成新时代中国特色法治反腐的体制和机制。

我们党和国家经过5年艰苦卓绝的努力,新时代中国特色法治建设的道路已经开辟,日前,党的十九大又吹响了向中国特色法治建设新征程进发的号角。在向新时代中国特色法治建设新征程进发的征途中,我们必将会遇到各种各样不同的理论和实践问题,本书的出版如能为解决这些问题提供一点微小的助益,笔者将感到无限欣慰。

行政执法若干问题研究*

行政执法(广义的行政执法)是相对于立法、司法而言的,是指国家行政机关对法律的执行和实施,包括整个行政行为。狭义的行政执法仅指行政机关实施的行政处理行为,是相对于行政立法(行政机关制定行政法规和规章的行为)、行政司法(行政机关裁决争议和纠纷的行为)而言的,不包括行政立法和行政司法。在特定的场合,行政执法(最狭义的)甚至仅指行政监督检查和行政处罚行为,不包括行政审批、许可、行政征收、行政给付等其他行政处理行为。但无论是广义的行政执法,还是狭义的行政执法,甚或是最狭义的行政执法,都涉及行政程序问题。行政程序是行政执法的存在形式,没有行政程序,行政执法不可能存在,也不可能进行。因此,研究行政执法不能不同时研究行政程序。当然,行政执法不等于行政程序,行政执法除有程序问题外,还有体制问题、主体问题、权限问题、手段问题、依据问题监督机制和保障机制问题等。

《行政执法研究》一书包括十章和三个附录。

第一章　行政执法的基本理论问题。包括行政执法概念的提出;行政执法制度形成的政治、经济、文化背景及其历史意义;行政执法的含义;人们在不同时间、不同场合使用"行政执法"赋予其含义的差别,以及行政执法制度的发展和改革:改革的广度、深度、性质及发展方向。

第二章　行政执法的功能和作用。主要从三个方面,或者说从三个角度探讨:一是探讨行政执法对于实现法的规范的作用,即所谓"使法从文本规定

---

* 该文原载于姜明安主编:《行政执法研究》,北京大学出版社 2004 年版,"前言",文章题目是作者编著本书时所加。

转化为人们的实际行为规范”的作用;二是探讨行政执法对于实现公民权利的作用,即所谓“使权利从‘应然’变成‘实然’”的作用;三是探讨行政执法对于构建、维护和保障秩序的作用,即所谓“使秩序从静态设计转化成动态建构”的作用。

第三章　研究行政执法体制与行政执法主体。关于执法体制问题,本章主要探讨公共行政与国家行政的关系、中央行政与地方行政的关系、一般行政(政府)与部门行政(政府部门)的关系。关于执法主体,本章主要探讨行政机关、法律、法规授权的组织、行政机关委托的组织等在行政执法中的法律地位,探讨何种机关、组织具备何种条件方具有行政主体资格,何种机关、组织在何种条件下不能成为行政主体,以及在行政执法改革过程中,对于各种新出现的执法组织形式,如在联合执法、综合执法、“政府超市”等执法形式中,如何确认行政主体等。

第四章　行政执法原则。本章首先探讨行政执法原则的一般概念、意义和法律原则在行政执法中的地位、作用;研究一般法律原则与行政执法的关系,然后逐条具体探讨行政执法各项原则的内涵、外延及其发展、演变和在国内外适用的情况。本章主要研究的行政执法原则有依法行政原则及其下位原则:法律优位原则和法律保留原则、人性尊严原则、平等原则、信赖保护原则、比例原则、禁止不当联结原则、诚实信用原则。本章还粗略介绍了适用于行政执法的一些其他原则,如重视公益原则、明确性原则、期待可能性原则、行政效率原则、正当程序原则、职权调查原则等。

第五章　行政执法行为与行政执法手段。首先,本章探讨现代社会行政行为模式的转变以及作为这种转变根据的理论基础和法律基础,分析“强制行政”与“非强制行政”、行政的“强制性”与“服务性”、“服务行政”与“行政收费”的关系及改革路径;其次,依序探讨各种传统的和现代的行政执法行为与手段:行政命令与行政指导、行政规划与行政给付、行政规制与行政合同、行政监督与行政检查、行政处罚与行政强制;最后,笔者还研究了行政法行为方式的民主化趋势。

第六章　行政执法的法律适用与法律解释。关于法律适用,本章主要研究法律适用的一般规则,特别是法律规范发生冲突时的选择适用规则,如上位法优于下位法、新法优于旧法、特别法优于普通法等,以及法律适用最常出现的问题及其原因和解决对策。关于法律解释,作者主要研究法律解释主体(立法机关、行政机关、司法机关)、法律解释体制(立法解释、行政解释、司法解释、地方解释的权限和相互关系)、法律解释的方法(文义解释法、系统解释法、目的解释法、限定解释法、扩充解释法、矫正解释法、编转解释法等)以及法律解释的效力等。

第七章　行政执法程序。首先,本章从探讨程序正义与实体正义的关系入手,论证执法程序对于保障行政执法公正和有效的重要意义与价值;其次,笔者阐述了行政执法程序的主要制度,包括信息公开制度、告知制度、听取陈述和申辩制度、职能分离制度、不单方接触制度、回避制度、记录和决定制度、说明理由制度、时效制度、救济制度等;再次,探讨了行政执法程序在实际运作中可能出现的矛盾和问题(“完美的正义”与“迟到的正义”、“迟来的正义”与“粗糙的正义”、正当程序与法定程序等的关系)及其解决方案;最后,笔者具体探讨了行政公开与保护个人信息、保护隐私权的辩证统一关系,以及行政公平与保护弱者、保护少数的辩证统一关系。

第八章　行政执法监督。首先,本章阐释行政执法监督的概念与分类,其阐释的主要分类有国家监督与社会监督、内部监督与外部监督、对机关的监督与对人员的监督、对合法性的监督与对合理性的监督以及事前、事中与事后监督等;其次,笔者探讨了行政执法监督的地位和作用,关于执法监督作用,笔者主要概括为下述五个方面:对加强和完善法制的作用、对促进政府职能转变的作用、对保障相对人合法权益的作用、对督促和保障行政机关履行法定职责的作用、对预防和纠正执法人员执法过错的作用;再次,笔者分别从权力机关监督、行政机关监督、司法机关监督、社会监督四个环节研究了行政执法监督的体制;最后,笔者探讨了改进和完善我国行政执法监督的途径,并提出了相关的设想和建议。

第九章　行政执法观念。本章主要从分析中国“入世”对行政执法机关和行政执法人员观念的影响出发,探讨在经济全球化背景下我国国家公职人员行政执法观念的更新,其中涉及最重要的观念主要包括国际化观念、法制统一观念、正当程序观念、自觉接受监督观念、有限干预观念和执法为民观念(为人民服务,为相对人服务的观念)等。

第十章　行政执法的物质手段。本章首先探讨了行政执法物质手段的含义、形式与功能。关于行政执法物质手段的功能,本章概括为五个方面:提高行政执法的有效性、保障行政执法的统一性、用于控制行政执法行为以及作为衡量行政执法能力的客观指标和正确实施行政执法行为的基本条件;然后笔者重点研究了我国目前在行政执法物质手段方面存在的主要问题及产生这些问题的原因,并探讨了完善我国行政执法物质手段运行机制的途径,包括实行行政执法物质手段运行的法定主义、强化对行政执法物质手段运行的监管和法制监督、明确行政执法物质手段的权属关系、在行政法物质手段运作方面引入市场竞争机制、全面实施政府采购制度,以及加强对行政执法物质手段运行的财政和审计监督等。

行政程序若干问题研究*

《行政程序研究》是笔者主持的国家社科基金项目《行政程序问题研究》的最终研究成果。

行政程序包括整个行政行为(广义的行政执法)的程序:既包括行政立法程序,也包括行政执法(狭义的行政执法)和行政司法的程序,自然也包括行政监督检查和行政处罚(最狭义的行政执法)的程序。行政执法依其广义、狭义分别是行政行为的全部或一部分,而行政行为乃是行政程序的内容。没有行政行为,没有行政执法,行政程序就失去了存在的意义,行政程序不可能离开行政执法等行政行为而独立存在。因此,研究行政程序,必须同时研究行政行为,必须同时研究作为行政行为的行政执法。当然,研究行政程序必须同时研究行政执法不等于其研究范围限于行政执法,行政程序除有程序制度问题(行政执法程序制度、行政立法程序制度、行政司法程序制度)外,还有程序价值问题、程序观念问题、程序原则问题、程序法源问题、程序运作环境问题等。

《行政程序研究》一书共设十五章。

第一章　行政程序导论。本章研究行政程序的意义、价值、基本原则和现代行政程序的发展趋势。关于行政程序的意义、价值,本章主要通过比较"权力控权"(以权力控制权力和以法律限制权力的范围)和"程序控权"(以程序控制权力和以法律规范权力的行使方式)的利弊得失,发现和揭示"程序控权"相较于"权力控权"的优势:其一,"程序控权"可以避免传统实体控权机制

* 该文原载于姜明安主编:《行政程序研究》,北京大学出版社 2006 年版,"前言",文章题目是作者编著本书时所加。

的僵硬、死板,用行政程序规范行政权的行使既可不过于束缚政府行为的手脚,又可防止政府实施行政行为的恣意、滥权;其二,“程序控权”有利于充分调动行政相对人参与国家管理、参与行政行为的积极性,避免传统法治“以权力制约权力”的局限性;其三,“程序控权”有利于改进政府内部运作机制,提高行政效率;其四,“程序控权”有利于事中纠错,尽量避免给行政相对人和社会公众造成不可挽回的损失。关于行政程序的基本原则,本章重点研究了构成现代行政程序核心或灵魂的公开、公正、公平的“三公”原则。同时,对与此“三公”原则密切相关并在内容上有部分交叉和重合的正当法律程序原则、信赖保护原则和比例原则也予以了适度探讨。关于现代行政程序的发展趋势,本章在介绍了当今世界各国行政程序法典化趋势的基础上,着重研究了我国制定统一行政程序法典的必要性、可能性和立法途径,以及我国制定统一行政程序法典要正确处理的若干关系。

第二章　行政程序的一般制度。本章相对于后面各章(第三章至第十四章),研究的是适用于所有不同部门、不同领域行政行为的普遍性行政程序制度,而后面各章研究的则是仅适用于某一具体领域行政行为(行政许可、行政处罚、行政裁决等)的专门性行政程序制度。本章研究行政程序一般制度,包括研究行政程序一般制度的含义、特征、性质、地位、功能、种类,以及我国行政程序一般制度的立法模式选择。

第三章　行政立法程序。本章首先从保障民主参与和提高立法质量两个方面探讨了行政立法程序的功能、价值,然后主要以《立法法》和《行政法规制定程序条例》、《规章制定程序条例》为依据,详细介绍和分析了我国行政立法(行政法规、规章以及其他规范性文件的制定)的过程、步骤、方式,重点研究了公众参与行政立法的途径和方式。除此之外,为了借鉴国外行政立法程序的经验,本章还较详尽地介绍了美国各种新型的行政立法程序制度,如公告评价程序制度、审判式听证程序制度、混合式程序制度、协商式程序制度以及网络讨论式程序制度等。

第四章　行政规划程序。本章是比较有特色的一章。行政规划虽然是一种最常见的行政行为,但很少有行政法学者对其进行专门的系统研究,尤其是对行政规划行为的程序,学者对其做深入研究的就更少。首先,本章探讨了行政规划的概念、特征、制定主体、种类和表现形式,以及行政规划的性质、功能、作用等;其次,主要介绍了德国、日本和我国台湾地区行政规划的基本程序制度;最后,详细和深入地研究了行政规划的草拟、确定、变更和废止的具体程序制度,并附带讨论了对行政规划违法、侵权的救济程序。

第五章　行政许可程序。行政许可行为是行政机关最经常、最广泛实施的一种行政行为,因此,行政许可程序在整个行政程序中具有极为重要的地位。本章以《行政许可法》为依据,首先探讨了行政许可程序的基本原则,包括合法性原则、行政自我拘束原则、公开原则、公正原则、效率原则、适应原则、信赖保护原则等。行政许可程序的基本制度,包括许可评价制度、成本—效益分析制度、电子政务制度、星型制度、选择加快程序制度、程序经纪人制度等。然后探讨了行政许可从设立到实施、变更、延续,再到监管的全过程各个阶段的具体程序,其中重点研究了行政许可的实施程序,包括行政许可实施的一般程序和特别程序,如适用于特许、认可、核准等类型许可的招标、拍卖、考试、检验、检测、检疫等程序。

第六章　行政处罚程序。行政处罚行为是行政机关实施的对公民、法人和其他组织权益影响最大、威胁最大、侵权可能性最大的行政行为,从而行政处罚程序在整个行政程序中对于保护公民、法人和其他组织权益具有最重要的意义。首先,本章介绍了各国行政处罚程序的立法模式。其次,着重探讨了我国行政处罚程序的基本制度,包括告知制度、陈述与申辩制度、职能分离制度、说明理由制度和申请救济不停止执行制度等。再次,本章详细介绍和深入研究了我国行政处罚的三种基本程序:简易程序、一般程序和听证程序。最后,本章还专门探讨了我国行政处罚的执行程序。

第七章　行政裁决程序。与行政许可和行政处罚不同,我国目前虽然存在大量的行政裁决现象,行政机关每年要作出大量的行政裁决行为,但却没有一部“行政裁决法”,行政裁决程序很不规范、很不统一。本章首先介绍了英美两国的行政裁决程序制度:英国的行政裁判所裁判程序制度和美国的行政法官裁决程序制度,以便为健全和完善我国行政裁决程序制度提供借鉴。然后,本章对我国现行的几种较典型的行政裁决程序——商标评审程序、专利复审程序、劳动争议仲裁程序和城市房屋拆迁争议裁决程序等进行了探讨,在此基础上,本章提出了重构我国行政裁决程序制度的设想和建议。

第八章　行政确认程序。行政确认不是一种典型的行政行为,人们一般称为“准行政行为”。此种“准行政行为”虽然使用领域广泛,但我国这方面的程序规范制度却很不完善。本章首先介绍了中外行政程序制度的现状,然后进行了若干比较分析。在此基础上,就我国现行的,应用较多的认定、证明、登记、鉴证等行政确认程序制度的重构提出了笔者的设计方案。

第九章　行政监察程序。行政监察一般被认为是一种内部行政行为,因为此种行政行为的对象是行政系统内部的工作人员。本章分五节对此种行政行为的程序制度进行了较为全面和深入的研究:第一节研究行政监察的基本原则和行政监察机关的管辖与职权、职责;第二节介绍我国古代行政监察的形式与程序;第三节介绍国外、境外行政监察制度与运作程序;第四节以我国《行政监察法》①为依据,研究我国现行行政监察程序的种类和内容;第五节在分析我国现行行政监察程序存在的问题的基础上,提出了改进和完善的建议。

第十章　行政处分程序。行政处分与行政监察有密切的联系:行政处分大多(但不是全部)是行政监察的结果,行政监察往往实际构成行政处分的前置程序。故本章对行政处分程序的研究,实际是对第九章研究行政监察程序的继续。因为我国目前没有专门的“行政处分法”,行政处分的程序主要规定在《行政监察法》和《国家公务员暂行条例》以及最近刚通过的《公务员法》中。② 本章主要根据这些法律、法规,首先,研究行政处分的实施程序,包括立案、调查、审理、处理和作出决定的程序;其次,探讨被处分人不服处分的救济程序,包括申诉、复查、复审、复核的程序;最后,本章还提出了尽量吸收被处分人和权益受被处分人侵犯的人参与处分程序等完善行政处分程序制度的建议。

第十一章　行政合同程序。行政合同与第十二章研究的行政指导均不是传统的和典型的行政行为。行政合同是一种既具有行政性,又具有民事性的新型行政行为。本章从三个层面对这种新型行政行为的程序制度进行了探讨:首先,笔者对行政合同的概念、特征、性质等进行了分析;其次,分别介绍了

---

① 《行政监察法》已于2018年废止,我国现行监察制度由《监察法》调整。《监察法》的监督范围不限于行政领域,而是对整个公职人员全覆盖。

② 2020年第十三届全国人大常委会第十九次会议已制定《公职人员政务处分法》,对整个公职人员的政务处分进行规范。

大陆法系和英美法系的行政合同(政府合同)程序制度,最后,对建立和完善我国行政合同程序制度提出了思路:包括确立平等、合意、诚信、公益优先、权益配置平衡等基本原则和告知、听证、回避、特权规制等基本制度,以及规范合同订立、履行、终止、争议解决和权益救济的运作程序。

第十二章　行政指导程序。行政指导不同于行政命令、行政处罚等传统行政行为,是一种不具有直接行政强制力的新型行政行为。本章从四个层面对这种新型的行政行为的程序制度进行了探讨:首先,笔者分析了行政指导的概念、特征;其次,探讨了行政指导的各种类型及其意义、功能;再次,介绍了大陆法系和英美法系各主要国家的行政指导程序制度;最后,设计和提出了行政指导法制化的思路。

第十三章　行政救济程序。行政救济是一种对违法、不当行政行为进行补救,对权益受到违法、不当行政行为侵害的行政相对人进行救济的特殊的行政行为。本章从三个层面对这种特殊行政行为的程序制度进行了探讨:首先,笔者分析了行政救济的概念,揭示了行政救济方便、快捷、廉价,有利于提高救济效率和减轻司法负担等法律价值;其次,分别从救济的立法模式、主管机关、救济管辖和救济申请、受理、审理、决定,以及对救济决定不服的救济等不同方面对大陆法系和英美法系各主要国家的行政救济程序制度进行了比较研究;最后,笔者在分析我国现行行政复议制度利弊得失的基础上,提出了改革和完善我国行政救济程序制度的建议。

第十四章　违反行政程序的法律责任。本章不是研究行政程序本身,而是探讨行政程序的保障:如何确立和追究违反行政程序的法律责任。本章从四个方面较深入地研究了这个问题:其一,揭示、分析了违反行政程序法的各种表现形式,包括违反正当程序和法定程序的不同表现形式;其二,探讨了违反行政程序法应承担法律责任的理由;其三,分析研究了行政程序违法的各种法律责任形式,包括无效、撤销、补正、责令履行职责、确认违法、行政赔偿等;其四,分析研究了行政公职人员程序违法的各种法律责任形式,包括暂扣或吊销行政执法证、行政处分、追偿损失,乃至追究刑事责任等。

第十五章　我国大陆与台湾地区行政程序比较研究。本章主要以我国台湾地区 1999 年通过的“行政程序法”和我国大陆有关学者草拟的两个行政程序法试拟稿版本(北京大学宪法与行政法研究中心课题组 2002 年草拟的《中华人民共和国行政程序法试拟稿》与中国行政法学研究会和行政立法研究组2003年草拟的《中华人民共和国行政程序法专家建议稿》)为参照,分别从行政程序法的适用范围、基本原则、基本制度,以及违反正当法律程序的法律结果等四个方面对我国大陆与台湾地区的行政程序法制进行比较。

法规审查与法规评价若干问题研究*

《法规审查与法规评价研究》是笔者主持的司法部国家法治与法学理论研究项目重点课题“法规审查标准及其评价系统”的最终研究成果。该课题所称“法规”是介于广义法规和狭义法规中的中义的法规：不包括法律和地方性法规，但包括规章和规章以下的规范性文件（俗称“红头文件”）。本课题之所以选择行政法规、规章和规章以下的规范性文件为研究范围，因为对此种“法规”审查标准及其评价系统的研究具有重要的理论价值和实际意义：其一，行政法规、规章和规章以下的规范性文件在我国法的体系中具有特殊重要的地位，其数量数倍于法律和地方性法规，是绝大多数公权力行为的直接依据，对公民法人和其他组织的权益具有最直接和最广泛的影响。规章以下的规范性文件虽然不是我国《立法法》规范的“法”，但在调整各种社会关系中，特别是在较大的市以下的行政管理中，实际具有准法的作用，行政机关的大量具体行政行为是依据规章以下的规范性文件作出的。其二，由于目前我国立法体制和监督机制不完善，行政法规、规章和规章以下的规范性文件，特别是规章以下的规范性文件，在我国现实生活中存在各种问题，如违法、越权、制定程序不当、内容不合理、不科学、侵权，乃至行政立法者利用行政立法搞地方保护主义、部门保护主义等，此种情况迫切需要建立和完善对法规的审查、评价机制。而要建立和完善此种机制，首先需要对其进行全面、深入的研究。其三，我国《立法法》虽然规定了对法规的审查制度，但这一制度并未得到有效的运行。至于法规评价制度，目前仅在国务院发布的《全面推进依法行政

---

* 该文原载于姜明安主编：《法规审查与法规评价研究》，北京大学出版社 2014 年版，“绪论”，文章题目是作者编著本书时所加。

实施纲要》和部分地方规章及规章以下的规范性文件中有所规定,中央和地方层面均处于探索阶段。为了推动法规审查制度的实际运作和法规评价制度的建立和运行,加强对行政法规和规章审查标准及其评价系统的研究不仅具有必要性,而且具有迫切性。正是出于这种必要性和迫切性的考虑,笔者选择"中国法规审查标准及其评价体系"作为本课题组研究的选题,对其展开了近3年时间的深入研究,形成了近30万字的研究成果。

本成果共分为八个部分,即八章:第一章至第四章研究法规审查,重点研究审查标准,同时也研究与审查标准相关的审查主体、审查方式和审查程序问题;第五章至第八章研究法规评价,分别研究法规评价的主体、评价标准、评价方法和评价程序。下面具体介绍和阐释各章的主要内容与重要观点,包括笔者就改进和完善我国相关制度所提出的重要对策建议:

第一章　法规审查的一般理论和中国法规审查的特殊性。分别探讨法规审查的概念、性质、特征,法规审查的类型,法规审查中的解释方法,中国法规审查的宪制基础和行政法治基础,中国法规审查的意义和功能。本章的重要观点有五个:其一,法规审查与法规裁量有重要关系。行政立法不同于行政执法,政策裁量是其根基,法规审查如果脱离法规裁量,将会严重损害法规的积极功能与作用。其二,对法规审查作违宪审查、违法审查与适当性审查的分类,据此建立法规审查的相适应的标准。其三,中国法规审查的宪制和法治基础是五大原则:基本权利原则、权力分立原则、法律优先原则、法律保留原则、比例原则。其四,法规审查的方法依违宪审查、违法审查与适当性审查的类型不同而不同,其中违法审查的基本方法分别是依法律文本进行审查和依法律原则进行审查。其五,中国法规审查的意义和功能主要体现在三个方面:对行政权力的监督,对公民、法人和其他组织权利的保障,对法制统一的维护。

第二章　人民代表机关对法规的审查。分别探讨代议机关审查法规的机构设置、审查方式、审查特征和我国人民代表机关对法规审查的历史发展,国外、域外代议机关对法规的审查模式以及我国地方人大审查法规的制度及制度的实际运作。本章的重点内容在于提出了改进和完善我国人大法规审查制度的较系统的对策建议,主要包括四个方面:其一,对法规审查标准的完善,法规审查标准包括违宪审查标准、合法性审查标准和适当性审查标准。关于违宪审查标准,本课题提出,将我国违宪审查标准体系区分为法规涉及精神自由与法规涉及经济权利两种类型,分别采取两种不同的审查标准,对涉及精神自由的法规采取较为严格的审查标准,而对涉及经济权利的法规则采取较为宽松的审查标准。关于合法性审查,本课题提出五项标准:一是制定规范性文件的主体是否合法;二是是否超越法定权限,限制或者剥夺公民、法人和其他组织的合法权利,或者增加公民、法人和其他组织的义务;三是规范性文件的内容是否与宪法、法律、法规和上级人民代表大会及其常务委员会决议相抵触;四是制定程序是否合法;五是同级别的规范性文件对同一事项的规范是否一致。关于适当性审查,本课题提出,适当性审查标准具有很强的抽象性,难以完全从实体上界定,需要更多地从程序方面控制。首先,加强法规审查结果的公开及说明理由制度;其次,借鉴德国听证权之保留的法规审查模式,确保在行政程序中广大受影响的利益群体的参与权;最后,建立法规审查的案例指导制度,从纷繁复杂的法规审查实践中抽象出一般的、普遍的规律,供相同或相类似的法规审查情形参照适用,以形成相对一致的法规审查标准。其二,对法规审查方式的完善。关于法规审查方式的改进和完善,本课题提出主要应处理好以下三对关系:一是处理好备案与审查的关系;二是处理好主动审查与被动审查的关系;三是处理好事前审查与事后审查的关系。其三,对法规审查程序的完善。关于审查程序,本课题提出可从四个方面进行完善:一是建立和完善各级人大常委会对法规审查的信息公开以及反馈机制;二是在全国人大之下设立专门委员会,对行政立法进行具体监督;三是完善备案制度,明确备案期限,使其有效地起到监督作用;四是完善法规审查的异议机制。其四,加强法规审查的功效。对此,本课题的对策建议主要有三:一是构建人大对法规审查的信息公开机制;二是完善人大对法规审查的公民参与机制,拓宽公民对法规的民意表达渠道;三是建立专家在法规审查中的意见表达机制,以弥补人大在法规审查中专业性知识的不足。

第三章 行政机关对法规的审查。分别探讨行政机关审查法规的机构、审查主体与制定主体的关系、行政机关审查的方式、行政机关审查的主要种类:制定审查、前置审查、备案审查和复议审查等。本章还简介了国外(德、法、日、英、美)和我国台湾地区行政机关法规审查的基本情况,并进行了相应分析。本章的重点内容和观点有四:其一,提出了法规制定审查的六项标准:(1)合法性标准。合法性标准既包括实体合法,也包括程序合法。(2)合理性标准。包括必要性、可行性、适当性,所规定的法律措施是否能解决具体问题,同时符合比例原则,不对行政相对人构成过分负担等。(3)协调性标准。即法规与相关立法相协调。(4)科学性标准。包括体现改革精神,符合精简、统一、效能的原则,体现行政机关的职权与责任相统一的原则。(5)立法技术标准。即立法语言明确、内容具体、结构严谨、格式得当等。(6)形式性标准。包括报审的材料是否齐备,是否经过起草部门负责人签署等。其二,提出法规前置审查的范围应限定为三类:(1)涉及对行政相对人履行义务作出规定的文件;(2)对所规定事项依据把握不准或者有异议的文件;(3)涉及行政许可、行政处罚、行政强制等行政执法事项的执行规定文件。其三,主张法规备案审查应尊重地方因地制宜决定自身事务的权利,对于备案审查的标准,对下级地方政府立法的审查强度应小于对本级部门立法的审查强度。其四,提出行政复议中对法规的审查应主要以合法性审查为标准,行政复议中发现的法规合理性问题可以通过备案审查等制度加以解决。

第四章　司法机关对法规的审查。分别探讨法规审查与司法审查、违宪审查三者的相互关系,影响司法机关法规审查制度的各种体制、机制因素,司法机关法规审查的类型化(依行政行为类型和依行政诉讼类型的分类)。本章重点介绍了美国的司法审查的"双重标准理论",即根据相应法规是否涉及与民主程序有关的基本权利而确定司法审查强度的理论,和"三层密度标准",即严格审查标准、中度审查标准和合理性基础审查标准,以及德国法规审查的比例原则标准、授权标准、抵触标准,法国法规审查的越权标准、抵触标准等。在此基础上,分析了我国司法机关法规审查标准存在的四个方面的不足与缺陷:其一,过分注重对宪制秩序的维护而对公民权利保障关注不足;其二,在审查标准中缺乏授权标准控制立法秩序;其三,现行审查标准实质为法律适用取舍标准而缺乏认定法规无效或撤销法规的标准;其四,现行审查标准规范化程度不够,容易导致法规审查权的滥用和误用。根据这些不足与缺陷,本章最后提出了我国司法机关法规审查标准重构的具体方案:以现行的不一致标准和抵触标准为框架,有选择地植入德国的比例原则和美国"三层密度标准"的合理内核,从而在立足于维护宪制秩序的基础上,不断强化公民权利保障的范围和力度。

第五章　法规评价的一般原理和历史沿革。分别探讨法规评价系统的概念与特征、我国法规评价系统的起步和发展趋势、国外规制影响评价制度的兴起与发展,以及法规评价系统的宪制基础、行政法学理论基础和法经济学基础。本章的重点内容和观点有五:其一,确定法规评价系统概念的五个基本要素,即主体、对象、内容、程序、目的。基于此,将“法规评价系统”界定为“法定评价主体依照一定的标准、方法和程序评估行政法规、行政规章和行政规范性文件的各种影响,从而为决策者修改、废止或维持该法规提供参考依据的制度体系”。其二,将与我国法规评价制度相类似的国外规制影响评估制度的意义和作用概括为四个方面:一是通过比较不同规制方案的成本和收益,为法规制定提供有价值的信息,并合理地分配规制资源,从而改善规制效果,降低规制成本,提升规制质量;二是整合多元的政策目标,为决策者提供关于规制的理性而综合的资讯,协调不同的利益,增加决策的合理性;三是加强规制的透明度和协商性,促进行政民主;四是注重质量控制和监督,强化行政责任。其三,提出我国法规评价系统深厚的宪制资源可从我国宪法文本中规定的参政权、知情权、法制统一原则、国家机关的精简效率原则中发掘。其四,论述了法规评价系统的行政民主化价值,这种价值主要表现在其体现了服务政府、有效政府、透明政府和责任政府的要求。其五,从法经济学的理论探讨了法规评价系统的实施、运作对于解决“规制失灵”的特殊意义,指出法规评价与以往的法规调研、论证、清理等制度不同,其最重要、最关键的特征是重视成本—收益分析方法的运用。

第六章　法规评价的主体。分别探讨法规评价主体与法规价值主体的关系、法规评价制度目的、政府信息公开对确定法规评价主体的影响作用、法规评价主体的分类,并分别介绍西方国家法规评价的启动主体、实施主体、参与主体和监督主体,分析我国法规评价主体的现状,探寻我国现行法规评价主体制度中存在的问题和改进完善的对策。本章的重要内容和观点是提出改进和完善我国法规评价主体制度的四点建议:其一,统一规定法规评价启动主体、实施主体及监督主体,规范其各自的权利、义务;其二,确保利害关系人实质参与法规评价中,同时加大社会公众参与的力度;其三,鼓励民间咨询机构的发展,最大限度运用专家的专业知识理性思维,健全法规评价委托的程序,通过各项制度保证专家地位的独立性;其四,逐步完善政府外监督制约主体,特别是人民代表机关作为监督制约主体的作用,人民代表机关内部应吸收更多的专家专门从事法规评价工作,内部聘请外部专家投入法规评价工作。

第七章　法规评价的标准与方法。分别回顾、总结我国近年来对法规评价标准、方法的实践与理论探索,介绍、评析国外、域外法规评价的一般标准与方法,探讨构建与完善我国法规评价标准体系,改进、完善我国法规评价方法的途径。本章的重点内容和观点有三:其一,对国外、域外法规评价各项标准的内涵进行了较深度的解析:提出合法性标准主要包括权限合法、程序合法、内容(主要涉及人权保障、平等以及法律责任的设定等)合法;有效性标准主要是对规制产生的影响进行评估,分析规制的成本和收益、成本和效果的关系,规制得到执行和服从的程度和影响的分布等;立法技术合理性标准则包括规制的简化性、协调性、明确性和灵活性四个方面。其二,设计了我国行政立法评价标准体系图,该体系图标准简明,逻辑关系清晰,操作性较强,具有较大的实践价值。其三,提出了规范与完善我国法规评价方法的三项具体途径:一是将评价方法的选取原则(原则性与灵活性的统一、定性分析与定量分析相结合等)制度化;二是建立信息整合和共享机制,加快信息化平台建设,建立网络数据资料库,为及时进行沟通、收集和获取各类评价信息提供条件;三是更多地运用成本—收益分析等定量分析方法。为此,应重视对评价人员进行相关知识的培训,或者引入"外脑",邀请有关经济学家或统计学家参与法规评价分析体系的设计与运作。

第八章　法规评价的程序。分别探讨法规评价程序的性质、价值、分类,法规评价程序的基本原则、制度和主要程序阶段,并介绍和评价西方国家法规评价启动程序、实施程序和终结程序的制度架构和运作情况,阐述我国法规评价程序的现状、目前存在的主要问题和探索改进、完善的途径。本章的重点内容和观点有四:其一,提出现代法规评价程序是规制改革和规制手段变革的产物,是公共政策发展和改革的产物。其二,将法规评价程序的价值归结为公正、效益和民主。公正要求程序设计应当尽可能使法规评价者处于客观中立的地位,全面收集据以作出评价的信息,不得偏袒利益群体中的任意一方,运用评价标准时做到实事求是,不任意剪裁客观事实。效益要求程序的设计应追求更好地解决问题,复杂的问题应当用复杂的程序加以解决,而简单的问题就应当用简单的程序予以解决。程序的设计不应该只有一种,应该配备多种程序供程序的适用者选择。民主要求保障公众参与评价,保障评价过程透明公开，保障公民对评价过程、结果进行有效监督。其三，将法规评价程序的基本原则概括为程序法定原则、程序公开原则、程序参与原则和比例原则四项原则。其四，根据我国目前法规评价程序的实践和国外法规评价程序改革的经验，提出了改进和完善我国法规评价程序的六项对策性建议：（1）实现法规评价程序法治化；（2）建立完善的立法前评价程序；（3）设立正式法规评价程序与非正式法规评价程序；（4）明确法规评价程序启动所针对的客体；（5）加大法规评价程序的公开透明度；（6）通过各种制度的规定保障法规评价结果的质量。

本课题研究所做的主要工作有三：其一，通过大量调查研究，了解和掌握了中国法规审查和法规评价的基本现状，分析了存在的问题和产生问题的原因，提出了改进的路径和运作方案；其二，通过出国考察、查阅外文书刊资料和网上搜索，获取了国外若干有代表性国家和地区的法规审查、法规评价或与之类似的规制分析评价制度的大量资料，并对之进行了梳理、分析，从而总结归纳出较多可为我国构建、发展、完善法规审查和法规评价制度体系所借鉴的正面或反面经验；其三，通过总结我国各地法规审查和法规评价，特别是立法后评估的大量鲜活实践经验和借鉴国外相应制度成功运作的做法，提出了构建和完善我国法规审查和法规评价系统的基本目标和途径。

本项成果的主要学术价值和实践意义有四：其一，初步构建了中国法规审查与法规评价系统的理论模型和概念体系，为学界今后对这一领域开展深入研究奠定了比较雄厚的理论基础。其二，收集和梳理了国外法规审查与法规评价制度的大量实践材料与学术成果，可为我国学者进一步开展相应研究提供翔实的资料。其三，丰富了行政法学研究中行政立法的理论，可为今后我国行政法教科书修改、填补相应内容，推进行政法学科建设作贡献。其四，一方面，本成果吸收、总结了全国许多地方法规审查和法规评价的实践经验；另一方面，本成果反过来又可为我国全面开展的法规审查和法规评价实践提供理论指导，对全国各地建立完善法规审查和法规评价制度，特别是对制定有关法规审查和评价的规章、规范性文件起一定的推进和指导作用。

本课题有待今后进一步研究和解决的问题有二：其一，在我国体制下，如何构建法规的违宪和违法审查制度，是走以人民代表机关审查为主的模式还是走以司法审查为主的模式；其二，法规审查与法规评价的标准体系应如何确立,审查标准与评价标准应有何种联系与区别。本课题对这些问题虽然也做了某些探索,但这种探索还很不深入。因此,本书作为“法规审查与法规评价”这一课题的最终成果,应认为只是该课题研究的阶段(司法部资助阶段)性最终成果,而不意味着这一课题研究的终结。

法治思维与新行政法的互动发展*

《法治思维与新行政法》一书研究法治思维与新行政法。法治思维与新行政法是两个不同的概念与范畴。虽然二者有一定的联系，特别是在现代社会，在政府管理向公共治理转型的时代，二者具有密切的联系：法治思维决定新行政法，新行政法体现法治思维并促进法治思维。但是，二者的内涵、外延、要素、功能、作用毕竟有诸多不同，故本书对二者的研究大多是分开进行的，只有在少数场合下，本书的部分内容才对二者进行综合研究。

早在2300多年前，古希腊学者亚里士多德就曾指出，法治优于人治。"要使事物合于正义（公平），须有毫无偏私的权衡，法律恰恰正是这样一个中道的权衡。"①

然而，尽管法治优于人治，尽管法治可以抑偏私，给人们带来公平正义，但是无论是西方，还是东方，以往历朝历代的统治者，施行的多是人治而几乎很少有统治者自愿选择施行法治。

这是为什么？马克思、恩格斯指出，"人们的观念、观点和概念，一句话，人们的意识，随着人们的生活条件、人们的社会关系、人们的社会存在的改变而改变"。② 为什么以往历朝历代的统治者治国理政大多乐于选择人治而不愿选择法治，因为历朝历代的统治者都是剥削阶级的代表，他们的生活条件、社会关系和社会存在决定了他们的意识和他们自身本质的"偏私"，决定

* 该文原载于姜明安：《法治思维与新行政法》，北京大学出版社2013年版，"序言"，文章题目是作者编著本书时所加。

① ［古希腊］亚里士多德：《政治学》，吴寿彭译，商务印书馆1965年版，第169页。

② 《马克思恩格斯选集》（第1卷），人民出版社1972年版，第270页。

了他们自觉或不自觉地排斥公平正义。他们乐于选择施行人治而不愿选择施行法治是自然的,既是他们感性使然,也是他们理性使然。

但是,当无产阶级革命推翻了剥削阶级的统治,无产者自己掌握了国家政权以后,作为无产阶级代表的共产党人和革命领袖治国理政,依然有乐于选择施行人治而不愿选择施行法治的,如苏东各国,改革开放前30年的中国,现在仍实行计划经济的某些社会主义国家,这似乎就有点不大合乎逻辑了。

这可能仍得用马克思关于经济基础决定上层建筑以及人们的生活条件、社会关系和社会存在决定人们意识的理论来解释。

首先,在无产阶级通过革命推翻了剥削阶级的统治以后,早期的社会主义国家基本都实行计划经济。而计划经济的计划往往受党的政策和领导人的主观意志影响,甚至受其左右。这种计划难免脱离经济、社会发展的客观规律。因此,在某种意义上和某种程度上,计划经济就是人治经济。同时,计划经济反过来又为人治施政提供了基础和条件,二者具有相互依存的关系。

其次,早期社会主义国家否定法治施行人治也是与当时的阶级关系和政治状况相联系的:旧的统治阶级刚刚被推翻,或被推翻后不久,其残余势力必然拼死反抗,外国敌对势力也试图颠覆新生政权。在这种形势下,执政者为了灵活和随机应对各种困难局面,不愿过多受法律和制度的约束,其自然选择因时因地依其意志和便利制定政策和发布命令、指示作为施政的根据、准则。这种情况即使在之后"急风暴雨式的阶级斗争"已经结束亦无改变,其长时期形成的阶级斗争思维,特别是"以阶级斗争为纲"的思维与人治具有天然的相互依存关系。具有"以阶级斗争为纲"思维的执政者必然偏爱人治而排斥法治,或者说重人治而轻法治。

最后,早期社会主义国家的领导人大多有过长期从事革命活动和在党内长期担任领导职务的经历。这种经历使他们获得了杰出的领导能力和极大的权威,但这同时也可能使他们在心理上形成对权力的依恋,产生无限制和无拘束行使权力的欲望。而执掌公权力的人对权力的这种依恋和无限制、无拘束行使的欲望必然促生其人治思维和消弭其法治思维。随着他们执掌的权力越来越大,他们就越不愿意有任何法律、制度对其权力加以限制、制约。很显然,公权力执掌者如果没有足够的自制力控制自己的权力欲,外部环境又没有创制适当的机制制约其权力欲,公权力执掌者的人治思维会日益增长,而其法治思维会日益萎缩。

由此可见,早期坚持“以阶级斗争为纲”和计划经济模式的社会主义国家领导人在治国方略上之所以均施行人治而拒绝施行法治,坚持人治思维而排斥法治思维,是有其相应的经济、政治和社会人文的基础和根据的。探究传统社会主义国家治理模式和公权力执掌者治理思维的经济、政治、社会人文基础和根据无疑是我们今天社会科学需要研究的重要课题。当然,这也是本书希望研究和探讨的课题。不过,本书研究的重点并不在此处,在本书中,笔者并没有用更多的时间和精力去探究我国和其他社会主义国家早期领导人迷恋人治,排斥法治的治理思维产生和形成的原因,而是将研究的重点放在了我国改革开放以后的国家、社会治理模式上,主要探究我国在逐步放弃计划经济,建设市场经济的新的历史时期,为什么仍有少数公权力执掌者相信人治而不相信法治,坚持人治思维而不坚持法治思维,以人治方式、人治手段而不是用法治方式、法律手段去治国理政,去推进发展、改革,去解决社会矛盾和维护社会稳定?并在此基础上分析这些公权力执掌者产生和形成这种治理思维的原因;他们在实践中坚持这种治理思维的弊害;新行政法机制怎么去改变这些公权力执掌者的人治思维,提高他们对法治思维、法治方式、法律手段的认识,以及应创造什么样的环境,建立什么样的体制、机制去制约公权力执掌者,引导和“迫使”他们运用法治思维、法治方式、法律手段治国理政,运用法治思维、法治方式、法律手段推进改革和发展,依法创新、依法解纷、依法维稳,从而保障党的十八大报告提出的“依法治国基本方略全面落实,法治政府基本建成”的目标(全面建成小康社会的宏伟目标之一)的实现。

本书是笔者对自己近十年来研究法治思维和新行政法成果的一个梳理和汇集。这个汇集所选收的论文大多是笔者这些年来花费较多心血考察我国法治特别是行政法治实践后思考或再思考的产物。这些论文发表后大多在互联网的许多网站上有全文转载或摘登,有些文章(《关于建设法治政府的几点思考》《论行政裁量权及其法律规制》《全球化时代的“新行政法”》《建设服务型政府应正确处理的若干关系》等)还在《新华文摘》或《中国人民大学复印报刊资料》全文转载。因此,不少读者对这些文章应该比较熟悉。既然如此,笔者为什么还要将之结集出版呢?这主要是因为笔者考虑这些文章是在不同时段、不同刊物零散发表的,很难完整地反映笔者对各种相关问题的整体观点和整个思想体系。这个集子将笔者在不同时段、不同刊物零散发表的论文按所研究的不同主题分成若干部分,将研究和论述某个主题的相关文章归为一处(编),这样,就能比较清晰地将笔者对相应问题的思考、看法和最后形成的观点以及某些观点前后的变化、发展过程较完整地予以呈现,以避免因笔者某些论文可能的片面性而使读者对笔者的整体观点产生疑惑或误解。

本文集共分五编:第一编"转型时期的法治",共收文八篇,主要阐述笔者对法治、法治思维、法律手段、社会转型与社会监管转型,以及法治国家、法治政府的观点、主张;第二编"新行政法与软法之治",共收文七篇,主要阐述笔者对行政法发展趋势、新行政法、软法、中国共产党党内法规和服务型政府的观点、主张;第三编"公法、公法学与政治文明",共收文五篇,主要阐述笔者对公法、公法学、权力制约、程序正义、公共治理和政治文明的观点、主张;第四编"转型时期的行政法制度建设",共收文七篇,主要阐述笔者对行政诉讼、行政执法、公务员制度、行政规划、信访制度、行政补偿和突发事件应对的观点、主张;第五编"行政法的发展目标与路径",共收文八篇,主要阐述笔者对行政管理体制改革、行政程序立法、完善行政救济机制、行政裁量的法律规制,以及构建和谐社会的观点、主张。

本文集总的主题是法治思维与新行政法。法治思维与新行政法的互动发展是中国行政法治发展的最重要特色:中国法律学人和中国立法者在改革开放以后逐渐形成的法治思维推动着中国新行政法的兴起和不断兴盛,而中国新行政法的兴起和不断兴盛又大大促使中国国人,特别是执掌国家公权力的执政者法治思维的形成、增长;中国国人,特别是执掌国家公权力的执政者法治思维的逐步形成、增长,使人类先进的法治理念、法治基本原则得以贯穿我国行政法的具体制度及其运作中,从而形成中国新行政法,并不断推动中国新行政法的发展、完善。可以说,我国新行政法的形成和发展过程即是我国国人在法治理念、法治基本原则和法治思维的指导下建设法治国家、法治政府的实践和制度创新的过程。本文集也可以认为是这一过程的记录和反映,尽管是不全面和不准确的记录和反映。

法治反腐的理论与实践*

《论法治反腐》是北京大学宪法与行政法研究中心与美国耶鲁大学中国法研究中心共同举办的一个法治反腐国际研讨会的论文集。2008 年 1 月,我们北京大学宪法与行政法研究中心与美国耶鲁大学中国法研究中心共同举办了一个法治反腐国际研讨会,与会者大多是中美学界①和实务界②的一流学者、专家。会上,与会者对中国转型时期腐败现象的表现形式、形成原因、治腐对策(政务信息公开、舆论监督、公众参与、完善行政程序、规制改革、官员晋升制度改革、官员财产申报制度等)以及反腐败的政治、社会、经济基础和人文环境等问题进行了认真、热烈和深入的讨论,发表了很多有见地、有价值的观点。会上,我们还收到了 40 多篇高质量的学术论文,这些论文分别就上述问题进行了详尽、具体和深层次的分析,并在此基础上提出了有关法治反腐的许多既具理论性,又具可操作性的意见和建议。为了使会议的这些成果发挥更实际的作用,进一步推进中国法治反腐的制度建设,我们将这次研讨会的速记稿和论文③予以整理,编成一本可供广大读者阅读的文集出版。

在本文集正式付梓之前,笔者作为这次会议的中方组织者之一,本应该以"前言"或"序"的形式就这次会议召开的动因和本文集的主要内容向读者作简要说明。但由于一直忙于各种杂事,故没有写出这样一个"前言"或"序"。

---

* 该文原载于姜明安、[美]蒲杰夫主编:《论法治反腐》,法律出版社 2008 年版,"序",文章题目是作者编著本书时所加。

① 参会学者有中美法学、经济学、政治学、社会学等领域的学者。

② 参会的实务界人士有来自中国人大、政协、国务院法制办、最高人民法院、最高人民检察院、预防腐败局的领导、专家,以及美国有关实务部门的官员和律师等。

③ 美方学者的论文和部分中方与会者提交的论文因文集篇幅限制未能全部收入。

所幸的是,本人在研讨会的开幕式上有一个很简短的致辞,笔者特将之移置于此,权且为“序”。

我的致辞讲两个问题:第一个问题是我们为什么要开这次会;第二个问题是我们怎么开这个会。

我们为什么开这个会呢?有三个理由:

第一,我们之所以召开这样大型的专题研讨会专门研讨反腐败,是因为腐败给我们的国家和人民带来了太多的损害、灾难和痛苦,今天老百姓对腐败的痛恨、不满、愤怒已经达到了不能不引起我们政界和学界重视的程度。对此,新闻界给我提供了很多这方面的资料。我这里有一大堆剪报,有官员受贿后批准药商制造假药造成老百姓死亡的案件,有官员拿了开发商好处后许可其建造“豆腐渣”工程造成大量国家财产和人民生命财产损失的案件,有官员利用公款和受贿款为自己建造数座豪华别墅和供养数名情妇的案件等。对此,我们这些研究公法的学者不能装聋作哑、不闻不问,即使我们的工作再忙,也要抽出时间来研究产生这些消极现象的原因和消除这些消极现象的途径和对策。

第二,近年来,我们的党和国家对反腐败予以了高度的重视,同时对反腐败的战略和策略进行了较大幅度的调整。例如,党的十七大报告提出了反腐败三个“更加注重”的方针:更加注重治本,更加注重预防,更加注重制度建设,而不是一味地惩治,一味地“严打”。但对于如何治本,如何预防,如何进行制度建设,尚无详尽具体的方案。我们这些研究公法的学者对此不能不有所研究,不能不适当地发出我们可能发出的声音。

第三,我们北京大学宪法与行政法研究中心的职责就是研究公法,反腐败法制当然是公法的范畴,是我们研究的对象。在座的各位则都是学界和实务界的精英,精英就应该有精英的良心和责任感。我们看到腐败如此猖獗,看到腐败如此损害我们国家的利益,损害我们政府的公信力,损害我们老百姓的权益,我们能无动于衷吗?当然不能。我们在座的各位大多是搞社会科学研究的,社会科学研究的重要任务就是要探讨社会运行过程中存在的种种问题,包括公权力腐败问题,提出治理的对策。我们这些人就是吃这碗饭的,我们不能吃了饭不干事,我们必须有所作为。所以,我们应该开这个会,我们必须开好这个会,并且开出成效来。

我致辞的第二个问题是探讨怎么开好这个会。我认为我们要开好这个会必须创新。怎么创新呢？我认为我们这次会议可以进行三个创新：研讨的思路创新，研讨的内容创新，研讨的方法创新。

第一，研讨的思路创新。我们这次研讨会邀请的学者不仅只是研究宪法与行政法的，而且邀请了研究法理、研究刑法，以及研究其他部门法的；不仅只是法学界的，而且有社会学界、政治学界、经济学界的。我们邀请多学科、多领域的专家进行会诊，目的在于从多方位、多层面研究防腐、反腐的思路、途径。我们邀请的专家大多是一流的学者和实务工作者，刚才蒲杰夫教授介绍了外方与会者，从他的介绍中我们可以感觉到他们都是重量级的。

第二，研讨的内容创新。我们这次研讨的问题既有理论层面较虚的问题，又有操作层面较实的问题，反腐败的政治、社会、经济基础及腐败产生的原因等问题的研究多涉及理论层面，是比较虚的问题，而治腐对策及相关政策制定、立法、执法等问题研究多涉及实务操作层面，是比较实的问题。虚实结合，有利于我们既研究反腐败的一般性的、普遍性的规律，又探寻根治我国目前腐败的具体对策、具体制度和具体方法。所以我们这次研讨会除请了专家以外，也请了这么多的实际部门领导，还请了反腐志士郭光允，当年他以顽强的毅力，不怕打击报复，硬是把河北省原省委书记的腐败问题揭露出来，最终把他拉下马。所以，我们这个研讨会不是一个纯学术会议，不是研究纯学术问题，我们更多地要研究制度的实际运作。

第三，研讨的方法创新，我们邀请大家与会，大家都向会议提交了论文。但我们不希望大家在会上照本宣科念自己的大作，不希望各位发表长篇大论。各位的论文请与会者在会下阅读。会议中每个单元我们分别就会议相应议题展开讨论，每个发言人每次发言只限5-10分钟，其他人可以插话，可以提问，可以辩论，可以交锋。我们希望我们请来的每一位专家都有发言的机会，大家都能为会议的主题贡献自己的聪明才智。这样，会议也会开得更生动活泼，更有成效。

改革开放三十年中国法学的发展进程*

《中国法学三十年(1978–2008)》是教育部人文社会科学法学重点研究基地在改革开放30周年时撰写的一份研究报告。2007年,教育部人文社会科学重点研究基地①——法学基地(9+1)的主任联席会议②决定,2008年法学基地主任联席会议由北京大学宪法与行政法研究中心——教育部宪法与行政法学研究基地——承办,会议主题是总结中国改革开放30年以来(1978–2008年)法学各学科建设的经验,回顾中国法制和法学30年的发展过程,反思这30年发展过程所形成的中国法制和法学的独特模式及法学界探索这一模式的成败得失。会议结束后,即形成了这份研究报告。

《中国法学三十年(1978–2008)》研究报告描绘了中国法学30年发展的大致路径,展示了中国改革开放30年以来所形成的中国法制和法学独特模式

---

* 该文原载于教育部人文社会科学法学重点研究基地合作编写(执行主编:姜明安):《中国法学三十年(1978–2008)》,中国人民大学出版社2008年版,"前言",文章题目是作者编著本书时所加。

① 教育部人文社会科学重点研究基地是20世纪末到21世纪初经严格评审程序分批从全国各普通高校选拔的人文社科领域的百强科研机构(全国110多个)。重点研究基地是科研制度创新的重要成果,是聚集和培养优秀学术人才,围绕国家发展战略,针对学科前沿和社会经济发展中的重大理论与实践问题,组织高水平研究的新型科研组织,在产出创新成果,形成学术交流开放平台,带动高校哲学社会科学发展创新等方面发挥着重要作用。

② 教育部法学重点研究基地共有9个,另有1个重点实验室,即"9+1"。9个重点研究基地是:宪法与行政法学研究基地(北京大学)、法理学研究基地(吉林大学)、法律史学研究基地(中国政法大学)、刑法学研究基地(中国人民大学)、民商法学研究基地(中国人民大学)、诉讼法学研究基地(中国政法大学)、国际法学研究基地(武汉大学)、环境法学研究基地(武汉大学)、知识产权法学研究基地(中南财经政法大学)。重点实验室是证据科学实验室(中国政法大学)。法学重点研究基地简称法学基地(9+1),每年召开一次主任联席会议,每次会议除交流各基地当年的科研和重要活动情况外,还选择一个对法学各学科具有一定共性的问题进行研讨。会议由各基地轮流承办,参加人除各基地主任或副主任外,还邀请各基地所在学校主管校长或副校长、社科部(处)负责人,以及对当年会议研讨主题有比较深入研究的少量学者、专家参加。

的大致轮廓，总结和归纳了中国法律学人 30 年来探索和构建中国法制和法学独特模式的经验及其成败得失的大致要点。本研究报告所描绘的路径，所展示的轮廓，所总结、归纳的要点之所以都是“大致”的，而不是“高清晰度”的，是因为本次会议的会期和报告撰写时间均很有限，与会者和报告拟定人不可能对中国法学 30 年发展历程进行十分全面、系统和深入地研究。这种全面、系统、深入地研究不可能由一个基地主任联席会议完成，而只能分别由法学各基地、各学科各自组织进行。事实上，部分基地、学科早已启动了这项工作。例如，北京大学宪法与行政法研究中心 2008 年年初即组织本中心学者和中国人民大学、中国政法大学、浙江大学的公法学者合作，编写了《中国公法三十年》共四卷，最近已由北京大学出版社出版。

中国法学 30 年是不平凡的 30 年，它的发展历程是极其独特的。离开了中国特有的政治、经济和社会环境和发展起点，中国法学 30 年的发展道路是不可想象的。不要说法治发达的国家，就是一般发展中国家都不可能有一个像“文化大革命”时期那种几乎完全废弃法制，把国家法制整个当作束缚人民手脚和阻碍社会进步的“条条框框”予以彻底砸烂的“无法无天”的年代。然而，中国法学 30 年就是在这样一个法律虚无年代刚刚终结，整个法学园地尚呈现一片荒芜景象的基础上起步的。记得 1977 年笔者报考北大法律系时，全国只有三所普通高校①设有法律系，每年仅招收不到 200 名学生。我在北大法律系读书时（1978-1982 年），几乎没有一门法学课程有一本正式出版的法学教科书或一本专门探讨某一法律问题的法学学术专著。老师给我们讲授的，大多是苏联东欧国家的有关法学理论和法律知识，以及我国当时“公检法”适用的有关法律政策（刑事法律政策、民事法律政策等）。当年我们的老师大多数自己就没有系统地学习和研究过法学，他们的专业领域虽然是法学，但他们从进入法学领域的那一天起，其时间、精力都主要耗费在一波接一波的政治运动中。时代造成了一代没有任何自己的法学论著的法学学者。②当然，在我们当年的教师中，也有一些曾在国民政府时期学过法律和教过法

① 除北京大学外，另两所设有法律系的高校分别是吉林大学和湖北财经学院。

② 这种状况直至 20 世纪 80 年代方有所改变，自 20 世纪 80 年代初、中期始，部分学者开始著书立说，逐步开创中国法学 30 年的进程。

律,甚至出国留过学,在国外学过法律后回国执教的法学教授。这些老先生在给我们讲课时有时也会“提着胆子”[①]给我们讲授一些国外法学理论和法学知识,介绍一些国外法律制度和法律运作机制。不过,这种讲授和介绍也非常有限。

中国法制、法学30年就是在这样的起点上和背景下起步的。经过短短的30年,现在的情况已经大大改观,中国法制、法学发展速度和取得的成就虽不及中国经济的发展速度和取得的成就那么大,但就法制、法学自身的发展历史而言,无疑是空前的。就法学而言,30年前,全国只有三所普通高校设有法律系,每年仅招收不到200名学生,现在全国已有559所大学设有进行本科以上法学教育的法学院系,在校全日制法科学生(包括硕士生、博士生)已达33万人,20所高等教育机构有权授予法学博士学位,并建立起11个法学博士后科研流动站。[②] 30年前,全国没有一本正式出版的法学教科书或一本专门探讨某一法律问题的法学学术专著,现在全国每年出版的法学学术著作达几百种,包括教科书、专著、译著等各种类别,发表的学术论文数万篇。如2004年仅行政法学者出版的著作即达28种[③],仅宪法学者发表学术论文即达900多篇。[④] 中国法学这30年发展的成就重要的还不仅在于数字、数量,更在于研究的深度和质量。30年前,法律学人甚至不敢在公开的演讲中和公开发表的文章、印刷品中使用宪制、法治、人权、无罪推定、保护私有财产权、国家赔偿、政府信息公开等概念、术语,现在这些概念、术语,学者不仅可以在课堂里公开讲,在文章和著作中公开用,而且还直接进入宪法和法律,成为制定法的概念、术语。30年前,法学教授讲课时给学生介绍国外法制和西方法学理论,如“自然正义”理论要“提着胆子”讲,现在,不要说法学教授,就是法科学生,在课堂讨论或公开举行的理论研讨会上,比较大陆法系、英美法系与中华法系某一制度的长短利弊,探讨洛克、孟德斯鸠、卢梭、戴雪与马克思、列宁、毛泽东、邓小

---

① 这些老先生之所以“提着胆子”给我们讲国外法学理论和法律知识,一是因“文化大革命”中受批斗的经历使他们心有余悸;二是因为在当时的整个意识形态中,“左”的流毒还远没有肃清,“姓资姓社”的争论还长久地困扰着法学界和整个社会科学界。

② 参见曾宪义:《法学教育和续职教育要成立加油站》,载中国法院网2005年9月1日,https://www.chinacourt.org/article/detail/2005/09/id/176829.shtml。

③ 参见何海波编著:《法治的脚步声》,中国政法大学出版社2005年版,第331-332页。

④ 参见韩大元、江登琴:《2004年宪法学研究回顾》,载《法学家》2005年第1期。

平等中西名人的某一法律理论的功过得失已司空见惯。这一切表明，中国法学30年的发展进步确实是空前的。

我们组织撰写《中国法学三十年（1978-2008）》研究报告，就是要对中国法学30年这种空前的发展进步进行总结：不仅要回顾30年的发展过程，而且要探讨30年的发展经验，还要反思30年发展过程中我们走过的弯路及其教训。我们为什么要做这种总结、回顾、探讨和反思呢？我在为《中国公法三十年》丛书所作的“总序”中概括了三点“动因”。这三点“动因”同样适用于本研究报告，故对之稍作文字上的调整后引用如下：其一，中国法制、法学这30年的发展经验对于中国未来民主政治和法治的发展极为珍贵，极为重要。“文化大革命”的教训表明，一个国家，其民主、法治的建设对于国民的权利、自由和幸福影响至巨，甚至是决定性的。“文化大革命”中，我们许多国人的人权备受践踏、蹂躏，其工作、学习和生活方式选择的自由，甚至人身的自由受到随意限制、侵犯，均在很大程度上源于当时中国民主、法治的不健全、不完善，乃至缺失。那么如何健全完善民主、法治，建设民主、法治的国家呢？基础工作之一就是法制架构的设计和构建。中国改革开放30年来在民主、法治建设方面取得的成就与我们在法治方面选择的正确发展方向、目标、路径是密不可分的。当然，在这30年中，我们也曾有不少不正确或不适当的选择，不然，我们在民主、法治建设方面取得的成就会更大些。今后，中国的发展目标是进一步推进国民的人权保障和自由、幸福，促进国家的富强、民主、文明。为此，我们必须非常积极地，同时又非常审慎地推进法治及其制度建设。如何既积极，又审慎推进法治及其制度建设，改革开放30年来中国法制、法学发展的经验（包括正面的和负面的经验）对于中国未来民主政治和法治发展方向、目标和道路的选择弥足珍贵，我们必须好好总结、用心总结这些经验。

其二，中国法制、法学这30年的发展经验对于中国未来法学研究和整个社会科学研究的发展极为珍贵，极为重要。中国法学研究发展的道路是曲折的。就公法学而言，从梁启超到王世杰、钱端升，再到马君硕、管欧，中国公法学至20世纪三四十年代开始形成体系，并初具规模，但当时中国公法学研究的内容主要是西方的宪制、法治，或者是以西方的公法学理论研究中国当时专制式和西式混合的，以专制式为体，以西式为用的政体和法制。由于当时中国公法及制度落后，加上各种客观条件的限制，中国公法学研究不可能发达、兴盛。至中华人民共和国成立,客观条件本来为公法、公法学和整个法学在中国的发展、繁荣提供了很好的机会。且50年代前期,中国法学也确曾显露出朝发达、兴盛方向发展的趋势。但是很好的客观条件我们终究没有能把握住,法学刚显露出的发达、兴盛趋势我们终究没有能使其延续,"左"的思想和路线及接连不断的政治运动对新中国成立初期刚制定的宪法、法律和刚创立的还很幼嫩的宪制和法制予以一波又一波的冲击、破坏,至"文化大革命"时近乎使其彻底被摧毁。20世纪50年代,当时中国法学界开始还试图以苏联法学为蓝本,建立中国法学的体系。到后来,这条道路也没有能走通,许多法学教授、学者进了"牛棚"思过。法学的真正发展、兴盛是在改革开放后的30年。这30年,国家各方面的法律及制度一步步发展,从人治到法制,从法制到法治,从依法治民到依法治官,从漠视人性到重视人权,从严管、严打之治到正当法律程序之治,从全能政府、规制型政府、神秘政府到有限政府、服务政府、透明政府,从形式法治到实质法治,从注重文本宪法到注重实践宪制。法学及其学术流派理论也相应地不断创新、深化,从管理论到控权论,从控权论到平衡论,从实用主义到规范主义、功能主义,从"西化论"到"本土论",从借鉴、移植到注重中国特色……30年的争鸣、探索,其经验(正面的和负面的经验)是极其珍贵的。未来中国法学,乃至整个中国法学发展的道路怎么走?不能不借鉴这30年的经验。为此,我们不能不好好总结。

其三,中国法制、法学这30年的发展经验对于经济、政治和社会体制转型国家的制度变革和宪制、法治建设具有重要的借鉴作用。中国的发展道路是特别的,很难设想世界上还有其他国家会有中国的"二万五千里长征",或者会有中国的"大跃进"和"文化大革命",还是会有独具中国特色的改革开放。但是中国与世界其他国家共同生活在同一个星球,特别是同处在各国交往越来越多、联系越来越密切,其治道相互借鉴的程度越来越高的全球化时代。中国的发展道路又不可能是完全独特的,它不可避免地有某些与世界其他国家共同的特征,不可避免地与世界其他国家面临着共同的问题,从而其解决相应问题的途径必然有可为世界其他类似国家借鉴的可能性。例如,中国由半封建半殖民地向民族独立国家的转型,由计划经济体制向市场经济体制的转型,由人治治道向法治治道的转型,在世界各国并非唯一的。特别是后两种转型:由计划经济体制向市场经济体制的转型,由人治治道向法治治道的转型,现在世界上很多国家也正在经历或将经历。由于要进行同样的(尽管各国有各国的特色)转型,其转型的经验自然可以相互借鉴。所谓转型经验,当然包括以法律及其制度指导、促进和保障转型的经验。在这个方面,中国这30年的经验(正面的和负面的经验)是极其宝贵的。其中,如何处理宪制、法治与改革、发展、稳定的关系,如何处理宪制、法治与市场经济的关系,如何处理宪制、法治与有序发展民主、推进政治体制改革的关系的经验,对于正在经历或将经历制度转型的国家无疑具有较多的普适性和可借鉴性。因此,我们特别有必要对其好好总结,从而为世界上各种不同转型期国家所进行的制度变革探索作出我们应有的贡献。

《中国法学三十年(1978-2008)》研究报告在多方面的努力下终于与大家见面了,现在已呈现在各位面前。但研究报告对中国法学30年发展经验的总结却只是一个开始,只能视为“抛砖引玉”。我们希望法学界各学科的朋友能在研究报告的基础上把这件具有重大历史意义的事情继续深入地做下去,取得比本研究报告更具体、更丰硕的成果。

改革开放三十年中国公法的发展进程*

在《中国公法三十年》丛书出版之际，笔者作为该丛书编写的组织者之一，特以序言的形式对该丛书的出版旨意作一说明。

中国的公法[①]大约有近四千年的历史，如夏代的《政典》、西周的《周礼》，均包含大量的行政法规范，特别是《周礼》，被认为是一部“包罗万象的行政法规大全”[②]。之后，中国历代封建王朝，其公法均有相当发展，云梦《秦简》、汉《九章律》、隋《开皇律》中都有数量不小的公法规范，至于《唐六典》《大明会典》《清会典》，则更被认为是“调整封建国家各机关活动规则的行政法典”。[③]

中国的公法学，则发展和发达较晚，仅有一百多年的历史。梁启超在19世纪末20世纪初发表的《自由书》(1899年)、《各国宪法异同论》(1899年)、《立宪法议》(1900年)、《中国国会制度私议》(1910年)、《宪政浅说》(1910年)、《宪法之三大精神》(1912年)等被视为中国早期的公法学论著。[④] 继梁

---

* 该文原载于罗豪才主编:《中国公法三十年》，北京大学出版社2009年版，丛书“总序”。丛书总主编:罗豪才;副主编(按姓氏笔画为序):马怀德、胡建淼、姜明安、韩大元，文章题目是作者编著本书时所加。

① 公法有广义和狭义之分。广义的公法指“规定国家有组织的政治团体、政府及其部门和它们的代理机构的结构、行为、权力和豁免权、义务及责任的规则和原则。……主要调整国家与普通个人之间的关系。……公法通常包括宪法、行政法、行政诉讼法、地方政府法、社会保障法、税收法、教会法和军事法。刑法和刑事诉讼法有时也被包括在公法之中”。参见《牛津法律大辞典》，光明日报出版社1988年版，第733页。狭义的公法仅指宪法和行政法。本丛书研究的公法为狭义的公法。

② 参见曾宪义主编:《中国法制史》，北京大学出版社、高等教育出版社2000年版，第27页。

③ 参见张晋藩主编:《中国法制史》，群众出版社1982年版，第90、129、195、203、277、303页。

④ 梁启超的宪法、宪制论著还有《论政府和人民的权限》《论中央地方之权限及省议会之必要与其性质、释义》《立宪国诏旨之种类》《中国立国大方针》《新民论》《开明专学论》《论中国与欧洲国体异同》等数种。参见邱远猷、王贵松:《梁启超宪法学思想研究》，载《法学家》2004年第3期。

启超之后，中国涉足公法学研究的学者逐渐多了起来，相应著述也逐步丰富起来，如保廷梁的《大清宪法论》(1910年)、白鹏飞的《行政法总论》(1923年)、王世杰与钱端升合著的《比较宪法》(1936年)、张知本的《宪法论》(1933年)、管欧的《行政法各论》(1936年)、马君硕的《中国行政法总论》(1947年)、刘静文的《宪法中政府制度的比较》(1948年)等。①

从1949年中华人民共和国成立至今，新中国公法学的发展可以分为两个大的阶段：1949年至1978年为第一阶段；1978年至2008年为第二阶段。第一阶段，新中国公法学的发展是缓慢的，很多时候甚至是停滞的，公权力的行使过于强势，公法学研究处于较为困难的状态。近30年时间几乎没有正式出版过一部公法学教科书或专著，相关的著作和论文也很少见。② 第二阶段，新中国公法学的发展步伐是快速且扎实的，取得了具有历史意义的重大成绩。这种成绩不仅表现在这30年内数以千计的公法学学术著作的出版和数以万计的公法学学术论文的发表，③更表现在大量的公法学学术成果转化为推动公法及其制度建设的实践。1982年宪法及之后多部宪法修正案相继出台、依法治国原则的确立、人权入宪、私人财产权的保障、公权力监督制约机制的建立等，都有公法学研究的作用和贡献。另外，《行政诉讼法》《行政复议法》《行政处罚法》《行政许可法》《立法法》《公务员法》《政府信息公开条例》等一系列规范公权力行使的法律、法规的制定，有限政府、透明政府、服务政府、责任政府及公开、公正、公平原则，正当法律程序原则，信赖保护原则，比例原则等一系列体现现代法治理念的公法原则为立法所确立和制度化，在很多方面和很大程度上也都源于公法学研究成果的转化。当然，这30年公法学研究的发展也得益于中国公法及其制度建设的伟大实践，正是中国法治实践为中国公法学理论提供了社会需求，提供了研究的素材，提供了不断发展的动力。这30年中国的公法学发展与中国宪制、法治实践的发展实际上是相互促进

---

① 参见周叶中主编：《宪法》，高等教育出版社、北京大学出版社2000年版，第17-20页；姜明安主编：《行政法与行政诉讼法》，北京大学出版社、高等教育出版社2007年版，第742-744页。

② 参见张庆福主编：《宪法学研究述略》，天津教育出版社1989年版；许崇德主编：《新中国行政法学研究综述》，法律出版社1991年版。

③ 参见胡锦光、韩大元：《中国宪法发展研究报告》，法律出版社2004年版；应松年、杨伟东编：《中国行政法学20年研究报告》，中国政法大学出版社2008年版。

的,二者处于一种良性互动的状态。

我们之所以要编写这么一套《中国公法三十年》丛书,专门研究 1978 年以后中国公法 30 年的发展,总结和分析其间中国公法理论、公法教学、公法立法、公法制度、公法监督(司法对公权力行使合法性的审查)以及对外国公法的译介与移植方面的经验,其出发点和动因有三:①

其一,中国公法这 30 年的发展经验对于中国未来民主政治和法治的发展极为珍贵,极为重要。

其二,中国公法这 30 年的发展经验对于中国未来公法学研究和整个法学研究的发展极为珍贵,极为重要。

其三,中国公法这 30 年的发展经验对于经济、政治和社会体制转型,国家的制度变革和宪制、法治建设,均具有重要的借鉴和启示作用。

本套丛书由教育部哲学社会科学重点研究基地——北京大学宪法与行政法研究中心策划和组织,由公法领域的四所国家重点学科单位——北京大学、中国人民大学、中国政法大学、浙江大学的公法学者担纲编写。丛书共包括四卷,分别为:卷一,《公法理论研究与公法教学》(北京大学公法学者撰写)。该卷旨在探讨宪法学与行政法学在过去 30 年的理论发展脉络,以及宪法学与行政法学教学的发展线索,从中挖掘中国公法学理论和教学同中国制度建设需求之间的互动关系,评价公法学术上的得失,揭示未来的可能发展。卷二,《公法的制度变迁》(中国人民大学公法学者撰写)。该卷主要以公法领域修宪(1982 年宪法的制定和以后的四次修宪)和重大法律的制定为线索,展示公法制度在过去 30 年的变革,揭示公法制度发展的内在逻辑,找寻促进或阻碍公法发展的因素与力量。内容涉及宪法修订或法律的制定、修改及其背景;宪法或法律的主要内容及重大制度的创新;公法制度的实际运行及评价;重大典型的公法事件等。卷三,《行政诉讼制度的发展历程》(中国政法大学公法学者撰写)。该卷主要考察司法对行政行为的监督及其发展。从 1982 年通过民事诉讼程序审理行政案件始,经《行政诉讼法》制定、三次重要的司法解释(两次对《行政诉讼法》的全面解释和一次对证据问题的专门司法解释)和最

① 三项出发点和动因在前文《改革开放三十年中国法学的发展进程》中已述及,故本文只保留标题,内容均删去,以避免重复。

高人民法院大量的批复、指导性案例，直至近几年出现的以宪法为据对政府行为的司法审查，对此进行系统的梳理和归纳。以中国司法在宪制结构中的特殊地位为背景，展现司法在推动宪法与行政法的演进方面所发挥的作用，揭示司法推动力的渊源及其面临的阻碍，探讨司法审查的发展趋势。卷四，《外国公法译介与移植》（浙江大学公法学者撰写）。该卷研究中国作为法治“后进”国家，对域外相关制度的移植与借鉴、对域外公法理论的引介与吸纳。考察中国公法30年来对域外制度与理论的移植与引进，在本土与移植之间所表现出的徘徊与取舍，总结中国公法在这方面的经验与教训，讨论外来经验与本土资源在中国这一特定语境下存在的紧张与契合，探究在本土与移植之间所秉持的理念和采取的态度。

本套丛书的总主编是中国法学会行政法学研究会名誉会长、北京大学宪法与行政法研究中心名誉主任罗豪才教授。罗教授对这套丛书的编写非常重视，不仅在丛书编写工作启动之初即确定了本丛书的指导思想，即以邓小平理论、“三个代表”重要思想和科学发展观指导对中国公法30年经验的总结，通过对过去30年经验的全面总结和深入反思，推进未来中国公法和公法学的健康发展，而且在丛书编写的各个环节和时段，对丛书的内容、体系、结构等提出了许多具体的建议和意见。本套丛书在编写过程中，曾多次召开各种大小研讨会，由各卷负责人或主要作者参加，讨论丛书涉及的各种理论问题和技术性问题，协调各卷内容的分界，交流对有关人物、事件和学术观点的评价。

总结中国公法30年发展的经验是一件非常有意义的事，同时也是一件非常急迫的事，趁着许多老一辈公法学家还健在，趁着许多珍贵的公法文件、资料还没有流失，我们的总结可能较大限度地接近历史真实。否则，若干年以后我们再来做这件事，困难就会多得多。我们组织本丛书的编撰只是做这件事的开始，我们希望有更多的学者参与，能从不同的角度（政治学、社会学），以不同的方式（专题研究、实证研究）对过去30年中国公法发展的功过得失进行总结、反思。

党内法规制度建设与依法执政、依法治国、依规治党关系的理论阐释*

党内法规的基本功能与作用是保障和推进中国共产党依规治党和依法执政，进而全面推进中国共产党依法治国和建设社会主义法治国家，确保中国共产党长期执政，实现国家长治久安。习近平总书记指出，“我们党历来重视党内法规制度建设，注重运用党内法规管党治党、提高党的执政能力和领导水平”，[①]“要发挥依规治党对党和国家事业发展的政治保障作用，形成国家法律和党内法规相辅相成的格局”。[②] 习近平总书记的重要论述，高度概括了党内法规最重要的三项功能和作用：一是管党治党；二是提高党的执政能力和领导水平；三是从政治上保障党和国家事业的发展。“治党”的目的是“执政”（党的事业），“执政”的目的是领导中国人民实现中华民族伟大复兴（国家的事业）。这意味着中国共产党要通过加强党内法规制度建设管好党治好党，不断提高党的执政能力和领导水平，把我国建设成为富强民主文明和谐美丽的社会主义现代化强国，实现中华民族伟大复兴。因此，提高执政能力、巩固执政地位、改善执政效果、实现执政目标，是我们党健全党内法规体系、加强党内法规制度建设的根本目的。

然而，治党、执政、治国为什么需要党内法规？健全党内法规体系、加强党

---

* 该文原载于《党内法规研究》2022 年第 1 期。

① 《习近平作出重要指示强调，发挥好党内法规在维护党中央集中统一领导保障党长期执政和国家长治久安方面的重大作用》，载《人民日报》2021 年 12 月 21 日，第 1 版。

② 《习近平在中共中央政治局第三十五次集体学习时强调，坚定不移走中国特色社会主义法治道路，更好推进中国特色社会主义法治体系建设》，载《人民日报》2021 年 12 月 8 日，第 1 版。

内法规制度建设为什么能对中国共产党依法执政和依法治国起到保障作用,进而提高中国共产党的执政能力和领导水平?我们仅仅通过健全完善国家法律法规、加强国家法制建设(而不是“国家法律和党内法规相辅相成”)就不能实现上述目的吗?我国的国家立法、国家法制建设均是在我们党的领导下进行的,为什么需要两套规范——国家法律和党内法规——相辅相成?为什么需要同时推进国家法律和党内法规“双轨”的制度建设?这是本文拟予研究和回答的问题。

一、法治的中国特色:依法治国与依规治党有机统一

要回答为什么需要国家法律和党内法规两套相辅相成的制度,为什么需要同时推进国家法律和党内法规“双轨”制度建设的问题,首先必须明确中国政治制度相对于西方国家的特色。法治的中国特色——依法治国与依规治党同时存在——源于中国政治制度的根本特色,即中国共产党的长期执政地位和中国共产党对国家和社会的全方位领导地位。西方国家实行两党或多党轮流执政,任何一党都不可能以其“党内法规”(即使有“党内法规”的话,事实上,任何西方国家政党并不存在系统的成体系的“党内法规”)规范和调整其执政活动。中国共产党长期执政和中国共产党对国家和社会的全方位领导决定了中国法治不仅要加强和完善国家法律,而且要在国家法律的基础上健全党内法规,实现依法治国与依规治党有机统一。

首先,这是由中国共产党的基本属性决定的。《中国共产党章程》总纲开篇规定:“中国共产党是中国工人阶级的先锋队,同时是中国人民和中华民族的先锋队,是中国特色社会主义事业的领导核心,代表中国先进生产力的发展要求,代表中国先进文化的前进方向,代表中国最广大人民的根本利益。”故中国特色社会主义法治对中国共产党的要求,对中国共产党党组织、党员和领导干部的要求肯定不能完全等同于国家法律对一般社会组织、党外群众、党外干部的要求,必须有更高更严的要求。因此,中国共产党必须制定党内法规,对党组织、党员(特别是党员领导干部)制定要求更高更严的行为规范。

其次,这是由中国共产党的长期执政地位决定的。《中国共产党章程》总纲第 24 自然段指出,为巩固党的长期执政地位,中国共产党必须“坚持党要管党、全面从严治党……加强党的长期执政能力建设、先进性和纯洁性建

设……全面推进党的政治建设、思想建设、组织建设、作风建设、纪律建设，把制度建设贯穿其中，深入推进反腐败斗争，全面提高党的建设科学化水平……”，要达此目的，就不能只靠国家法律，而应当主要靠党内法规，通过完善的党内法规实现管党治党。

再次，这是由中国共产党与时俱进的管党治党方式和执政理念决定的。《中国共产党章程》总纲第 31 自然段指出，中国共产党作为现代执政党，必须“适应改革开放和社会主义现代化建设的要求，坚持科学执政、民主执政、依法执政……必须实行民主的科学的决策”，为此，“党必须在宪法和法律的范围内活动”，即必须遵守国家法律。但这还不够，中国共产党如何科学执政、民主执政、依法执政，如何实行民主和科学决策，如何在宪法和法律的范围内活动，都必须有党内法规作出具体明确的规定。在一般情况下，国家法律仅对党的执政行为进行一般原则性规定。因此，党执政的具体内容和程序性规则必须由党内法规规定。

最后，中国共产党是中国长期执政的党，是国家的领导力量，但执政党和国家并非一体，也不能将二者合为一体。具体观之，执政党和国家的性质、功能和作用存在诸多差异。执政党是执掌国家政权，把握国家发展方向，确定国家发展目标，并通过制定国家大政方针政策保障其目标实现的政治共同体。但国家却是其疆域内人民的共同体，其功用在于保障、维护疆域内人民安全、安宁、秩序，使其能在该疆域内和平、有序地开展各种社会、经济活动，繁衍生息。国家虽具一定政治性，但更具社会共同体的性质。作为政治共同体的政党和作为地域社会共同体的国家自然不能遵循完全相同的运作规则，二者各自的成员（执政党的党员和国家的公民）自然也不能受完全相同的行为规则规范。尽管政治共同体（小共同体）作为地域社会共同体（大共同体）的构成要素，其活动必须受其所属大共同体的规则拘束——在宪法和法律范围内活动，执政党的党员作为国家的公民，其行为必须受国家统一制定的公民行为规则——国家法律——拘束。但是，执政党的活动，执政党党员的行为还必须受其共同体规则——党内法规——的规范和拘束。[①]

---

① 即使是西方国家的政党，其党的组织和党员的行为，也要受党内相关规则的约束，而非完全受国家法律调整和规范。只是因为西方国家执政党不具有中国共产党的上述三项“中国特色”，故没有系统的党内法规，其党内规章制度的地位和作用根本不能与中国共产党党内法规相提并论。

以上四点,是中国特色社会主义法治必须有国家法律和党内法规同时存在,中国共产党必须同时依法执政、依法治国和依规治党的理论根据所在。

二、党内法规是中国共产党依法执政、依法治国的保障

中国共产党依法执政是依法治国的保障,没有中国共产党的依法执政,就没有中国特色的依法治国,中国就不可能实现依法治国。习近平总书记指出:"办好中国的事情,关键在党。"①中国要实现依法治国,关键同样在中国共产党,在中国共产党的依法执政。中国实行依法治国的基本方略,首先是由中国共产党提出来的。② 依法治国的基本方略入宪,也是全国人民代表大会根据中共中央的修宪建议实施的。中国共产党倡导依法治国,首先要推进自身依法执政,通过自身的依法执政,引领各个国家机关依法治国和各级政府依法行政,推进全社会尊法、信法、守法,从而推进法治国家、法治政府和法治社会的一体化建设。在整个法治中国建设的宏伟工程中,中国共产党依法执政显然处于最核心、最关键的环节。在这个最核心、最关键的环节中,正是党内法规发挥着最重要的保障作用。党内法规对中国共产党依法执政的保障作用主要表现在下述三个方面。

(一)规范党组织和党员(特别是党员领导干部)的行为,实现全面从严治党,保障党的先进性和纯洁性

规范党自身的行为,实现全面从严治党,保障党的先进性和纯洁性是党内法规的基本使命。中国共产党是领导党。因此,要建设法治中国,必须将中国共产党建设好,使其永葆先进性和纯洁性,坚持全面从严治党和坚持依法执政。中国共产党如果不能保持自身的先进性和纯洁性,不能坚持全面从严治党和坚持依法执政,整个国家的法治便无从谈起。当下,要推进全面从严治党和依法执政,党内法规亟须完善以下三个方面的制度。

其一,党内民主制度。党内民主的重点是决策民主、选人用人民主和选举

---

① 习近平:《在庆祝中国共产党成立100周年大会上的讲话》,人民出版社2021年版,第10页。

② 党的十五大报告首次提出依法治国的基本方略。该报告指出:"依法治国,是党领导人民治理国家的基本方略,是发展社会主义市场经济的客观需要,是社会文明进步的重要标志,是国家长治久安的重要保障。"江泽民:《高举邓小平理论伟大旗帜,把建设有中国特色社会主义事业全面推向二十一世纪——在中国共产党第十五次全国代表大会上的报告》,人民出版社1997年版,第34页。

民主。因此,有必要抓紧制定有关党内民主决策、党内民主选举等方面的党内法规,完善《党政领导干部选拔任用工作条例》。一是应围绕党的各级组织决策的民主程序、党员或党员代表广泛参与党的重大决策、针对重大决策有序征询有关方面专家意见、党的各级组织集体讨论决策等问题,制定相应的党内法规,进一步确保党内民主决策制度化。二是应围绕党内各层级民主选举程序,制定相应的党内法规,确保党内选举能够充分发扬民主,真正体现选举人的意志。三是应进一步完善《党政领导干部选拔任用工作条例》,进一步规范党政领导干部选拔任用的民主程序,确保有权党组织在领导干部选拔任用的过程中能够更好听取广大党员和群众的意见,把好党内选人用人关。

其二,党务公开制度。党务公开包括党务的静态公开和动态公开。党务静态公开主要指党务的信息公开,包括党的组织、机构及其职能,党的领导干部的分工、权限与责任,党的工作制度、活动程序,党内法规和党的规范性文件等信息的公开。党务动态公开主要指党的会议、党的活动的公开,包括党的各级代表大会、党的各级委员会、党的各级委员会的常务委员会的会务和活动,除需要保密的外,应向一定范围的党员乃至社会公众公开。对此,中共中央已于 2017 年制定发布了《中国共产党党务公开条例(试行)》。今后的任务是修改完善这部党内法规,在适当的时候将其制定为正式条例,进一步明确党务公开的原则,适当扩大公开的范围,改进公开的方式与程序,完善相应的监督责任机制。

其三,党内监督制度。关于党内监督,在党的十八届六中全会修订的《中国共产党党内监督条例》中,规定了多项已在党内先后实施,并取得了较好成效的制度。如层级监督制度、职能监督制度、纪检监督制度、民主生活会制度、检举揭发制度、纪检派驻制度、巡视制度等。今后的任务是,进一步根据近年来党内监督实践中发现的新情况、新问题,进一步优化党内监督制度的运行机制,强化党内监督制度和其他监督制度的衔接协调,确保能够扎紧"制度的笼子"。

(二)规范党直接行使相关国家公权力的行为,为党的执政行为直接提供规范依据,保证党依法执政

根据党对军队的绝对领导、党管干部、党管意识形态等原则的要求,中国共产党直接行使部分国家公权力。依法治国要求中国共产党依照一定的规范

行使这些国家公权力。这一方面要求，中国共产党首先要依照国家法律运用国家公权力，如党管干部要依《公务员法》等法律法规进行。另一方面要求，中国共产党应当依照党内法规运用国家公权力，既包括通过党内法规具体规范党行使这些公权力的行为，也包括通过党内法规规范直接行使这些公权力的党员公务员和不具有党员身份的公务员的行为。例如，中共中央办公厅和国务院办公厅2009年发布的《关于实行党政领导干部问责的暂行规定》明确规定其适用范围包括中共中央、国务院的工作部门及其内设机构的领导成员，县级以上地方各级党委、政府及其工作部门的领导成员，上列工作部门内设机构的领导成员。无论这些领导干部是否为党员，只要其具有《关于实行党政领导干部问责的暂行规定》中规定的失职、渎职或决策失误等情形，均依《关于实行党政领导干部问责的暂行规定》规定的方式和程序问责。又如，《十八届中央政治局关于改进工作作风、密切联系群众的八项规定》不仅适用于党员领导干部，也适用于党外干部。

（三）以直接或与国家机关联合发文的形式对一定国家事务作出规定，推动国家相应事业的改革、创新和发展

中国共产党对各个方面的国家事务实施领导，但这种领导不是恣意和任性的。党既要严格遵循国家法律，在宪法和法律范围内活动；又要通过党内法规对各项领导活动进行规范，更好巩固其领导地位，发挥其领导作用。如《中国共产党党组工作条例》第2条规定，“党组是党在中央和地方国家机关、人民团体、经济组织、文化组织和其他非党组织的领导机关中设立的领导机构，在本单位发挥领导作用”，第4条第5项规定，党组要“坚持正确领导方式，实现党组发挥领导作用与本单位领导班子依法依章程履行职责相统一”。在规范党领导国家、推动依法治国的领导活动领域，中国共产党单独发布的，或与国家机关联合发布的具有党的规范性文件性质的决定、纲要、指导意见等文件有重要的地位和作用。其中，既有全方位发挥作用的文件，如2013年党的十八届三中全会通过的《中共中央关于全面深化改革若干重大问题的决定》、2014年党的十八届四中全会通过的《中共中央关于全面推进依法治国若干重大问题的决定》等；也有在一定领域内发挥作用的文件，如1998年党的十五届三中全会通过的《中共中央关于农业和农村工作若干重大问题的决定》、1999年党的十五届四中全会通过的《中共中央关于国有企业改革和发展

若干重大问题的决定》以及中共中央和国务院分别在2015年和2021年联合发布的《法治政府建设实施纲要(2015—2020年)》《法治政府建设实施纲要(2021—2025年)》等。然而,无论这些党内法规或党的规范性文件规范和调整的是哪一方面或哪一领域的国家事务,都是党领导国家方式法治化的体现。

三、党内法规是依规治党的根据和遵循

前文论述了党内法规对中国共产党依法执政和依法治国的作用——政治上和法治上的保障,本部分主要探讨党内法规对依规治党的作用——为依规治党提供规则和治理手段。宋功德博士在其所著《党规之治:党内法规一般原理》一书中详细讨论了党内法规对依规治党的功能和作用。他指出,“党内法规是用来规范和保障党的领导和党的建设活动的。具体而言,党内法规具有规范党的生活、调整党务关系、引导党的组织和党员作出正确行为选择、预测行为结果、评价行为是非并作出奖惩的作用”。[①] 他接着使用六个“比喻”来提示和描述党内法规的这种功能和作用,即认为党内法规是“规矩”、“轨道”、“地图”、“衣”、“笼子”和“准绳”。[②] 宋功德博士关于党内法规功能与作用的六个“比喻”,全面且生动地阐释了党内法规与全面从严治党、依规治党的关系。本文拟进一步探讨党内法规具体实现这些功能和作用的途径。笔者认为,此途径主要有三:制度创建、程序设计、行为规范确立。

(一)制度创建

习近平总书记曾多次强调制度对于全面从严治党和依规治党的重要意义。在十九届中央纪委四次全会上,习近平总书记指出:“党的十八大以来,我们探索出一条长期执政条件下解决自身问题、跳出历史周期率的成功道路,构建起一套行之有效的权力监督制度和执纪执法体系,这条道路、这套制度必须长期坚持并不断巩固发展。”[③]习近平总书记的这一重要论述,充分体现出制度对于全面从严治党、依规治党的重要意义。可以说,制度对于全面从严治党、依规治党的作用,是经过我们党长期实践和正反两方面经验反复证明

---

① 宋功德:《党规之治:党内法规一般原理》,法律出版社2021年版,第76页。

② 参见宋功德:《党规之治:党内法规一般原理》,法律出版社2021年版,第77-88页。

③ 《习近平谈治国理政》(第3卷),外文出版社2020年版,第547页。

的,是毋庸置疑的。但是,制度必须通过国家法律、党内法规的形式来创建和确立,国家法律必须依靠国家强制力保障实施,党内法规必须通过党的纪律保障实施。否则,制度就将形同虚设,不可能发挥实际作用。

中国共产党保障全面从严治党、依规治党的制度是多方面的,不仅包括保障中国共产党依法执政、依法治国的各项制度(它们同时也是保障全面从严治党、依规治党的制度),还包括很多其他制度。这些保障全面从严治党、依规治党的制度主要包括下述五类:其一,党的组织制度。如党委党组制度、党的工作机关设置制度、党的决策议事协调机构设置制度、党的基层组织制度、党政机关合并设立或合署办公制度等。其二,党的会议制度。如党的各级代表会议制度,党的中央全会,党的中央政治局、中央政治局常务委员会会议制度,党的地方各级委员会全体会议制度,党的临时性紧急会议制度等。其三,党的干部管理制度。如干部选拔任用制度、考核制度、培训制度、晋升制度、奖惩制度、调动轮换制度、回避制度、辞职辞退制度、工资福利休假制度以及领导干部住房、用车和勤务人员制度等。其四,党的职权行使制度。如贯彻落实党对军队的绝对领导,党对政法工作的绝对领导,党管干部、党管意识形态等基本原则的制度,落实党对经济、社会、文化、生态等各方面工作领导的制度,以及规范党政分工、职权配置和规范性文件发布的制度等。其五,党的纪律检查制度。如党的纪律检查机关的设置与职权、监督范围与管辖、监督方式与手段、纪律处分的种类、适用条件以及被处分人的权利保障和救济制度等。

很显然,这些制度都需要党内法规予以确立和规范。目前,这些制度中的很多制度尚不完善,甚至暂付阙如。因此,制定和完善相应党内法规的任务还相当艰巨。

(二)程序设计

与国家法律一样,党内法规同样包括实体规范和程序规范。全面从严治党、依规治党的各种制度主要由实体规范构成;但是,实体规范的运作必须有程序规范保障,程序规范不完善,实体规范就难以发挥作用,制度的功效就会大打折扣,甚至等于零。笔者认为,党内法规保障全面从严治党、依规治党的程序规范最重要的有下述四类。

其一,党中央和地方各级党委进行决策的程序规范。决策程序最重要的要求是民主、科学。为此,必须坚持民主集中制,确保有领导班子充分地集体讨论,有广大党员(必要时还要有党外群众)的参与,有专家学者的咨询论证和风险评估。尽量避免由“一把手”拍脑袋决策或少数人决策。

其二,各级党委组织部门选人用人的程序规范。选人用人关系到党的决策能否有效执行,从而关系到党的事业的胜败兴衰。毛泽东曾指出:“政治路线确定之后,干部就是决定的因素。”①因此,在党的建设中,选人用人具有非常重要的地位。而选人用人的程序对选对人用对人,保证能选拔出和使用真正德才兼备的干部又具有决定性的意义。选人用人程序的关键是保障“三公”:公开、公正、公平。公开即防止“暗箱操作”,应将“民意”作为重要或基本的考虑因素。公正即防止偏私,避免在“小圈子”内选人,只选用领导“身边人”或“唯领导之命是从的人”。公平即平等对待符合基本条件的选用对象,避免性别、出身、年龄、学历等各种歧视。

其三,党员监督党的各级组织及领导干部的程序规范。党内法规程序规范的重要使命之一,是建立和完善党员监督党的各级组织及领导干部的程序机制。对于党组织的活动和党员领导干部,特别是高级领导干部的行为,党内法规规定了其应遵守的各种规则、规矩。这些规则、规矩能否得到切实的遵守,除由党的纪律检查机关等进行监督外,另外的重要监督途径就是广大党员的监督。因此,在这方面,党内法规要为这种监督设定具有很强操作性和有效性的程序规范,如有关检举、控告、举报的提出、受理、核查、处理和反馈的程序规则;通过媒体、网络公开揭露和批评党员领导干部违法乱纪、滥用权力和贪污腐败行为的审查、核实、处理及处理结果公开的程序规则等。

其四,纪律检查和党员问责、处分的程序规范。要保持党的先进性和纯洁性,一方面,有必要通过党内法规建立强有力的严格的党内纪检监督和问责、处分制度。另一方面,也有必要通过党内法规确立正当程序制度,确保纪检监督和问责、处分的依法依规和公正进行,防止权力滥用,保障被监督、问责、处分党员的合法权益。例如,有关纪检监督机构采取调查、处置、问责、处分的程序规则;有关被监督、问责、处分党员的申诉、申请复查、复核以及有关机构受理、审查、处理其申诉、复查、复核申请的程序规则等。

---

① 《毛泽东选集》(第2卷),人民出版社1991年版,第526页。

（三）行为规范确立

党内法规保障全面从严治党、依规治党功能作用发挥的另一重要途径是确立党员的行为规范。这些规范主要包括三类：第一类是义务性规范，第二类是禁止性规范，第三类是权利性规范。

其一，义务性规范。《中国共产党章程》第3条规定了党员的八项义务，这些义务构成党内法规中最为重要的义务性规范。党章是最根本的党内法规，是制定其他党内法规的基础和依据。因此，《中国共产党章程》规定党员的这些基本义务，还需要其他党内法规在特定领域、特定事项上予以具体化，以保障这些基本义务得到有效实现。

其二，禁止性规范。禁止性规范即“底线”规范、“红线”规范，是党员行为的负面清单。如《十八届中央政治局关于改进工作作风、密切联系群众的八项规定》中大多即为禁止性规范。又如，中央政法委会同最高人民法院、最高人民检察院、公安部、国家安全部、司法部制定印发的《新时代政法干警“十个严禁”》也属禁止性规范。这些禁止性规范对全面从严治党、依规治党无疑具有特殊且重要的意义。

其三，权利性规范。《中国共产党章程》第4条规定了党员有“参加党的有关会议，阅读党的有关文件，接受党的教育和培训”等八项权利。党章规定的党员权利是最重要和最基本的权利，这些权利还需要其他党内法规在特定领域、特定事项上予以具体化，以保障这些基本权利得到有效实现。

四、正确和有效发挥党内法规作用的条件

党内法规对中国共产党依法执政、依法治国、依规治党作用的发挥不是自然而然的，而是依托一定条件保障的。如果缺少相应条件，党内法规对中国共产党依规治党、依法执政和依法治国不可能发挥正确和有效的作用。保障党内法规正确和有效发挥作用的条件主要有下述四项。

（一）注重党内法规同国家法律的衔接和协调

要正确发挥党内法规对依法执政、依法治国、依规治党的积极作用，必须确保党内法规与国家法律的统一性和协调性，形成党内法规与国家法律相辅相成的格局。为此，有必要采取以下两个方面的措施。

其一，进一步完善和落实党内法规前置审核程序。《中国共产党党内法

规制定条例》第 27 条规定了党内法规的前置审核程序，在这一程序中，审核机关需对党内法规草案“是否同宪法和法律不一致”等内容进行审核，对存在问题的党内法规草案，审核机构经批准可以向起草部门和单位提出修改意见。这一机制实际上就构成了党内法规在起草和审议前的合宪、合法性审查机制。应进一步落实这一机制的实际作用，确保其功能得到有效发挥。

其二，进一步完善和落实党内法规备案审查制度。《中国共产党党内法规和规范性文件备案审查规定》第 8 条第 1 款明确了在党内法规发布之日起 30 日内应报审查机关报备；第 11 条第 1 款第 2 项明确了审查机关的审核内容包括“合法合规性审查”，需对报备党内法规“是否同宪法和法律相一致”进行审查。这是一种对生效党内法规的合宪、合法性进行事后审查的机制。在未来，可进一步完善这一机制，进一步拓展备案审查机制的启动方式，形成较为完善的党内法规备案审查制度，使党组织和党员发现党内法规存在“合法合规性”问题时，可以通过一定方式提出审查建议。

（二）加强和保障党内法规制定的民主性、科学性和规范性

党内法规作用有效发挥的重要条件是确保党内法规制定的民主性、科学性和规范性，切实提高党内法规的质量。为加强党内法规制定的民主性，需要采取以下两个方面的措施：一是提高一般党员乃至群众对党内法规制定的参与度。《中国共产党党内法规制定条例》第 25 条第 1 款明确规定：“党内法规草案形成后，应当广泛征求意见。”可以说，在党内法规制定过程中，制定机关能否注重听取党员和群众的意见，对扩大党内法规的民主性具有重要意义。因此，应当进一步落实这一规定，并在此基础上，适时探索通过互联网、座谈会、听证会等多种途径，就党内法规草案的具体内容征求广大党员甚至是群众的意见。二是完善党内法规制定机关的审议程序。审议不能走形式、走过场，参加审议的所有成员必须畅所欲言，进行无拘束的讨论或辩论，使党内法规最大限度地反映全体党员的意志。

为加强党内法规的科学性，有必要采取以下四项措施：一是制定党内法规规划和计划时，应进行必要性、可行性和风险性的分析论证，必要时可召开有关方面专家的论证会，充分听取各方面意见，使党内法规内容尽可能反映实际和符合规律。二是在起草过程中，应坚决贯彻《中国共产党党内法规制定条例》第 22 条之规定，有针对性地展开调查研究，充分了解实践中的真实情

况,使所制定的党内法规能有的放矢,有效解决实际问题。三是在党内法规制定实施一定时期后,应贯彻《中国共产党党内法规制定条例》第 36 条之规定,针对党内法规执行情况、实施效果开展评估,根据评估结果,适时进行必要的修改完善。如发现党内法规完全不适应发展情况时,应及时予以修改、废止或宣布失效。四是充分运用互联网、大数据、人工智能等高科技手段,保障党内法规制定所基于的事件、数据等的真实性、全面性和准确性。

为加强党内法规的规范性,有必要采取以下三项措施:一是建立健全党内法规制定机构,适当在相应机构中多配备一些既懂国家法律,又懂党内法规的高层次法律人才。二是加强对党内法规制定机构工作人员的系统培训,使其全面掌握党内法规制定的理论和技术知识。三是抓紧制定和完善党内法规制定技术规范,使党内法规的制定有规可循,以保证党内法规的制定质量。

(三)进一步健全党内法规的实施和监督机制

制度的生命力在于实施。党内法规作用的有效发挥,不仅需要各制定主体根据《中国共产党党内法规制定条例》等党内法规制定科学合理的规章制度,更需要各级各类党组织、全体党员在党的领导和党的建设活动中遵守和执行所有党内法规,将党内法规文本转化为具体的实践活动。因此,必须特别注重健全党内法规实施机制,并通过完善党内法规监督机制为党内法规实施提供坚强保证。

其一,确保党内法规执行机构履行相应职责。党内法规执行主体具体化、职责清单化、工作运行机制化是推动党内法规实施的必然前提,这就要求在党内法规制定过程中,通过统一实体性与程序性规定细化党内法规执行的体制机制,为执行主体在实践活动中实施党内法规提供规范依据。在实体层面,既要明确各党内法规的执行机构,也要明确相关领导干部的责任要求,压实主体责任。与此同时,还要设置具体的职责内容,确定党内法规执行应有的行为标准与价值追求。在程序层面,要规定党内法规执行机构推动党内法规实施的具体途径、工作程序,要在现有《中国共产党党内法规执行责任制规定(试行)》等党内法规的基础上,进一步完善相关程序,保障党内法规执行活动有序展开。

其二,加强对党内法规实施情况的监督。党内法规监督机制要立足于防止和纠正党内法规实施中行为偏差的功能定位,将维护党内法规制度权威真正落到实处。从现有党内法规监督机制建设情况看,已基本形成党内外主体共同监督、各阶段各环节全程监督、多种方式灵活监督的格局。为健全党内法规监督机制,应在有效实践经验做法的基础上,不断完善监督机构的设置,在确保整体监督合力的同时,明确不同机构的权力配置,做好职责分工。此外,还要协调好常规督察、专项督察、综合督察之间的关系,坚持问题导向,实现对症下药。尤其要加强党的纪律检查机关和法规工作机构对党内法规实施情况的定期检查和不定期检查,对检查中发现的问题,应以一定形式向党内通报或向党内党外同时通报。

其三,严格追究党组织、党员违反党内法规的责任。责任追究是保证党内法规实施效果的重要环节,具有惩戒和威慑功能。在全面从严治党的时代背景下,应进一步建立健全责任追究机制,严肃惩处具有违反党内法规行为的党组织、党员。一方面,要深入贯彻落实《中国共产党纪律处分条例》《中国共产党组织处理规定(试行)》等党内法规,严肃处理对党不忠、品行不端等党内存在的严重问题,保障各级各类党组织、全体党员始终做到忠诚、干净、担当。另一方面,要抓好"关键少数",对领导干部实施的违反党内法规的行为,必须加大责任追究力度,在全党上下形成制度面前人人平等的良好氛围。

(四)提高党的各级领导干部依照党内法规和国家法律开展工作的意愿和能力

党内法规能否正确和有效发挥其应有的功能和作用,关键在于党的各级领导干部是否具有法治思维,在于这些"关键少数"是否真正有意愿依照党内法规、国家法律开展工作。因此,要保证党内法规切实发挥应有的功能和作用,就必须大力培养党的领导干部的法治思维及依党内法规和国家法律办事的意识和意愿。为此,需要做以下三个方面的工作:其一,各级党委和组织部门严把选人用人关,注重提拔和任用熟悉和善于运用党内法规和国家法律的干部,绝不重用法治意识薄弱、偏好"人治"的干部。其二,加强党的各级领导干部的党内法规知识和理论培训,提高其运用党内法规、国家法律解决实际问题的能力。其三,完善党的领导干部的政绩考核制度,将严格遵守和认真执行党内法规和国家法律作为政绩考核重要内容之一。只有切实做到以上三点,我们党的各级领导干部才能不断提高党内法规意识,党内法规也才能在依法执政、依法治国、依规治党,建设社会主义法治国家的伟大工程中真正和有效发挥应有的作用。

五、结语

中国共产党是中国特色社会主义事业的领导核心,处在总揽全局、协调各方的地位。这决定了中国共产党的党内法规不仅是管党治党的基本遵循,也是参与国家治理体系的重要制度载体。因此,在已经形成比较完善的党内法规体系的当下,我们必须继续加强党内法规制度建设,进一步完善相关制度设计并推动制度有效落实,确保党内法规始终从中国共产党管党治党、治国理政的政治实践出发,围绕党和国家工作大局整体推进,为全面建设社会主义现代化国家、实现中华民族伟大复兴的中国梦提供坚强政治保证。

善于运用制度和法律治理国家*

新中国成立70年来,我们党领导人民不断探索实践,逐步形成了中国特色社会主义国家制度和法律制度,为当代中国发展进步提供了根本保障,也为新时代推进国家制度和法律制度建设提供了重要经验。习近平同志指出:"中国特色社会主义国家制度和法律制度是在长期实践探索中形成的,是人类制度文明史上的伟大创造。""中国特色社会主义国家制度和法律制度是一套行得通、真管用、有效率的制度体系,这是我们坚定'四个自信'的一个基本依据。"深入学习贯彻习近平同志重要讲话精神,更好发挥中国特色社会主义国家制度和法律制度的优越性,推进国家治理体系和治理能力现代化,就要增强按制度办事、依法办事意识,善于运用制度和法律治理国家,提高运用制度和法律治国理政的能力,把制度优势转化为治理效能。

一、提高运用制度和法律全面深化改革的能力

完善制度和法律是全面深化改革的重要目标,运用制度和法律解决问题又是全面深化改革的重要方法。在全面深化改革的过程中,必须高度重视运用法治思维和法治方式,发挥制度和法律的引领和推动作用,提高运用制度和法律全面深化改革的能力。

运用制度和法律加强顶层设计。改革开放是一项前无古人的伟大事业,在探索过程中需要"摸着石头过河"。随着改革的深入推进,当前的全面深化改革日益成为涉及经济社会发展各领域的复杂系统工程。这就要求我们

---

* 该文原载于《人民日报》2019年10月23日,理论版。

坚持顶层设计与“摸着石头过河”有机统一，不断提高改革决策的科学性，不断增强改革的系统性、整体性、协同性。要让顶层设计真正发挥作用，就要运用制度和法律来加强顶层设计。无论是国家层面，还是各个地区、各个部门，都应做到善于依据制度和法律确定改革的方向、任务、程序，制定改革方案，善于以制度和法律的形式保障改革措施落地见效，始终做到重大改革于法有据。

运用制度和法律规范改革进程。制度和法律不仅要在宏观上有效支撑改革的顶层设计，也要在微观上有效规范改革的具体过程。无论是调整经济结构、转变经济发展方式，还是推进供给侧结构性改革，推进政府简政放权、深化“放管服”改革，或者是地方的试点探索、先行先试，都应当注重建章立制、形成规则，确保改革有序进行，并为完善相关制度和法律积累经验。比如，有些改革举措虽然不与法律相抵触，但也没有法律为其提供直接依据。推出该项改革措施的地方、部门就可根据法治的基本原则与改革发展的实际需要，出台地方性法规、部门规章或者其他规范性文件，进行相应规范，使改革有所遵循，防止改革偏离法治方向。

运用制度和法律巩固改革成果。改革只有进行时，没有完成时。但改革是有目标、有步骤、分阶段进行的。改革每向前推进一步，都应及时总结经验和规律，梳理和分析相关制度与规则运行的实际情况，确定哪些改革措施是成功的，具有可推广、可复制的价值；哪些改革中出现的困难和障碍是由制度和规则问题引起的。然后，立足现实条件，运用立、改、废、释等形式，把改革中形成的有益经验上升为制度和法律，使改革成果制度化、法律化，也为下一阶段的改革实践提供依据，引领改革不断走向深入。

二、提高运用制度和法律促进高质量发展的能力

当前，我国经济已由高速增长阶段转向高质量发展阶段，正处在转变发展方式、优化经济结构、转换增长动力的攻关期。新时代我国要持续健康发展，实现“两个一百年”奋斗目标、实现中华民族伟大复兴的中国梦，必须坚持新发展理念，真正做到崇尚创新、注重协调、倡导绿色、厚植开放、推进共享，实现更高质量、更有效率、更加公平、更可持续的发展，不断在高质量发展上迈出坚实步伐。制度和法律在促进和保障高质量发展方面具有重要作用，能够为

高质量发展提供坚实法治支撑、营造良好法治环境。

运用制度和法律确保发展坚持以人民为中心。全心全意为人民服务是我们党的根本宗旨,坚持以人民为中心是新时代坚持和发展中国特色社会主义的基本方略之一。我们的发展必须是始终坚持以人民为中心的发展,在发展实践中做到坚持人民主体地位,贯彻党的群众路线,努力为人民创造更美好、更幸福的生活。这就要求我们把实现好、维护好、发展好最广大人民根本利益贯彻到制度设计和法治建设的各个层面、各个环节,通过制度和法律保障人民群众积极参与发展进程、充分发挥智慧和力量、共享改革发展成果。比如,可以积极完善政务公开、基层协商、群众自治、重大行政决策程序等制度及相关法律法规,通过制度和法律的规范,促进以人民为中心的发展思想有效转化为实践成果,不断增强人民群众的获得感、幸福感、安全感。

运用制度和法律保障新发展理念的贯彻落实。新发展理念是在深刻总结国内外发展经验教训、深刻分析国内外发展大势的基础上形成的,是针对我国发展中的突出矛盾和问题提出来的。运用新发展理念解决改革发展中的矛盾和问题,离不开制度和法律的保障。我们不仅要善于将新发展理念融入调整经济、政治、文化、社会、生态文明等各领域关系的制度和法律之中,而且要通过严格执法、公正司法确保相应制度和法律有效实施,坚决纠正、彻底摒弃不适应、不适合甚至违背新发展理念的行为和做法。2018 年,第十三届全国人大第一次会议通过宪法修正案,将新发展理念写入宪法序言,为运用制度和法律保障新发展理念的贯彻落实提供了国家根本法依据。我们要注重将新发展理念融入法治建设进程,从经济社会发展需要出发,用法律引导预期、明确方向、规范行为、加强监管,坚决端正发展观念、转变发展方式、提升发展质量和效益。

三、提高运用制度和法律促进社会公平正义的能力

我们党坚持全心全意为人民服务的根本宗旨,致力于促进社会公平正义,让发展成果更多更公平惠及全体人民,不断满足人民日益增长的美好生活需要。当前,人民的美好生活需要日益广泛,不仅对物质文化生活提出了更高要求,而且在民主、法治、公平、正义、安全、环境等方面的要求也日益增长。这就要求我们坚持依法治国、依法执政、依法行政共同推进,法治国家、法治政

府、法治社会一体建设，着力提高运用制度和法律促进社会公平正义的能力。

运用制度和法律营造良好市场环境。社会主义市场经济是法治经济，法治是社会主义市场经济的内在要求。党的十九大提出加快完善社会主义市场经济体制的重要任务。这要求我们以保护产权、维护契约、规范市场、公平竞争等为导向，进一步为发展社会主义市场经济营造更加公平正义的法治环境。要切实保护各类市场主体合法权益，健全和完善一系列有利于实现产权有效激励、要素自由流动、价格反应灵活、竞争公平有序、企业优胜劣汰的重要制度和法律。比如，全面实施市场准入负面清单制度，清理废除妨碍统一市场和公平竞争的各种规定和做法，有效激发各类市场主体活力，保证各种所有制经济依法平等使用生产要素，公开公平公正参与市场竞争，同等受到法律保护。

运用制度和法律提升基本公共服务水平。提供基本公共服务是保障和促进社会公平正义的重要举措。党的十九大报告提出要在幼有所育、学有所教、劳有所得、病有所医、老有所养、住有所居、弱有所扶上不断取得新进展。这就需要形成相应的制度和法律来保障上述各类基本公共服务。近年来，我国围绕保障民生、加强和创新社会治理抓好立法工作，及时回应人民群众诉求、维护人民群众利益。但与人民群众的期待相比，与法治社会建设的要求相比，一些制度和法律还存在“短板”和不足。应从现实条件出发，以问题为导向，充分听取各方面意见，更好协调各种利益关系，健全和完善相关制度和法律，更加有效地提升基本公共服务的水平和效率。

运用制度和法律化解纠纷、保护权利。矛盾纠纷能否得到有效化解，受到侵害的合法权益能否得到及时救济，事关人民群众切身利益，事关改革发展稳定大局，体现国家治理体系和治理能力的现代化水平。长期以来，我国不断完善相关法律法规，已经形成了调解、仲裁、行政复议、诉讼、国家赔偿以及信访等诸多化解矛盾、保护权利的制度，对促进社会公平正义发挥着重要作用。当前，司法体制综合改革不断深入，大调解工作体系、多元纠纷解决机制逐步建立，兼顾实体公正与程序公正、司法公正与社会公正，有效促进社会公平正义。随着改革进入攻坚期和深水区，各种矛盾将更为复杂多变。这就要求我们适应客观需要健全和完善相关制度和法律，进一步提升运用制度和法律化解纠纷、保护权利的能力，维护社会和谐稳定，更好满足人民群众对公平正义的新期待。

全面推进依宪治国和依宪执政*

3月11日下午，第十三届全国人大第一次会议通过了我国现行宪法的第五个修正案，从而使我国宪法更加完善，更好、更充分地反映了全党、全国人民的意志，更好、更充分地体现了中国特色社会主义新时代的特征。

这次宪法修正案有很多亮点，其中最重要的有以下三个方面：

其一，将习近平新时代中国特色社会主义思想写入宪法序言，确立了科学发展观、习近平新时代中国特色社会主义思想在国家政治和社会生活中的指导地位。习近平新时代中国特色社会主义思想是马克思主义中国化最新成果，是党和人民实践经验和集体智慧的结晶，是中国特色社会主义理论体系的重要组成部分，是全党全国人民为实现中华民族伟大复兴而奋斗的行动指南，是党的十八大以来党和国家事业取得历史性成就、发生历史性变革的根本理论指引。习近平新时代中国特色社会主义思想入宪具有重大的政治意义、理论意义和实践意义。首先，它有利于增强习近平新时代中国特色社会主义思想的权威性，增强全中国人民的核心意识，保证以习近平同志为核心的党中央对新时代国家建设、发展、改革的强有力的领导；其次，它有利于明确全党全国人民共同的思想基础，为新时代国家建设、发展、改革提供统一的适应新时代要求的行为指导理念；最后，它有利于增强全党全国人民的凝聚力，防止意识形态多元化导致民心涣散、族群分裂和社会不稳定。

其二，在《宪法》总纲中增写“中国共产党领导是中国特色社会主义最本质的特征”，进一步强调“党的领导”。在我国，中国共产党是长期执政的执政

* 该文原载于《光明日报》2018年3月13日，第5版。

党,是国家最高政治领导力量。中国共产党领导是中国特色社会主义制度的最大优势。宪法从社会主义制度的本质属性角度对坚持和加强党的领导进行规定,有重大的历史和现实意义。首先,它是实现党的十九大确立的新时代的目标和任务的需要。党的十九大宣布,中国特色社会主义建设进入了新时代。要实现党的十九大确立的新时代的目标和任务,特别需要加强党的集中统一领导。其次,它是向世人宣示我们“四个自信”,特别是制度自信的需要。我国《宪法》总纲第 1 条确立了我国的国体——人民民主专政的社会主义国家。在当前国际国内的历史形势下,特别有必要向我国全体人民和国际社会进一步明确宣示这一国体最本质的特征是中国共产党的领导。最后,它是总结和坚持我国改革开放 40 年基本经验的需要。我国改革开放 40 年来,特别是中共十八大以来,我国在各方面、各领域均取得了重大成就和成绩。我们之所以能取得这些成就和成绩,其最重要的经验之一是坚持中国共产党的领导。因此,这次修宪有必要通过《宪法》总纲将这一经验加以固定。

其三,《宪法》单设一节,专门规定监察委员会的性质、地位、组织、职权,以及监察委员会依法独立行使职权原则,与审判机关、检察机关、执法部门互相配合、互相制约的原则等。《宪法》对监察委员会的这些规定,主要有三个方面的旨意:一是为了贯彻和体现深化国家监察体制改革的精神,为成立监察委员会提供宪法依据。深化国家监察体制改革是以习近平同志为核心的党中央作出的重大决策部署,是事关全局的重大政治体制改革,是推进国家治理体系和治理能力现代化的重大举措。对于这样一个重大改革,宪法必须为之提供依据。二是保证监察委员会有效、有力地行使反腐败的职责、职权。宪法确立国家监察委员会和地方各级监察委员会为国家的监察机关的性质和地位,并赋予其依法独立行使监察权,这就有力地保障了各级监察机关高效履行反腐败职责。三是保证监察委员会依法、正确地行使反腐败的职责、职权。监察机关依法行使职权,其他国家机关必须配合,行政机关、社会团体和个人不得干涉;同时,监察机关行使职权也必须受到一定的监督(特别是各级人民代表大会及其常务委员会的监督)和制约(特别是办理职务违法和职务犯罪案件时受到审判机关、检察机关、执法部门的制约),以避免其滥用权力和导致冤假错案。

以上是这次宪法修正案三个最大最重要的亮点。当然,这次宪法修正案远不止这三个亮点。宪法修正案的这些亮点使我国现行宪法更加完善,更好、更充分地反映了全党、全国人民的意志,更好、更充分地体现了中国特色社会主义新时代的特征。因此,我们接下来最重要的任务就是要通过各种形式,认真开展对修正后的新宪法的学习,掀起学习新宪法的热潮,增强宪法意识,弘扬宪法精神,以进一步全面推进依宪治国和依宪执政的进程。

习近平同志多次强调,依法治国首先是依宪治国,依法执政关键是依宪执政。而要依宪治国和依宪执政,则必须首先学习宪法,了解宪法的内容,把握宪法的原则、精神。不知宪法的内容、原则、精神,何谈依宪治国和依宪执政?

要实现依宪治国和依宪执政,全党和全国人民必须不断增强宪法意识,树立宪法信仰。没有宪法意识和宪法信仰的执政党,没有宪法意识和宪法信仰的人民,依宪治国和依宪执政只能是“水中月、镜中花”,不可能成为现实。而要增强宪法意识和宪法信仰,就必须认真组织全党和全国人民学习宪法,不学习宪法,不知宪法的内容、原则、精神为何物,何谈宪法意识和宪法信仰?

宪法在整个法律体系中具有最高的法律地位、法律权威、法律效力,是指导我们决胜全面建成小康社会、开启全面建设社会主义现代化国家新征程、实现中华民族伟大复兴的中国梦,推进国家治理体系和治理能力现代化的根本大法和最高准则。而要使这个根本大法和最高准则真正发挥作用,就必须学习它、掌握它、领会它。不学习宪法,不知宪法的内容、原则、精神为何物,何谈宪法最高地位和作用的发挥?

至于怎样在全党、全国人民中开展学习宪法,其形式应该是多种多样,且新鲜、活泼和特别讲究实效的,如举办学术讲座、开展知识竞赛、组织案例研讨,对公职人员进行宪法理论、知识测试等。总之,学习宪法既要讲形式,营造浓厚的学习氛围,更要讲实效,通过学习真正达到普及宪法知识、增强宪法意识和宪法信仰的目的。

政府治理体系治理能力在国家治理体系治理能力中的地位和作用*

党的十九届四中全会决定将“坚持和完善中国特色社会主义行政体制，构建职责明确、依法行政的政府治理体系”列入推进我国国家治理体系和治理能力现代化应坚持和完善的十三项制度体系之一，这对全面推进我国国家治理体系改革和提高我国国家治理效能具有重大和深远的意义。因为政府治理体系和政府治理能力不仅是国家治理体系和治理能力的重要组成部分，而且是整个国家治理体系和治理能力发挥作用的重要保障。

政府治理体系在整个国家治理体系中具有非常重要的地位。首先，党和国家的各项重要决策部署需要各级行政机关去贯彻和落实；全国人大及其常委会制定的法律和作出的重大决定需要各级行政机关去执行和实施；人民群众对美好生活的向往需要各级行政机关通过其履职行为去助其实现。可以说，没有国家行政系统的有效运作，就没有国家治理体系的有效运行。

其次，政府治理能力对国家整体治理能力的发挥具有极为重要的影响，是其他领域和其他层面国家治理能力发挥作用的重要条件。国家治理能力包括执政党科学执政、民主执政和依法执政的能力；立法机关科学立法、执法机关严格执法、监察机关有效监督、司法机关公正司法的能力。但是，执政党的执政能力、立法机关的立法能力、监察机关的监督能力、司法机关的司法能力的实现都有赖于政府治理能力的保障。政府治理能力的强弱是决定所有其他国家治理能力能否顺畅实现和充分发挥作用的关键因素。

---

* 该文原载于《法制日报》2020年1月8日，第10版。

由此可见,国家治理体系和治理能力的现代化必然要求政府治理体系和政府治理能力的现代化。而政府治理体系和治理能力的现代化首先要求完善国家行政体制。国家行政体制包括行政决策、行政执行、行政组织、行政监督诸项次层次的体制及制度。党的十八大,特别是党的十八届四中全会以来,这些次层次的行政体制及制度有了很大的改进。例如,在行政决策方面,逐步推进公众参与、专家论证、合法性审查、风险评估、集体讨论决定等制度、机制的运作;在行政执行方面,逐步推进互联网、大数据、人工智能、区块链等高科技的应用和"最多跑一次"等便民制度、机制的实施;在行政组织方面,逐步推进以大部制、机构职能优化协同高效为目标的各项制度、机制的运行;在行政监督方面,逐步推进了层级监督、职能监督、督查监督以及自查自纠相结合的各项监督制度、机制的实施和运行。

为了更好地促进政府治理体系的改进和政府治理能力的提升,这次党的十九届四中全会决定对完善国家行政体制、机制、制度诸多方面进一步提出了相应的要求。例如,在行政执法方面,决定特别强调完善以下四个方面制度和机制的要求:一是最大限度地减少不必要的行政执法事项,以增加企业和经济组织的活力;二是进一步整合行政执法队伍,不断探索实行跨领域跨部门综合执法,推动执法重心下移,以提高执法实效;三是落实行政执法责任制,防止和避免执法主体互相推诿、互相扯皮;四是创新行政管理和服务方式,加快推进全国一体化政务服务平台建设,以促进政府执行力和公信力的提高。

在优化政府职责体系及其制度方面,这次十九届四中全会决定首先明确了政府的五项基本职能:经济调节、市场监管、社会管理、公共服务和生态环境保护。这五项基本职能是我们在长期研究和探索社会主义市场经济体制下政府与市场、政府与社会关系的基础上对政府职能的高度和科学概括。为了更好优化政府职责体系和保障各级政府和政府部门全面履行职能,决定提出要加强多方面的具体制度建设。如为防止行政执法机关不作为和乱作为,应加强政府权责清单制度;为深入推进"放管服"改革,应加强深化简政放权的相应制度;为健全宏观调控体系,应加强完善行政规划制度和预算制度,完善金融、货币、利率体系及健全相应制度;为维护市场秩序,应加强完善严格市场监管、质量监管和安全监管方面的制度;为促进政府治理进一步民主化和科学化,应加强完善公共服务体系及相关制度,并在行政管理中加强对互联网、大数据、人工智能等技术手段的运用;加强政府部门数据有序共享和依法保护个人信息等方面的制度等。

在优化政府组织结构及完善相关制度方面。这次四中全会决定强调要推进机构、职能、权限、程序、责任法定化,使政府机构设置更加科学、职能更加优化、权责更加协同。为此,必须尽快完善这些方面的体制、机制和制度。这也是实现党的十八届四中全会决定和中共中央、国务院2015年发布的《法治政府建设实施纲要(2015—2020年)》所确定的法治政府建设目标的要求。法治政府建设与政府治理体系和治理能力现代化是一致的。推进法治政府建设的各项目标,特别是职能科学、责任法定两项目标的实现,必然要求对政府组织结构进行改革和优化,包括严格机构编制管理,统筹利用行政管理资源,提高资源的利用效率等。而政府组织结构改革和优化的结果必须予以制度化和法治化。没有相应的制度和法律巩固改革和优化的成果,事过境迁,改革和优化的成果就可能流失,就可能导致人亡政息。

另外,推进国家行政体制改革和政府治理能力的提高还要求健全完善有关央地关系的机制和制度,以保障中央和地方两个积极性的充分发挥。对此,这次四中全会决定提出了理顺央地权责关系的总的指导原则:加强中央宏观事务管理,维护国家法制统一、政令统一、市场统一。并在此基础上提出了健全完善相关具体机制和制度的要求。如在知识产权保护、养老保险、跨区域生态环境保护等方面,适当加强中央事权,减少并规范央地共同事权;赋予地方更多自主权,支持地方创造性开展工作;按照权责一致原则,建立和完善规范垂直管理体制和地方分级管理体制,优化政府间事权和财权划分等方面的制度体系,以构建从中央到地方权责清晰、运行顺畅、充满活力的体制、机制。

国家治理体系和治理能力现代化首先要求政府治理体系和治理能力现代化。而推进政府治理体系和治理能力现代化则必然要求加强与之相适应的各种制度建设,努力改进和提高制度建设的效能和质量,全面实现法治政府建设的目标和任务。

论中国特色宪制*

中国学术界在过去一年关于宪制的争论中，有三种基于不同理论认知的宪制主张：第一种主张是坚定地走中国特色宪制之路，该主张所基于的是宪制的普遍原理与中国国情特殊性相结合的理论认知；第二种主张是走西方国家的宪政之路，该主张所基于的是西方宪政为普适性宪政模式的理论认知；第三种主张是拒绝和反对任何宪制，走传统社会主义计划经济走过的权力高度集中的路，该主张所基于的是宪制和民主姓"资"，是西方国家欺骗人民的"美丽谎言"和"话语陷阱"的理论认知。①

笔者和绝大多数中国学者，特别是中国公法学者，是第一种主张的拥护者，即主张坚定地走中国特色宪制之路。为了说明这种主张的合理性，笔者特通过本文阐释中国特色宪制的主要内容、基本要素和走中国特色宪制之路的必要性、必然性，论证反任何宪制主张和以西方宪政为唯一普适性宪制模式主张的错误性和荒谬性。

一、中国特色宪制的主要内容和基本要素

宪制是指人类创设的控制公权力行使，保障人权，保护公权力相对人权利、自由，体现现代政治文明的一种国家和社会治理机制。这一机制包括规范

---

* 该文原载于《学术界》2014 年第 2 期。

① 2013 年，中国学术界关于宪制论争的文章有几十篇之多。其中主要有：王振民：《宪法政治：开万世太平之路——中国共产党如何走出历史圆周率》，载《人民论坛·学术前沿》2013 年第 15 期；李步云：《人民民主　依法治国　人权保障　宪法至上　走中国特色的社会主义宪政之路》，载《人民论坛》2014 年第 4 期；杨晓青：《宪政与人民民主制度之比较研究》，载《红旗文稿》2013 年第 10 期；郑志学：《认清"宪政"的本质》，载《党建》2013 年第 6 期等。

公权力授予、公权力分配,公权力之间的相互协调、制约,公权力运作,对公权力行使者的监督、控制,对公权力相对人的救济的一整套规则、制度及其运作程序。

一方面,宪制是人类创设的一种机制,这种机制是用来控制公权力的。公权力本来也是人类创设的,是人类为了生存,共同生活,战胜单个人不能战胜的种种险恶和进而谋求物质和精神的幸福而让渡自己的部分权利、自由,所形成的一种有巨大能量和强制力的公共权力。但是,这种公共权力一旦形成,它既可以为人民服务,也可以被公权力行使者利用为他们个人服务,成为压迫人民,侵犯人民权利、自由的工具。为了防止公权力的这种异化,人类经过几千年的探索,终于创设出一种既能够有效发挥公权力积极作用,又能最大限度地抑制其消极作用的机制,这种机制就是宪制。①

另一方面,宪制是控制公权力的一整套规则、制度及其运作程序,既包括规范公权力授予、公权力分配、公权力之间的相互关系、公权力运作等的规则、制度、程序,也包括对公权力行使者的监督、制约,对公权力相对人救济的规则、制度及其运作程序。②

公权力包括国家公权力、社会公权力和国际公权力,宪制主要是控制国家公权力的机制。国家公权力包括立法权、行政权和司法权。但在中国特色社会主义条件下,执政党的权力也属于准国家公权力的范畴。因此,本文探讨宪制对公权力的要求,也包括宪制对执政党行使公权力的要求。由于宪制与立法权及民主政治的关系在学界已有深入研究和颇多成果,③故本文对宪制与

---

① 关于以宪制控制公权力的必要性,美国学者乔恩·埃尔斯特指出,"任何一个政府都想无拘无束,都想拥有广泛的裁量权。为防备这一点,有若干理由表明需要对政府加以限制。最明显地是存在这样的危险,即政府可能把权力用于排他主义的目的,会仅仅为了某些个人的利益而侵犯另外一些个人的权利……政府在努力促进经济增长、扩大军事上的成功或达到其他受托实现的目标的过程中,可能决定要公民自由或政治自由为之让路"。参见[美]埃尔斯特、[挪]斯莱格斯塔德编:《宪政与民主——理性与社会变迁研究》,潘勤、谢鹏程译,生活·读书·新知三联书店 1997 年版,第 5 页。

② 关于宪制的控权机制、规范机制的权利救济机制,可参见[美]斯蒂芬·L. 埃尔金、卡罗尔·爱德华·索乌坦编:《新宪政论——为美好的社会设计政治制度》,周叶谦译,生活·读书·新知三联书店 1997 年版;[美]凯斯·R. 孙斯坦:《设计民主:论宪法的作用》,金朝武、刘会春译,法律出版社 2006 年版。

③ 如[美]埃尔斯特、[挪]斯莱格斯塔德编:《宪制与民主——理性与社会变迁研究》,潘勤、谢鹏程译,生活·读书·新知三联书店 1997 年版;李文主编:《东亚:宪制与民主》,中国社会科学出版社 2005 年版等。

国家公权力的关系只重点研究宪制与行政权和司法权的关系。因此,本文的主题和研究范围是宪制对行政权、司法权和执政党权力的要求。

宪制对行政权(政府)的基本要求是依法行政,以宪法、法律规范和控制行政权的行使,建设法治政府;宪制对司法权的基本要求是保障法院、检察院独立行使审判权和检察权,排除任何组织和个人对司法的干预;宪制对执政党行使公权力的基本要求是依法执政,执政党在宪法和法律范围内活动,接受人民的监督。

(一)宪制对政府的基本要求——依法行政,建设法治政府

法治政府是相对于专制政府、人治政府而言,法治政府有五个重要因素。

法治政府的第一个重要因素是公众参与,防止政府专断。公众参与包括公众参与决策、参与管理和参与监督。[①] 参与决策包括参与立法和参与国家政策的制定及重大问题的决定;参与管理包括参与经济、政治、社会、文化等整个国家事务的管理过程和具体行政行为的作出;参与监督包括通过人大代表的监督和通过社会途径进行的监督,如批评、建议、申诉、控告、检举以及通过媒体、网络监督等。公众参与权的前提是知情权,没有知情权就不可能实现参与权。近年来我国政府信息公开的实践,最大限度地促进了公民知情权的实现,从而大大激发了公民参与的热情。这一点我们从近年成千上万的网民积极参与法律、法规的立、改、废的讨论,积极参与对各级政府社会、经济政策的评论,积极参与对"躲猫猫"、"钓鱼执法"及"表哥"、"房叔"等事件的关注和监督可窥豹一斑。

法治政府的第二个重要因素是监督和制约。对公权力的监督制约包括权力制约和权利制约,内部制约和外部制约。权力制约主要指人大监督、司法监督、监察监督、审计监督;权利监督主要指公民和公民组织的监督、舆论、媒体监督。内部制约主要指行政系统内部上下左右的相互制约,也包括督察、审计等专门制约;外部制约既包括人大、监察、法院、检察院等其他国家机关的制

① 国务院2004年发布的《全面推进依法行政实施纲要》确定的法治政府建设目标和依法行政的基本要求之一分别是:行政决策机制应当科学化、民主化和规范化。人民群众的要求、意愿得到及时反映。政府提供的信息全面、准确、及时,制定的政策、发布的决定相对稳定,行政管理做到公开公平、公正、便民、高效、诚信。行政机关实施行政管理应当程序正当、公开,注意听取公民、法人和其他组织的意见,依法保障行政管理相对人、利害关系人的知情权、参与权和救济权。

约,也包括公民个人、非政府组织、非营利组织及舆论、媒体的社会制约。[1]

法治政府的第三个重要因素是反腐倡廉。怎么防治腐败?这是世界性的大难题。人类为此探索了几千年,至今尚没有找到绝对的“灵丹妙药”。但是,相对的“灵丹妙药”还是被找到了,这就是公开、透明。从过去到现在,我们采取了很多很多的反腐倡廉办法,如“八不准”“十不准”,甚至几十上百个不准,还有“双规”(或称“两规”)、“严打”等,但是,效果仍然有限。唯有公开,一公开就灵。如近年通过“三公经费”公开、预算公开和整个政府信息公开推动的“不能腐”“不易腐”“不敢腐”机制对于遏制腐败的作用得以初步显现,网络、微博、微信对腐败的公开揭露使腐败分子的腐败势头不得不有所收敛。当然,目前腐败形势依然严峻。我们在公开方面做得还远远不够。要加强反腐败的力度,就必须进一步推进公开。中共十八届三中全会《中共中央关于全面深化改革若干重大问题的决定》(以下简称《决定》)要求推行地方各级政府及其工作部门权力清单制度,依法公开权力运行流程。完善党务、政务和各领域办事公开制度,推进决策公开、管理公开、服务公开、结果公开。同时要求健全防止利益冲突、领导干部报告个人有关事项、任职回避等方面的法律法规,推行新提任领导干部有关事项公开制度试点。这意味着我们在注重惩治反腐的同时开始注重制度反腐和法治反腐。

法治政府的第四个重要因素是权责统一和责任制。现在我们各级政府实施的官员问责制,问责的官员不少,也起了一定作用;但是,作用也较有限。有时,该问责的官员没有问责,不该问责的官员却问责了;有时,被问责的官员今天在甲地问责,明天在乙地复出,甚至职务明升暗降。因此,要进一步研究如何健全完善问责制度,使其真正发挥作用。在问责方面,应特别注重发挥各级人大及其常委会的质询问责作用。人大质询制度是宪制的重要制度。政府由人大选举产生,自然应接受人大监督,其违法、失职和滥用权力,人大公开对之质询问责,是对之最有效的监督。可惜这个制度在很多地方几乎长期处于“休眠”状态。

---

① 关于加强权力制约和权利制约,党的十八届三中全会《决定》要求各级党政机关应形成科学有效的权力制约和协调机制;加强和改进对主要领导干部行使权力的制约和监督,加强行政监察和审计监督;坚持用制度管权管事管人,让人民监督权力,让权力在阳光下运行,以真正实现把权力关进制度的“笼子”里。

法治政府的第五个重要因素是以人为本,为民服务。以人为本,为民服务不应该只是口号,而应该是实实在在的行动。怎么保障政府和政府官员以人为本,为民服务,而不是以GDP为本,为彰显自己的"政绩"和升官发财服务,这必须改变我们的政绩评价机制和官员选拔晋升机制。中共十八届三中全会《决定》要求改进和完善对发展成果的考核评价体系,纠正单纯以经济增长速度评定政绩的偏向;要求改革和完善干部考核评价制度,改变唯票取人、唯分取人的现象,以选拔真正为民服务、勤政务实的好干部。

(二)宪制对司法的基本要求——司法机关独立行使审判权、检察权,提高司法公信力

"佘祥林案""赵作海案""浙江叔侄案"和其他类似案件给予我们一个深刻教训:行宪制必须实行和坚持人民法院独立行使审判权,人民检察院独立行使检察权,提高司法公信力。没有司法权行使的相对独立性,法院、检察院不能独立行使审判权、检察权,司法没有公信力,就没有真正的权力制约,就没有真正的人权保障,从而就不可能有真正的宪制。

坚持司法独立,人民法院独立行使审判权,提高司法公信力的途径主要有四点:

其一,改善司法制度运作的外部环境。为此,首先应改进人大与司法机关的关系,人大只对司法进行监督而不应对个案处理进行干预;其次应在加强党对司法工作领导的同时,改进党与司法机关的关系,党对司法的领导应是政策的领导、组织的领导,应通过党内法规明确党委政法委负责人不过问具体个案,不能就个案给公安、检察院、法院下指示、指令;最后应改进政府与司法机关的关系:政府应尊重司法而不应干预司法,政府和政府部门作为原告、被告时应依法起诉、应诉,带头执行法院的判决裁定。当然,法院对政府和政府部门依法行使职权的行为也应予以尊重,在行政诉讼中可撤销行政行为但不应代行行政职权。

其二,改革司法本身的体制、机制和运作制度。一方面,应在各级法院内部开展"去行政化"改革。废除法院院长、庭长对判决进行审批的不成文做法,法院领导不能为合议庭审案定调。此外,审判委员会也应改革,也要"去行政化"。今后可以考虑在审委会设立大审判庭。审委会认为重大疑难案件需要自己审理时,可以大审判庭的形式对案件进行终局审判。大审判庭的审

判人员可以由一定数量的审判委员会成员组成。大审判庭同样应遵循司法程序,在听取当事人及其律师的陈述和辩论后作出裁判。这样才能真正实现三中全会决定所要求的“让审理者裁判,由裁判者负责”。另一方面,应探索在省级以下建立与行政区划分离的基层法院和中级法院。若干年后,再改革从属于省、自治区、直辖市行政区划的高级法院设置。可考虑一个大区(东北、西北、东南、西南、华北、华南等)设一个高级法院,与省级行政区划脱钩。这样的话,高级法院就不会受到省级地方的干预。当然,实行这一步需要今后修改宪法、法院组织法的相关规定。

其三,对法院法官和司法管理人员实行分类管理,改进法官考核晋升制度。首先,法官必须是行使审判案件职能的人员,不能将法官与法院行政人员、法警、书记员、法官学院的教员等采用同样的管理模式进行管理;其次,应改进法官选任制度,上级法院的法官可更多地从下级法院或基层法院选拔;再次,应改进法官考核晋升制度,减少法官职级阶梯层次;此外,应改进法官待遇制度,适当提高法官工资福利标准,延长法官退休年龄;最后,还应加强法官职业道德建设,成立法官职业道德委员会,受理当事人和其他社会公众对法官违反职业道德、失职渎职行为的控告、举报,并对其进行查处。

其四,加强和改进司法公开和司法宣传,提高国民对司法性质、特征、功能、作用的认识,增强国民对司法的尊重、信任。为此,首先应进一步推进司法公开,法院应尽量为社会公众旁听庭审和媒体采访报道提供方便,对非涉保密的判决书,应尽量上网公开;其次应完善法院新闻发言人制度和法院网络、微博、微信宣传及文学艺术对司法公正的宣传,加强与媒体及社会公众的互动,增强媒体和社会公众对司法制度、司法程序和审判规则的了解和理解;再次应加强司法界与法学界的联系,就重大疑难案件进行共同研讨,并通过法学学者专家为社会公众解惑释疑;最后还应加强司法裁判文书的说理,通过说理增加当事人和社会公众对法院判决、裁定的理解,从而增强对法官、法院和整个司法制度的信任。

(三)宪制对执政党的基本要求——依法执政,在宪法和法律范围内活动,接受人民的监督

在中国特色社会主义的条件下,如何把共产党执政与民主、法治结合起来,使执政党行使公权力符合宪制的要求?这个问题是共产党执政必须解决

好，但至今还没有完全解决好的一个涉及执政党生死存亡的问题。在世界社会主义的发展史中，许多社会主义国家的共产党就是因为没有解决好这个问题在执政几十年后失去了执政的地位，铸成了国际共运的惨痛教训。

中国共产党在20世纪80年代结束“左”的路线，反思“文革”的教训时即开始思考这个问题，中共十一届三中全会公报指出，在社会主义的旧体制下，“民主集中制没有真正实行，离开民主讲集中，民主太少”。而真正的社会主义“必须有充分的民主，才能做到正确的集中”。“为了保障人民民主，必须加强社会主义法制，使民主制度化、法律化，使这种制度和法律具有稳定性、连续性和极大的权威性，做到有法可依，有法必依，执法必严，违法必究。”“要保证人民在自己的法律面前人人平等，不允许任何人有超于法律之上的特权。”①

十一届三中全会之后，中国共产党在解决权力过分集中，以“人治”作为治国、执政方略，民主太少、法治太少的问题方面作了不少探索。但是，由于“文革”以后，百废待兴，党把主要精力放在解决经济体制改革和发展经济建设方面，政治体制改革和民主执政问题一直未能得到根本解决，以至到现在，这个问题已构成对党的执政地位的威胁。中共十七届四中全会决定指出，党内存在不少不适应新形势任务要求、不符合党的性质和宗旨的问题，“一些地方和部门选人用人公信度不高，跑官要官、买官卖官等问题屡禁不止……有些领导干部宗旨意识淡薄，脱离群众，脱离实际，不讲原则、不负责任，言行不一、弄虚作假，铺张浪费、奢靡享乐，个人主义突出，形式主义、官僚主义严重；一些领导干部特别是高级干部中发生的腐败案件影响恶劣，一些领域腐败现象易发多发。这些问题……严重损害党同人民群众的血肉联系，严重影响党的执政地位巩固和执政使命实现”。2013年，习近平同志在党的群众路线教育实践工作会上强调，这次教育实践活动的主要任务聚焦作风建设，集中解决形式主义、官僚主义、享乐主义和奢靡之风这“四风”问题。这“四风”是违背我们党的性质和宗旨的，是当前群众深恶痛绝、反映最强烈的问题，也是损害党群干群关系的重要根源。②

---

① 参见张伟瑄等主编：《共和国风云四十年》，中国政法大学出版社1989年版，第789页。

② 《习近平谈治国理政》，外文出版社2014年版，第374页。

为什么会出现前述问题,“四风”为什么会在党内蔓延?这主要是因为没有解决好执政党执政的民主、法治问题:长期以来,执政党各级党委和党的工作部门(纪律检查委员会)由党的代表大会产生以后,不仅行使党的事务的决策权、执行权,而且直接行使国家和地方事务的主要决策权和部分执行权(公权力),但党委和党的工作部门(特别是“一把手”)在行使公权力的时候,却几乎不受制约和监督。各级党代表大会每五年才开一次,相应级别的党委和党的工作部门(党的工作部门只有纪委)要等换届时才向代表大会报告工作,五年期间不存在党代表大会对其权力的制约和监督。这样,一些党委和党的工作部门负责人工作即使做得再不好,有关领导干部即使再腐败,广大党员也不能罢免或撤换他们,公民、法人和其他组织就更难对其行为加以制约和监督。公民、法人和其他组织对政府的行为不服,尚可向人民法院提起行政诉讼。但对党委和党的工作部门负责人行使公权力的行为不服,公民、法人和其他组织既不能通过人民代表机关对之提出异议,也不能向法院起诉。党委和党的工作部门负责人既不能通过人大承担其决策行为的政治责任,又不能通过司法承担其具体职务行为的法律责任。这样,党委和党的工作部门负责人中的一些人,特别是某些行使重要权力的领导干部,就不可能不滥用权力,不可能不腐败。孟德斯鸠说过,权力没有制约就必然滥用,必然腐败,这是自古以来的经验所证明的。①

正是有鉴如此,党的十八大报告提出,要推进权力运行公开化、规范化,完善党务公开、政务公开、司法公开和各领域办事公开制度……加强党内监督、民主监督、法律监督、舆论监督,让人民监督权力,“让权力在阳光下运行”。党的十八大确定,要发展党内民主,建立健全决策权、执行权、监督权既相互制约又相互协调的权力结构和权力运行的制约监督机制,推进权力运行的程序化和公开透明。十八大确立了一个明确的目标:执政党必须通过对自己权力的制约监督走民主执政的道路。② 当然,这条道路究竟如何走,应通过何种具体途径实现对执政党各级党委及其工作部门负责人行使公权力行为的制约监

① 参见[法]孟德斯鸠:《论法的精神》,张雁深译,商务印书馆2005年版,第184页。

② 参见胡锦涛:《坚定不移沿着中国特色社会主义道路前进 为全面建成小康社会而奋斗》,载《人民日报》2012年11月18日,第1版。

督,尚待执政党自身,以及学者认真和艰难探索。

在2009年10月27日中纪委召开的“加强新形势下反腐倡廉建设”的专家座谈会上,笔者曾就建立健全执政党权力运行制约监督机制提出建议:通过现在五年召开一次的党代表大会,授权同级人大中的中共党员代表,组成“党的代表会议”在代表大会闭会期间行使其职权。“党的代表会议”每年紧接着“人代会”开,党委和党委的重要权力部门(组织部、纪委、政法委等)每年向“党的代表会议”报告工作和重大决策、重要事项,接受“党的代表会议”的审议。在“党的代表会议”上,党员代表可对党委和党的工作部门的工作提出质询、询问,被质询、询问的机关必须当场或限期答复。一定数量的党员代表还可对党委和党的工作部门的领导干部提出罢免案,由“党的代表会议”审议和作出是否罢免的决定。在“人代会”和“党的代表会议”闭会期间,“党的代表会议”授权同级人大常委会中的党员委员,组成各级“党的代表会议的常设机构”,行使“党的代表会议”的职权。地方各级党委和党委的重要权力部门定期或不定期向相应“党的代表会议的常设机构”报告工作和重大决策、重要事项,接受“党的代表会议的常设机构”的审议。在“党的代表会议的常设机构”会议上,人大常委会党员委员对党委和党的工作部门的工作亦可提出质询、询问,被质询、询问的机关必须当场或限期答复。一定数量的人大常委会党员委员还可对党委和党的工作部门的领导干部提出罢免案,由“党的代表会议的常设机构”审议和作出是否罢免的决定。建立这样的机制有利于通过正式的民主组织形式对各级党委和党的工作部门的权力运作予以制约。①

当然,这种设想是否可行,尚需要经过深入的理论研究和实践探索。经过认真研究和探索,我们也许可以找到更好、更有效的执政党权力运行制约监督机制。但是,就建设宪制国家而言,我们必须抓紧研究和探索,应尽可能快地找出一条社会主义执政党依法执政、民主执政,社会主义和民主、法治真正结合的中国特色社会主义的宪制新路。

---

① 参见姜明安:《建立健全执政党权力运行制约监督机制的构想》,载《南方周末》2009年11月5日。

二、中国走宪制之路的必要性和必然性

坚定地走中国特色宪制之路是建设中国特色社会主义的必然要求。因为中国特色社会主义必须实行社会主义民主政治,而民主政治只能是宪制。

中共十八大报告指出,“中国特色社会主义道路,就是在中国共产党领导下,立足基本国情……建设社会主义市场经济、社会主义民主政治、社会主义先进文化、社会主义和谐社会、社会主义生态文明,促进人的全面发展,逐步实现全体人民共同富裕,建设富强民主文明和谐的社会主义现代化国家”。[①] 由此可见,社会主义民主政治,即社会主义宪制,是中国特色社会主义制度的关键性元素,从而构成中国特色社会主义道路的基本要素。

毛泽东同志曾指出,“宪政是什么呢?就是民主的政治”。[②] 毛泽东同志在当时的历史条件下使用“宪政”一词表述“宪制”是可以理解的。现在我们为了与西方宪政相区别,不再使用“宪政”而以“宪制”来表述社会主义民主政治。资本主义宪政是资本主义的民主政治,社会主义宪制则是社会主义民主政治。资本主义之所以比封建主义优越,就在于资本主义实行民主政治,实行宪政;而封建主义实行的是专制、独裁。社会主义之所以比资本主义优越,就在于社会主义实行的是,或者说应该是比资本主义更真实、更完善的民主政治,即比资本主义更真实、更完善的宪制。社会主义的优越性绝不是反民主、反宪制,中国特色社会主义的优越性恰恰是实行社会主义民主政治,即宪制。

所谓宪制,第一要义就是限权,把权力关进制度的“笼子”里。资产阶级推翻封建专制以后,第一件事就是制定宪法,通过宪法严格规定各个国家机关(总统、议会、政府、法院等)的权限和行使权力的规则、程序。但是,由于资产阶级的阶级局限性和资本主义制度的制度局限性,资本主义宪制并不能完全解决权力专断和权力滥用的问题。在西方资本主义国家,公权力侵犯公民权利,侵犯人权的现象仍然严重存在。但是,资本主义制度毕竟比封建主义制度进步,其民主、宪制对权力执掌者滥用权力毕竟起了一定的制约作用。

---

① 胡锦涛:《坚定不移沿着中国特色社会主义道路前进 为全面建成小康社会而奋斗》,载《人民日报》2012 年 11 月 18 日,第 1 版。

② 《毛泽东选集》(第 2 卷),人民出版社 1991 年版,第 732 页。

社会主义国家,自然应该实行比资本主义更完善、更真实的宪制,对公权力实行更严格的限制和制约,以更有效地保护公民权利,保护人权。但是,由于无产阶级政党及其领导人在取得国家政权后对权力的腐蚀性、集权的危害性、实行宪制的必要性认识不足,在其政权建立后一个时期内并没有坚定地走宪制和法治之路,而是选择了高度集权和人治之路,以致在一些时候造成公权力被滥用和人权被践踏的灾难。邓小平同志曾说,"我们过去发生的各种错误,固然与某些领导人的思想、作风有关,但是组织制度、工作制度方面的问题更重要。这些方面的制度好可以使坏人无法任意横行,制度不好可以使好人无法充分做好事,甚至会走向反面。即使像毛泽东同志这样伟大的人物,也受到一些不好的制度的严重影响,以至对党对国家对他个人都造成了很大的不幸。我们今天再不健全社会主义制度(这个制度当然就是宪制——笔者注),人们就会说,为什么资本主义制度所能解决的一些问题,社会主义制度反而不能解决呢?……斯大林严重破坏社会主义法制,毛泽东同志就说过,这样的事件在英、法、美这样的西方国家不可能发生……(可见),制度问题更带有根本性、全局性、稳定性和长期性"。①

邓小平同志上面这段话是非常深刻的,不仅是对我国"文革"和建国30多年所犯错误教训的深刻反思和总结,而且是对半个多世纪世界社会主义运动所走弯路,特别是苏联体制所铸成的严重恶果的教训的深刻反思和总结:社会主义如果不健全制度,不建立和实行宪制,不把权力关进宪政制度的"笼子"里,掌握权力的人同样会滥用权力,同样会腐败,同样会为自己设立种种特权,同样会无视人权、践踏人权。

中国共产党领导人民革命,其目的本来很明确,"是完全为着解放人民的,是彻底地为人民的利益工作的"②。为此,他们领导人民反对国民党专制、独裁,为在中国建立民主、宪制而抛头颅,洒热血。即使实现宪制的路难而又难,正如毛泽东同志所说,"真正的宪政决不是容易到手的",但中国共产党人仍然不屈不挠地努力,"一定要争取民主和自由,一定要实行新民主主义的宪

---

① 《邓小平文选》(第2卷),人民出版社1993年版,第333页。
② 《毛泽东选集》(第3卷),人民出版社1991年版,第1004页。

政”。[1] 可惜的是，中国共产党在取得政权后，由于种种客观和主观的原因，没有积极去推进宪制，实行宪制——无论是新民主主义的宪制，还是社会主义的宪制。导致发生“文革”那样的灾难，到现在——改革开放30多年后的今天，还不断有那么多的特权现象、腐败现象发生。

有人说，中国共产党在取得政权前，讲民主、讲自由、讲宪制，领导人民争民主、争自由、争宪制，只是一种策略，只是“启发人民觉悟，向蒋介石要求民主自由的一个武器”。在中国共产党取得政权以后，民主、自由、宪制就不能再讲了，不再要了。这种说法显然是错误的。中国共产党取得政权前，讲民主、讲自由、讲宪制，领导人民争民主、争自由、争宪制是忠诚的，真实的，而绝非一种策略。中国共产党在取得政权后之所以没有很快实行宪制，是因为新政权成立后一个时期“急风暴雨式的阶级斗争”不允许国家全面实行民主、自由、宪制。主观的原因则是部分掌握权力的人不愿意权力受到限制，不喜欢制约，排斥制约。

宪制如同法治、民主、自由、人权、市场经济等制度、事物一样，本身并不存在姓“资”姓“社”的问题。其姓“资”姓“社”取决于运用这些制度、事物的人赋予其什么内容。这本来是一个很简单的道理，但我们一些同志脑子转不过弯来。他们先是坚持法制可以姓“社”，法治则只能姓“资”，后来党和国家领导人说话了：法治也是可以姓“社”的，他们脑子才慢慢转过弯来：呵，社会主义也可以实行法治。之后他们又坚持商品经济可以姓“社”，但市场经济只能姓“资”，后来党和国家领导人又说话了：市场经济也是可以姓“社”的，他们脑子又慢慢转过弯来：呵，社会主义也可以搞市场经济。再之后，他们又坚持公民权利可以姓“社”，但人权只能姓“资”，后来党和国家领导人又说话了：人权也可以姓“社”，他们脑子又慢慢转过弯来：呵，社会主义也应该保障人权。现在还是有人犯糊涂，坚持民主可以姓“社”，但宪制只能姓“资”。这些同志应该了解，我们要宪法，就是为了建立宪制。如果不要宪制，那我们制定宪法干什么呢？我们制定法律，制定宪法，不就是为了实行法治，实行宪制吗？

法律和法治，宪法和宪制，从应然上说，是不能分离的：没有法律就没有法治，没有宪法就没有宪制。但是，我们不能反过来说，有了法律就有了法治，有

---

① 《毛泽东选集》（第2卷），人民出版社1991年版，第694-697页。

了宪法就有了宪制。我们国家在“文革”时,虽然有宪法,宪法也规定了公民的人身自由不可侵犯,但现实中公民的人身自由却可以随意被限制、被剥夺。不要说普通公民,就是国家主席,也可以随意抓、随意关押、随意殴打,那当然无宪制可言。如果我们只有宪法,没有宪制,权力就没有制约、人权就没有保障,那就会背离社会主义的初衷。

党的十八大以后,习近平同志特别强调宪法的实施,依宪办事,国家权力依宪运作。他指出,“宪法的生命在于实施,宪法的权威也在于实施”;“全面贯彻实施宪法,是建设社会主义法治国家的首要任务和基础性工作”;“宪法与国家前途、人民命运息息相关。维护宪法权威,就是维护党和人民共同意志的权威。捍卫宪法尊严,就是捍卫党和人民共同意志的尊严。保证宪法实施,就是保证人民根本利益的实现。只要我们切实尊重和有效实施宪法,人民当家作主就有保证,党和国家事业就能顺利发展。反之,如果宪法受到漠视、削弱甚至破坏,人民权利和自由就无法保证,党和国家事业就会遭受挫折”。[①] 习近平同志的这些话和他之后在中纪委二次全会上讲的“把权力关进制度的笼子里”的话表明,党和国家新一届领导集体是非常重视宪制的,是准备要坚决推动和实行宪制的。当然,习近平同志与我们党和国家新一届领导集体所要推动和实行的宪制绝不是西方国家的宪政,而是中国特色社会主义的宪制。

建设中国特色的宪制,即要通过宪法设计权力制约权力、权利制约权力,保障民主,保障公民权利、自由,保障人权的国家政体体制,并通过具体的法律制度保证这种政体体制的实际和有效运作。我们之所以只能走中国特色的宪制之路,而不能走与西方国家的宪政道路,乃是由中国的基本国情所决定的。中国的基本国情是什么呢?邓小平同志说,至少有两个重要特点:一是底子薄;二是人口多,耕地少。[②] 所谓“底子薄”,是指近代中国由于帝国主义的侵略,封建主义和官僚资本主义的腐朽统治,使中国极端贫穷落后。尽管新中国建立后我们的经济建设取得了伟大成绩,建立了比较完整的工业体系,特别是改革开放以后我国经济取得了举世瞩目的成就,发展速度名列世界前茅,国民经济总量现已处在世界第二的位置,但是就社会经济发展整体水平而言,我

① 《习近平谈治国理政》,外文出版社 2014 年版,第 137-138 页。

② 参见《邓小平文选》(第 2 卷),人民出版社 1993 年版,第 163-164 页。

国目前仍属于发展中国家，人均国民生产总值在世界排名仅为90位左右，属中等发展水平。这一国情决定了我们国家在现阶段的基本任务是发展、改革，尽快使中华民族全面复兴，尽快把中国建设成富强民主文明和谐的社会主义现代化国家。为了实现这一任务，我们必须坚持中国共产党的领导，而不能过分地搞分权制约。我们的政治体制必须在保障公正、保障人权的基础上保证国家发展的必要速度和效率。至于“人口多，耕地少”的这一中国国情，则使中华民族复兴和实现中国现代化的任务增加了艰巨性和复杂性，“在生产还不够发展的条件下，吃饭、教育和就业就都成为严重的问题”。① 要有效解决这些问题，社会的稳定和国家、人民的凝聚力是非常重要的。为此，我们的政治体制必须在保障人民民主自由的前提下保证国家管理的适当集中和二者的适当平衡。

我们之所以不应和不能走西方宪政之路，因为西方宪政也是不断发展的。传统的西方宪政模式存在诸多弊端，其实效与这一模式的发明者、施行者、追随者所企望、所鼓吹的限权、控权、保障人权（平等、自由、财产和追求幸福等）的作用存在相当的差距。一些西方国家的制度运作过于依赖私有制，依赖金钱和权势，公权力的运作过于受各种利益集团的控制，各个政党过分关注和谋求自身利益和其所代表的小群体的利益，大多数中下阶层人民群众的利益和意志往往被代表大财团利益和意志的政党所忽视。社会经常被撕裂成各种互不相容的对立的利益集团，很难相互妥协和达成共识，从而导致国家治理能力下降，效率低下。正因如此，西方国家中一些较明智的政治家也在不断改革和改进他们自己的宪政体制，以提高他们国家的治理能力。我们今天要建设现代化的中国，全面推进中华民族的复兴，当然不应该再回过头去引进和实行不少西方国家自己都已经认识其弊端并正在加以变革的传统的西方宪政模式。

对于中国特色的宪制之路，我们虽然还在不断探索之中，但改革开放30多年我们已经做了大量的很有成效的准备工作。例如，我们在1982年已经制定了一部比较好的宪法，以后又经四次修改，社会主义市场经济、法治、人权均已入宪；我们已经建立了比较完善的人民代表大会制度，人大对“一府两院”

① 《邓小平文选》（第2卷），人民出版社1993年版，第164页。

的监督制约机制已经运转多年;我们司法系统的公正性、权威性和司法公信力正在逐步提高,人民法院独立行使审判权、人民检察院独立行使检察权的环境和条件正在改善等。因此,我们对实行中国特色宪制完全应该有信心,应该坚定不移地在中国特色宪制之路上走下去。

当然,走中国特色宪制之路肯定不会一帆风顺,路途中肯定会有风险,有困难,有障碍。但是只要我们下定决心,坚定意志,就能一步一步实现我们的中国特色宪制的目标。所谓“一步一步”,就是说我们推进中国特色宪制,应采取渐进式的方案,逐步形成一个既能有效制约公权力,防止公权力腐败、滥用,又能有效保护公民权利、自由,保障人权,还能有效促进经济发展、社会稳定,推进生态文明的中国特色宪制模式。

改革、法治与国家治理现代化*

党的十八届三中全会《中共中央关于全面深化改革若干重大问题的决定》(以下简称《决定》)指出,“改革开放是决定当代中国命运的关键抉择,是党和人民事业大踏步赶上时代的重要法宝”。为此,“必须在新的历史起点上全面深化改革”。而全面深化改革所要实现的目标是什么呢?《决定》进一步指出,“全面深化改革的总目标是完善和发展中国特色社会主义制度,推进国家治理体系和治理能力现代化”。另外,《决定》还专设一节,提出推进法治中国建设的要求。那么,什么是国家治理现代化呢?或者说,现代国家治理有什么标准、什么特征?改革对于现代国家治理体系和治理能力的形成有什么作用?改革怎么推进现代国家治理体系和治理能力的形成?法治在现代国家治理中有什么地位与作用?在现代国家治理体系下,改革与法治又是什么样的关系呢?本文拟对这些问题做一些初步的探讨,尝试给出一些粗浅的答案。

一、现代国家治理的主要特征

相对于传统的国家治理,无论是古代的、近代的,还是计划经济时代的,甚或当下治理模式尚未转型的国度和地区的国家治理,现代国家治理呈现下述五个方面的特征:

(一)国家治理主体多元化

在英语中,现代国家治理一般使用 Governance 或 Public Governance(通常译为“公共治理”)或 Good Governance(通常译为“善治”)表述,而传统的

---

* 该文原载于《中共中央党校学报》2014 年第 4 期。

国家治理则使用 Government(通常译为“统治”或“国家管理”)或 Administration(通常译为“行政”或“行政管理”)或 Regulation(通常译为“管制”或“规制”)表述。

Governance 相对于 Government,其最大的区别就是主体不同,前者的主体是多元的,后者的主体是单一的。“从 20 世纪 80 年代开始,世界上许多国家和地区尝试重新配置公共权力,试图通过向社会组织、私营部门等开放权力的方式来提高国家管理的弹性与韧性。这股潮流被学术界总结为由‘统治’向‘治理’的转变。”①所谓“统治”,即传统的国家治理,治理的主体只能是统治者,统治者不可能与被统治者分享统治权。在封建专制社会,国家治理权只能为国王、皇帝和从属于他们的国家官僚机器所垄断,不可能吸收其臣民参与国家管理。在传统的资本主义社会,国家治理权只能为总统、内阁、国会和司法系统所组成的政府(广义的政府)所垄断,尽管林肯在 19 世纪即提出“民有、民治、民享”(The government of the people,by the people,and for the people)的口号,但人民在事实上很少或几乎没有参与国家管理的机会。在计划经济时代的社会主义社会,国家治理的主体主要是党和政府,尽管宪法规定国家的一切权力属于人民②,但由于法律上缺少人民直接参与国家管理的途径和形式,人民通常不可能成为国家治理的直接主体。

而在现代社会的条件下,由于政治文明的进步,代议制民主的缺陷(议会、政府过于为党派和党派所代表的少数群体利益,而不是为全体民众利益服务)日益为人们所认识,再加上科学技术,特别是互联网的发展,人民直接参与国家治理不仅显示出越来越明显的必要性,而且展示出越来越广泛的可能性。从而国家治理主体愈益多元化。各种社会组织、团体一方面通过自治参与社会治理(国家治理的组成部分),另一方面通过法律提供的途径和形式直接参与国家治理,或者通过国家向社会转移部分公权力而获得国家治理权进而成为公共治理主体(既具有狭义国家治理的性质,又具有社会治理的性质)。

---

① 郑言、李猛:《推进国家治理体系与国家治理能力现代化》,载《吉林大学社会科学学报》2014 年第 2 期。

② 如我国“五四宪法”第 2 条规定,“中华人民共和国的一切权力属于人民”;苏联 1936 年宪法第 3 条规定,“苏联全部权力属于城乡劳动者”。

国家治理主体的这种多元化趋势在传统的各种形式和领域的国家管理转型中均表现出来。无论是宏观的整体的政府管理(Government),还是仅限于行政领域的行政管理(Administration),或者是仅限于对外部行政相对人的规制管理(Regulation),其日益显示出主体多元化的趋势。展现这种趋势的形式和途径是多种多样的,如听证会、论证会、网上讨论、辩论、政府职能外包、政府购买服务、志愿者服务、公私合作(PPP)等。我国目前作为国家治理主体的组织和个人包括国家机关、政党(其中执政党具有特别重要的地位)、社会团体(工、青、妇等)、行业协会(律协、医协、注协等)、非政府非营利性的社会公益组织(NGO、NPO)、基层自治组织(村民委员会、居民委员会等),以及公民、法人和其他组织。

(二)国家治理客体立体化

传统国家治理以“民”为治理客体,无论是中国古代的法家、儒家,还是近代西方国家的自然法学家或法哲学家,都认为治国就是治民,或者以治民为治国之本、治国之要。鲁迅说,“孔夫子曾经计划过出色的治国方法,那都是为治民众者”①;孟子说,“劳心者治人,劳力者治于人”“无野人,莫养君子,无君子,莫治野人”②;韩非说,“治民无常,唯治为法”③;霍布斯说,在国家按约建立时,每一个人相互约定放弃自己的自然权利,并将这些权利转让于作为主权者的一个人(君主)或由一群人组成的议会。国家治理就是作为主权者的这个人(君主)或议会依约对放弃了自然权利的订约人进行治理。④

传统国家治理以“民”为治理客体主要受旧时代统治阶级统治观念的影响,同时也与旧时代社会、经济、政治关系相对简单有关。封建专制时代没有政党,没有市民社会,没有商品交换的市场。即使当时在一些国家、地区存在同业行会或某种民间组织,也不可能形成后世才有的市民社会;即使当时在一些国家、地区存在一定的物物交换或商品交换,也远远构不成今天的市场经济。在早期资本主义社会和计划经济的社会主义时代,国家治理的客体虽然比古代和中世纪复杂,但也完全无法与当今的时代相比。

---

① 张国华、饶鑫贤主编:《中国法律思想史纲》,甘肃人民出版社1984年版,第106页。
② 张国华、饶鑫贤主编:《中国法律思想史纲》,甘肃人民出版社1984年版,第106页。
③ 张国华、饶鑫贤主编:《中国法律思想史纲》,甘肃人民出版社1984年版,第210页。
④ 参见[英]霍布斯:《利维坦》,黎思复等译,商务印书馆1985年版,第205-249页。

现代国家治理客体已经完全立体化,治理不仅指治国(国家机关),而且指治党(特别是执政党),治社会(社会团体、行业协会、社会自治组织等),还指治市场(商品、贸易、投资、金融等各种市场);不仅指治社会(广义的社会,包括国家、政党、市民社会和市场),而且指治生态环境(陆地、海洋、天空等);不仅指治现实世界,还指治虚拟世界(互联网)等。

现代国家治理客体相对传统国家治理客体的变化不仅是社会经济、政治和科学技术发展进步的必然,同时也是人们观念、理念发展进步的结果。"民"不再是纯粹的、被动的治理客体,而是治理主体。"民"虽然在一定的时空也可能成为国家机关治理的对象,但在更多的时空,国家机关是"民"治理的客体。

(三)国家治理目标人本化

传统国家治理主要追求统治秩序。例如,孔子为古代中国设计的国家治理目标是"仁"和"礼",追求的是确立一种"亲亲""尊尊""君君、臣臣、父父、子子"的社会秩序。[①] 亚里士多德为古希腊城邦设计的国家治理目标是"中庸",追求的是建立一种中产阶级掌权的政体,"中产阶级既不像穷人那样希图他人财物,也不像富人那样引起穷人觊觎,既不会对别人抱有任何阴谋,也不会自相残害,从而可以保持邦国的稳定和持久"[②]。我国在计划经济时代,国家治理坚持"以阶级斗争为纲",主要追求的是对被统治阶级专政的政治秩序。改革开放以后的一段时期内,我们在国家治理方面坚持"以经济建设为中心",但一些地方和部门将之推向极致,转换为"以 GDP 为中心""以 GDP 为纲",为追求 GDP 不惜牺牲生态环境,不惜牺牲国民的健康、自由和权利。

现代国家治理目标应该是以人为本,追求人的可持续发展、自由、幸福。无论是经济、政治、社会、文化还是生态环境的治理,其最终目标均应是国民的福祉。无论是统治秩序,还是经济发展、改革开放,最后都应是为了人。离开了人的可持续发展、自由、幸福,发展和秩序都必然异化。就像我们当年"以阶级斗争为纲""以粮为纲""以钢为纲"赶英超美一样,不仅没有真正促成经

① 参见张国华、饶鑫贤主编:《中国法律思想史纲》,甘肃人民出版社 1984 年版,第 85-91 页。

② 徐爱国、李桂林:《西方法律思想史》,北京大学出版社 2009 年版,第 34 页。

济的发展和社会的稳定，而且给人民的利益带来了深重的灾难。

当然，现代国家治理目标以人为本，不是我们的治理应该只考虑人的利益，而可以不顾及其他生命体的生存和发展。现代国家治理必须在以人为本的前提下，充分考虑和兼顾其他生命体的生存和发展。为其他生命体的生存和发展创设良好的环境和条件，既是我们人本身生存、发展、幸福的需要，更是我们现代人理性和文明的体现。

（四）国家治理方式规范化

传统国家治理方式的主要特征是专断、恣意、多变和神秘化。如申不害主张国君治国应“独视、独听、独断”，“独视者则明，独听者则聪，能独断者，故可以为天下主”。[①] 孔子认为，统治者治国，只应让老百姓按照其政令去做，而不要让老百姓知道为什么，“民可使由之，不可使知之”。[②] 而且，孔子反对法治，反对治理规范化，“今弃是度也，而为刑鼎，民在鼎矣，何以尊贵。贵何业之守？贵贱无序，何以为国？”[③]

现代国家治理的方式则要求程序化、规范化，要求公开、透明、公正参与、协商、诚信和禁反言（Estoppel）。在现代法治国家，为了规范国家治理，一般都制定行政程序法、政府信息公开法、个人信息保护法，以法律规定国家治理行为的公开、公正、公平和国家治理行为应遵循的基本原则及其制度，如信赖保护原则、比例原则、合理预期原则、告知制度、听取申辩制度、说明理由制度、听证制度、调查取证制度、政府发言人制度、政务网上公开和网上征求意见、讨论、辩论制度等。

公权力运作程序化、规范化对于现代国家治理具有非常重要的意义，它既是保障国家公权力和社会公权力行使公正和效率的要求，也是防止公权力滥用、遏制腐败的要求。

（五）国家治理手段文明化

传统国家治理手段多采用人治、礼治或权势术之治。如柏拉图主张“哲学王”之治，他认为，哲学王具有勇敢、大度、聪敏、强记的天赋品质，由哲学王

---

① 张国华、饶鑫贤主编：《中国法律思想史纲》，甘肃人民出版社 1984 年版，第 199 页。

② 《论语》，陈国庆注译，陕西人民出版社 1996 年版，第 147 页。

③ 张国华、饶鑫贤主编：《中国法律思想史纲》，甘肃人民出版社 1984 年版，第 96-97 页。

治理的国家是“第一好的国家”。“在哲学家成为城邦的统治者之前,无论城邦还是公民个人都不能终止邪恶,我们用理论想象出来的制度也不能实现。”[①]孔子主张“德治”,“道之以政,齐之以刑,民免而无耻,道之以德,齐之以礼,有耻且格”。[②] 慎到、申不害、马基雅弗利主张权势权术之治。慎到认为,“贤者未足以服众,而势位足以屈贤者也”。“尧为匹夫不能治三人,而桀为天子能乱天下。吾以此知势位之足恃,而贤者之不足慕也”。[③] 申不害提倡“君人南面之术”,“术者,因任而授官,循名而责实,操杀生之柄,课群臣之能者也”,“藏于无事,示天下无为”。韩非对“术”也有几乎同样的解释:“术者,藏之于胸中,以偶众端,而潜御群臣也”。[④] 马基雅弗利则把这种权术之治推向极致,他说,“那些曾经建立丰功伟绩的君主们却不重视守信,而是懂得怎样运用诡计,使人们晕头转向,并且终于把那些一本信义的人们征服了”。所以,君主要经常诉诸兽性,“君主必须是一头狐狸以便认识陷阱,同时又必须是一头狮子,以便使豺狼惊骇”。[⑤] 依据马基雅弗利的理论,统治者选择治理手段,只应问是否有效,而不要考虑是否正当。

现代国家治理显然不能运用上述手段。现代国家治理手段的选择不仅要考虑其有效性,而且要考虑其正当性和文明性。现代国家治理的基本手段是民主、法治、科学和文化。

民主包括代议制民主、参与式民主和协商式民主。早期的民主主要是代议制民主,但由于代议制民主在实际运作中产生了很多缺陷和弊病,代议机关的代表在立法和重大问题的决策中往往并不代表全体人民或绝大多数人民的利益和意志,而主要代表其所在党派的利益和某一特定利益群体的利益。因此,参与式民主和协商式民主作为代议制民主的补充,在现代国家治理过程中迅速发展起来,并且具有越来越重要的地位和作用。

法治包括形式法治和实质法治。形式法治主要要求国家治理有法可依、有法必依、执法必严、违法必究。而实质法治不仅要求国家治理严格守法、依

---

① [古希腊]柏拉图:《理想国》,郭斌和等译,商务印书馆1986年版,第238-255页。

② 《论语》,陈国庆注译,陕西人民出版社1996年版,第24页。

③ 张国华、饶鑫贤主编:《中国法律思想史纲》,甘肃人民出版社1984年版,第194页。

④ 张国华、饶鑫贤主编:《中国法律思想史纲》,甘肃人民出版社1984年版,第199页。

⑤ 参见[意]马基雅弗利:《君主论》,潘汉典译,商务印书馆1985年版,第83-84页。

法,而且要求所守所依之法是“良法”;不仅要求国家治理遵循法律的具体条文、规则,而且要遵循法律的原理、原则、精神和法治理念;不仅要求国家治理依硬法办事,而且要自觉依软法(非由国家强制力保障实施的法,如宪法惯例、法律基本原则、社会公权力组织章程和自律规则、执政党党内法规、国家机关发布的政策性纲要、指南,以及有关公权力主体之间就公共事务签订的协议等)办事,自觉受软法约束。

现代国家治理相较传统国家治理,科学具有重要的地位。这是因为现代国家治理比传统国家治理所要解决的问题复杂得多。比如,互联网安全问题、转基因食品审批许可问题、PX 工程建设选址问题、雾霾治理问题等。这些都是传统国家治理中不曾遇到或不可能遇到的问题。显然,要对这些问题作出正确决策,必须在坚持民主法治的前提下,进行充分的科学论证,即同时运用科学的手段,才能获取解决问题的最优或较优方案。

在我们过去一个时期的国家治理中,文化手段的作用并未得到应有的足够重视。尤其是文化中软的一方面[①],即塑造人的精神、信仰、灵魂的价值观和人的理念方面,人们更对之有所忽视。之所以如此,是因为在国家治理中,文化这种手段的见效往往是长期性的、间接的,“润物细无声”和不易为人们所察觉的,它难以满足人们“短平快”的预期。但是,文化这种软手段的作用在现代国家治理中却是不可或缺的。没有文化的熏陶,国民信仰迷失,一些人既不信“马列”,也不信“孔孟”,也不信宗教,从而不讲诚信,不讲道德,不守法律,失去了做人的底线,乃至欺骗和暴力充斥社会。国家、社会如果这样发展下去是十分可怕的。因此,在现代国家治理中,要综合、平衡、协调运用民主、法治、科学和文化的手段(包括适当发挥宗教对社会稳定的作用),使之产生最佳的治理效果,以最有效地实现治理目标。

二、改革对推进国家治理现代化的作用

《宪法》曾向国人提出实现工业、农业、国防和科学技术“四个现代化”的重大历史任务;党的十八大进一步提出了新型工业化、信息化、城镇化和农业现代化的“新四个现代化”任务;党的十八届三中全会又提出推进国家治理体

---

① 这里,文化中硬的一方面,指文化产业方面。

系和治理能力现代化的任务。国家治理现代化与“四个现代化”和“新四个现代化”是什么关系？我们如何才能在实现“四个现代化”和“新四个现代化”的同时实现国家治理现代化？

毫无疑问，根据中国国情，创建我国国家现代化的基础和基本条件只能通过革命实现。没有中国共产党领导中国人民进行的28年艰苦卓绝的革命，推翻“三座大山”，建立新中国，任何现代化都只能是“水中月、镜中花”。但是，革命只能创造国家现代化的基础和基本条件，国家现代化本身的实现却必须通过建设和改革。就“四个现代化”和“新四个现代化”而言，改革虽然是其实现的首要条件，但推进科学发展和技术进步同样对之有着极为重要的意义。而就国家治理现代化而言，改革不仅是其实现的基本条件，而且对其有着决定性的作用。因为国家治理更多涉及的是制度性因素，而非科学技术的因素，但“四个现代化”和“新四个现代化”更多涉及科学技术的因素，尽管其中也有诸多制度性因素。

要推进和实现国家治理现代化，需要进行全方位的深化改革。在十八届三中全会设计的各种改革中，对于国家治理现代化而言，最重要的改革包括以下五项。

（一）经济体制改革

现代国家治理当然包括对经济管理的治理、对市场运作环境的治理。要变革国家管理经济的“大政府”“全能政府”方式，要建立公平、有序竞争的市场，就必须大刀阔斧地推进经济体制改革。经济体制改革虽然与行政体制改革、政治体制改革紧密联系，但其主要目标和任务是独特的，那就是正确处理政府与市场的关系：既减少行政干预，充分发挥“看不见的手”对经济的调节作用，使市场在资源配置中起决定作用；又正确发挥“看得见的手”的辅助作用，保障政府合理、及时、有效地对经济进行宏观调控。

新一届政府自上任以来，紧紧抓住经济体制改革的关键环节——行政审批改革，仅中央政府层级就分5批次取消和下放了468项审批事项，超过新一届政府接任时总审批事项（1700多项）的1/4。当然，我们不能只看数字，就全国的情况看来，行政审批改革还存在较大阻力。一些地方和部门不是积极推进改革，而是消极应付改革：对其主管的审批项目边减边增、明减暗增；对其有利可图的项目尽量保留，而真正取消下放的只是一些对其无关痛痒的项目。

当然，行政审批改革也不能是取消下放得越多越好，对于那些关系公民生命、健康和国家安全的审批项目，如医生的执业资格、金融机构的建立、核电站的建设等的审批，是绝对不能取消、废止的，对这些审批项目的改革主要应是程序的正当化和高效化。

（二）政治体制改革

政治体制改革对于推进国家治理现代化有决定性作用。由于政治体制改革涉及的问题复杂、风险性较大，为慎重起见，自改革开放以来，其在推进的速度、力度上均稍慢于和小于经济体制改革。但现在政治体制改革的环境、条件已大为改观，故完全可能和应该适当加快改革的速度、加大改革的力度。

政治体制改革的任务是多方面的，当下最重要的是推进执政党执政方式改革，实现执政党民主执政、科学执政、依法执政，把执政党的执政权力关进制度的“笼子”里。自党的十六大以来，我们就一直对推进执政党执政方式的改革进行探索。就推进国家治理现代化而言，我们必须抓紧研究和探索，尽可能快地找出一条社会主义执政党民主执政、科学执政、依法执政的中国特色新路。

（三）行政体制改革

行政体制是国家治理体制的重要环节。政府是国家治理的主要组织者和实施者。一个国家，如果没有一个有效运作的政府，要改善和提高其治理能力是不可想象的。

行政体制改革的目标和任务是多方面的，其最重要的目标和任务是建设法治政府，法治政府有五个重要因素：其一，促进公众参与，防止政府专断。公众参与包括公众参与决策、参与管理和参与监督。[①] 公众参与权的前提是知情权，没有知情权就不可能实现参与权。其二，加强监督和制约。对公权力的监督制约包括权力制约和权利制约，内部制约和外部制约。其三，推进反腐倡廉。防治腐败最重要的对策是公开、透明。为此，应推行各级政府及其工作部

① 国务院2004年发布的《全面推进依法行政实施纲要》明确要求：行政决策机制应当科学化、民主化和规范化。人民群众的要求、意愿得到及时反映。政府提供的信息全面、准确、及时，制定的政策、发布的决定相对稳定，行政管理做到公开、公平、公正、便民、高效、诚信。行政机关实施行政管理应当程序正当、公开，注意听取公民、法人和其他组织的意见，依法保障行政管理相对人、利害关系人的知情权、参与权和救济权。

门权力清单制度,依法公开权力和权力运行流程;同时要求健全防止利益冲突、领导干部报告个人有关事项、任职回避等方面的法律法规,推行新提任领导干部有关事项公开制度试点。其四,健全权责统一和责任制。应进一步健全完善问责制度,使其真正发挥作用。在问责方面,应特别注重发挥各级人大及其常委会的质询问责作用。其五,以人为本,建立服务型政府。政府以人为本、为民服务不应该只是口号,而应该是实实在在的行动。为此,必须改变我们的政绩评价机制和官员选拔晋升机制。纠正单纯以经济增长速度评定政绩的偏向;改革和完善干部考核评价制度,改变唯票取人、唯分取人的现象,以选拔真正为民服务、勤政务实的好干部。

(四)司法体制改革

现代国家治理是与公正、高效、权威的司法紧密相连的。在我国,要创建公正、高效、权威的司法,就必须大力推进司法体制改革。

党的十八届三中全会《决定》就司法体制改革提出了一系列重大措施,其中最主要的有以下十项:其一,推动省以下地方法院、检察院人财物统一管理,探索建立与行政区划适当分离的司法管辖制度,以确保人民法院、人民检察院依法独立公正行使审判权、检察权;其二,建立符合职业特点的司法人员管理制度,健全法官、检察官、人民警察统一招录、有序交流、逐级遴选机制,完善司法人员分类管理制度,健全法官、检察官、人民警察职业保障制度;其三,健全司法权力运行机制,优化司法职权配置,健全司法权力分工负责、互相配合、互相制约机制,加强和规范对司法活动的法律监督和社会监督;其四,改革审判委员会制度,完善主审法官、合议庭办案责任制,让审理者裁判、由裁判者负责;其五,明确各级法院职能定位,规范上下级法院审判监督关系;其六,推进审判公开、检务公开,录制并保留全程庭审资料,增强法律文书说理性,推动公开法院生效裁判文书;其七,严格规范减刑、假释、保外就医程序,强化监督制度;其八,广泛实行人民陪审员、人民监督员制度,拓宽人民群众有序参与司法渠道;其九,进一步规范查封、扣押、冻结、处理涉案财物的司法程序;其十,健全错案防止、纠正、责任追究机制,严禁刑讯逼供、体罚虐待,严格实行非法证据排除规则。

在以上司法改革措施中,对国家治理最具意义的有以下三项:其一,排除各种公权力主体对司法的干预,推进司法的去地方化、去行政化,确保人民法院和人民检察院依法独立公正行使司法权;其二,推进司法公开,通过司法公开保障司法公正;其三,建立让审理者裁判、由裁判者负责的司法机制。

(五)社会运行体制改革

现代国家治理体系的建立和完善在很大程度上有赖于社会组织的培植。因为现代社会国家与公民的关系以及公权力的配置大不同于传统社会。在传统社会,公权力集中于国家,国家通过各级官僚机构治理民众。而在现代社会,由于社会经济关系的复杂化,社会组织迅速成长,部分国家公权力向社会转移,社会在自身发展过程中也生长出许多自治性的社会公权力。所以,现代国家治理不能仅专注于国家和国家公权力,还必须关注社会和社会公权力。为此,推进国家治理现代化必须同时推进社会运行体制改革。

目前,社会运行体制改革主要任务有四:其一,促进各种社会团体、组织和基层群众自治组织的发展、完善,进一步推进部分国家公权力向社会转移,让能够通过社会自治办理、解决的事项、问题尽量交由社会办理、解决;其二,推进社会团体、行业协会和基层群众自治组织章程和相应的软法①建设,加强对社会公权力行为的规范;其三,创新解决社会矛盾、争议的社会调处机制,建立畅通有序的诉求表达、心理干预、矛盾调处、权益保障机制;其四,建立和完善国家公权力与社会公权力共同治理的协商、协调机制,推进各种纵向和横向的协商民主。

三、法治在现代国家治理中的地位和作用

关于法治在现代国家治理中的地位和作用,笔者曾经在一篇关于发展、改革、创新与法治的关系的论文中作过初步探讨。② 这里笔者再从其理论和实践的结合上做进一步的补充分析。

(一)法治在现代国家治理中的地位

前面我们在研究现代国家治理的特征中已经指出,现代国家治理不同于传统国家治理,不是靠人治、不是靠权势术,而主要靠民主、法治、科学和文化。

---

① 关于软法,参见罗豪才、宋功德:《软法亦法——公共治理呼唤软法之治》,法律出版社 2009 年版;罗豪才等:《软法与公共治理》,北京大学出版社 2006 年版;罗豪才、毕洪海编:《软法的挑战》,商务印书馆 2011 年版。

② 参见姜明安:《发展、改革、创新与法治》,载《中共中央党校学报》2011 年第 4 期。

可见,法治是现代国家治理的重要手段或基本手段。但我们此处讨论法治在现代国家治理中的地位时,还应进一步指出,法治不仅是现代国家治理的手段,更是现代国家治理的目标。

我们说法治是现代国家治理的手段,主要是从法治的功能角度说的。法治优于人治,因为"凡是不凭感情因素治事的统治者总比感情用事的人们较为优良。法律恰正是全没有感情的"。"常人既不能完全消除兽欲,虽最好的人们(贤良)也未免有热忱,这就往往在执政的时候引起偏向。法律恰恰正是免除一切情欲影响的神祇和理智的体现"。[①] 麦迪逊指出,"如果人都是天使,就不需要任何政府了。如果是天使统治人,就不需要对政府有任何外来的或内在的控制了"。[②] 正因为人不是天使,所以需要政府;正因为政府也不是天使,所以需要对政府有外在和内在的控制,需要法治。

我们说法治更是现代国家治理的目标,主要是从法治的理念和价值的角度说的。法治的理念和价值是多方面的,其主要的理念和价值有三:其一,保障国民的权利、自由,保障人权;其二,控制公权力,把公权力(包括国家公权力和社会公权力,甚至包括国际公权力)关进制度的笼子里;其三,维护公平正义,"要使事物合于正义(公平),须有毫无偏私的权衡,法律恰恰正是这样一个中道的权衡"。[③] 很显然,法治的这些理念和价值正是现代国家治理追求的目标。我们进行全面深化改革,推进国家治理的现代化,当然不是为改革而改革、为治理现代化而治理现代化,我们推进改革和治理现代化的目的是建设法治国家、法治政府、法治社会,保障人的可持续发展、权利、自由、幸福,控制公权力和维护社会的公平正义。

(二)法治在现代国家治理中的作用

法治在现代国家治理中的作用主要有四:其一,指引作用。法治具有为国家治理指引目标、方向的作用。在我国目前的国家治理实践中,法治的这一作用虽越来越受重视,但尚未得到充分发挥。影响这一作用充分发挥的因素主要是:我国目前法的立、解、改、废(制定、解释、修改、废止)的运作机制尚不完

① [古希腊]亚里士多德:《政治学》,吴寿彭译,商务印书馆1965年版,第163-169页。

② [美]汉密尔顿、杰伊、麦迪逊:《联邦党人文集》,程逢如等译,商务印书馆2011年版,第264页。

③ [古希腊]亚里士多德:《政治学》,吴寿彭译,商务印书馆1965年版,第169页。

善、尚不顺畅。下一步有必要修改立法法和立法机关组织法,改革立法机关的组织和立法程序。

其二,规范作用。法治对于国家治理的另一主要作用是确立治理模式和规则,规范治理行为。目前,法治的这一作用也受到某些消极因素的制约。这里有法不够健全、不够完善的问题(行政程序法、政务公开法等缺位),更有有法不依、执法违法(“钓鱼执法”“养鱼执法”)的问题。对此,必须在完善立法的同时加强监督和问责机制。

其三,推进作用。法治对现代国家治理的推进作用主要是通过创建治理环境,创设治理激励机制实现的。当下我国治理环境总体上是良好的,治理激励机制也基本是完善的。但在某些地方、某些领域,也存在治理环境恶化、治理激励机制不完善,甚至出现某些“负激励”的问题。对此,有必要通过推进法治改善治理环境和完善法律激励机制,特别是在组织人事制度上保证确实重用坚持法治且善于运用法治思维、法治方式治国理政的人才、干才。

其四,制约作用。法治对国家治理的制约作用主要是通过控制公权力滥用和腐败、保障良政善治实现的。在这方面,法治作用的发挥在我国也有很大的空间。特别是在反腐败领域,必须在加强、完善法治上下大功夫,如建立、完善领导干部个人情况的申报、核查和公示制度,建立、完善防止和避免利益冲突制度,建立、完善质询、问责制度等。

四、现代国家治理体系下改革与法治的关系

正确处理改革与法治的关系是完善现代国家治理体系,提升国家治理能力的必然要求。当下,我国部分国人特别是一些地区和部门的领导干部在国家治理实践中对改革与法治的关系存在各种认识误区。一些人视改革本身为目标、是硬任务,是出政绩和提升形象的最佳途径,而法治则只是手段、是软任务,故当运用法治有利于推进其提升政绩和改进形象的所谓“改革”时,就用法治;当运用法治可能阻碍或延缓其所推进的所谓“改革”时,就抛弃法治或规避法治。

笔者认为,在现代国家治理体系下,改革与法治的适当关系应表现为:其一,法治是改革的目标。或者说改革是为了推进国家治理现代化,而国家治理现代化的目标(或目标之一)是建立法治国家、法治政府、法治社会,是为了实

现和增进人的权利、自由、幸福。改革不是为改革而改革，更不是单纯为提升治理者的“政绩”、改善治理者的形象而改革。其二，法治是改革的制约。改革的权力和改革权力的运作必须受法律的约束。否则，改革就可能成为“一匹脱缰的野马”或“一辆没有制动器的疯跑的车”，可能给人民生命、自由、财产和社会公共利益带来极大的风险。因为任何权力，即使是改革的权力，如果没有制约，都必然导致滥用。“一切有权力的人都容易滥用权力，这是万古不易的一条经验”，①改革也不可能例外。其三，法治是改革的保障。法治既为改革提供方向和动力，并通过责任机制和激励机制促进国家治理主体推进改革；也为改革提供制约和救济，防止各种国家治理主体乱改革、滥改革，借“改革”之名行谋私之实；并通过法律设定的监督和救济机制为合法权益受到乱改革、滥改革侵害的受害人提供法律救济。

---

① ［法］孟德斯鸠：《论法的精神》（上卷），许明龙译，商务印书馆2012年版，第184页。

新时代中国行政法学的转型与使命*

在全面推进我国国家治理创新，实现我国国家治理体系和治理能力现代化的进程中，中国行政法和行政法学面临诸多新的挑战，其体系、内容和研究范式发生了重大变化，中国行政法和行政法学必须履行新时代赋予的诸多新的历史使命。

一、中国行政法和行政法学在新时代面临的新挑战

在新时代，中国行政法和行政法学面临的新挑战是多方面的，其中最重要的有下述三个方面：

其一，在新时代，传统行政管理向公共治理转化，对传统的行政主体理论、行政行为理论形成了挑战。在传统行政管理（administration or regulation）的语境下，行政主体通常仅指行政机关，而不包括法律法规授权的组织或其他社会公权力主体。事实上，法律法规授权的组织或其他社会公权力主体在过去的时代行使公共职能的情况也较少。我国第一代行政法学教科书《行政法概要》这样表述行政管理的主体，“国家行政机关是统治阶级运用国家权力对国家行政事务进行组织和管理的机关，亦称国家管理机关，或简称政府”。“领导、组织和管理国家行政事务是国家行政机关特定的任务。”[①]我国第二代行政法学教科书《行政法学》亦这样表述作为行政法律关系主体一方的行政机关，“行政法律关系主体，亦称行政法主体，由行政机关和相对的一方构成”。“行政机关是国家机关的一种，它是由国家依法设立并代表国家依法行使国

---

* 该文原载于《财经法学》2019 年第 1 期。

① 王珉灿主编：《行政法概要》，法律出版社 1983 年版，第 61、63 页。

家行政权,掌管行政事务的机关。”[①]这种情形,我国如此,西方传统行政法学教科书亦认为行政主体一般只是行政机关,行政行为只能由国家行政机关作出。如《德国行政法》指出,“行政机关是作为与司法机关相对应的,在行政中作出政府行为,即行政行为的机构”。“行政机关还可在一定情况下授权另一行政机关行使其权力,但不能授权给一个不是行政机关的机构。”[②]

但在现代公共治理(public governance)的语境下,行政主体除行政机关外,大量社会组织、团体(行业协会、基层自治组织、公益事业组织、生态环境保护组织、社区组织等)通过法律法规授权或行政机关委托,或者根据社会自治组织章程,亦可作为行政主体,行使一定的公共职能,如律师协会对律师和律师事务所的管理,注册会计师协会对注册会计师和注册会计师事务所的管理等。我国第三代行政法学教科书《行政法与行政诉讼法》这样阐述行政机关与行政主体的关系,“行政机关是行政主体的一种”而非全部,“在传统的国家—臣民或国家—公民的二元社会里,公权力通常由国家垄断,行政权一般只能由国家行政机关行使,从而使行政主体只有国家行政机关一家。但在现代社会,在国家和公民之间,生长出大量的非政府组织(NGO)、非营利组织(NPO),社会形成多元化结构,国家公权力越来越多地向社会转移”。国家行政机关虽然仍然是公权力的主要行使者,但它不再是公共职能的唯一行使主体。[③] 行政主体这种变迁在我国发生较晚,社会组织的生长和参与公共管理主要在改革开放以后才成为趋势。西方国家公权力向社会转移的情况则多发生在20世纪中叶以后。如《法国行政法》将那时的公法主体——公法法人——分成两类:一类为与领土行政区划相适应的传统的行政机关,即与共同生活在同一行政区域的各种人群相适应,诸如国家、大区、省和市镇政府;另一类为公用事业机构,即公立公益机构,如负责经营管理社会性(如医院)或知识性(如大学、学院)的公用事业机构、经营管理工商性公用事业机构、管理某些行业组织和行业代表处的机构(如商会、农业公会)等。公法法人还包括各

---

① 罗豪才主编:《行政法学》,中国政法大学出版社1989年版,第46、48页。

② [德]奥托·迈耶:《德国行政法》,刘飞译,商务印书馆2002年版,第98、99页。

③ 参见姜明安主编:《行政法与行政诉讼法》,北京大学出版社、高等教育出版社2015年版,第84、111页。

种非营利法人，如职业工会、各种协会、各种基金会。①

在传统行政管理的语境下，行政行为的主要形式是行政规制，如行政审批、许可、行政处罚、行政强制等，其基本特征是单方性和强制性。我国第一代行政法学教科书《行政法概要》这样表述行政行为的特征，“不论这种关系的对方意志如何，只要国家行政机关依法下达了指示或命令，这种法律关系就形成了，关系的对方就必须履行作为或不作为的义务”。“国家行政机关的行政行为，有国家强制力作保证。义务人违反行政法义务的时候，国家行政机关可以依法强制执行或追究行政责任。”②我国第二代行政法学教科书《行政法学》亦这样表述因行政行为形成的行政法律关系的特征，“行政机关是以国家的名义参与法律关系并以国家强制力保证其职权的行使。当相对人不履行义务时，行政机关可以采取强制措施……行政法律关系中的意思表示也是不对等的，国家行政机关单方面进行意思表示即可引起行政法律关系，而无需征求相对一方的同意……行政机关可以不经对方同意径自变更行政法律关系，限制权利、增加义务或特许权利、豁免义务”。③

但在现代公共治理的语境下，行政行为的形式除行政规制外，公共服务（为居民提供社保、低保、公交、义务教育、公共医疗、廉租房等）具有越来越重要的地位，行政行为通常被认为不仅具有单方性和强制性的特征，而且越来越多地具有协商性和互动性的特征。我国第三代行政法学教科书《行政法与行政诉讼法》从多个方面描述了行政行为特征的这种转变：如从单方性到广泛公众参与性的转变；从单纯行政命令到越来越多运用行政契约的转变；从过多依赖行政强制到越来越多运用行政指导的转变；从主要依赖政府监管到越来越多地通过公私合作、公私互动以达成行政目标的转变等。④

行政管理到公共治理的上述发展转变即形成了对传统行政主体理论、行政行为理论的重要挑战。

---

① 参见［法］让·里韦罗、让·瓦利纳：《法国行政法》，鲁仁译，商务印书馆 2008 年版，第 60-63 页。

② 王珉灿主编：《行政法概要》，法律出版社 1983 年版，第 5-6 页。

③ 罗豪才主编：《行政法学》，中国政法大学出版社 1989 年版，第 15-16 页。

④ 参见姜明安主编：《行政法与行政诉讼法》（第 6 版），北京大学出版社、高等教育出版社 2015 年版，第 30-32 页。

其二,在新时代,党和国家机构改革,行政机构与党的机构合并或者合署办公,对传统的民主、宪制和法治理论形成了挑战。传统民主法治理论是与议会代表人民行使主权、有限政府和责任政府等理论密切联系的。这些理论认为,国家一切权力属于人民;人民选举代表机关代表人民行使国家权力;代表机关制定反映和体现人民利益和意志的法律;政府由人民代表机关产生,向代表机关负责,接受代表机关的监督;政府实施行政管理必须严格依据和执行人民代表机关制定的法律,其行为应接受司法审查和司法监督。西方学者将这种传统民主法治模式称为"传送带模式"(transmission belt)。[①]

在现代,上述传统民主法治模式首先受到当今公民参与民主和协商民主的理论和实践的挑战。参与民主虽然并非取代代表民主,协商民主也并非取代票决民主,但它们在现代国家治理过程中实际具有越来越重要的地位和发挥越来越重要的作用。正是参与民主和协商民主促使行政法治由单纯的有法可依、有法必依、执法必严、违法必究的形式法治向良法善治的实质法治转变。[②]

在我国,上述传统的民主法治模式更受到新时代党和国家机构改革、行政机构与党的机构合并或者合署办公趋势的挑战。党的十九大报告明确指出,在党政机构改革中,要"赋予省级以下政府更多自主权。在省市县对职能相近的党政机关探索合并或合署办公"。[③] 过去隶属政府的新闻、出版、电影、电视、广播、民族、宗教、公务员管理等行政机构在新时代均逐步隶属党的部门。而党的部门不由人民代表机关产生,向人民代表机关负责和接受人民代表机关监督,党的部门也不能成为行政诉讼的被告,其行为不接受人民法院的司法审查。对于新时代的这种新的治理模式,我们不仅要从治理体系和治理能力现代化的角度考察和阐释,而且还必须从现代民主法治理论的角度考察和阐释,用新时代中国特色社会主义法治理论说明和解释这种全新的治理模式。这对新时代行政法学无疑是一种新挑战。

---

① 参见[美]理查德·B. 斯图尔特:《美国行政法的重构》,沈岿译,商务印书馆 2002 年版,第 10 页。

② 参见姜明安:《新时代中国特色法治论》,法律出版社 2018 年版,第 16 页。

③ 习近平:《决胜全面建成小康社会 夺取新时代中国特色社会主义伟大胜利——在中国共产党第十九次全国代表大会上的报告》,人民出版社 2017 年版,第 39 页。

其三,现代高科技迅猛发展,互联网、大数据、人工智能、信息技术等对传统的行政管理方式及其理论形成了挑战。传统行政法学研究行政管理方式,主要是对行政程序的研究,认为行政主体对行政相对人的管理,必须遵循正当法律程序:作出和送达书面决定并说明理由、听取申辩等。传统行政法学较少研究行政管理的技术手段。但是在当今信息化时代,大数据、人工智能、互联网信息技术大量地运用于政府治理,电子政务成为政府治理的重要内容。“互联网+”、人工智能、大数据运用于政府治理。这些在行政法学研究中不再仅仅视为行政管理技术问题,而被视为行政法治模式的转型。例如,“让数据多跑路,让群众少跑腿”,所反映的是行政法治的“为民”“便民”的理念和宗旨,而不只是管理技术和行政效率的问题。在中国当下,大量国家治理创新、政府治理创新举措是通过电子信息技术实现的。这些给新时代中国行政法学带来了重要挑战。新时代中国行政法学必须将之纳入研究范畴,以不断增强行政法学的活力和生命力。

二、适应国家治理创新的实践,中国行政法和行政法学的体系和内容逐步转型

传统行政法和行政法学的体系和内容奠基于旧的行政管理法制模式。旧的行政管理法制模式的特点主要有四:一是其管制性。法制的目的主要不是为行政相对人提供服务,而是对行政相对人实施管理,管制重于指导。二是其强制性,法律赋予行政管理的手段主要不是规范、说服、指导,而是命令、强制、制裁,强制重于指导。三是其单方性。法制调整行政主体与行政相对人关系的方式主要不是协商、参与、互动,而是赋予行政主体单方执法权力,行政相对人只有服从的义务而无陈述、申辩和抵制的权利,权力优于权利。四是其保密性。法制对政府运作的信息要求主要不是公开、透明,而是保密,政府信息保密优于相对人对政府信息的知情权。①

随着法治政府建设目标的提出,特别是在党的十八大和十九大明确制定法治政府建设的路线图和时间表以后,旧的行政管理法制模式开始发生根本

① 关于行政管理法治模式的转型,参见姜明安:《全球化时代的“新行政法”》,载《法学杂志》2009 年第 10 期。

性变化,国家治理创新的步伐日新月异。行政管理的目的、功能开始由管制为主向公共服务为主转化;行政管理的手段开始由行政强制为主向行政指导为主转化;行政管理的方式开始由单方命令式为主向参与协商式转化;政府信息由以保密为常态、以公开为例外向以公开为常态、以保密为例外转化。

随着旧的行政管理法制模式向新的国家治理法治模式转化,以行政法制、行政法治为基本研究对象的行政法学体系和内容不能不发生深刻的变化。新的中国行政法学学术体系、话语体系和教材体系必须适应行政法制、行政法治模式的转型,反映我国国家治理不断探索、不断创新的实践。尽管目前我国行政法制、行政法治模式的转型尚未完成,国家治理创新仍处在方兴未艾的发展过程中,但其目标、方向已经确定,其模式框架已经确立。新的中国特色行政法和行政法学体系与内容正是对这一初步形成的中国行政法治模式的反映。

毫无疑问,新的中国特色行政法学将重点研究我国国家治理创新实践中的新问题,对中国行政法治实践的新鲜经验作出行政法学的理论概括。我国国家治理创新实践中的新问题和新鲜经验是大量的、多方面的。例如,党的十八届三中全会提出的“简政放权、深化行政审批制度改革”“完善决策权、执行权、监督权既相互制约又相互协调的行政运行机制”“处理好政府和市场的关系,使市场在资源配置中起决定性作用和更好发挥政府作用”“推动公办事业单位与主管部门理顺关系和去行政化”等;①党的十八届四中全会提出的建立健全“公众参与、专家论证、风险评估、合法性审查、集体讨论决定”“确保决策制度科学、程序正当、过程公开、责任明确”的重大行政决策程序“完善行政组织和行政程序法律制度、推进机构、职能、权限、程序、责任法定化”“坚持法定职责必须为,法无授权不可为”“深化行政执法体制改革”“推进综合执法”“建立健全行政裁量权基准制度”等;②党的十九大提出的“转变政府职能,深化简政放权,创新监管方式”“增强政府公信力和执行力,建设人民满意的服务型政府”“科学配置党政部门及内设机构权力……在省市县对职能相近的

① 参见《中共中央关于全面深化改革若干重大问题的决定》第一节“全面深化改革的重大意义和指导思想”、第九节“推进法治中国建设”。

② 参见《中共中央关于全面推进依法治国若干重大问题的决定》第三节“深入推进依法行政,加快建设法治政府”。

党政机关探索合并设立或合署办公”等。[①]

当然,新的中国特色行政法学也要在国家治理创新中批判性地继承传统行政法学,借鉴国外行政法学。创新,无论是国家治理和政府治理创新,还是以国家治理、政府治理作为重要研究对象的行政法学学科的创新,都不意味着与传统割裂,而是在批判性地继承传统的基础上的创新。我们今天的行政法学,虽然与传统行政法学在体系和内容上均有重大的质的区别,但是仍然继承了传统行政法学的许多基本概念、范畴和原理,如行政主体、行政行为、行政法律关系、行政救济等。只是我们在承继这些基本概念、范畴和原理时对之赋予了一定的新的内涵而不是全盘接受。另外,我们今天的中国特色行政法学也借鉴了国外,包括西方国家行政法学的若干理念、知识、原理和原则。中国行政法学的“中国特色”并不意味着要摒弃国外行政法学的一切理念、知识、原理、原则,而只是要摒弃国外,特别是西方国家行政法学中与我国法治政府建设不相适应的理念、知识、原理、原则。[②] 对于国外,包括西方国家行政法学中有助于推进我国法治政府建设的理念、知识、原理、原则,[③]我们是持开放态度予以吸收、借鉴的;尽管在吸收、借鉴时也要根据我国国情有所扬弃而非照单全收。

三、总结国家治理创新经验,中国行政法和行政法学基础理论、基本原则、基础知识不断创新和发展

党的十八大和十九大以后,我国国家治理创新全面展开。行政法学是研究作为国家治理最主要领域——政府治理法治化的学科。因此,总结国家治理创新的经验,特别是政府治理法治化的经验,是今天中国行政法学的重要历史使命。中国行政法学也正是在总结国家治理创新经验的过程中,使其基础理论、基本原则和基础知识获得了创新和重要发展。这些创新和发展在行政立法、行政执法、行政法制监督和行政争议解决四个领域表现得尤为突出:

---

① 参见党的十九大报告第六部分“健全人民当家作主制度体系,发展社会主义民主政治”。

② 这些理念、知识、原理、原则主要指“三权分立”、文官中立、私权至上和不适当地放松规制,实行完全放任的自由经济等。

③ 这些理念、知识、原理、原则主要指正当法律程序、公众参与、政府信息公开、隐私权保护等。

其一,在行政立法领域。行政法学总结十八大以后、十九大以来公众参与立法(听证会、论证会、座谈会和网上征求意见等)的经验和地方行政立法权扩大(由原49个主体扩大至287个主体,由原“较大的市”扩大到“设区的市”)的经验,[①]提出中国特色行政立法权与行政立法程序理论。

其二,在行政执法领域。行政法学总结和探讨新时代行政执法体制改革(根据事权和职能,减少层次,重心下移,合理配置执法力量)、完善行政执法程序(明确操作流程,规范裁量基准,建立执法全过程记录制度和重大行政执法决定法制审核制度等)、创新行政执法方式(推广行政指导、说服教育、劝导示范,建立统一执法信息平台和网上执法办案及信息查询系统,推行执法公示制度等)的经验,[②]提出了严格执法、规范执法、公正执法和文明执法的理论。

其三,在行政法制监督领域。行政法学总结和探讨新时代坚持用制度管权管事管人(严格规范作出各类行政行为的主体、权限、方式、步骤、时限,公示权力清单、责任清单等)、健全人大监督、司法监督、审计监督、社会监督、舆论监督、强化内部流程控制(在权力集中的部门和岗位实行分事行权、分岗设权、分级授权、定期轮岗等)、完善纠错问责机制(追究主体责任、监督责任和领导责任等)的经验,[③]提出了中国特色的行政权运行监督制约理论。

其四,在行政争议解决领域。行政法学总结和探讨新时代建立健全依法解决各种行政纠纷机制(社会矛盾预警机制、利益表达机制、协商沟通机制、救济救助机制等),改革行政复议体制,增强行政复议专业性、透明度和公信力,完善人民调解和行政调解、行政裁决、行政仲裁制度,把信访纳入法治化轨道,实行诉访分离、网上信访的经验,[④]提出了构建公正、高效、便捷、成本低廉、多元化解纷机制的理论。

---

① 参见2015年第十二届全国人大第三次会议通过的《立法法》及《关于〈中华人民共和国立法法修正案(草案)〉的说明》。

② 参见中共中央、国务院2015年12月27日印发的《法治政府建设实施纲要(2015—2020年)》,以及国务院法制办负责人就纲要热点问题答记者问,载中央政府门户网,http://www.gov.cn/xinwen/2016-01/04/content_5030612.htm。

③ 参见《中共中央关于全面推进依法治国若干重大问题的决定》第三节第五项“强化对行政权力的制约和监督”。

④ 参见《中共中央关于全面深化改革若干重大问题的决定》第十三节第四十九项“创新有效预防和化解社会矛盾体制”。

四、直面国家治理创新对法治理论的迫切需求——中国行政法和行政法学面临的新使命

党的十八大以后、十九大以来，中国行政法和行政法学主动适应国家治理创新的需要，总结国家治理创新经验，不断创新自己的学术理论和知识体系，并又以其创新理论指导国家治理新的创新。在这一进程中，广大行政法学工作者勇于担当，敢于探索，为国家治理现代化、法治化作出了重要贡献。但是，时代发展日新月异，国家治理创新的速度和频率史无前例，我们的行政法学者也有没能跟上时代的步伐，他们在思想和理念上还停留在传统行政法学的学术框架中，没有把学术注意力和研究重心转移到我们党和国家今天所做的事情——国家治理现代化和法治化上来。这是必须引起我们特别重视的。我们的学术研究如果不能与时俱进，我们的学科将丧失发展的机会和失去生命力。

国家治理创新没有完成时只有进行时，以国家治理、政府治理为重要研究对象的行政法学理论创新同样也没有完成时只有进行时。当下，中国行政法学应直面国家治理、政府治理创新对行政法治理论的迫切需求，认真展开对下述重大课题的深入研究：

一是党内法规与行政法治关系的研究。在我国，党内法规与行政法治有极为密切的联系。因为在我国，公职人员中80%以上是中共党员，领导干部中95%以上是中共党员。从而全面从严治党是保证政府依法行政、依法治国，建设法治政府和法治国家，实现国家治理现代化、法治化的关键。而党内法规乃是全面从严治党的重要保障。所以，党内法规无疑应成为未来中国行政法学研究的重要课题。①

二是行政决策法治研究。行政决策权是最重要的行政权。绝大多数行政权的运作均取决于行政决策。行政决策失误可能导致国家利益、社会公共利益和人民生命财产的重大损失。要保证行政决策科学，减少失误，必须实现决策法治化。因此，如何通过行政法治规范行政决策，亦应成为当下中国行政法学研究的重要课题。

① 近年来，一些高校和研究机构设立了专门研究党内法规的研究中心，甚至设立了培养党内法规建设人才的专门硕士、博士专业。

三是行政执法程序法治研究。行政执法程序是保证严格执法、公正执法、规范执法、文明执法的关键。过去我们在行政管理过程中屡屡出现的野蛮执法、暴力执法和执法不作为,其重要原因是我国尚未建立完善的行政程序法治,没有严格的行政程序法治规范、制约公职人员的行政执法行为。行政执法关涉最广大公民、法人和其他组织的合法权益,公民、法人和其他组织最经常、最广泛、最直接与政府打交道和发生关系的是行政执法行为。因此,行政法学过去、现在和未来均应以行政程序法治为重要研究课题。①

四是生态环境法治研究。生态环境法治是行政法学与环境法学共同的研究领域。作为行政法学,主要研究生态环境保护和治理的主体、权限、责任、手段和行政主体行使保护、治理生态环境权力、职责的程序。传统行政法学对生态环境领域的法治不重视,但在现代社会,生态环境问题日益严重,关系人类的可持续发展。从而行政法学不能不将此列为重要研究课题。

五是廉政和反腐败机制研究。传统行政法学仅在公务员制度中附带研究廉政和反腐败问题。鉴于腐败久治不愈的严峻形势和反腐败在国家治理中的重要地位,当下世界绝大多数国家和地区均将廉政和反腐败课题作为公法学,特别是行政法学研究的最重要课题之一。我国目前在反腐败方面,已成立集中、统一、权威、高效的反腐败国家机构——国家各级监察委员会。监察委员会虽然不是国家行政机关,但是它以国家行政机关及其公职人员为重要监督对象,从而对国家监察机关及我国整个反腐败机制的研究必然成为我国行政法学今后研究的重要课题。②

五、新时代中国行政法和行政法学体系、内容和研究方法的重构

党的十八大以后、十九大以来,中国的改革和法治建设进入全面深化、全面推进和加速发展的新时代。为适应这个新时代的要求,中国行政法学的范

① 在新时代,我国行政程序法治研究已经取得阶段性成果。2015 年,北京大学宪法与行政法研究中心"行政程序法典化研究课题组"草拟了《中华人民共和国行政程序法》(专家建议稿),并出版了相应专题研究报告。参见姜明安等:《行政程序法典化研究》,法律出版社 2016 年版。

② 2018 年 3 月 20 日,第十三届全国人大第一次会议通过了规范国家监察体制改革和监察制度运作的《监察法》,宪法学、行政法学和刑事诉讼法学界均展开了对这一反腐败重要法律的研究,并有初步的研究成果,如姜明安:《监察工作理论与实务》,中国法制出版社 2018 年版。

式需要重构:反映和体现旧的传统的行政管理(administration)和经济、社会规制(regulation)模式的行政法学范式需要向反映和体现新的现代国家治理(governance)和行政法治(rule of law)模式的行政法学范式转换,重构行政法和行政法学的体系、内容和研究方法的范式是当下中国行政法学学者的历史使命。

其一,管理向治理转换:行政法和行政法学体系重构。20世纪,国内外行政法学者通常将行政法定义为“关于行政的法”(日本行政法学者南博方)、“调整行政机关的法”(美国行政法学者施瓦茨)、“有关行政管理的法规总和”(我国行政法学者张尚鷟),以调整行政管理的法规范逻辑结构架构行政法学的体系,将行政法学分为行政组织法、行政行为法和行政救济法三大板块。①

尽管传统英美行政法与传统大陆行政法在体系和内容上有重大区别:前者偏重研究行政行为的程序和行政救济(特别是司法审查),强调控权;后者较重视行政组织的法律地位和行政行为的合法性要件与效力研究,更注重效率。但是,行政管理和规制及其法律制约构成传统行政法和行政法学体系的内核,传统英美行政法学与大陆行政法学是没有区别的。二者的区别只是集中在更关注行政管理和规制的效率,还是更关注行政管理和规制的控制。

相较于传统行政法,现代行政法的内核已经和正在并且还将继续发生变化:“管理”愈益向“治理”转换,行政管理愈益向公共治理转换。“治理”与“管理”的区别主要有五:一是目标,管理追求的目标主要是效率和秩序;治理追求的目标主要是国民的福祉(以人为本)。二是主体,管理的主体是单一的:行政机关和法律法规授权组织;治理的主体则是多元的:除行政机关和法律法规授权组织外,还包括社会组织、行业协会、公民团体和其他各种非政府组织、非营利组织。公民和社会参与是治理的最重要特征。三是客体,管理的客体主要是个人和组织;治理的客体除个人和组织外,还特别重视生态环境,治理是全方位和立体的。四是手段和方法,管理的手段和方法主要是权力

---

① 分别参见[日]南博方:《行政法》(第6版),杨建顺译,中国人民大学出版社2009年版,第1页;[美]施瓦茨:《行政法》,徐炳译,群众出版社1986年版,第1页;王珉灿主编:《行政法概要》,法律出版社1983年版,第1页。

性、强制性的,如行政处罚、行政强制、行政许可、行政裁决等;治理的手段和方法除仍保留必要的权力性和强制性外,更多的具有服务性和柔性,如行政指导、行政协商、行政合同、行政给付、政府购买服务等。五是依据,管理的依据主要或基本是硬法(法律、法规、规章);治理的依据除硬法外,还包括各种软法,如我国执政党的党内法规、十八届四中全会决定提到的市民公约、乡规民约、行业规章、团体章程等。①

行政管理向公共治理转化,行政法的基础和内核发生变化,行政法学的研究对象和体系不能不随之发生变化:传统行政法学研究行政法主体只研究行政组织或行政机关,最多再加上法律、法规授权的组织,新行政法学则必须同时研究社会公众对治理的参与。公民和公民组织在行政管理的语境下只是行政相对人,而在公共治理的语境下则不仅是管理相对人,而且同时是治理主体,从而必须在行政法学的主体编中研究公民和公民组织。传统行政法学研究行政法运行只研究作为国家公权力主体的行政机关的行政行为,新行政法学则必须同时研究作为社会公权力主体的社会自治组织的自治行为,如律师协会对律师事务所和律师的管理、惩戒行为,村民委员会制定村规民约和实施村规民约的行为。传统行政法学研究行政救济只研究行政复议、行政裁决、行政诉讼等正式解纷机制和正式法律救济行为,新行政法学则必须同时研究信访、调解、协商、协调、意见沟通、谈判、网上讨论等各种非正式解纷机制和非正式法律救济行为。目前,中国行政法学体系正在重构,一个反映现代国家治理特色和中国行政法治特色的全新中国行政法学体系正在形成。

其二,硬法之治向硬软法兼治转换:行政法和行政法学内容重构。中国传统的法理学受苏联法理学的影响,认为"法"只是国家制定或认可的,由国家强制力保证实施的人们的行为规范。传统法理学关于"法"的这一定义不仅不能反映现代法的多样性,甚至也不能完全适用于所有传统的法,如国际法就不是国家制定或认可,由国家强制力保证实施的,民间习惯法更不是国家制定或认可,由国家强制力保证实施的。上述定义只适用于传统硬法,可以认为是对传统硬法基本特征的界定,而不适用于调整广泛现代社会生活的"软法"

---

① 关于管理和治理的区别,参见姜明安:《改革、法治与国家治理现代化》,载《中共中央党校学报》2014年第4期。

（soft law），不能反映软法的社会性、自治性、非强制性等诸多特征。[①]

传统行政法学研究行政法，受法理学关于“法”的教条定义的影响，也只研究调整行政关系（行政管理关系、行政救济关系、行政法制监督关系和某些外部化的内部行政关系）的作为硬法的法律、法规和规章，而不研究或很少研究软法。

但是，现代法治不同于传统法治：传统法治只是或基本上是硬法之治，而现代法治，无论是英美法，还是大陆法，均是硬软法兼治。虽然硬法较软法更具普遍性、稳定性和独具强制性，是法治的基本法，但是软法以较硬法更高的民主性、社会自治性，调整对象的更大可接受性和自觉履行性，在法治过程中发挥着广泛的、为硬法不可能取代的重要作用。

目前，我国行政法中的软法法源主要包括下述五类：（1）行政法的基本原则。如依法行政原则，行政公开、公正、公平原则，诚信和信赖保护原则，比例原则，正当法律程序原则、有限政府与责任政府原则等。（2）中国共产党党内法规。中国共产党党内法规之所以构成行政法的软法渊源，是由中国共产党在整个国家和社会生活中的领导地位决定的。例如，“党管干部”的原则和制度，决定了党制定的关于干部任用、考核、反腐倡廉和问责制等方面的党内法规不仅适用于党员干部，也适用于作为公务员的其他非党员领导干部。（3）社会自治规则。社会自治规则构成行政法的软法渊源，是由传统行政管理向现代治理转化决定的。十八届四中全会决定虽然没有使用“软法”这一概念，但它列举了作为社会自治规则的各种软法形式：市民公约、乡规民约、行业规章、团体章程等。在现代公共治理中，这些软法规则无疑是不可或缺的。（4）行政惯例。行政惯例在传统的行政法中是行政法的辅助法源，在我国处于改革和转型的历史时期更具重要性。因为很多改革和制度创新措施（确定相对集中执法权的范围和程度、规定作为行政处罚适用听证情形之一的“较大数额罚款”的“较大数额”的额度等）在一定时期内不具备制定硬法的条件，但又不能朝令夕改，反复无常，因此行政机关应逐步将之形成不能任意改变的惯例，使行政相对人对之有“合理的预期”。（5）行政执法基准。为防止行政执

---

① 关于作为公共治理重要规范的软法，参见罗豪才、宋功德：《软法亦法——公共治理呼唤软法之治》，法律出版社2009年版。

法人员任性、恣意执法,近年来,国务院相关部门和各地行政机关都制定了大量的行政执法基准。这些基准不是硬法,在某些特定场合下执法人员有在硬法规定的范围内灵活适用的裁量权;但在一般情况下,执法人员不得违反基准,应在执法中严格适用基准。

当然,行政法中的软法渊源并不限于上述种类,国家在改革、发展过程中也不断创新和发展新的软法类型,如近年来京津冀地区和其他许多地区为开展区域协作而签订的各种协议、联合制定的各种规则。毫无疑问,我们今天的行政法学应该全面和深入研究这些软法形式,行政法学的内容必须重构,必须扩充。

其三,静态研究向动态研究转换:行政法和行政法学方法重构。传统行政法学对行政法规范、制度和法律关系的研究往往是平面的和静态的。如行政法学对行政行为的研究,往往是分别从行政行为的一般原理和行政行为的具体制度两个层面进行研究。前者阐释行政行为的概念、特征、成立要件、合法要件与效力等,后者分别探讨不同行政行为的制度、规则,如行政许可、行政征收、征用、行政给付、行政裁决、行政确认、行政处罚、行政强制等。这种研究方法的长处是对行政法的每一种具体制度、具体规则探讨得较细、较深入,缺点是难以对行政法治的整体运行机制以及行政法具体制度所根植其中的社会经济、政治、文化环境进行全面透视、分析,从而难以发现行政法整体运行机制中的问题、缺陷及其原因,并在此基础上提出改革和创新行政法治的对策、方案。20 世纪末到 21 世纪初,国内外许多行政法学者开始尝试以有别于这种传统行政法学研究方法的新的方法。如日本的远藤博也、盐野宏、大桥洋一等教授倡导"行政过程论"的研究方法,注重探讨行政的运作过程,研究行政过程中行政机关与私人的互动,分析行政过程中的政府信息公开、公众参与、公民知情权的保障、隐私权的保护等。[①] 我国罗豪才教授倡导"平衡论"的研究方法,注重探讨行政权运作过程中行政权力与公民权利的平衡。在研究法律如何控制、制约行政权,防止公权力腐败和滥用的同时,重视研究如何设计对行政的激励与保障机制,以促进行政积极履责,改进公共治理,向社会提供优质

---

① 关于行政过程论的研究方法,参见[日]大桥洋一:《行政法学的结构性变革》,吕艳滨译,中国人民大学出版社 2008 年版。

公共服务；在研究法律如何对行政相对人合法权益进行维护和救济，切实保障公民的权利和自由的同时，重视研究如何设计对行政相对人的引导和自律、他律机制，促使行政相对人正确行使权利，不滥用法律赋予的权利和自由。①

21 世纪以来，特别是党的十八大、十九大以来，我国行政法学界在研究方法上不断创新。许多学者不仅借鉴经济学、政治学、社会学、管理学等社会科学学科的研究方法，而且也借鉴自然科学学科的诸多研究方法，相继将系统论、控制论、博弈论、大数据方法等引入行政法学研究，注重对行政法进行立体和动态研究。近年来，不少学者展开对行政决策、行政调查、政府信息公开、公民知情权、隐私权保护、公众参与、行政立法必要性可行性论证、风险评估和立法后评估、电子政务、公权力向社会转移、行政问责制以及在行政法学研究中如何运用大数据、人工智能、互联网技术等专题研究，打破了传统行政法学的平面、静态研究格局。②

我国行政法学范式转换目前正处在进一步推进的过程中，行政法学研究领域出现全新的氛围，研究者们问题意识更浓厚，研究视野更广阔，研究成果更具宏观性、全局性和实用性，从而对我国公共治理和行政法治实践将更具指导价值。

---

① 关于平衡论的研究方法，参见罗豪才主编：《现代行政法的平衡理论》，北京大学出版社 1997 年版；《现代行政法的平衡理论》（第 2 辑），北京大学出版社 2003 年版；《现代行政法的平衡理论》（第 3 辑），北京大学出版社 2008 年版。

② 关于新时代行政法学研究方法的创新，参见马怀德、王玎：《行政法学的新使命——2016 年行政法学研究述评》，载《北京行政学院学报》2017 年第 3 期。

论新时代中国特色行政检察*

行政检察是一个极具中国特色的司法制度。无论是西方国家,还是其他东方国家;无论是法治发达国家,还是其他法治发展中国家,都没有中国这种由检察机关对法院行政诉讼活动和行政机关行政活动(限特定行政行为)进行法律监督的制度。行政检察是中国特色社会主义国家治理体系中一个独特的反映和体现中国国情的制度。

新时代行政检察,是指党的十八大以后,特别是指2018年我国检察制度推进"四大检察"[①]新格局改革以后,其检察职能、范围、方式、手段和作用领域等均发生了一定变化的,所谓"一手托两家"的现行行政检察制度。行政检察在党的十八大以前和"四大检察"新格局形成以前在我国已存在,但其地位没有现行行政检察这么突出,其功能、作用没有现行行政检察这么广泛和重要。

在中国特色社会主义国家治理体系中为什么要创建行政检察这样一个制度?在新时代,为什么要将行政检察与刑事检察、民事检察、公益诉讼检察并列,构成"四大检察"的新格局,赋予行政检察以如此广泛的职能和如此重要的地位?这是检察法学领域,乃至整个法学领域应予研究的前沿理论问题。

一、新时代加强中国特色行政检察制度建设的意义

新时代加强中国特色行政检察制度建设的意义主要表现在下述三个方面。

---

* 该文原载于《国家检察官学院学报》2020年第4期。

① "四大检察"的概念是2018年7月张军检察长在大检察官研讨班上首次提出的。"四大检察"指刑事检察、民事检察、行政检察和公益诉讼检察。

(一)加强中国特色行政检察制度建设是坚持和完善作为我国根本政治制度的人民代表大会制度的需要

人民代表大会制度是我国的根本政治制度。这一制度区别于西方国家的“三权分立”制度。在“三权分立”制度下,国家立法权、行政权、司法权相互分立,相互制约;[①]而在我国人民代表大会制度下,全国人民代表大会和地方各级人民代表大会是国家权力机关,国家行政机关、监察机关、审判机关、检察机关均由人民代表大会产生,对它负责,受它监督。我国的人民代表大会制度虽不实行国家权力的完全分立和平衡制约,但并不否认和反对国家机构的职权分工,而且在确立全国人民代表大会作为国家最高国家权力机关的前提下,承认和实行国家行政机关、监察机关、审判机关、检察机关所行使权力的一定的相互配合和相互制约。例如,审判机关通过行使行政审判权对行政机关行使行政权进行一定的制约;监察机关通过行使监察权对所有行使公权力的公职人员进行监督,从而对行政机关行使行政权、审判机关行使审判权、检察机关行使检察权也形成一定的实质上的制约;审判机关、检察机关和属于行政机关系统的公安机关在办理刑事案件时互相配合、互相制约[②];等等。在我国这种国家权力配置的宪制体系中,检察机关有特殊的地位和作用。这种特殊的地位和作用就是《宪法》对检察机关的性质定位:“中华人民共和国人民检察院是国家的法律监督机关。”[③]

可见,检察机关的法律性质定位是我国根本政治制度——人民代表大会制度——的构成要素之一。而检察机关的“法律监督机关”性质定位体现于刑事检察、民事检察、行政检察和行政公益诉讼检察整个四大检察领域,更多和更大限度地体现于行政检察和行政公益诉讼检察两大领域。从检察机关的传统职能来说,行政检察自然首先是行政诉讼检察,主要是对人民法院行政审判活动的监督;但从检察机关的国家法律监督机关性质定位来说,它还应包括对行政机关行政行为(行政许可行为、行政处罚行为、行政强制行为等)的监督。即使是对行政诉讼活动的监督,其直接针对的是人民法院行政审判活

① 尽管西方各国均实行“三权分立”制度,但分权模式和权力相互制约平衡的方式不尽相同。如美国采行三权平衡制约模式,英国采行议会主权模式,德国、日本等采行议会内阁制模式等。

② 参见《宪法》第140条。

③ 《宪法》第134条。

动,但间接的效力无疑也针对行政机关的行政行为,特别是对行政判决、裁定执行的监督和对非诉执行行为的监督。检察机关在监督过程中发现行政机关有违法行为和违法不作为的情形,可直接对相应行政机关提出检察建议,或者向监察机关移送行政机关公职人员相应的违法行为事实材料或者相关线索。至于行政公益诉讼检察,虽然在检察机关内部机构设置上与行政检察分属不同检察部门,但其基本性质仍属于行政检察,广义上的行政检察无疑应包括行政公益诉讼检察。

由此可见,行政检察是中国特色检察制度的基本构成要件,而中国特色检察制度乃是作为我国根本政治制度的人民代表大会制度的重要内容。因此,要坚持和完善我国根本政治制度——人民代表大会制度,就必须切实加强行政检察制度建设,促进行政检察的创新发展。

(二)加强中国特色行政检察制度建设是坚持和完善中国特色社会主义法治体系,建设法治国家、法治政府、法治社会,推进国家治理体系和治理能力现代化的需要

行政检察制度对于坚持和完善中国特色社会主义法治体系的作用主要表现在保障和推进法治国家建设、法治政府建设和法治社会建设三个方面:

在法治国家建设方面,行政检察的主要作用是保障和推进公正行政审判。而公正行政审判是公正司法的重要环节,公正司法则是法治国家的基本要件。在法院整个审判活动中,行政审判是最可能受到各种干预而影响公正的环节。因为行政诉讼的被告是与人民法院、人民检察院同为国家机关的行政机关。[①] 被诉行政机关不仅因与案件有利害关系而有可能干预的意愿,而且因执掌公权力而有较行政诉讼原告以及民事诉讼原告、被告更强的干预能力。所以《行政诉讼法》不仅规定"人民法院依法对行政案件独立行使审判权,不受行政机关、社会团体和个人的干涉",而且还特别规定"行政机关及其工作人员不得干预、阻碍人民法院受理行政案件","人民检察院有权对行政诉讼实行法律监督"。[②] 为保证检察监督的公正,《人民检察院组织法》又特别规定,任

---

① 这点与民事诉讼不同,民事诉讼的被告是与原告法律地位完全相同的自然人、法人或者非法人组织。虽然行政机关也可以"机关法人"的身份成为民事诉讼的被告,但此时它不再具有公权力主体地位。参见《行政诉讼法》第2、26条。

② 参见《行政诉讼法》第3、4、11条。

何领导干部或检察机关内部人员均不得干预、插手具体案件。“对于领导干部等干预司法活动、插手具体案件处理,或者人民检察院内部人员过问案件情况的,办案人员应当全面如实记录并报告;有违法违纪情形的,由有关机关根据情节轻重追究行为人的责任。”①

为保障检察机关监督法院行政审判的有效性和公正性,《行政诉讼法》为行政检察监督规定了多种监督手段和方式,如提出抗诉和检察建议等,最高人民检察院对各级人民法院已经发生法律效力的判决、裁定,上级人民检察院对下级人民法院已经发生法律效力的判决、裁定,如发现有主要证据不足、证据未经质证或者系伪造,适用法律、法规确有错误,遗漏诉讼请求等情形,或者发现调解书损害国家利益、社会公共利益的,应当提出抗诉。地方各级人民检察院对同级人民法院已经发生法律效力的判决、裁定、调解书,发现有上述情形的,可以向同级人民法院提出检察建议,并报上级人民检察院备案;也可以提请上级人民检察院向同级人民法院提出抗诉。② 此外,检察机关还可对行政审判的诉讼程序进行监督,对法院违反法律规定的诉讼程序作出的可能影响公正的终局裁判,检察机关同样可以向法院提出抗诉或者检察建议,以启动再审,纠正裁判中可能的错误。③

此外,行政检察对于法治国家建设的作用除了通过对国家机关的直接监督实现,也通过推进执政党全面从严治党和依法执政的间接作用实现。因为在我国,司法和行政都受各级党委的领导。行政检察监督纠正了行政审判和行政行为中的各种违法偏向,促进公正司法和依法行政,自然也就会间接保障和推进执政党全面从严治党和依法执政,而执政党全面从严治党和依法执政是建设中国特色法治国家的基本前提。

在法治政府建设方面,行政检察既可以通过对行政审判的直接监督间接保障和推进行政机关依法行政,也可以通过检察建议直接监督行政机关依法行政。政府是国家的基本构成要素,故法治政府建设自然是法治国家建设的

---

① 《人民检察院组织法》第 47 条第 2 款。

② 参见《行政诉讼法》第 93 条。在 2015 年 5 月 1 日经修正的《行政诉讼法》实施以前,检察监督的形式主要限于抗诉,修订前《行政诉讼法》第 64 条仅规定,“人民检察院对人民法院已经发生法律效力的判决、裁定,发现违反法律、法规规定的,有权按照审判监督程序提出抗诉”。

③ 参见《行政诉讼法》第 91、92 条。

组成部分。习近平总书记将法治政府与法治国家、法治社会并列,①并不是从理论上将政府独立于国家,②而是从实践层面强调法治政府建设在依法治国总工程中的特殊地位和特殊重要性。正因为法治政府建设在依法治国总工程中具有特殊重要的地位和特殊重要性,我国法律才创建了专门的行政审判制度,监督、保障和推进各级各类行政机关依法行使职权、依法行政。但是,要有效监督、保障和推进行政机关依法行政,光依靠行政审判是不够的。因为在实践中存在各种可能影响行政审判公正、准确的客观或主观因素,行政判决、裁定不可避免地会出现一定概率的错误。这些错误导致不仅不能有效纠正行政机关违法的行政行为和不作为,给予受违法行政行为或不作为侵害的相对人以有效的法律救济,反而有可能助长行政违法,加剧对受害人的伤害。为此,《行政诉讼法》和《人民检察院组织法》在确立行政审判制度的基础上,又确立了行政检察监督制度,通过行政检察监督纠正确有错误的行政判决、裁定,以更有效地监督、保障和推进行政机关依法行政。

行政检察对于保障和推进法治政府建设的作用除了通过对行政审判活动的监督实现,另一个重要实现途径则是对行政非诉执行的监督。行政非诉执行监督的直接对象虽然也是人民法院,但是此种监督必然涉及被诉行政机关。检察机关在对人民法院就行政非诉执行案件作出准予执行或不准予执行的裁定进行法律监督时,必然要审查行政机关所申请法院执行的行政行为的合法性:行为实施主体是否具有行政主体资格;相应行为是否具有明显缺乏事实根据的情形;相应行为是否具有明显缺乏法律、法规依据的情形;相应行为是否具有其他明显违法并损害被执行人合法权益的情形等。如果通过审查,发现相应行为的实施主体不具有行政主体资格,或者相应行为明显缺乏事实根据或法律、法规依据,或者相应行为具有其他明显违法并损害被执行人合法权益的情形,人民法院却对之作出予以执行的裁定,人民检察院不仅应向人民法院发出检察建议,制止人民法院对违法行政行为的执行,同时还应审查相应行政

---

① 在党的十九大报告和其他重要讲话中,习近平总书记多次提出"坚持依法治国、依法执政、依法行政共同推进,坚持法治国家、法治政府、法治社会一体建设"的思想。参见《习近平谈治国理政》,外文出版社 2014 年版,第 144 页。

② 在理论上,只有社会才相对独立于国家,与国家并列,或称"市民社会"与"政治国家"的对立统一。

公职人员在实施相应行政行为的过程中是否有违法乱纪、滥用职权、贪污腐败的行为。如发现相应公职人员有上述行为,应将案件有关材料转送纪检监察机关调查处理。这样,检察机关在对人民法院行政非诉执行活动进行监督时,同时也监督了行政机关的行政行为和行政公职人员的职务履行行为。检察机关的这种监督无疑有利于防止行政机关及其公职人员滥用职权,保障和推进法治政府建设。

广义的行政检察对于保障和推进法治政府建设的作用除了通过上述两种相对间接的途径实现,还有一个重要的直接实现途径。这就是 2017 年第十二届全国人大常委会第二十八次会议修订的《行政诉讼法》规定的行政公益诉讼,即人民检察院在履行职责中发现生态环境和资源保护、食品药品安全、国有财产保护、国有土地使用权出让等领域负有监督管理职责的行政机关有违法行使职权或者不作为的问题,可以直接监督,对这些领域的行政机关直接提出检察建议,督促其纠正。如果相应行政机关在收到检察建议后仍不采取措施依法履行职责,人民检察院可以依法向人民法院提起诉讼。[①] 检察机关对行政机关的这种直接监督行为,对保障和促进其依法行政,推进法治政府建设,无疑同样具有重要的作用。

在法治社会建设方面,行政检察监督的作用主要是为受到行政违法行为或行政违法不作为侵害的相对人提供进一步的救济,保障社会公平正义,维护社会稳定。行政检察监督的这一作用主要通过两个途径实现:一是受到行政违法行为或行政违法不作为侵害的相对人在通过申请行政复议和提起行政诉讼后仍然得不到其依法应该获得的救济,可向检察机关提出申诉。检察机关在对其申诉材料审查后,如认为法院的行政判决、裁定确有错误,依法向法院提出抗诉或检察建议,使相对人获得其依法应该获得的救济,以保障社会公平正义,避免相对人因冤屈和救济无效做出危害社会的过激行为,影响社会稳定。二是检察机关通过对行政判决、裁定等生效法律文书执行的监督和对非诉行政行为执行的监督,发现法院执行行为违法,或者执行人员在执行时有贪污受贿、徇私舞弊、枉法执行等行为,或者发现法院在执行活动中存在怠于履行职责情形的,可以通过提出检察建议的形式督促法院纠正。这种监督和督

① 参见《行政诉讼法》第 25 条第 4 款。

促纠正对于保障社会公平正义,维护社会稳定,防止群体性事件的发生和推进法治社会建设同样具有重要作用。

(三)加强中国特色行政检察制度建设是坚持和完善党和国家监督体系,强化对公权力运行制约和监督的需要

2018年《监察法》颁行以后,我国对公权力的监督总体系主要包括四大分支体系:一是人大监督体系;二是纪检监察监督体系;三是检察监督体系;四是审计监督体系。① 这四大体系在监督职能上有所分工:人大与人大常委会负责对所有国家机关行使职权行为的监督,重点监督国家机关立法行为(行政机关的行政立法行为、监察机关的监察立法行为和司法机关的司法解释行为)和政策制定行为的合宪性、合法性(全国人大常委会可撤销行政法规、监察法规),监督"一府一委两院"负责人(总理、副总理、国务委员、部长、委员会主任、监委主任、两院院长等)依法履行职责(全国人大可罢免"一府一委两院"负责人)。② 纪检监察机关负责监督包括党和国家机关领导干部的所有中国共产党党员以及所有行使公权力的公职人员遵纪守法的行为,重点监督党和国家机关领导干部及公职人员的贪腐、滥权、渎职等腐败行为。③ 审计机关负责监督国务院各部门和地方各级政府的财政收支,以及国家财政金融机构和企业事业组织的财务收支。④ 而检察监督的范围既包括对国家机关行使职权行为(人民法院的审判行为和对裁判文书的执行行为,公安机关的刑事侦查行为,监狱、看守所的执法行为等)的监督⑤,也包括对一定范围公职人员行为(审判人员在审理案件过程中的贪污受贿、徇私舞弊、枉法裁判行为)⑥的监督;既包括对法院、公安、监狱、看守所等传统监督对象的监督,也包括对作为

---

① 我国对公权力的监督总体系除了上述四大体系,还有国家机关层级监督体系、行政诉讼监督体系、政协和民主党派监督体系、社会监督体系、媒体和舆论监督体系等。但上述四大体系是总体系的最主要构成环节。

② 参见《宪法》第62-63、67、71、73条,《立法法》第96-102条。

③ 参见《监察法》第1、15条,《中国共产党党内监督条例》第5-6条。

④ 参见《宪法》第91条,《审计法》第1-4条。

⑤ 参见《人民检察院组织法》第20条。

⑥ 不过,这种监督不是直接的。检察机关发现审判人员在审理案件过程中的贪污受贿、徇私舞弊、枉法裁判行为,应将相关材料移送纪检监察机关,由纪检监察机关处理。同时,检察机关发现审判人员在审理案件过程中的贪污受贿、徇私舞弊、枉法裁判行为后,可以依审判监督程序对相应判决、裁定提出抗诉。参见《行政诉讼法》第91、93条。

新拓展监督对象(一定范围一定领域的行政机关)的监督。[①]

对于上述四大监督系统的监督对象和监督范围,宪法和相关法律虽然对其界限有相应的划分和界定,但其中也不可避免地会有一定的重合、交叉。例如,行政不作为、乱作为,既可以是人大监督(通过质询等方式)的对象和范围,也可以是纪委监察监督(通过对行政公职人员调查、处分的方式)的对象和范围,还可以是检察监督(通过行政公益诉讼的直接监督方式或对行政诉讼及非诉执行监督的间接监督方式)的对象和范围。又如,审判人员在审理案件过程中的贪污受贿、徇私舞弊、枉法裁判行为,既是纪委监察监督的对象和范围,也是检察监督的对象和范围。只是前者的监督着重于人,旨在追究违法审判人员的法律责任(给予政务处分或追究刑事责任),后者的监督着重于事,旨在决定对违法审判人员审判的案件是否再审。

在国家公权力的监督总体系中,由于各种监督系统的监督不可避免地存在一定重合、交叉的情形,从而也就不可避免地会存在一定空隙、导致各监督系统都不予监督的情形。某些领域、某些事项几个监督主体都监督、都管,某些领域、某些事项没有监督主体监督、没人管。正是针对此种情形,宪法确定检察机关是“国家的法律监督机关”。对于其他监督主体都不监督、都不管的领域和事项(无论其是否应归属某特定监督主体的监督范围),检察机关应担负起相应的监督职责。例如,对行政不作为、乱作为的监督,在法律上就存在多个监督主体(如不作为、乱作为机关的所属政府、相应上级行政机关、人大和人大常委会、监察机关、受理相对人起诉的人民法院等),如果这些监督主体都不履行监督职责,检察机关作为“国家法律监督机关”就应该出手监督。这是中国特色宪制所设计的对公权力监督的总体系和监督机制赋予检察监督的功能和使命,而检察监督的这种功能和使命又主要集中于行政检察。当然,行政检察履行这种功能和使命一要受制自己当下的资源和能力,监督范围只能逐步展开;二要视其他监督主体行使监督职能的情况而定,其他监督主体已经启动或正准备启动监督,行政检察则不宜直接介入。

---

① 参见《行政诉讼法》第25条。

二、新时代行政检察的范围

行政检察监督属于法律监督。所谓“法律监督”,是指监督主体依法律实施的,对监督对象行使职权和职责的活动、行为所涉法律层面问题的监督。法律监督既区别于监督主体依层级隶属关系对监督对象实施的工作监督(上级行政机关对下级行政机关的监督、各级人民政府对所属工作部门的监督);也区别于监督主体依政治体制机制对监督对象实施的政治、政策监督(人大对“一府一委两院”的监督)。行政诉讼活动属于法律性质的活动,行政诉讼主体(人民法院、被告、原告)实施的诉讼行为属于法律行为。人民检察院对行政诉讼活动,包括对行政诉讼主体实施的各种诉讼行为(起诉、受理、审理、裁判、执行)进行的监督均属于法律监督,其行使与之相应的职权、职责和采取相应的措施是宪法确定其作为国家法律监督机关的性质所决定的。另外,行政机关的行政活动亦属于法律性质的活动,行政主体实施的各种行政行为(作为和不作为)均属于法律行为。人民检察院对行政行为实施的监督,包括通过行政诉讼间接实施的监督和通过行政公益诉讼直接实施的监督,均属于法律监督。《人民检察院组织法》第20条规定了检察机关的7项具体职权和1项概括性职权(“法律规定的其他职权”),其中第5项“对诉讼活动实行法律监督”和第6项“对判决、裁定等生效法律文书的执行工作实行法律监督”都同行政检察监督有关。“对诉讼活动实行法律监督”当然包括对行政诉讼活动的法律监督;“对判决、裁定等生效法律文书的执行工作实行法律监督”当然包括对行政判决、裁定等生效法律文书执行的监督,也包括对非诉执行的监督。因为非诉执行裁定也应被认为是一种行政裁定,至少是“行政判决、裁定等生效法律文书”中的“等”生效法律文书。另外,《人民检察院组织法》第20条第4项的“依照法律规定提起公益诉讼”也含有行政检察监督的内容(行政公益诉讼)。只是从检察机关的机构设置的角度,行政公益诉讼已归入“四大检察”中公益诉讼检察的范畴,故本文不再行政检察中做重点论述。

据此,我们可以将新时代行政检察的范围分为三大类别:行政诉讼检察监督,行政判决、裁定执行和非诉执行检察监督以及对违法行政行为的检察监督。

(一)行政诉讼检察监督

根据《宪法》《人民检察院组织法》《行政诉讼法》的规定,行政诉讼检察监督的范围可以概括为以下四项:

(1)对行政诉讼起诉、受理的监督。起诉、受理是行政诉讼活动的第一个环节。检察机关对行政诉讼活动的法律监督是全过程、全方位的。因此,行政诉讼检察监督的第一项监督即是对行政诉讼起诉、受理环节的监督。根据《行政诉讼法》第91条和第93条的规定,公民、法人或者其他组织向人民法院提起诉讼,人民法院作出确有错误的不予立案或者驳回起诉的终局裁定,不管这种裁定是人民法院因受被告行政机关或其他行政机关、社会组织或个人(特别是领导干部)干预作出的,还是人民法院错误适用法律或法官对法律错误理解作出的,人民检察院都可以向人民法院提出抗诉或者检察建议,以纠正此种错误裁定,保护公民、法人和其他组织的行政诉权。

(2)对行政审判活动的监督。行政审判是行政诉讼活动中最重要的环节。这个环节如果出现行政机关、社会团体或个人违法干预或人民法院违反法定诉讼程序等情形,诉讼结果显然就难以保障公正。因此,检察机关对行政审判的监督是整个行政诉讼检察监督的最重要环节。《人民检察院组织法》第47条第2款要求,对于领导干部等干预司法活动、插手具体案件处理,或者人民检察院内部人员过问案件情况的,办案人员应当全面如实记录并报告;有违法违纪情形的,由有关机关根据情节轻重追究行为人的责任。这一条款适用所有审判活动,但特别适用行政审判活动。另外,根据《行政诉讼法》第91条第1款第5项的规定,检察机关要对行政审判的诉讼程序进行监督,对人民法院违反法律规定的诉讼程序作出的可能影响公正的终局裁判,人民检察院可以向人民法院提出抗诉或者检察建议,以启动再审,纠正裁判中可能的错误。

(3)对生效行政判决、裁定和调解书的监督。人民检察院对人民法院生效行政判决、裁定和调解书的监督是行政诉讼检察监督中最常见、最具法律效力的监督类型。根据《行政诉讼法》第93条的规定,最高人民检察院对各级人民法院已经发生法律效力的判决、裁定,上级人民检察院对下级人民法院已经发生法律效力的判决、裁定,发现有主要证据不足、未经质证或者系伪造,适用法律、法规确有错误,遗漏诉讼请求,有新的证据足以推翻原判决、裁定的,或者发现调解书损害国家利益、社会公共利益的,应当提出抗诉。地方各级人民检察院对同级人民法院已经发生法律效力的判决、裁定,发现有上述规定情形之一的,可以向同级人民法院提出检察建议,并报上级人民检察院备案;也可以提请上级人民检察院向同级人民法院提出抗诉。

(4)对行政审判人员在审判程序中的违法行为的监督。对行政审判人员在审判程序中违法行为的监督也属于广义的行政诉讼检察监督的范畴。《行政诉讼法》第 93 条第 3 款规定,各级人民检察院对审判监督程序以外的其他审判程序中审判人员的违法行为,有权向同级人民法院提出检察建议。另外,根据《行政诉讼法》第 91 条第 8 项和第 93 条第 1、2 款的规定,检察机关发现行政审判人员在案件审理时有贪污受贿、徇私舞弊、枉法裁判的情形,应对相应终局裁判提出抗诉,启动法院再审。依据《监察法》第 34 条的规定,检察机关对在监督中发现行政审判人员涉嫌贪污贿赂、失职渎职等职务违法或者职务犯罪的问题线索,应移送监察机关,由监察机关依法调查处置。

(二)行政判决、裁定执行和非诉执行检察监督

(1)行政判决、裁定执行的检察监督。《人民检察院组织法》第 20 条规定的检察机关的职权之一是对判决、裁定等生效法律文书的执行工作实行法律监督。《行政诉讼法》及其司法解释虽然没有专门规定对行政判决、裁定等生效法律文书执行的检察监督,但是根据行政法理论及实践,《最高人民法院、最高人民检察院关于民事执行活动法律监督若干问题的规定》应可以适用于对行政判决、裁定等生效法律文书执行的检察监督。根据该规定,具有下列情形之一的执行案件,人民检察院应当依职权进行监督:①损害国家利益或者社会公共利益的;②执行人员在执行时有贪污受贿、徇私舞弊、枉法执行等违法行为,司法机关已经立案的;③造成重大社会影响的;④需要跟进监督的。此外,人民检察院认为人民法院在执行活动中可能存在怠于履行职责情形的,亦属于检察监督的范围。人民检察院对行政判决、裁定等生效法律文书执行的监督主要采取检察建议的形式。

(2)非诉执行检察监督。行政非诉执行检察监督是指人民检察院依据《人民检察院组织法》第 20 条第 6 项的授权,对人民法院行使行政非诉执行职能活动的监督。[①] 行政非诉执行是指人民法院依据《行政诉讼法》和《行政

---

① 《人民检察院组织法》第 20 条第 6 项规定,人民检察院对判决、裁定等生效法律文书的执行工作实行法律监督。这里的"等生效法律文书"显然包括非诉执行裁定。

强制法》的规定,应行政机关的申请,在对相应申请的合法性进行审查和作出执行裁定后,对在法定期限内既不自动履行行政决定,又不申请行政复议或提起行政诉讼的公民、法人或者其他组织采取强制执行措施、强制执行行政决定的行为。①

行政非诉执行检察监督对于新时代法治政府建设具有非常重要的、其他制度不可替代的作用。首先,行政非诉执行检察监督是实现宪法和组织法对人民检察院的性质定位,全面履行人民检察院的法律监督职能的需要。在《人民检察院组织法》第 20 条规定人民检察院享有的八项职权中,有两项包含行政非诉执行检察监督:一项是对诉讼活动的法律监督;另一项是对判决、裁定等生效法律文书执行的法律监督。行政非诉执行是《行政诉讼法》第八章规范的行政诉讼执行活动的重要内容之一,故属于行政诉讼活动的组成部分;行政非诉执行,在行政机关提出申请后,人民法院无论是准予执行还是不准予执行,都要作出裁定,故此种裁定属于判决、裁定等生效法律文书的范畴,对此种裁定的执行则属于对判决、裁定等生效法律文书执行的内容。因此,检察机关加强行政非诉执行检察监督对于其全面履行《人民检察院组织法》赋予的法律监督职能,实现宪法和组织法对人民检察院的性质定位具有重要意义。

其次,行政非诉执行检察监督是保障人民法院依法、公正、高效履行行政非诉执行职能,保护作为被执行人的公民、法人和其他组织的合法权益的需要。法律之所以授权人民法院应行政机关申请,对在法定期限内既不自动履行行政决定,又不申请行政复议和提起行政诉讼的公民、法人或者其他组织采取强制执行措施、强制执行行政决定,而非授权行政机关自己强制执行(当然,法律也授权行政机关自己对某些比较紧急的或侵权可能性较小的行政决定强制执行),其主要目的在于防止行政机关违法行使职权,滥用权力,侵犯公民、法人或者其他组织的合法权益。虽然公民、法人或者其他组织对行政机关违法侵犯其合法权益的行政决定可以申请行政复议和提起行政诉讼,但是,会由于各种客观或主观的原因(法律知识欠缺,不会告;行政机关威胁,不敢告;害怕行政机关打击报复,不愿告等),放弃复议、诉讼的机会或者错过复

① 参见《行政诉讼法》第 97 条,《行政强制法》第 53 条。

议、诉讼的法定期限。在这种情况下,法律不将强制执行权赋予行政机关而赋予人民法院,就是要让法院对行政决定的合法性进行审查,以阻止对可能的违法行政决定的强制执行,保护公民、法人和其他组织的合法权益。但是法律的这种目的有赖于人民法院依法、公正地审查相应行政决定和正确作出准予或不准予执行的裁定并予以实施。如果法院、法官不依法、公正行使行政非诉执行职能,这种目的就会落空。然而,在目前的法治运行环境下(法院尚存在一定的外部干预,某些法官法律素质或政治素质尚存在一定问题等),法院、法官违法、错误地行使行政非诉执行职能的情况难以完全避免。因此,为了加强对法院、法官依法、公正行使行政非诉执行职能的监督,以更好地保护公民、法人和其他组织的合法权益,法律赋予人民检察院行政非诉执行检察监督的职能。

再次,行政非诉执行检察监督也是防止行政机关及其公职人员滥用职权,推进法治政府建设的需要。行政非诉执行检察监督的直接对象是人民法院,但是此种监督必然涉及行政机关,行政机关无疑构成行政非诉执行检察监督的间接对象。检察机关在对人民法院就行政非诉执行案件作出的准予执行或不准予执行的裁定进行法律监督时,必然要审查行政机关所申请法院执行的行政行为的合法性:行为实施主体是否具有行政主体资格;相应行为是否具有明显缺乏事实根据的情形;相应行为是否具有明显缺乏法律、法规依据的情形;相应行为是否具有其他明显违法并损害被执行人合法权益的情形等。如果通过审查发现相应行为的实施主体不具有行政主体资格,或者相应行为明显缺乏事实根据或法律、法规依据,或者相应行为具有其他明显违法并损害被执行人合法权益的情形,人民法院却对之作出了予以执行的裁定。对此,人民检察院不仅应向人民法院发出检察建议,制止人民法院对违法行政行为的执行,同时还应审查相应行政公职人员在实施相应行政行为的过程中是否有违法乱纪、滥用职权、贪污腐败的行为。如发现相应公职人员有违法乱纪、滥用职权或贪污腐败的行为,应将案件有关材料移送纪检监察机关调查处理。这样,检察机关在对人民法院行政非诉执行活动进行监督时,就同时监督了行政机关及其公职人员的行政行为。检察机关的这种监督无疑有利于防止行政机关及其公职人员滥用职权,推进法治政府建设。

最后,行政非诉执行检察监督还是支持公民、法人和其他组织依法维权,促进行政相对人守法和依法履行法定义务的需要。行政非诉执行检察监督大多是由公民、法人或者其他组织向人民检察院申请监督启动的(检察机关通过报刊、广播、电视、网络等其他渠道获得人民法院行政非诉执行违法的信息也可主动启动监督程序)。人民检察院这种应申请启动监督的程序实质是对公民、法人和其他组织维权行为的支持。当然,人民检察院应申请启动行政非诉执行监督程序,最后的结果不一定能如申请人所愿:认定人民法院的执行裁定违法,终止人民法院的强制执行行为。如果行政机关的行政行为确实违法,人民法院仍裁定准予执行,检察机关自然会支持申请人的申请。但是,如果行政机关的行政行为是合法的,公民、法人或者其他组织需依法履行行政行为为之确定的义务,人民法院裁定准予执行,检察机关则不仅不会建议人民法院撤销准予执行裁定,还应说服申请人自觉主动履行行政行为为之确定的义务;如人民法院已经启动强制执行,则应说服申请人配合人民法院的强制执行,使相应行政行为为之确定的义务得以实现。在这种情况下,行政非诉执行检察监督实质上发挥了促进行政相对人守法和依法履行法定义务的功能。同时,检察机关这样做,还具有防范和化解社会矛盾,推进和谐社会建设的作用。因为公民、法人和其他组织不履行行政机关行政行为为之确定的义务,通常是其认为相应行政行为违法,侵犯了他们的合法权益,而行政机关申请人民法院强制执行,则通常是其认为相应行政行为合法,相对人不履行是违法的。在这种情况下,二者的争议和矛盾如果不能获得公正的处理,必然会影响社会的和谐和社会秩序的稳定;如果矛盾激化,还可能导致社会冲突。对此,人民检察院展开行政非诉执行检察监督,如认定行政机关的行政行为违法,可建议人民法院不准予强制执行,以平息行政相对人对政府的不满和怨愤情绪;如认定行政机关的行政行为合法,相对人不履行违法,则教育相对人知法、守法,使之认识到自己抗拒履行的错误,从而自觉履行法定义务。无论属于哪种情形,非诉执行检察监督在其中均可发挥防范和化解社会矛盾、推进和谐社会建设的作用。

(三)对违法行政行为的检察监督

现行《人民检察院组织法》除规定公益诉讼(行政公益诉讼和民事公益诉讼),没有直接赋予检察机关对违法行政行为的检察监督职权。但是,党的十八届四中全会决定要求“检察机关在履行职责中发现行政机关违法行使职权或者不行使职权的行为,应该督促其纠正",相当于赋予了检察机关对违法行政行为的行政检察监督职能。当然,党中央决定只是党的文件,要在实践中贯彻落实,还必须通过立法将党的政策上升为法律。尽管 2017 年 6 月 27 日,第十二届全国人大常委会第二十八次会议通过修改《行政诉讼法》,赋予了检察机关提起行政公益诉讼,对违法行政行为进行行政检察监督的职能,但是该法将这种监督的范围仅限于生态环境和资源保护、食品药品安全、国有财产保护、国有土地使用权出让四个领域。当然,法律在这四个领域之后还使用了"等"的表述,从而为检察机关扩大对其他领域行政行为的监督留下较广阔的余地。事实上,2017 年《行政诉讼法》实施以来,全国各地检察机关都在探索拓展行政公益诉讼的范围。① 但四大检察格局中的行政检察如何开展对违法行政行为的检察监督,如何界定范围,与行政公益诉讼如何分工配合,是需要进一步认真研究探讨的问题。

关于检察机关对违法行政行为监督的范围,笔者认为可循以下四项原则逐步拓展:一是协同和补充监督的原则。根据这一原则,检察机关对违法行政行为监督只起协同和补充的作用。凡是其他监督主体已经在进行监督的事项,检察机关不应重复介入。只有其他监督主体都缺席监督,检察机关如再不介入,国家利益、社会公共利益或公民、法人、其他组织的合法权益就要受到重大损害时,相应事项才进入检察机关实际行使监督权的范围。在这个意义上,检察监督可以说是制止和纠正违法行政行为,维护国家利益、社会公共利益或公民、法人、其他组织的合法权益的"最后一道防线"。二是循序渐进的原则。根据这一原则,检察机关对违法行政行为监督范围应依自己现实的条

---

① 2019 年 10 月 23 日,最高人民检察院检察长张军在第十三届全国人民代表大会常务委员会第十四次会议上所作的《关于开展公益诉讼检察工作情况的报告》中指出,检察机关应积极回应人民群众新期待,探索拓展公益诉讼办案范围。对人民群众反映强烈的安全生产、互联网、妇女儿童权益保护、扶贫以及国防、军事等领域公益损害问题,积极以对党和人民高度负责的态度慎重履职、担当作为。例如,北京市海淀区检察院针对部分商户违法向未成年人售烟问题,向区市场监督管理局、烟草专卖局发出检察建议,督促履行监管职责。相关单位迅即开展为期一个月的专项整治,对违规经营者立案查处。又如,浙江省宁波市海曙区检察院针对一段时期骚扰电话泛滥甚至影响"120"等特殊电话服务的问题,向市民发放调查问卷,对骚扰电话背后利益链进行调查取证,并听取专家学者意见,负责地向通信管理部门发出检察建议,督促依法履行监管职责。通信管理部门集中整治,效果明显。再如,上海市检察机关从守卫城市公共安全出发,开展电梯运行、消防安全、危险品运输、网约车运营等专项监督,深受群众欢迎。

件、能力和社会的特别需要逐步拓展,选择当前违法行政行为危害最为严重的若干重点领域开展监督。三是不代行行政权原则。根据国家职能分工的要求,检察机关不能代替行政机关行使行政权。检察机关发现行政机关违法作为或不作为,可以建议行为机关纠正,或建议行为机关的上级机关或监察机关予以处理,或支持公民、法人、其他组织申请行政复议、提起行政诉讼,在所有这些手段都不奏效,都不能纠正行政机关违法的作为或不作为时,检察机关才应启动行政检察监督。在任何情况下,检察机关都不应代替行政机关作出行政处罚、行政许可、行政强制、行政给付等任何行政行为。四是各地检察机关对此的监督范围应有所差别,不搞“一刀切”的原则。根据检察机关的“国家法律监督机关”性质,对违法行政行为监督的范围包括行政机关所有行政管理领域,如生态环境、安全生产、卫生健康、扶贫、资源能源、食品药品安全、知识产权、社会治安、国有财产保护、国防、交通、教育、科技、文化、文物保护、互联网等,可及于所有违法作为和不作为,如违法审批、许可、征收、征用、拆迁、处罚、强制、国有资产出让的“招拍挂”等,以及对依法应审批、许可、征收、征用、拆迁、处罚、强制、国有资产出让的“招拍挂”的事项违法不予审批、许可、征收、征用、拆迁、处罚、强制和“招拍挂”等。但一个地方的行政检察监督不可能,也不应该及于所有领域的所有违法行政行为,而只能和只应该根据各地的实际情况确定对违法行政行为监督的范围,不应搞“一刀切”。

三、新时代行政检察的目标

新时代行政检察的目标不是单一而是多元的,但本文由于篇幅的限制,只讨论当下理论和实务界都比较关注的促进行政争议实质性化解的目标,而不论及其他。

行政检察有监督人民法院依法进行行政审判,监督行政机关依法行政和保护公民、法人和其他组织合法权益,保护国家、社会公共利益的目标,也有促进行政争议实质性化解,维护社会关系和谐稳定的目标。从检察机关在整个国家治理体系中所处的地位和提高国家治理能力的需要而言,行政检察的后一目标具有非常重要的意义。

首先,行政争议的实质性化解有利于保障和促进形式法治与实质法治的统一,解决争议的法律效果与社会效果的统一,以防止为片面追求形式法治而忽视和损害实质法治，片面追求法律效果而忽视和损害社会效果。例如，某企业建成一项重大工程或盖起一座大楼，所有其他法律手续都办好了，但因为某种客观原因而少办了某一个证件，行政机关就将之认定为“违法建筑”，一定要“依法”给予强制拆除的行政处罚。该企业不服诉至法院，法院依据形式法治的要求，认定行政机关强拆是“严格执法”，驳回原告的诉讼请求。在这种情况下，如原告向检察机关申诉，检察机关可否调查一下相对人少办一证的原因是否可不归责于相对人，考察一下在现行法律规范范围内有无让相对人补办相应证件或以其他处罚取代“拆除”处罚的可能；如果有此可能，检察机关即可建议人民法院不硬性驳回原告诉讼请求而是改与行政机关协调，要求行政机关采用更加合理且合法的方式解决与原告的行政争议。这样无疑更有利于保障形式法治与实质法治的统一，法律效果与社会效果的统一。

其次，行政争议的实质性化解有利于全面实现行政诉讼法立法目的（解决行政争议、保护行政相对人合法权益、监督行政机关依法行政），防止行政审判为片面追求某一种价值而忽视或牺牲另一种价值。例如，因房屋拆迁、土地征收引发的行政争议，行政相对人起诉的原因大多是补偿标准过低或安置条件过差，诉讼的主要目的是争取获得较多的补偿或较优的安置条件。但其诉讼代理人为了胜诉，往往要寻找行政机关相应行政行为的违法之处，有时难以找到行政的实质违法问题，即从行政的程序违法方面找问题，重点从行政行为的某一程序瑕疵上突破，人民法院从监督行政机关依法行政的立法目的出发，也会把重点放在行政行为的程序违法上，而忽略当事人的主要诉求，即判决撤销行政行为和责令行政机关重新作出行政行为。这样判决虽并不违法，但可能耗费行政机关和当事人很多时间和精力，而行政争议却未能获得实质性解决。对于这种情况，当事人如向检察机关申诉，检察机关如果能从行政诉讼法的整体立法目的出发，提示人民法院既注重监督行政机关依法行政，也注重解决行政相对人与行政机关的实质争议，建议法院认真审查行政机关给予相对人的补偿标准是否真正过低、安置条件是否真正不符合要求；法院如能全面兼顾行政诉讼的各种价值，注重解决相对人的实质请求，就会收到更好的诉讼效果。

最后，行政争议的实质性化解有利于发挥中国特色解纷机制的优势（兼顾公共利益与私人利益，平衡争议各方的不同利益），防止片面追求公益而忽视、牺牲私益,或者片面追求私益而忽视、牺牲公益。例如,近年来,国家特别重视生态环境。有的地方政府为了改善和提高当地水环境质量,强制关闭了许多农村养猪场;有的地方政府为了降低 PM2. 5 量值和改善大气质量,强制关闭了许多以煤为能源的城市郊区供暖供热设施;有的地方政府为了市镇管理秩序,全面禁止市民摆摊设点占道经营。对此,农村养猪者、城市郊区供暖供热企业和许多生活困难的市民摊贩不服,诉至法院。法院审理此类案件有很大的自由裁量空间,但其自由裁量权运用必须兼顾保护生态环境、市镇管理秩序的公益与养猪者、供暖供热企业的投资赢利的私利,以及生活困难的市民摊贩谋求生活出路的私利。如果法院的裁判只注重一种利益而忽略另一种利益,相应行政争议肯定就难以得到实质性化解。在这种情况下,如果相对人对法院裁判不服,向检察机关申诉,检察机关为实质性化解行政争议,即有必要与法院和行政机关适当协调商榷:养猪场是否可以不关闭或少关闭,而让养猪者加强猪场卫生管理;以煤为能源的供暖供热设施是否可暂缓关闭,待有了充足的天然气来源后完成“煤改气”再关闭,如确需及时关闭,是否应给予相对人以相应补偿;以及对市民摊贩摆摊设点占道经营是否可不全面禁止,而只在特定时段予以禁止。政府的行政措施如能适当兼顾公益与私益,相对人自然就会配合政府的工作,从而从根本上化解与政府的争议和矛盾。

自 2019 年以来,各地法院和检察院都开始重视行政争议的实质性化解,一些省、直辖市的高级人民法院相继出台加强和完善行政争议实质性解决机制的实施意见。最高人民检察院还召开了全国检察机关“加强行政检察监督促进行政争议实质性化解”专项活动电视电话会议。考察“两高”和全国各地法院、检察院的司法实践,其行政争议实质性化解主要有以下方式和途径:(1)充分发挥调解程序在化解行政争议方面的积极作用。调解程序不仅适用于《行政诉讼法》规定的行政赔偿、补偿以及行政机关行使法律、法规规定的自由裁量权的案件,还适用于各种行政协议案件。[①] (2)充分发挥多元化解决纠纷机制在化解行政争议方面的积极作用。人民法院在行政审判过程中,检察机关在行使行政检察职能时,根据实质性化解行政争议的需要,均可借助职

① 参见《行政诉讼法》第 60 条和《最高人民法院关于审理行政协议案件若干问题的规定》第 23 条。

能机构、行业协会、群团组织、基层群众自治性组织等广泛联系各方面群众的功能和作用,协助解决各种不同的行政争议。(3)积极运用司法建议和检察建议的方式促使行政机关依法行政,尊重和保护行政相对人的合法权益,以从源头上减少行政争议的发生。(4)推进法院、检察院与政府,法院、检察院本身横向和纵向间的联动与协作,促使相应行政争议(特别是那些积案多年化解不了的争议和涉及面广的争议)获得全面、整体和根本性解决,消除相应争议解决之后又再度发生的隐患,真正实现案结事了。(5)加强对行政规范性文件的合法性监督。有些行政争议虽然表面是源于行政行为的违法或不当,但实质是源于相应行政行为所依据的行政规范性文件的不合法或者不合理。然而法院和检察院均没有撤销行政规范性文件或确认行政规范性文件无效的法定权力。在这种情况下,法院、检察院应向相应文件的制定机关制发司法建议或检察建议,建议其撤销或改变相应文件,使之不仅从源头上化解相应行政争议,而且通过化解相应争议而解决此一类行政争议。

实质性化解行政争议是当前检察机关行使行政检察监督职能时应当高度重视和大力追求的一项重要目标。但是,我们也要防止一种倾向掩盖另一种倾向:将这项目标作为行政检察监督的唯一目标。人民检察院行使行政检察监督职能除了追求实质化解行政争议的目标,还应同时追求法治的价值。我们不能为了化解行政争议而牺牲法治价值。例如,我们不能为了息讼而建议或劝说行政机关给予相对人法外利益,让相对人对行政机关的违法行为不起诉,或起诉后撤诉;我们也不能为了平息相对人对行政机关的行政行为的异议,建议或劝说行政机关对相对人的违法行为不处罚、不追究,或怂恿行政机关花钱买平安,花钱买稳定。另外,人民检察院行使行政检察监督职能,为实质性化解行政争议,与人民法院之间以及与行政机关之间进行适度合作、联动、协调是必要的,但合作、联动、协调不能放弃监督、制约。检察机关在行使行政检察监督职能时既要注重推进行政争议的实质性化解,也要注重监督人民法院公正司法和监督行政机关严格执法,不能因为现在全社会重视和强调行政争议的实质性化解就忽略甚至否定检察机关作为国家法律监督机关的基本性质定位。

中国共产党廉政建设主要经验*

中国共产党建党100年来,在党建方面取得了非常丰富的经验。尤其是在廉政建设方面,其经验弥足珍贵。从建立红色根据地时期起,特别是在取得国家政权,成为执政党以来,中国共产党在反腐倡廉方面进行了艰辛探索,走出了一条既具有鲜明马列主义政党特色,又适合中国国情的廉政建设道路。

党的十九届四中全会专题研究了坚持和完善中国特色社会主义制度,推进国家治理体系和治理能力现代化的问题,并对此作出专门决议。廉政制度体系是国家治理体系的重要组成部分,反腐败能力是国家治理能力的重要构成要素。要推进国家治理体系和治理能力现代化,就必须同时推进廉政制度体系现代化和反腐败能力现代化。为此,我们有必要全面深入探讨和总结中国共产党自建党,特别是自执政以来廉政建设和反腐败的宝贵经验,使之得以继承、发扬,并开拓创新和不断发展,以构建现代化的、具有新时代特色的廉政建设和反腐败制度体系和模式。

一、中国共产党建党以来廉政建设的主要经验

中国共产党成立100年,全面执政70多年来,在廉政建设方面不断探索,不断总结经验,不断创新,到现在已经走出了一条具有鲜明中国特色的廉政建设和反腐败之路,积累了诸多可复制、可传承、可继续推广适用,当然亦可进一步发展、完善的基本经验。这些经验最主要的有下述八个方面。

(一)加强党内教育,纠正享乐主义等各种错误思想和不正之风

早在红军初创时期,针对党内存在的各种错误思想,毛泽东同志曾专门召

* 该文原载于《前线》2021年第7期。

开会议,[①]讨论研究红军党建问题并就此作出专门决议。决议指出,“红军第四军的共产党内存在着各种非无产阶级的思想,这对于执行党的正确路线,妨碍极大。若不彻底纠正,则中国革命给予红军第四军的任务,是必然担负不起来的。四军党内种种不正确思想的来源,自然是由于党的组织基础的最大部分是由农民和其他小资产阶级出身的成分所构成的;但是党的领导机关对于这些不正确的思想缺乏一致的坚决的斗争,缺乏对党员作正确路线的教育,也是使这些不正确的思想存在和发展的重要原因”。[②] 毛泽东同志在上述决议中列举的各种错误思想,有一部分即属于当时和之后某些红军干部腐败的苗头。如享乐主义、报复主义、小团体主义等。为此,决议指出,要特别重视加强党内教育,提高党内政治水平,肃清党内各种偏向;并提出加强党内教育,纠正享乐主义等各种错误思想是当时党和红军发展与扩大要解决的最迫切的问题。[③]

通过加强党内教育,纠正个人主义、享乐主义等各种错误思想和不正之风这一党建经验,我党长期以来一直予以继承和发扬。在党的十八大以后,党中央相继开展了多次专门的学习和教育活动。鲜明提出反对“四风”(形式主义、官僚主义、享乐主义和奢靡之风),指出“四风”违背党的性质和宗旨,是群众深恶痛绝、反映最强烈的问题,也是损害党群干群关系的重要根源,故应坚决反对和杜绝。[④]

(二)整风学习,理想信念教育常抓不懈

我们党从延安时期起,即开始抓整风学习。通过整风学习,开展批评和自我批评,克服和纠正“三风”(主观主义、宗派主义、党八股)。毛泽东同志指出,反“三风”是“一件有很大意义的事情”,是“一件有全国性意义的工作”。要通过反对主观主义、宗派主义和党八股,改变学风、党风、文风,“扩大正风,缩小和消灭歪风”。[⑤] 中华人民共和国成立后,党在各个时期仍然继续这

---

① 1929 年 12 月在福建省上杭县古田村召开中国共产党红军第四军第九次代表大会,因会议在古田召开,故党史上称这次会议为“古田会议”。

② 《毛泽东文集》(第 1 卷),人民出版社 1993 年版,第 78 页。

③ 参见《毛泽东文集》(第 1 卷),人民出版社 1993 年版,第 94 页。

④ 关于反对和纠正“四风”问题,参见《习近平谈治国理政》(第 3 卷),人民出版社 2020 年版,第 499-513 页。

⑤ 参见《毛泽东文集》(第 2 卷),人民出版社 1993 年版,第 413 页。

种传统,并更多地运用这一传统,坚定广大党员、干部的理想信念,防止革命意志衰退和腐化变质。1957 年,毛泽东同志在党的高级干部会议上指出,因为革命胜利了,有一部分同志革命意志衰退,革命热情不足,丢掉了为人民服务的精神,闹地位、闹名誉,讲吃讲穿,争名夺利。因此要经过整风学习,使全党振奋起来,以“保持过去革命战争时期那么一股劲,那么一股革命热情”。① 1989 年,邓小平同志针对当时党员、干部队伍中存在的某些消极现象指出,导致这种情况,最大的失误在教育。因此,要加强思想政治工作,“保持艰苦奋斗的传统。坚持这个传统,才能抗住腐败现象”。② 党的十八大以后,新一届党中央特别重视运用整风学习和理想信念教育推进党风廉政建设。2016 年在全党开展“两学一做”的学习教育活动,③2019 年又在全党开展“不忘初心、牢记使命”的主题教育活动。④ 这个活动现在还在进行过程中。“两学一做”的学习教育旨在保持和发展党的先进性和纯洁性,教育引导广大党员尊崇党章、遵守党规,着力解决党员队伍在思想、组织、作风、纪律等方面存在的问题,努力使广大党员进一步增强政治意识、大局意识、核心意识、看齐意识,坚定理想信念,充分发挥先锋模范作用。“不忘初心、牢记使命”的主题教育活动则旨在教育引导广大党员干部坚定对马克思主义的信仰,对中国特色社会主义的信念,传承红色基因,增强“四个意识”、坚定“四个自信”、做到“两个维护”,自觉在思想上政治上行动上同党中央保持高度一致;教育引导广大党员干部坚守人民立场,树立以人民为中心的发展理念,增进同人民群众的感情,以为民谋利、为民尽责的实际成效取信于民;教育引导广大党员干部保持为民务实清廉的政治本色,自觉同特权思想和特权现象作斗争,坚决预防和反对腐败,清清白白为官、干干净净做事。

---

① 参见《毛泽东选集》(第 5 卷),人民出版社 1977 年版,第 419-420 页。

② 参见《邓小平文选》(第 3 卷),人民出版社 1993 年版,第 290 页。

③ 2016 年 2 月,中共中央办公厅印发《关于在全体党员中开展“学党章党规、学系列讲话、做合格党员”学习教育方案》,要求各地区各部门认真贯彻执行。开展“两学一做”学习教育,是面向全体党员深化党内教育的重要实践,是推动党内教育从“关键少数”向广大党员拓展、从集中性教育向经常性教育延伸的重要举措。

④ 2017 年 10 月 18 日,习近平总书记在十九大报告中指出,在全党开展“不忘初心、牢记使命”主题教育,用党的创新理论武装头脑,推动全党更加自觉地为实现新时代党的历史使命不懈奋斗。2019 年 5 月 13 日,中共中央政治局召开会议,决定从 2019 年 6 月开始,在全党自上而下分两批开展“不忘初心、牢记使命”主题教育。

(三)防微杜渐,持之以恒推进作风建设

我党建党以来开展廉政建设和反腐败的另一条重要经验就是防微杜渐,持之以恒推进作风建设。过去许多党员、干部的腐败,往往是从作风败坏开始的。因此,我们党在反腐倡廉方面,特别重视作风建设。延安时期的反“三风”是如此,新中国成立以后的建设时期亦是如此。1963 年,周恩来同志在一次对国务院直属机关负责干部的讲话中曾列出了 20 种作风问题,其中大多数问题即为腐败的“前奏”。如“图享受,怕艰苦;好伸手,走后门;一人得道,鸡犬升天;请客送礼,置装添私;假公济私,移私作公;多吃多占,不退不还;‘官’越做越大,房子越大越好,装饰越贵越好,供应越多越好,以及打击报复、违法乱纪,压制民主、欺凌群众,等等,要求党员、干部坚决反对,坚决克服”。① 党的十八大以后,新一届党中央、中纪委对于作风问题,查处越来越严。特别是每逢年节,节前告诫警示,节后公示查处,收到了很好的效果。习近平同志指出,“作风问题本质上是党性问题”,要“坚持坚持再坚持,把作风建设抓到底”。“党的十八大之后查处的领导干部,很多在享乐主义和奢靡之风上没有收手,贪图享乐,大吃大喝,花天酒地,骄奢淫逸,依然我行我素。有的‘四风’问题改头换面、花样翻新,出现了各种变异。”因此,“我们既要用铁的纪律整治各种面上的顶风违纪行为,更要睁大火眼金睛,任凭不正之风‘七十二变’,也要把它们揪出来,有多少就处理多少”。②

(四)警钟长鸣,防止“糖衣炮弹”的攻击

在中国革命胜利前夕的七届二中全会上,毛泽东同志就提出“两个务必”,防止共和国成立后可能有党员、干部,特别是领导干部被“糖衣炮弹”击中而引发腐败的问题。他谆谆告诫全党,“因为胜利,党内的骄傲情绪,以功臣自居的情绪,停顿起来不求进步的情绪,贪图享乐不愿再过艰苦生活的情绪,可能生长。因为胜利,人民感谢我们,资产阶级也会出来捧场。敌人的武力是不能征服我们的,这一点已经得到证明了。资产阶级的捧场则可能征服我们队伍中的意志薄弱者。可能有这样一些共产党人,他们是不曾被拿枪的敌人征服过的,他们在这些敌人面前不愧英雄的称号;但是经不起人们用糖衣

① 《周恩来选集》(下卷),人民出版社 1984 年版,第 418-422 页。

② 《习近平谈治国理政》(第 2 卷),外文出版社 2017 年版,第 162-165 页。

裹着的炮弹的攻击，他们在糖弹面前要打败仗”。因此，“务必使同志们继续地保持谦虚、谨慎、不骄、不躁的作风，务必使同志们继续地保持艰苦奋斗的作风”。[①] 党的七届二中全会之后，中国共产党在几十年时间里一直警钟长鸣，党中央一直告诫我们的党员、干部警惕“糖衣炮弹”，防止腐败。

（五）高压震慑，严厉惩治罪大恶极的腐败分子

高压震慑，严厉惩治罪大恶极的腐败分子也是我党长期以来反腐败和进行廉政建设的一条重要经验。早在 1937 年，在中共中央所在地延安，曾发生一起震惊陕甘宁边区、影响波及全中国的重大案件。时任红军抗日军政大学第三期第六队队长黄克功，因逼婚未遂，在延河畔枪杀了陕北公学学员刘茜，由一个革命的功臣堕落为杀人犯。此事发生后，在边区内外引起了很大的震动。在国统区，国民党的“喉舌”《中央日报》将其大肆渲染，攻击和污蔑边区政府“无法无天”“蹂躏人权”等，引起了部分不明真相人士的猜疑和不满。事件发生后，中共中央、中央军委、边区政府高度重视，中共中央和中央军委在毛泽东的主持下专门召开会议，经过慎重讨论，决定将黄克功处以死刑。这件事在我党党史上被称为“黄克功事件”。

我党在共和国成立和成为执政党以后，其反腐败力度之大可从 50 年代初期我党对“刘青山、张子善重大贪污腐败案”的严厉处理及其后的震慑效果获得证明。刘青山和张子善案发前分任中共石家庄市委副书记和天津地委书记。二人利用职权，盗用建设机场的建筑款，救济水灾的造船贷款、治河款，干部家属救济粮、地方粮，克扣剥削民工供应粮及骗取银行贷款等，总计达 171.6272 亿元（旧币，下同），用于经营他们秘密掌握的“机关生产”。他们还勾结奸商，投机倒把，使国家财产损失达 21 亿元。二人生活腐化，贪污挥霍达 3.7825 亿元。其中刘青山贪污 1.8399 亿元，张子善贪污 1.9426 亿元。此案被称为“共和国第一贪腐案”。刘青山、张子善二人经公审，由河北省人民法院报请最高人民法院批准，依法判处其死刑，立即执行，并没收其全部财产。该贪腐案件的发生和处理，直接推动了全国性“反贪污、反浪费、反官僚主义”斗争的兴起和深入发展，掀起了共和国历史上第一场反腐肃贪风暴。1952 年 4 月 18 日，我国发布《惩治贪污条例》。这是新中国第一部专门惩治贪污腐败

---

① 《毛泽东选集》（第 4 卷），人民出版社 1966 年版，第 1376-1377 页。

的法律。对刘青山、张子善的死刑判决,宣示着中国共产党对贪污腐败绝不容忍、毫不姑息的态度,表明了中国共产党保持党性、维护纯洁的决心。刘青山和张子善案件,自此成为教育全党的典型案例。①

我党反腐败和进行廉政建设的这一经验同时也可从党的十八大后的铁腕治腐及取得的效果得到进一步的证明。党的十八大以来,中国反腐败力度空前加大,坚定不移"打虎""拍蝇""猎狐"。党的十八大至十九大,查处了周永康、薄熙来、郭伯雄、徐才厚、令计划、孙政才等一批"大老虎",立案审查省军级以上党员干部及其他中管干部 440 人,其中十八届中央委员、候补委员 43 人,中央纪委委员 9 人,厅局级干部 8900 余人;五年共立案审查县处级干部 6.3 万人,处分基层党员干部 27.8 万人;五年共追回外逃人员 3453 名,"百名红通人员"48 人落网,②反腐败斗争形成压倒性态势。为了进一步扩大和深化反腐败斗争的成果,习近平同志在党的十九大报告中指出,我们要以坚如磐石的决心,巩固这种压倒性态势。"要坚持无禁区、全覆盖、零容忍,坚持重遏制、强高压、长震慑,坚持受贿行贿一起查,坚决防止党内形成利益集团。在市县党委建立巡察制度,加大整治群众身边腐败问题力度。不管腐败分子逃到哪里,都要缉拿归案、绳之以法。推进反腐败国家立法,建设覆盖纪检监察系统的检举举报平台。强化不敢腐的震慑,扎牢"不能腐的笼子",增强不想腐的自觉,通过不懈努力换来海晏河清、朗朗乾坤。"

(六)完善制度,"把权力关进制度的笼子里"

邓小平同志对制度治党、制度反腐特别重视,一再强调"制度问题更带有根本性、全局性、稳定性和长期性"。"制度好可以使坏人无法任意横行,制度不好可以使好人无法充分做好事,甚至会走向反面。"③改革开放初期,针对群众反映较多的领导干部特殊化的问题,他指示专门制定《关于高级干部生活待遇的若干规定》,规定高级干部每人只能有一处房子。而且,"不管你占的房子面积有多大,除了办公的,会客的公用部分外,都要交房租"。④ 党的十八

① 参见《刘青山张子善案》,载《人民法院报》2019 年 7 月 3 日,第 3 版。

② 参见杨晓渡:《作风建设已经成为党的建设亮的名片》,载新华网,http://www.xinhuanet.com//politics/19cpcnc/2017-10/19/c_129722984.htm。

③ 《邓小平文选》(第 2 卷),人民出版社 1993 年版,第 333 页。

④ 《邓小平文选》(第 2 卷),人民出版社 1993 年版,第 216 页。

大以后，反腐倡廉，制约公权力的各方面的制度更严、更完善了，十八大新一届党中央领导班子一上台，立即推出“八项规定”。[①] 习近平同志强调指出，要“健全权力运行制约和监督体系，加强反腐败国家立法，加强反腐倡廉党内法规制度建设……确保国家机关按照法定权限和程序行使权力，要加强对权力运行的制约和监督，把权力关进制度的笼子里，形成不敢腐的惩戒机制、不能腐的防范机制、不易腐的保障机制”。[②] 党的十九届四中全会专题研究制度建设问题。在反腐败制度方面特别强调了加强完善三个方面的制度体系和机制：一是监察监督方面的制度体系和机制；二是权力配置和运行方面的制度体系和机制；三是推进不敢腐、不能腐、不想腐方面的制度体系和机制。

（七）政务公开，让权力在阳光下运行

改革开放前，在廉政建设和反腐败方面，我们党和国家对公开透明的重大意义认识不足，政务公开做得很不够。直到20世纪末和21世纪初，党和国家开始重视信息公开制度，一些地方（广州、上海、深圳、北京等地）开始制定政府信息公开规定（规章层面的规定）。2007年国务院出台《政府信息公开条例》（行政法规层面的规定）。这些规定，特别是《政府信息公开条例》，对我国民主法治建设和反腐倡廉制度建设起到非常大的作用。党的十八大以后，党和政府进一步加大了政务公开的力度，中办、国办几乎每年都发布政务公开的要点和实施方案。十八届四中全会要求全面推进政务公开，并确立“以公开为常态，不公开为例外”的政务公开原则，力倡“阳光是最好的防腐剂”。2017年，中共中央发布了《中国共产党党务公开条例（试行）》，推进党务公开。党

---

① “八项规定”是指2012年12月4日中共中央政治局会议审议通过的《十八届中央政治局关于改进工作作风、密切联系群众的八项规定》。其主要内容包括：（1）加强调查研究，深入基层了解情况，总结经验、研究问题、解决困难、指导工作，调查研究切忌走过场、搞形式主义；要轻车简从、减少陪同、简化接待，不张贴悬挂标语横幅，不安排群众迎送，不铺设迎宾地毯，不摆放花草，不安排宴请；（2）精简会议活动，切实改进会风，提高会议实效，开短会、讲短话，力戒空话、套话；（3）精简文件简报，切实改进文风，没有实质内容、可发可不发的文件、简报一律不发；（4）规范出访活动，严格控制出访随行人员，严格按照规定乘坐交通工具，一般不安排中资机构、华侨华人、留学生代表等到机场迎送；（5）改进警卫工作，减少交通管制，一般情况下不得封路、不清场闭馆；（6）改进新闻报道，中央政治局同志出席会议和活动应根据工作需要、新闻价值、社会效果决定是否报道，进一步压缩报道的数量、字数、时长；（7）严格文稿发表，除中央统一安排外，个人不公开出版著作、讲话单行本，不发贺信、贺电，不题词、题字；（8）厉行勤俭节约，严格遵守廉洁从政有关规定，严格执行住房、车辆配备等有关工作和生活待遇的规定。

② 参见《习近平谈治国理政》，外文出版社2014年版，第388页。

务公开是发扬党内民主、发展社会主义民主政治的必然要求，对推进全面从严治党，加强党内监督，反腐防腐，以及调动全党积极性、主动性、创造性均具有重要意义。

(八)严明纪律，加强监察监督

严明纪律是中国革命胜利的法宝之一，也是中国共产党长期以来廉政建设和反腐败的重要经验之一。早在红军时期，毛泽东同志就曾针对党的组织放松对“负担重要工作”的红军领导干部的监督，“对他所犯错误，往往敷衍下去，不执行纪律”的现象，指出“对一人如此，对他人亦不得不如此，因此把纪律一般地放松了”。为了纠正这种现象，毛泽东同志要求党的组织必须“严格地执行纪律，废止对纪律的敷衍现象”。[①] 邓小平同志亦曾经在多个场合说过，要避免我们的干部队伍发生腐化，就必须有严格的纪律制约。“谁也不能违反党章党纪，不管谁违反，都要受到纪律处分，不许任何人干扰党纪的执行，不许任何违反党纪的人逍遥于纪律制裁之外……要制定各种条例，最重要的是要有专门的机构进行铁面无私的监督检查。”[②]从共和国成立时起，我们就曾在政务院下设人民监察委员会；第一届人大后，则在国务院下设监察部作为政纪监督检查的专门机构(20 世纪 60 年代监察部被撤销，80 年代中后期又重新恢复)。党的十八大以后，中央决定对国家监察体制进行重大改革，建立与党的纪检机构合署办公的集中统一、权威高效的，对全体公职人员监察全覆盖的各级监察委员会。实践证明，新的监察体制的运作是成功的，为中国特色反腐积累了非常重要的经验。[③]

二、新时代推进廉政法制建设的基本路径

时代在前进，随着国家政治、经济、社会和文化的不断发展，党和国家的廉政建设和反腐败事业也必须与时俱进，不断创新。在共和国成立初期，反腐更多地注重严厉惩治、镇压像刘青山、张子善之类的贪污腐败分子，营造不敢腐的氛围和从政环境。20 世纪 60 年代，我们较多注重思想教育，号召学习英

---

① 参见《毛泽东文集》(第 1 卷)，人民出版社 1993 年版，第 89-90 页。

② 《邓小平文选》(第 2 卷)，人民出版社 1993 年版，第 332 页。

③ 参见《监察法》第 1-3 条。

模，提倡公而忘私，营造不想腐的自觉和社会风气。进入新时代以后，我们反腐败在坚持重遏制、强高压、长震慑、无禁区、全覆盖、零容忍的同时，更注重制度建设，更注重法治反腐，更注重运用互联网、大数据等高科技反腐，更注重标本兼治、综合治理。反腐模式随时代发展而不断进步、不断创新是中国共产党反腐败的另一项重要经验，也是我们探索和推进新时代廉政建设模式的基本路径。

党的十九大报告和十九届四中全会决定就新时代反腐败和廉政法制建设提出三个方面的具体路径：一是持之以恒正风肃纪；二是标本兼治，综合治理；三是构建和完善党和国家监督的制度体系。下面重点对这些路径的具体内容和推进措施予以阐释。

（一）持之以恒正风肃纪

关于正风肃纪，十九大报告主要提出了五个方面的措施和要求：其一，增强群众观念和群众感情，坚持和发扬我们党紧密联系群众的作风。报告指出，我们党来自人民、植根人民、服务人民，一旦脱离群众，就会失去生命力。因此，必须保持党同人民群众的血肉联系，不断厚植党执政的群众基础。凡是群众反映强烈的问题都要认真严肃对待，凡是损害群众利益的行为都要坚决纠正。其二，严格整治“四风”①。整治“四风”的要求最初是由中共中央于2013年提出的。2019年3月，中共中央印发《关于加强和改进中央和国家机关党的建设的意见》，再次强调要持续整治“四风”问题，严明党的各项纪律，深入推进反腐败斗争。中央和国家机关的党组织和党员要树牢“四个意识”，坚定“四个自信”，带头做到“两个维护”，要加强对党员、干部的教育管理监督。以党的政治建设为统领，解决和防止“灯下黑”等问题。其三，重点强化政治纪律和组织纪律，严格廉洁纪律、群众纪律、工作纪律和生活纪律。其四，坚持开展批评和自我批评，坚持惩前毖后、治病救人，运用监督执纪“四种

---

① 2013年6月18日，党中央在北京召开党的群众路线教育实践活动工作会议，会上提出要着力解决“四风”问题，即坚决反对形式主义、官僚主义、享乐主义和奢靡之风。“四风”违背党的性质和宗旨，是群众深恶痛绝、反映最强烈的问题，也是损害党群干群关系的重要根源。

形态”①，抓早抓小，防微杜渐。赋予有干部管理权限的党组织相应纪律处分权限，强化监督执纪问责。其五，加强纪律教育，强化纪律执行，让党员、干部知敬畏、存戒惧、守底线，习惯在受监督和约束的环境中工作生活。

（二）标本兼治，综合治理

“标本兼治，综合治理”既是十九大报告就新时代反腐败和廉政法制建设提出的基本路径之一，也是《监察法》确定的反腐败和监察工作的基本原则。这一基本路径和原则主要包括三项内容：一是加强监督问责，严厉惩治腐败，强化不敢腐的震慑；二是深化改革、健全法治，有效制约和监督权力，扎牢“不能腐的笼子”；三是加强法治道德教育，弘扬中华优秀传统文化，增强不想腐的自觉。“不敢腐”主要解决治标的问题；“不能腐”和“不想腐”主要解决治本的问题。反腐败只有深化标本兼治，保证干部清正，政府清廉，政治清明，才能跳出历史周期率，确保党和国家长治久安。

一般认为反腐对策最重要者有四：其一，惩治反腐。即古时所谓“以刑去刑”，今时谓“以惩抑腐”，通过严厉惩罚，使为官者“不敢腐”。其二，教化反腐。即古时所谓“灭心中贼”，今时谓“净化灵魂”，通过理想信念教育，使为官者“不想腐”。其三，激励反腐。国外谓“高薪养廉”，我国谓“奖罚分明”，通过适当提高和改善薪酬福利待遇，使为官者“不思腐”。其四，法治反腐（制度反腐）。即习近平同志所说的“定规矩、划界限”“把权力关进制度的笼子里”，通过建立和完善法制，使为官者“不易腐”“不能腐”。

要解决腐败问题，反腐的各种对策——教化反腐、惩治反腐、激励反腐和法治反腐（制度反腐）——一个也不能少。但是法治反腐（制度反腐）是最重要的，最具有治本的功效。法治反腐（制度反腐）要求，腐败治理机关首先要对公职系统现实情况进行调查，梳理腐败的主要形式和类别。有的腐败发生在干部提拔、晋升环节，属于买官卖官性质的腐败；有的腐败发生在行政审批、许可等履行公务活动的环节，属于设租寻租性质的腐败；有的腐败发生在官员八小时工作时间之外，属于私生活性质的腐败。腐败类型是多种多样的，不能

---

① 监督执纪“四种形态”是指：其一，经常开展批评和自我批评、约谈函询，让“红红脸、出出汗”成为常态；其二，给予党纪轻处分、组织调整，这是违纪处理的大多数情形；其三，给予党纪重处分、重大职责调整，此为违纪处理的少数情形；其四，对严重违纪涉嫌违法者予以立案审查，此为违纪处理的极少数情形。

一个制度解决所有类型的腐败。所以确定反腐对策首先要进行调查,把腐败的各种类型梳理清晰。我们在制定制度前,首先是要搞清楚目前到底有多少种形式的腐败,多少种类型的腐败,把底数搞清楚,把情况弄明白,然后再来探讨应对和解决每一种类型腐败的办法和制度。其次是要进行分析,找寻、发现形成和产生各种腐败的原因,然后才能“对症下药”。就如同医生一样,治疗感冒先得分析你是热感冒还是风寒感冒。不同的感冒吃不同的药。腐败有很多种原因,你开一个“方子”肯定解决不了所有的问题。中央提出的“八项规定”能解决一些腐败问题,中央规定的官员家庭财产申报、核查、公开制度也能解决一些问题,但是都不能解决所有的腐败问题。再次是要进行研究、探讨古今中外治理腐败的各种药方。各种药方都要把它拿出来研究一番,看哪一种药方可以解决哪些腐败问题。最后是要进行制度设计。制度设计必须考虑当下中国的国情。根据现实中国国情对反腐进行顶层设计、宏观设计和具体制度设计。顶层设计作为一种高层设计,既要考虑横向的层面,还要考虑纵向的层面;宏观设计不能仅从考虑解决某一具体问题出发,而是要通盘考虑诸如政治、经济、文化等整体架构的问题,要考虑整体性和相互联系;在顶层设计、宏观设计之后才是具体制度设计的问题。没有顶层设计和宏观设计,单纯进行具体制度设计可能事倍功半。制度在表面上可能设计得很好看,但是在整体上可能作用有限甚至还产生负作用。顶层设计、宏观设计、具体制度设计是我们反腐应遵循的一个重要路径。

反腐必须标本兼治,在当下,标本兼治尤应在以下方面着力:其一,坚持全面从严治党,建立和完善对各级党组织与工作部门行使公权力的监督、制约机制。国家公权力是国家机关行使的权力。但在我国,中国共产党是国家的领导,执政党直接行使部分国家公权力,如党管干部、党管军队、党管重大决策等。有权力即必须要有监督。没有监督和制约的权力就必然导致滥用和腐败。目前,党的纪律监督和监察监督可以形成重要的制约,但是光有这种制约还是不够的,如果没有民主法治的保障,还难以完全避免腐败问题的产生。即便是纪委监委,也需要监督,监督者同样需要监督。现行《监察法》设有专门一章规定对监察机关和监察人员的监督。① 其二,推进政务公开,建立人大会

① 参见《监察法》第七章。

议、党委会议、政府会议(全体会议、常务会议、办公会议等)的公开制度。除涉及国家秘密、商业秘密和个人隐私的事项外,各种会议均应公开,允许媒体适度报道和公民旁听。其三,建立和完善官员家庭财产申报、核查和公开制度。这个制度由于涉及面广,实行起来有一定困难。为了缓解压力,可以分步推进。第一步仅申报;第二步加抽查;第三步申报后再全面核查;第四步申报、核查后部分公开申报、核查结果;第五步全面公开申报、核查结果。可以一年进一步,一年或两年上一个台阶。[①] 其四,启动和激活人大的质询监督制度。宪法、组织法、人大代表法和监察法都规定了人大代表质询制度,但实践中较少正式启动过。要加大反腐败力度,必须激活这一制度。只有推进和鼓励人大代表质询问责,对腐败、失职官员才会形成有力的监督。其五,加强和规范媒体和网络对腐败现象、腐败官员、腐败行为的监督。网络媒体监督是反腐的利器,我们应很好地运用这一利器。当然,网络媒体反腐也可能产生一定负作用,尺度把握不好,有可能侵害公民的隐私权。因此,需要制定专门法律加以规范。

(三)构建和完善党和国家监督的制度体系

关于构建和完善党和国家监督的制度体系,十九大报告和十九届四中全会决定主要提出了以下五项途径和措施:其一,强化党自我监督和群众监督的机制。这一方面要求增强党自我净化的能力,另一方面要求让人民监督权力,让权力在阳光下运行。其二,强化层级监督和同级相互监督的机制。这首先需要加强自上而下的组织监督制度,其次需要完善自下而上的民主监督制度。既需要完善对党员领导干部的日常监督机制,也要建立健全巡视巡察、上下联动的监督机制。其三,推进纪检监察工作规范化、法治化。这首先要求完善纪律监督、监察监督、派驻监督、巡视巡察监督的统筹衔接机制,其次要求健全人大监督、民主监督、行政监督、司法监督、群众监督、舆论监督以及审计监督、统计监督的贯通、协调、配合机制。其四,加强和完善权力的分工制约机制。这一机制特别要求建立健全以下五个方面的制度:一是有关权责法定、分

---

① 党的十八届三中全会决定对官员家庭财产申报、核查和公开制度曾有一项规定:健全反腐倡廉法规制度体系,完善……领导干部报告个人有关事项、任职回避等方面法律法规。推行提任领导干部有关事项公开制度试点。

事行权、分岗设权、分级授权、定期轮岗的制度；二是有关明晰权力边界，规范工作流程，强化权力制约方面的制度；三是有关坚持权责透明，推动用权公开，完善党务、政务、司法和各领域办事公开方面的制度；四是有关建立权力运行可查询、可追溯反馈机制方面的制度；五是有关及时发现问题、纠正偏差、精准问责和压减权力设租寻租空间方面的制度。其五，构建和完善预防、查处和惩治的反腐统一协调机制。这一机制特别要求建立健全以下四个方面的制度：一是有关加强思想道德和党纪国法教育方面的制度；二是有关斩断“围猎”和甘于被“围猎”的利益链，坚决破除权钱交易关系网方面的制度；三是有关推动审批监管、执法司法、工程建设、资源开发、金融信贷、公共资源交易、公共财政支出等重点领域监督机制改革方面的制度；四是有关深入查处政治问题和经济问题交织类腐败案件方面的制度。

在新时代，我们党和国家反腐败和廉政建设的任务是艰巨的。但我们坚信，我们有建党建国以来反腐败和廉政建设的丰富经验，有中国特色社会主义制度的重大和显著优势，我们一定能在反腐败和廉政建设方面取得突破，走出一条完全新型的有明显成效和实效的中国特色反腐败和廉政建设之路。

新时代法治政府建设与营商环境改善*

营商环境与法治政府建设具有密切的联系。2019年2月25日召开的中央全面依法治国委员会第二次会议指出,法治是最好的营商环境。而法治最重要的要素是法治政府,从而法治政府建设对于营商环境的改善和优化有着决定性的关键作用。

一、新时代法治政府建设的成就与营商环境的改善

中国特色社会主义建设进入新时代以来,新一届党中央以前所未有的力度加大了法治政府建设和改进营商环境的步伐。

2013年,中共十八届三中全会指出,“科学的宏观调控,有效的政府治理,是发挥社会主义市场经济体制优势的内在要求”。全会要求各级政府“切实转变政府职能,深化行政体制改革,创新行政管理方式,增强政府公信力和执行力,建设法治政府和服务型政府”。

2014年,中共十八届四中全会明确提出“深入推进依法行政,加快建设法治政府”的目标和任务:依法全面履行政府职能;健全依法决策机制;深化行政执法体制改革;坚持严格规范公正文明执法;强化对行政权力的制约监督;全面推进政务公开,以加快建设职能科学、权责法定、执法严明、公开公正、廉洁高效、守法诚信的法治政府。

2015年,中共中央、国务院发布《法治政府建设实施纲要(2015-2020年)》,确定了法治政府建设的指导思想、总体目标、基本原则、衡量标准以及7

---

* 该文原载于《中共中央党校学报》2019年第5期。

项主要任务和40项具体措施。

2017年，党的十九大又在《法治政府建设实施纲要(2015-2020年)》的基础上对法治政府建设提出4项新的要求：推进依法行政，严格规范公正文明执法；转变政府职能，深化简政放权，创新监管方式；增强政府公信力和执行力，建设人民满意的服务型政府；形成科学合理的管理体制，完善行政组织法。

根据党中央和国务院关于法治政府建设的一系列指示、指令和具体要求，在新时代，各级人民政府和政府部门在实际推进法治政府建设与营商环境的改善方面主要做了以下8个方面的工作。

(一)转变政府职能，建设有限政府

党的十八大以来，从中央到地方，各级人民政府和政府部门认真落实转变政府职能，建设有限政府的要求。2013年到2018年，各地各部门行政审批的数量大幅减少，极大地激发了市场活力。国务院部门的行政审批事项从上届政府成立之初的1700多项，到其换届之时削减了800余项，仅余900多项，大大超过了李克强总理在组建上届政府之时承诺的削减1/3的目标①，实际削减了44%。不仅如此，在上届政府任期结束前，各地各部门还取消了全部非行政许可审批项目；政府把生产经营和投资自主权还给企业、社会和公民，中央政府层面核准的企业投资项目减少90%，行政审批中介服务事项压减74%，职业资质许可和认定大幅减少。中央政府定价项目缩减80%，地方政府定价项目缩减50%以上。另外，近年来各地各部门全面推进商事制度改革，由先证后照改为先照后证到证照分离，由三证合一、多证合一到照后减证，在工商登记和注册资本领域的商事制度改革使企业开办时间缩短到原来的1/3左右。②

(二)推进政务公开，建设透明政府

新时代法治政府建设和营商环境改进的另一个标志性成就是各级人民政

---

① 2013年3月17日，李克强总理在第十二届全国人大第一次会议结束会见中外记者时说，“机构改革不易，转变职能更难，因为它更深刻。我在地方调研的时候，经常听到这样的抱怨，办个事、创个业要盖几十个公章，群众说恼火得很。这既影响了效率，也容易有腐败或者寻租行为，损害了政府的形象。所以必须从改革行政审批制度入手来转变政府职能。现在国务院各部门行政审批事项还有1700多项，本届政府下决心要再削减三分之一以上”。参见《机构改革是削权是自我革命》，载《新京报》2013年3月18日，第9版。

② 参见杨小军、杨霞：《行政审批制度改革成效、问题与探索》，载《行政管理改革》2018年第12期。

府推进政务公开,建设透明政府。在计划经济时代和改革开放以后很长一个时期,我国没有制定政府信息公开的法律法规,没有建立政府信息公开制度。这给企业营运带来很多困难,企业不知道各地、各部门对其开办、生产、投资、经营的政策、规定、要求和标准,以至动辄得咎,平添大量的成本和困难。直至2007年,国务院发布《政府信息公开条例》,情况才有了重大改变。但是2007年《政府信息公开条例》确定的公开、透明度还较为有限,对公开的限制条件还比较多。例如,2007年《政府信息公开条例》规定,公民法人或者其他组织申请政府公开信息,可基于自身生产、生活、科研等特殊需要。[①] 申请人不能说明此"特殊需要"的,其申请就不能获得受理和满足。2019年,国务院修改《政府信息公开条例》,确定了"以公开为常态、不公开为例外"的原则,并且改变了过去只注重静态公开、结果公开和单向性公开的公开模式,开始更加注重动态公开和互动性公开,以保证公开的实效。[②]

(三)推进"权责清单"制度,建设责任政府

新时代以来,各级政府和政府部门全面推行"三张清单"[③]制度——权力清单、责任清单、负面清单,权责法定,权责公示。法无授权不可为,否则即构成越权;法定职责必须为,否则即构成不作为;法定职权职责依法为,否则即构成滥权。越权、不作为、滥权均要承担法律责任。在"三张清单"中,"负面清单"与营商环境的关系最为密切。其不仅适用于市场准入,也适用于其他行政审批许可,凡未列入"负面清单"的领域、业态、事项,行政机关不得禁止市场主体进入、经营;凡未列入"负面清单"的条件、要求,行政机关在行政审批许可中不得以之为根据拒绝为行政相对人给予审批许可。

(四)推进电子政务,建设高效便民政府

在推进法治政府建设与营商环境的改善方面,各级政府在新时代所做的

---

① 参见2007年《政府信息公开条例》第13条。

② 参见2019年《政府信息公开条例》第5-9、22-24、43-44条。

③ "三张清单"是李克强总理在出席2014年天津夏季达沃斯论坛开幕式演讲中首先提出:政府要拿出"权力清单",明确政府该做什么,做到"法无授权不可为";给出"负面清单",明确企业不该干什么,做到"法无禁止皆可为";理出"责任清单",明确政府怎么管市场,做到"法定责任必须为"。有了"三张清单",政府这双看得见的手和市场这双看不见的手在经济社会发展过程中如何施展就有了更清晰的界定。有人比喻说,"三张清单"相当于先给企业等市场主体松绑,再捆住政府乱作为的手,待政府的责任明确后,研究如何发挥政府"有形之手"的作用,确立政府与市场的新关系、新秩序。如果说负面清单、权力清单是针对政府乱作为,那么责任清单则是针对政府不作为。

一项极为重要且极有成效的工作即是大力推进电子政务，加速互联网、人工智能、大数据建设，减少政府办事环节，办事流程，让数据多跑路，让相对人少跑腿，实现相对人办事“最多跑一次”，或者不跑也能办成事。李克强总理2014年9月11日考察天津滨海新区行政审批局，见证了该局简政放权后以一枚公章取代过去109枚公章的时刻。总理拿起一枚作废的公章说，这章做得多结实啊，不知曾经束缚了多少人！在他的见证下，109枚公章被永久封存。总理特别叮嘱，这些公章一旦封存绝不能再打开，要让它们彻底成为历史。①

（五）推进公众参与，建设现代民主政府

新时代推进法治政府建设和营商环境改善的另一重大举措是加强行政决策、行政立法、行政规范性文件制定的公众参与。2015年中共中央、国务院发布的《法治政府建设实施纲要（2015－2020年）》要求，“事关经济社会发展全局和涉及群众切身利益的重大行政决策事项，应当广泛听取意见，与利害关系人进行充分沟通，并注重听取有关人大代表、政协委员、人民团体、基层组织、社会组织的意见。各级行政机关，特别是市县两级政府要加强公众参与平台建设，对社会关注度高的决策事项，应当公开信息、解释说明，及时反馈意见采纳情况和理由”。② 2017年中共中央、国务院发布的《关于营造企业家健康成长环境，弘扬优秀企业家精神，更好发挥企业家作用的意见》进一步要求，“健全企业家参与涉企政策制定机制。建立政府重大经济决策主动向企业家问计求策的程序性规范，政府部门研究制定涉企政策、规划、法规，要听取企业家的意见建议”。③

（六）推进信赖保护制度，建设诚信政府

诚信是法治政府的基本品格，是市场经济运行的基本条件，是最重要的营商环境之一。在新时代，党中央和国务院特别重视诚信建设，特别重视在行政管理过程中建立和完善信赖保护制度。要求行政机关依法作出行政决定、行政承诺、行政行为均不得自行任意撤销、改变、收回。如法律依据或客观情况

---

① 参见《李克强考察天津滨海新区行政审批局　见证封存109枚审批公章》，载新华网，http://www.xinhuanet.com/politics/2014-09/12/c_1112460016.htm? aao3z。

② 参见《法治政府建设实施纲要（2015－2020年）》，中国法制出版社2016年版，第9－10页。

③ 参见《关于营造企业家健康成长环境，弘扬优秀企业家精神，更好发挥企业家作用的意见》第八节第22项。

变化,基于公共利益需要,行政机关撤销、改变、收回已作出的决定、承诺、行为,需依法给予相对人补偿。2016 年中共中央、国务院发布《关于完善产权保护制度　依法保护产权的意见》,该意见对加强政府守信践诺机制建设作出了专门规定,“地方各级政府及有关部门要严格兑现向社会及行政相对人依法作出的政策承诺,认真履行在招商引资、政府与社会资本合作等活动中与投资主体依法签订的各类合同,不得以政府换届、领导人员更替等理由违约毁约,因违约毁约侵犯合法权益的,要承担法律和经济责任。因国家利益、公共利益或者其他法定事由需要改变政府承诺和合同约定的,要严格依照法定权限和程序进行,并对企业和投资人因此而受到的财产损失予以补偿”。①

(七)构建不敢腐、不能腐、不想腐机制,建设廉洁政府

法治政府必然要求廉政,廉政亦是构建优良营商环境的重要条件。新时代,国家在推进廉政建设,构建反腐败机制方面迈出了重大步伐。特别是 2018 年,第十三届全国人大第一次会议制定《监察法》,推进国家监察体制的重大改革,加大反腐败力度,强化不敢腐的震慑;健全行政程序制度,扎牢“不能腐的笼子”;加强廉政教育和完善激励机制,增强不想腐的自觉。反腐倡廉使各级政府、各级领导班子在与企业界、企业家打交道时既注重“亲”,更注重“清”,为营商环境的改善和优化提供了优质的政务服务条件。②

(八)增强以人民为中心的观念,建设服务型政府

坚持以人民为中心是习近平新时代中国特色社会主义思想的一个重要支柱。党的十九大报告指出,“必须坚持人民主体地位,坚持立党为公、执政为民,践行全心全意为人民服务的根本宗旨,把党的群众路线贯彻到治国理政全部活动之中,把人民对美好生活的向往作为奋斗目标,依靠人民创造历史伟

---

① 参见《关于完善产权保护制度　依法保护产权的意见》第七节。

② 2016 年 3 月 4 日,习近平总书记在参加全国政协十二届四次会议的联组会议听取委员们发言时指出,新型政商关系,概括起来说就是“亲”“清”两个字。对领导干部而言,所谓“亲”,就是要坦荡真诚同民营企业接触交往,特别是在民营企业遇到困难和问题情况下更要积极作为、靠前服务,对非公有制经济人士多关注、多谈心、多引导,帮助解决实际困难。所谓“清”,就是同民营企业家的关系要清白、纯洁,不能有贪心私心,不能以权谋私,不能搞权钱交易。参见习近平:《毫不动摇坚持我国基本经济制度　推动各种所有制经济健康发展》,载中国新闻网,https://www.chinanews.com.cn/gn/2016/03-09/7789310.shtml。

业”。[①] 以人民为中心在建设法治国家中的体现就是建设服务型政府，而建设服务型政府的内容之一即是为市场主体服务，各级政府、政府部门和政府工作人员，均应“树立服务意识，了解企业经营情况，帮助解决企业实际困难”。依法保护企业和企业家财产权、自主经营权和其他合法权益，加强对企业和企业家的优质高效务实服务。[②] 对此，中共中央和国务院在新时代发布了一系列文件加以推进和保障。

二、目前营商法治环境仍存在的主要问题

党的十八大以来，我国法治政府建设取得重大进展，营商环境获得极大改进，这是毫无疑义和广大人民群众有目共睹的，特别是企业和企业家对此大多有获得感。但是，毋庸讳言，目前我国营商法治环境仍存在一些问题，在不少领域、不少方面仍有改进、改善和优化的空间。

根据有关企业家，特别是民营企业家在“两会”上的发言和他们在党中央、国务院召开的各种座谈会上的发言以及新闻媒体的报道，目前我国营商法治环境存在的主要痛点、难点、堵点问题有下述四项。

（一）部分地方政府和政府部门诚信缺失，损害市场主体的信赖利益

政府和政府部门诚信缺失，损害市场主体的信赖利益是对营商环境造成不利影响的最大痛点难点问题，或者至少是最大痛点难点问题之一。这里特举三个发生时间较早的案例[③]：

案例一：兴源公司与新疆和田市政府曾于 2004 年 4 月 14 日签订和田市天然气利用合同，约定兴源公司项目建成后经营 20 年，不再允许第三方在和田市经营天然气项目。但 2008 年 9 月 12 日，和田市政府却向兴源公司出具合同解除函，由市建设局接管兴源公司天然气供应运营业务。[④]

案例二：新陵投资公司与河南辉县市新陵公路建设指挥部（代表辉县市

---

① 习近平：《决胜全面建成小康社会　夺取新时代中国特色社会主义伟大胜利——在中国共产党第十九次全国代表大会上的报告》，人民出版社 2017 年版，第 21 页。

② 参见《关于营造企业家健康成长环境，弘扬优秀企业家精神，更好发挥企业家作用的意见》第二节、第四节和第八节。

③ 这里所举的三个案例虽然时隔较远，但因为其比较典型，且此种情形当下仍然存在，故予以引用。

④ 参见最高人民法院民事裁定书，（2014）民二终字第 12 号。

政府)于2004年9月15日签订关于投建经营辉县上八里至山西省省界公路项目协议书,约定新陵投资公司承担项目投融资、建设及经营管理,期满后交市交通局。市新陵公路建设指挥部协助新陵投资公司办理项目投资、建设、经营等相关手续。项目进行过程中,由于道路两端接线等相关问题无法解决,所建道路无法通车,新陵投资公司要求市新陵公路建设指挥部协调解决,但市新陵公路建设指挥部不予解决。新陵投资公司面临投资无法收回更无法营利的风险。①

案例三:海南中石油昆仑港华公司与海南儋州市建设局于2003年3月18日签订开发儋州市管道燃气工程项目协议,约定海南中石油昆仑港华公司开发建设儋州市管道燃气工程项目,由其统一规划、统一建设、统一经营、统一管理。但2010年9月10日,儋州市政府发布常务会议纪要,决定由市滨海新区管委会代表儋州市政府与中海油管道公司另行签订投资建设儋州市滨海新区燃气管网供气工程协议,并为中海油管道公司颁发建设行政许可,从而损害了海南中石油昆仑港华公司对儋州市管道燃气工程项目的"统一规划、统一建设、统一经营、统一管理"权。②

这些案例表明,部分地方政府和政府部门在与投资者或其他市场主体打交道时,存在不遵守承诺、约定、协议的情形。虽然其中有各种各样的原因,但诚信精神缺失无疑是其中一项重要原因。对此,习近平总书记2018年11月1日在其主持召开的民营企业家座谈会上指出,"要打破各种各样的'卷帘门'、'玻璃门'、'旋转门',在市场准入、审批许可、经营运行、招投标、军民融合等方面,为民营企业打造公平竞争环境,给民营企业发展创造充足市场空间"。③

(二)部分地方部分领域公平竞争规则欠缺,不同市场主体享有的权利、机会不平等

权利平等、机会平等、规则平等是市场公平竞争的基础,是优良营商环境的基本要素。但目前在一些地方、一些领域却仍然存在对不同市场主体区别

① 参见丁保河:《中国PPP立法研究》,法律出版社2016年版,第261页。
② 参见海南省高级人民法院行政判决书,(2012)琼行终字第4号。
③ 《习近平谈治国理政》(第3卷),外文出版社2020年版,第255-256页。

对待，对其权利、机会、规则视不同对象予以不平等对待的现象。例如，在工程项目招投标方面，故意在招投标文件中设定不合理的条件，以排除可能参与“招拍挂”的民营企业、外地企业或者不讨政府喜欢的企业的参与资格；在对市场主体的行政监管中，对不同市场主体设定不同的监管标准，以保护与政府关系密切的企业，打击、排挤与政府有过节或有事曾得罪政府的企业；在制定产业发展或金融、税收政策方面，给予国有企业、本地企业、大企业等种种优惠，却给民营企业、外地企业、小微企业享受相应优惠待遇设置难以迈过的门槛或制造难以克服的障碍；在修改、调整土地、建设、生态环境等规划，需要征收土地，搬迁企业时，首先列入征收、搬迁方案名单的是民营企业、外地企业、在政府眼中观感不佳的企业，而尽可能给国有企业、本地企业、与政府关系密切的企业予以征收、搬迁的豁免等。这种“看人下菜碟”，对同样情况、同样条件的企业不同对待的事例，不一而足。正是这些地方、这些政府部门对市场主体不公正、不平等对待的现象，给所在地区、部门的营商环境造成了消极的、负面的影响。

（三）部分地方、部门简政放权不落实，改革不深入，行政审批和许可种类、项目、程序等还存在诸多问题

党的十八大以来，各级政府推行简政放权和放管服改革，取得了很大成绩，影响企业市场运作和经济发展的各种奇葩审批许可、奇葩证明大多被取消。几年前被广州市政协委员曹志伟先生抨击的行政审批“万里长征图”①那样艰难的营商环境已经有了根本的改观。但是，类似问题并没有完全解决，目前部分地方、部门简政放权的要求尚未完全落实，仍存在各种不适当、不必要的审批、许可项目，而且手续烦琐，给市场主体的生产经营活动增添了很多困难和麻烦。中国政法大学马怀德教授认为，随着改革的深入，简政放权已越来越触及部门核心利益，改革难度逐渐加大，行政审批制度改革尚存在以下五类

---

① 在广州市2013年的“两会”上，政协委员曹志伟在发言中亮出一张审批“万里长征图”。在这张图上，可以清楚地看到一个投资建设项目从立项到验收的漫长历程：100个审批环节，共盖108个章，缴纳36项行政收费。如果要全部走完，审批工作日累计达到2020天；即便按照最短的关键线路走，也需799个审批工作日。“两会”后，广州市立即对审批制度进行改革，法制办联合各部门根据这张图编制了一份新的审批流程图，审批事项减少至33项，审批环节减至5个，整个流程走完降至37天。

主要问题：其一，改革只注重数量、忽视质量，社会感受度不明显。政府的管制能力、管制水平和管制权力似乎没有因为审批事项的精简而缩小，改革还远未达到所追求的效果。各级政府取消下放的审批事项多是“含金量”不高、“不痛不痒”、细枝末节的项目，对“束缚企业生产经营、影响人民群众就业创业创新的事项”及涉及本部门核心权力和切身利益的项目则抓着不放。其二，改革的类型化不足。简政放权的类型化没有充分体现，究竟应减哪些政、放哪些权、管哪些事，在改革的过程中不够明确。此外，对涉及百姓生命、健康安全领域的审批事项取消下放后，倘若事后监管措施未能同步建立，就容易出现监管真空，对公共安全和群众生命健康安全带来隐患。其三，审批项目明减暗增、上减下增的现象依然存在。在行政审批制度改革中，有些部门和地方对审批事项进行“打包”或者“拆分”处理，“把废弃的项目做成‘膨化饼干’，一项做成好几项，把要保留下来的项目做成‘压缩饼干’，把好几项压成一项”，以应付上级精简审批事项的指标。还有的部门和地方将审批“改头换面”为“核准”“备案”等，权力不减反增，影响了改革的效果和质量。其四，改革的法治化程度不高。改革未与立法、修法完全同步，导致在国务院以规范性文件的方式取消下放审批事项之后，相关法律、法规被修改或废止之前，出现了一个“空档期”。在这个“空档期”内，法律、法规所规定的但已被规范性文件所取消的审批事项是否具有法律效力，相关政府部门是否还应履行审批职能不明确。立法、修法滞后于行政审批制度改革的相关决定，不仅给改革带来操作中的困境，而且使改革脱离法治轨道，直接面临合法性危机。其五，改革的程序不够完善。简政放权的过程中，信息公开不够、社会参与不够，致使取消下放的审批事项多为“含金量”不高、“不痛不痒”、细枝末节的项目，使市场主体和社会民众在政府取消成百上千个审批许可事项后，到政府部门办事时依然困难重重。①

（四）公职人员腐败现象未得到完全遏制，大大提高了市场主体营运的时间和金钱成本

良好的营商环境的构建和培植不仅要求政府依法、守法、诚信和公平、公

① 参见马怀德：《行政审批制度改革的成效、问题与建议》，载《国家行政学院学报》2016 年第 3 期。

正，而且要求政府清正廉洁，政府公职人员不贪不腐、廉政勤政。党的十八大以来，党中央坚持反腐败无禁区、全覆盖、零容忍，坚定不移“打虎”“拍蝇”“猎狐”，不敢腐的目标初步实现，“不能腐的笼子”越扎越牢，不想腐的堤坝正在构筑，反腐败斗争压倒性态势已经形成并巩固发展。但是，这并不意味着反腐败斗争已经取得全面胜利，政府部门和政府公职人员的腐败问题已经完全解决。事实上，我国当下“反腐败斗争形势依然严峻复杂”，“从信访举报、巡视巡察、监督检查和审查调查情况看，仍有一些人不收敛不收手”。我们从中纪委书记赵乐际同志在中国共产党第十九届中央纪律检查委员会第三次全体会议上的工作报告中列举的2018年全国纪检监察机关的相关数据即能看到我国“反腐败斗争形势依然严峻复杂”，“仍有一些人不收敛不收手”的严酷事实：2018年，全国纪检监察机关共查处173.7万人次，其中约谈函询、批评教育110.4万人次；给予轻处分、组织调整49.5万人次；给予重处分、重大职务调整8.2万人次；处理涉嫌犯罪者5.5万人次；给予政务处分的公职人员13.5万人，对中管干部立案审查调查68人，涉嫌犯罪移送司法机关15人。可见，我国当下公职人员腐败现象尚未得到完全遏制。公职人员腐败现象的存在大大提高了市场主体营运的时间和金钱成本，恶化了营商环境。

三、进一步推进法治政府建设，改善和优化营商环境的途径

为了改进和优化营商环境，我们必须进一步推进法治政府建设。而要进一步推进法治政府建设，必须从立法、执法、司法和守法四个方面发力。

（一）加强行政程序和优化营商环境立法

从立法层面考察，推进法治政府建设和优化营商环境需要抓紧列入立法议程并加快推进立法步伐的法律、法规很多，如行政程序法、政务公开法、个人信息保护法、反腐败法、行政收费法、营商环境优化法、投资保护法、政府合同法等。但是，笔者认为，在当下，最迫切的是应尽快出台《优化营商环境条例》，最重要的是应尽快启动“行政程序法”的研究和制定工程。

关于《优化营商环境条例》，前不久国家发改委已经设计出一个基本框架，并起草出了征求意见稿。该征求意见稿设七章，共68条。七章分别为总则、市场主体、市场环境、政务服务、监管执法、法治保障、附则。第一章总则规定立法目的、基本原则、政府管理职责、社会参与、舆论监督和营商环境评价

等;第二章市场主体,主要规定平等对待各类市场主体、市场主体权益(财产权、自主经营权、知识产权等)保护,以及市场准入、招投标和政府采购、治理拖欠企业账款、完善纠纷解决机制等;第三章市场环境,主要规范企业开办、投资项目审批、工程建设项目报建审批、登记财产、跨境贸易、破产、企业变更和注销,规定税费办理,公用事业、融资与人才服务等;第四章政务服务,主要规定线上线下服务融合、政务服务水平提升、诉求处理与监督评价等,并对政务服务大厅、政务服务平台、政务服务数据共享交换、电子印章和电子证照,政务服务事项标准化等进行规范;第五章监管执法,主要规定行政监管,落实监管责任、创新监管方式、规范执法行为,对监管职责、综合监管执法和联合检查、包容审慎监管、"双随机、一公开"、重点监管、信用监管、"互联网+监管"等进行了规定;第六章法治保障,主要规定政策制定与施行以及各种法律责任(政府责任、行业协会、商会责任、中介服务机构责任、公用企事业责任等);第七章附则规定条例的特殊适用情形和施行日期等。

就立法框架和基本内容考察而言,《优化营商环境条例》征求意见稿确立的各项原则、规则均比较全面,其表现的理念也比较符合中国特色社会主义市场经济的原则。建议国务院在听取各方面意见的基础上进一步完善,争取尽快出台。

关于行政程序法,笔者主持的"行政程序法典化研究"课题组曾于 2015 年草拟《中华人民共和国行政程序法(专家建议稿)》,共八章 224 条。八章分别为总则,行政程序主体,行政程序基本制度,重大行政决策与行政规范制定程序,行政处理(具体行政行为)程序,特别行政程序(行政合同、行政指导、内部行政规范、行政规划、行政应急行为程序),监督、责任与救济,附则。关于行政程序立法的必要性与意义,笔者在该法试拟稿的说明中归纳为三个方面:其一,推进依法行政、建设法治政府的需要。行政程序法是行政法的最关键的组成部分。只有有了行政程序法,才可能把行政权力关进制度的笼子里,防止行政权任性、恣意和滥用;只有有了行政程序法,才可能构建完善的机制以保护公民、法人和其他组织的合法权益免受行政权的侵害。其二,推进制度反腐、法治反腐,建设廉洁政府、效能政府的需要。因为政府和政府官员不是天使,必须有一套机制防止其腐败,控制其滥权。人类为此探索了几千年,试验了多种多样的反腐方案,采取过多种多样的反腐对策。但是将各种方案、对策进行比较发现,通过法治反腐、程序反腐乃是最有效的。法治反腐、程序反腐是反腐的上上策。因为“程序反腐”是运用程序法制控制和规范公权力的行使。程序法制不是控制公权力本身,而是控制和规范公权力怎么行使,按照什么样的步骤和什么样的方式去行使。“程序反腐”不仅是运用程序法制构建权力制约权力的机制,更是运用程序法制构建权利制约权力的机制。“程序反腐”特别注重运用程序法制推进和保障公权力运作的公开透明。通过公开透明保障人民群众的知情权、参与权。其三,推进国家治理现代化,实现善治良政的需要。公权力运作程序化、规范化对于现代国家治理具有非常重要的意义。传统国家治理手段多采用人治、礼治或权势权术之治,现代国家治理显然不能运用上述手段。现代国家治理手段的选择不仅要考虑其有效性,而且要考虑其正当性和文明性。现代国家治理的基本手段是法治,特别是程序法治。公开、透明、公众参与、集体决策是现代国家治理与传统国家管理的重要区别。如何实现公开、透明、公众参与、集体决策?必须通过行政程序法为之确立规则,创设平台,提供保障。行政程序法为行政行为所确立的电子政务制度、信息公开制度、政务公开制度、个人信息保护制度、行政调查与证据制度、说明理由与听取陈述申辩制度、听证制度等,就是这样的规则、平台和保障。没有行政程序法确立的这些制度和为这些制度创设的规则、平台、保障,国家治理现代化就只能停留在口号层面,而不可能实施、运作。[①]

在各方面的努力和促进下,第十三届全国人大已将行政程序法的制定列入本届人大立法规划的第三类项目。在此,我们建议全国人大常委会法工委尽快开展对该项目的早期调研工作,在条件相对成熟后,正式启动该法的起草,以为优化我国营商环境提供最基础性的立法支撑。

(二)推进依法行政,严格规范公正文明执法

法治政府建设最重要最基本的要求是依法行政。党的十九大报告指出:“建设法治政府,推进依法行政,严格规范公正文明执法。”[②]依法行政包括依法制定行政法规、规章和规范性文件,也包括依法执法。在行政立法日趋完善

① 参见姜明安等:《行政程序法典化研究》,法律出版社 2016 年版,第 4-11 页。

② 参见习近平:《决胜全面建成小康社会 夺取新时代中国特色社会主义伟大胜利——在中国共产党第十九次全国代表大会上的报告》,人民出版社 2017 年版,第 39 页。

的条件下，相较于行政立法，依法执法在依法行政中具有更为重要的地位，对于优化改善营商环境具有特别重要的意义。依法执法包括严格执法、规范执法、公正执法和文明执法。

严格执法要求执法者执法铁面无私，不放纵违法行为，不法外施恩，不网开一面。对于假冒伪劣、坑蒙拐骗、网络诈骗等损害人民群众生命健康和严重侵害公民、法人或其他组织财产权的行为，不心慈手软，依法该采取行政强制措施的坚决采取行政强制措施，依法该科处行政处罚的坚决科处行政处罚，行为构成犯罪的必须移交司法机关处理，不能以罚代刑。

规范执法要求执法者严格依法定权限、法定规则、法定程序执法。依法定权限执法要求执法机关公开权力清单，保证执法不越位、不错位、不缺位。依法定规则执法要求执法机关公开执法依据，并制定和公开执法基准。因为法律法规的规定往往过于原则、抽象，需要通过执法基准予以细化和具体化。依法定程序执法要求执法机关执法要遵守法定方式和手续、步骤，如出示证件、表明身份、说明理由、听取陈述申辩等。

公正执法要求执法者执法不偏私，如执法事项与之有利害关系，应主动回避。公正执行要求执法者平等对待行政相对人，不歧视弱者和弱势群体，如多个行政相对人申请同一行政许可事项，应通过招标、拍卖、考试、考核等公平竞争程序选择被许可人；多个行政相对人实施相同或不同的行政违法行为，应根据其各自违法行为的事实、性质、情节及社会危害程度等给予处罚，做到过罚相当；执法只考虑相关因素，不考虑不相关因素。

文明执法要求执法者在执法过程中摆事实，讲道理，以理服人，以法服人；在执法时讲究语言文明，举止文明，尊重行政相对人的人格；不得任性、恣意，不得主观武断、滥用职权。文明执行严禁暴力执法、野蛮执法、“钓鱼执法”、“养鱼执法”等。

（三）加强司法体制改革，促进司法公正

加强司法体制改革，促进司法公正既是推进法治政府建设的直接需要，也是优化营商环境的间接需要和直接需要。司法公正之所以是推进法治政府建设的直接需要，是因为只有司法公正，行政审判才能公正；只有行政审判公正，才能监督行政机关依法行政，推进法治政府建设。司法公正之所以是优化营商环境的间接需要，是因为只有司法公正才能监督行政机关依法行政和推进法治政府建设,而法治政府建设是优化营商环境的基本条件。司法公正之所以是优化营商环境的直接需要,是因为市场主体在营商过程中发生的各种争议(行政争议、民事争议)都有赖司法公正解决,没有司法公正,市场主体就不可能获得权利平等、机会平等、规则平等的营商环境,其合法权益就不可能得到有效保障。

要保障司法公正,首先就必须防止行政机关、社会团体和任何个人,特别是领导干部对司法的干预,消除企业家“告状难”、案件公正审理难,判决裁定执行难。为了克服这个“三难”,2014 年修改《行政诉讼法》,立法者曾设计了若干制度。针对“告状难”,立法者将“民告官”制度的原“立案审查制”改为“立案登记制”。在“立案审查制”下,当事人告官,往往在受理环节被法院以种种理由拒之门外,案件进入不了审理环节。而根据“立案登记制”,当事人告官,只要起诉符合法定条件,法院即应当登记立案。法院如果违法拒收起诉状和不予立案,当事人可以向上级法院投诉、起诉,由上级法院立案审理或指定其他下级法院审理。[①] 针对案件公正审理难,立法者设计了“跨行政区域管辖”制度:经最高人民法院批准,高级人民法院可确定本省、自治区、直辖市内的若干法院跨行政区域管辖行政案件,[②]以防止和避免被告和所在行政区域的有关机关及其领导干部干预行政审判。对于领导干部和有关公职人员干预行政审判的,人民法院要予以记录、公告和追究其纪律责任乃至法律责任。针对判决裁定执行难,立法者设计了三项操作性极强的应对措施:其一,被告在规定期限内不履行法院裁判的,对被告行政机关负责人按日罚款(《行政诉讼法》2014 年修订前规定的是罚行政机关的款,新法改为罚负责人的款,从而力度大增);其二,将被告行政机关拒绝履行的情况予以公告(被告背负“老赖”的声名,“压力山大”);其三,对拒不履行,社会影响恶劣的被告行政机关直接负责的主管人员和其他直接责任人员予以拘留(这种措施虽不会经常适用,但其威慑力比罚款更甚)。[③]

这些制度和措施对于保障司法公正和司法权威,改善营商环境无疑都是

---

① 参见《行政诉讼法》第 51、52 条。

② 参见《行政诉讼法》第 18 条。

③ 参见《行政诉讼法》第 96 条。

良策高招，但关键在实施，只有真正实施，才可能有真正实效。

（四）促进民众守法，建设法治社会

推进法治政府建设，改进和优化营商环境，除了必须从立法、执法和司法着力外，促进民众（市场主体和企业家自身）守法，建设法治社会也非常重要。因为一个国家、一个地区，即使有了完善的法律法规，老百姓都不遵守，市场主体和企业家都不遵守，或者能规避的尽量规避，市场交易同样会难以正常进行，企业的财产安全和企业家的人身安全同样会难以得到保障。因此，民众守法同样是构建良好营商环境的重要条件。

当然，民众守法也依赖执法机关严格执法和司法机关公正司法，甚至前者以后者为前提。试想，如果执法机关不作为，对假冒伪劣、坑蒙拐骗的违法行为放任不管，听之任之，对受假冒伪劣、坑蒙拐骗行为所害者的权益不予保护，不予救济；如果司法机关对各种争议案件裁判不公，怂恿违法违约者而打击守法践约者，还会有多少人能坚持守法践约呢？如果整个社会都不以违法违约为耻，以守法践约为荣，我们还谈什么营商环境优化？

因此，立法、执法、司法和守法是一个相互作用的整体，共同构成营商的法治环境。一个国家、一个地区，要构建良好的营商环境，必须全面推进科学立法、严格执法、公正司法和全民守法。

积极探索中国特色法治政府建设的模式和路径*

从2004年国务院发布《全面推进依法行政实施纲要》(以下简称2004年《纲要》),明确提出在我国建设法治政府的目标,到2015年中共中央、国务院发布《法治政府建设实施纲要(2015-2020年)》(以下简称2015年《纲要》),再到日前中共中央、国务院发布《法治政府建设实施纲要(2021-2025年)》(以下简称《纲要》),我国探索中国特色法治政府建设的模式和路径已经17年了。17年来,特别是党的十八大以来,我国法治政府建设取得重大进展,已经初步创建了一个具有中国特色的法治政府建设的新模式,初步开辟出一条具有中国特色法治政府建设的新路径。尽管中国法治政府建设的这一新模式和新路径也借鉴了世界其他国家法治政府建设的有关经验和做法,但其在整体上和根本上是中国式的,是区别于世界其他国家,特别是区别于西方国家法治政府建设的模式和路径的。

通观《纲要》,我们可以发现,我国法治政府建设的模式和路径具有下述鲜明的中国特色:其一,坚持马克思主义中国化的指导思想;其二,坚持中国共产党对法治政府建设的全面领导;其三,坚持以人民为中心,政府为人民服务、对人民负责、受人民监督的基本原则;其四,坚持问题导向,始终注重通过建立完善制度,规范和制约行政权,有针对性地解决行政乱作为和不作为的各种实际问题;其五,坚持改革创新,不断探索和健全完善适应现代高科技社会与风险社会的政府治理体制机制。

---

* 该文原载于《中国党政干部论坛》2021年第9期。

2014 年,中共十八届四中全会作出在我国全面推进依法治国的重大决策,依法治国要求建设法治国家、法治政府和法治社会。在依法治国的总工程中,法治政府建设是重点任务和主体工程。《纲要》之所以将法治政府建设定位为依法治国总工程中的"重点任务和主体工程",其根据和理由如下:其一,依法治国的总目标是建设中国特色社会主义法治体系和社会主义法治国家,其重要目的是推进国家治理体系和治理能力的现代化;而法治政府建设乃是推进国家治理体系和治理能力现代化的"重要支撑"(《纲要》语)。没有各级政府和政府部门及政府公职人员的依法行政,国家治理现代化只能是空中楼阁。其二,政府是国家的主要组成部分。政府部门、政府公职人员、政府管辖范围在国家机关、国家公职人员、国家管理事务范围中都占有最大的比重,没有法治政府,法治国家只能是空中楼阁。其三,政府担负着管理市场和社会,为市场和社会提供公共服务、公共秩序等"公共物品"的重任。政府管理市场和社会的质量和效率均取决于政府依法行政,市场和社会的依法有序运作在很大程度上亦取决于政府的依法管理。因此,如果没有法治政府建设先行,法治社会亦将成为空中楼阁。正是源于上述因素,党中央和习近平总书记一再强调,法治政府建设是全面依法治国的重点任务和主体工程,要率先突破、全面突破。

中共中央、国务院日前发布的《纲要》是在全面总结 2004 年《纲要》和 2015 年《纲要》(特别是 2015 年《纲要》)发布以来我国努力探索中国特色法治政府建设的模式和路径,不断推进中国特色法治政府建设的经验的基础上制定的。这次《纲要》既有对前两个《纲要》的衔接和继承,也有对前两个《纲要》的发展、深化和创新。其发展、深化和创新既体现在总体目标方面,也体现在具体任务方面。

在总体目标上,2015 年《纲要》确定的是六项目标:职能科学、权责法定、执法严明、公开公正、廉洁高效、守法诚信。这次《纲要》将总体目标(置于"指导思想"之内,《纲要》的"总体目标"规定的只是 2021-2025 年这 5 年的总体目标,而非整个法治政府建设的总体目标)设置为七项,并对第 5 项和第 6 项的内容进行了修改。总体目标增加的第 7 项内容是"人民满意"。该项内容增加反映和体现了党的十八大以来确立的中国特色法治政府建设的"以人民为中心"的理念。修改的两项内容则分别是将第 5 项"廉洁高效"修改为"智能高效”;将第6项“守法诚信”修改为“廉洁诚信”,即增加了“智能”(数字政府)的要求和去掉了“守法”的要求。增加“智能”的要求显然是回应现代社会高科技(互联网、大数据、人工智能等)发展对政府治理能力的挑战。至于去掉“守法”的要求则并不意味着政府守法对建设法治政府不重要了,而是“守法”对于新时代的政府来说是最低要求,不宜作为整个法治政府建设总体目标规定(对于这一修改笔者不完全认同。笔者认为,政府守法非常重要,不宜去掉,仍应保留作为整个法治政府建设的总体目标。其表述可在第3项目标之后增加一项“守法便民”,作为总体目标的第4项)。

在具体任务上,这次《纲要》的发展、深化和创新主要有三个方面。一是《纲要》第三部分:健全依法行政制度体系,加快推进政府治理规范化程序化法治化。在这方面,《纲要》特别提出要“加强规范共同行政行为立法”和“完善行政程序法律制度”。对此,笔者近30年来一直呼吁立法机关制定“行政程序法”或者编纂“行政程序法典”。现在《纲要》做了明确规定,法治政府建设的这一项子工程应有望在此五年规划期间完成。

二是《纲要》第六部分:健全突发事件应对体系,依法预防突发事件。在这方面,《纲要》特别要求“坚持运用法治思维和法治方式应对突发事件,着力实现越是工作重要、事情紧急,越要坚持依法行政,严格依法实施应急举措”。对此,笔者主张,应认真研究和总结我们这次防控新冠肺炎疫情的经验,针对防控过程中存在的各种突出问题,抓紧修改和完善《突发事件应对法》,并单独制定“紧急状态法”。因为突发事件并不一定都构成紧急状态,只有特别严重的突发事件才构成紧急状态。只有单独制定专门的“紧急状态法”,才能保证在国家遇到特别重大疫情、重大自然灾害、重大恐怖袭击事件或发生社会动乱、暴乱、骚乱乃至战争状态时,政府应对和处置这些最严重的突发事件才能有法可依,既保障有效应对和处置,又切实保障公民的人权和其他合法权益。

三是《纲要》第九部分:健全法治政府建设科技保障体系,全面建设数字法治政府。在这方面,《纲要》特别要求“着力实现政府治理信息化与法治化深度融合”;“推动数据共享和业务协同,形成高效运行的工作机制,构建全国一体化政务大数据体系,加强政务信息系统优化整合”;“善于运用大数据辅助行政决策、行政立法、行政执法工作”。笔者认为,在高科技迅猛发展的现代社会推进法治政府建设,有效解决好政府治理信息化与法治化深度融合的问题非常重要。信息化如果脱离法治化,互联网、大数据、人工智能(人脸识别、健康码等)就不仅不能成为政府有效治理的手段,还可能成为侵犯公民权利和自由的工具。法治化如果脱离信息化,政府则不可能有效解决现代高科技社会和风险社会的各种复杂社会问题。就这次防控新冠肺炎疫情来说,如果没有互联网、大数据、人工智能的广泛和深度运用,其防控效果将难以想象。

中共中央和国务院这次发布的《纲要》在总体目标和具体内容上的上述发展、深化和创新,完全遵循了问题导向,充分体现了中国特色法治政府建设的模式和路径。从现在起到 2035 年乃至 2035 年以后,我国法治政府建设无疑将进一步探索并不断完善这一模式和路径。

有效发挥行政检察实质性化解行政争议功能*

行政检察有监督法院依法进行行政审判，监督行政机关依法行政，保护公民、法人和其他组织合法权益，保护国家、社会公共利益的功能与作用，也有促推行政争议实质性化解，维护社会关系和谐稳定的功能与作用。后一功能与作用，往往容易被忽视。这一功能与作用的有效发挥，对于检察机关全面履行宪法赋予的法律监督职能，促进提高国家治理能力具有非常重要的意义。但是，无论是理论层面还是实践层面，对于行政检察促进行政争议实质性化解的认识，都有待深化。对此，笔者拟从三个方面对这个问题做进一步的探讨。

一、行政检察实质性化解行政争议的主要价值目标

（一）更有效地救济行政相对人被侵犯的合法权益

行政争议进入行政检察阶段，大多已经过行政处理（包括行政听证），行政复议，行政诉讼一审、二审乃至再审等诸多环节。行政相对人经过这么多争讼和处理环节，争议仍得不到化解，其仍不愿意停下争讼的脚步，其中有多种多样的原因，但其中一个可能的重要原因是其认为被侵犯的合法权益没有得到有效的救济，深感委屈，想通过检察监督途径和其他途径再继续争讼下去。如果行政检察对于相对人的争讼，仍然完全按原行政处理，行政复议，行政诉讼一审、二审、再审的标准和模式再审查一次，然后作出审查结论，这个结论很可能与之前处理环节的结论不会有太大的差别。因为前处理环节的复议人员、法官等对案件一般（不是全部）都已依法依规、尽心尽力进行了审查，但有

---

* 该文原载于《检察日报》2021 年 5 月 31 日，第 3 版。

的因过于注重形式,没有深究当事人争议的实质,过分注重行政行为的合法性审查而没有发现当事人权益被侵犯的事实,或者虽然发现了当事人权益受损的事实,但严格依据现行法律条文,却无法向当事人提供适当和有效的救济,导致案结了,相应行政争议却化解不了。因此,行政争议在进入行政检察阶段以后,行政检察机构和检察人员有必要适当改变争议化解模式,即由单纯审查行政行为合法性模式改为兼顾实质性化解行政争议的模式。此种模式虽然仍然要注重审查行政行为的合法性,以行政行为合法性审查作为行政检察监督的基础。但是,行政检察监督模式应当更加重视探究当事人的合法权益是否确实有被侵犯或损害的事实;如其合法权益确实被侵犯或损害,对其予以救济是否存在法律上或事实上的障碍;如救济存在障碍,是否有排除障碍的途径(包括法定途径,或者虽非法定途径但不违法且合情合理的途径)。如果发现当事人的合法权益确实被行政行为(有时行政行为在形式上并不违法)侵犯或损害,又为他们找到了适当的救济途径(包括排除一定障碍后可能适用的救济途径),就可能从实质上化解相应行政争议,当事人被侵犯或损害的合法权益就可能获得实际的和有效的救济。

(二)更有效地和更实质地监督和促进行政机关全面依法行政

行政检察实质性化解行政争议的另一个重要价值目标是更有效地和更实质地监督和促进行政机关全面依法行政。依法行政的“法”不只是法的具体规则和条文,还包括法的目的、法的基本原则和法的精神。行政执法机关和执法人员在执法时,往往更注重法的具体规则和条文,而对法的目的(保护行政相对人的合法权益,尽量满足人民对美好生活的期望)、法的基本原则(比例原则、信赖保护原则等)、法的精神(以人为本、情理法统一兼顾等)有所忽略。在行政复议和行政诉讼阶段,复议机关和法院的法官根据行政行为合法性审查原则审理行政争议案件,有时也可能会对“合法性”的“法”的理解出现片面性,忽略了法的根本目的、基本原则和法的精神,进而导致案件当事人对案件处理结果不服,申诉至检察机关。但当事人对案件处理结果不服往往说不出太多道理,他们对依法行政的“法”、“合法性”的“法”的理解往往不如行政执法人员、复议人员和法官。因此,行政检察监督从实质性化解行政争议的需要出发,就应当更多地考察法的目的、法的基本原则和法的精神,从这里探求实质性化解行政争议的途径,并以此更有效地和更实质地监督和促进行政机关全面依法行政。

(三)更有效地节约行政和司法资源

行政检察实质性化解行政争议的第三个重要价值目标就是更有效地节约行政和司法资源。行政相对人对行政行为不服,对复议机关的复议决定和法院的行政裁判(判决或裁定)不服,诉诸行政检察监督,有的人可能是确有委屈(这种委屈有的可能是源于他们对法律、法理的理解错误)。行政检察监督对待行政相对人提起的争讼,可能有两种处理方式:一是认认真真依法走程序:受理、审查、作出审查结论和回复申诉人。只要结论在法律上没有瑕疵即可,而不管当事人是否接受,是否再继续信访、申诉下去。二是从实质性化解行政争议,以有效节约行政和司法资源的目标出发,认真探寻相应行政争议的实质性症结所在,努力找出解决相应症结的办法、途径。选择第二种处理方式可能很麻烦,很费事。单从行政检察人员的职责看,其既可选择第一种处理方式也可选择第二种处理方式。但是,从行政检察人员对国家、对法律的实质使命和责任来看,其应选择第二种处理方式,以追求有效节约行政和司法资源的价值目标。

(四)更有效地促进和谐中国、平安中国、法治中国的建设

行政检察实质性化解行政争议所追求的前三个目标同时是建设和谐中国、平安中国、法治中国的目标。如果大量的行政争议通过复议、诉讼和行政检察监督的各个环节都不能得到有效化解,社会矛盾就有可能加剧甚至激化,社会稳定的局面就可能被破坏,人民对和谐中国、平安中国、法治中国的向往就难以实现。因此,可以认为,更有效地促进和谐中国、平安中国、法治中国建设是行政检察监督推进实质性化解行政争议的更基本目标。

二、行政检察实质性化解行政争议的主要案件类型

行政检察实质性化解行政争议的案件类型是多种多样的,根据近两三年来的行政检察实践,全国各地行政检察推进实质性化解行政争议的案件主要有下述八种类型:

1. 土地、房屋征收补偿案件。在这类行政争议案件中,很多当事人往往在诉讼过程中提出撤销征收决定的诉求,但其实质则是对行政机关制定的征收补偿方案,确定的补偿标准、补偿方式不满,如认为补偿标准太低或者不愿意

接受货币补偿方式而希望采用产权调换方式等。有的法院审理这类案件往往以影响公共利益为由而单纯驳回当事人的诉讼请求,忽略对当事人实际诉求的审理和救济。在这种情况下,当事人申请检察监督,检察机关从实质性化解行政争议的目标出发,与行政机关和法院协调,找出一种能兼顾公共利益和当事人合法权益的平衡解纷办法与途径,使争议得以平和解决。

2. 因规划修改、变更而引发的行政争议案件。在这类行政争议案件中,行政机关根据公共利益的需要(建立自然保护区、湿地公园等)修改变更原规划,以规划变更为由要求当事人搬迁和腾退土地。对于这种情况,当事人往往以规划修改和变更程序违法或者行政机关作出决定程序违法为由申请行政复议或提起行政诉讼,而复议决定和法院判决往往以公共利益需要为由不撤销行政行为。在这种情况下,当事人因其合法权益受到损害未能得到相应的赔偿、补偿而申请行政检察监督。对此,检察机关从实质性化解行政争议的目标出发,可探寻多种解决问题的途径,如必须要求当事人搬迁和腾退,可否进行产权调换;如只能进行货币补偿,可否建议行政机关切实考虑当事人的合法请求,对补偿标准、范围、数额等作适当调整,以使双方的争议得到化解。

3. 因公共工程建设引发的行政争议案件。在这类行政争议案件中,当事人的合法权益可能会因公共工程建设受到侵害。为此,当事人请求解决,但得不到应有重视,便诉至法院,法院判决责令行政机关采取补救措施。但有的行政机关仅给予当事人很少的补偿费了事。当事人于是申请行政检察监督。检察机关从实质性化解行政争议的目标出发,与行政机关协商,或直接提出检察建议,以化解行政争议。解决问题并非只有金钱补偿一个途径。即使金钱补偿,也应该适当合理,而不应与当事人造成的损失严重不匹配。检察机关在与行政机关、法院和当事人协调解决争议过程中,应向各方宣传“以人民为中心”的理念,宣传公共利益优先和公益私益平衡兼顾的理念。这样,此类行政争议总是可以找到相应化解的办法和途径的。

4. 人社行政争议案件。这类行政争议案件现在发生率较高。在最高人民检察院2021年2月23日发布的12件检察机关实质性化解行政争议的典型案件中,有6件可归入这类案件,其中包括工伤认定、社保费缴纳、事业单位职工(如教师)辞退等案件。就工伤认定案件而言,不同案件案情各异,如当事人在工作时间发病,在去医院求医的路上死亡而非工作场所,此应否认定为工伤？当事人未与非法承包政府工程的建筑公司建立劳动关系，建筑公司非法雇用当事人从事工程建设，在工程建设中当事人受伤，应否认定为工伤？上述12件典型案件中有这样一个案件：当事人因工伤残，公司因未给其缴纳社保而给当事人1.2万元工资补偿，当事人放弃申请工伤认定和补偿。2年后，当事人伤情恶化（评定为八级伤残），请求人社部门进行劳动保障监察，责令公司支付工伤保险待遇，此请求被人社部门拒绝，提起行政诉讼后又被法院驳回，其申请行政检察监督，检察机关应如何处理？对此案件，检察机关认定有关人社部门的处理和法院的判决均有不当，未能给予当事人应有的救济，无法从实质上解决相应争议。人社部门本应责令当事人所在公司为当事人缴纳社保和给其补偿，法院本应判决责成人社部门依法履行职责。行政检察介入此案时，当事人所在公司已经破产，当事人已无法通过法律途径获得相应补偿。在这种情况下，检察机关通过召开视频听证会（因新冠肺炎疫情无法召开线下听证会），辩明各方在该案中的法律责任，并商请人社部门给予当事人发放7万元救济金解决其困难，从而基本化解了该行政争议。

5. 企业改制、合并、分立、破产等引发的行政争议案件。这类行政争议案件往往涉及企业职工的安置、社会保险和各种福利问题。当事人原所在企业因改制、合并、分立、破产等不再存在，职工安置、社会保险和福利提供的责任交付承接老企业的新企业承担，政府会相应地给新企业相关优惠政策，如规划、土地、税收等方面的优惠政策。但是，在事后的运作过程中，有关优惠政策部分或大部分不能兑现，故导致相应企业和政府的行政争议、企业职工和企业的争议。对于这类争议，经过复议、诉讼后，当事人申请行政检察监督。检察机关欲实质性化解相应争议，往往不仅要依据法律法规，可能还要探寻各种政策性文件的相关规定，要根据情、理、法做大量的协调、说服工作，方能找到解决问题的途径，化解相应争议。

6. 行政处罚、行政强制类行政争议案件。这类行政争议案件在行政案件中占较大比例，是行政检察监督的传统案件类型，自然也是行政检察实质性化解行政争议的重要对象。导致行政相对人申请检察机关对这类案件进行监督的原因是多方面的，如相对人认为行政处罚决定、行政强制决定违法；行政复议维持行政机关的违法处罚决定、强制决定违法；或者相对人认为法院作出驳回其诉讼请求的判决或不予受理其起诉或驳回其起诉的裁定违法；或者行政复议、行政诉讼虽对行政处罚、行政强制决定作出变更,但相对人对变更的内容、幅度不满意;或者行政复议机关、法院虽然分别作出令行政相对人满意的复议决定、行政判决,但被告不执行,复议机关、法院也未采取有力措施督促其执行;等等。对于所有这些情形,行政检察从实质性化解行政争议的目标出发,都必须认真听取方方面面(检察监督申请人及行政机关、复议机关、法院等)的意见,把握争议的焦点,找出解决争议的途径和切入口,以保证争议解决方案既能取得好的法律效果,又能取得好的社会效果。

7. 行政确认、行政裁决类行政争议案件。在这类行政争议案件中,行政法律关系比较复杂,不仅存在行政机关与行政相对人双方主体,而且行政相对人往往包括利益相互冲突的双方或多方当事人。因此,要化解此类案件争议,检察机关必须做多方当事人的细致工作,要对案情进行认真细致的调查,掌握有说服力的证据。例如,最高人民检察院发布的12件检察机关实质性化解行政争议典型案件中的第11例案件。当事人刘某、谢某曾于1988年合领一地块的土地使用权证,当事人任某于2004年申请取得另一地块的土地使用权证。刘某、谢某认为任某领证的地块中有一部分属于他们双方的权属,故向法院起诉,请求法院撤销行政机关颁发给任某的土地使用权证,并为他们重新颁发权属明确的不动产登记证。案经一审、二审、再审,各级法院均以原告证据不足为由驳回其诉求。于是,刘某、谢某申请检察机关监督。检察机关受案后,多方调阅卷宗材料、咨询专业人员、实地测量,查明行政机关在登记办证过程中未履行公告程序,原地块界址调查表、地籍调查表部分签名非本人所签,行政确认程序存在瑕疵等。在掌握案情事实和证据的基础上,检察机关在争议双方所在社区举行公开听证会,厘清矛盾根源,最终达成变更原土地使用权登记协议,使该行政争议得以化解。

8. 行政许可类行政争议案件。行政许可类行政案件在行政争议案件中同样占有较大的比重。这类案件导致行政争议引发检察监督的原因同样是各种各样的,如行政相对人认为符合法定条件,行政机关拒绝给其颁发无数量限制的许可证;或者其认为自己的条件优于其他行政相对人,行政机关却将有数量限制的许可证颁发给其他行政相对人而未颁发给自己;或者其取得行政许可证后,许可证被行政机关撤销或收回,其认为行政机关撤销或收回并非源于公共利益;或虽源于公共利益,但却未给予其因此被导致的损失以足额的补偿;

或者行政许可期限届满,其申请延续,但延续申请未获行政机关准许;等等。

三、行政检察实质性化解行政争议的主要途径

根据全国各地行政检察推进实质性化解行政争议的经验,目前检察机关在行政检察监督中,实质性化解行政争议的途径,除依法对确有错误的裁判提出抗诉、再审检察建议外,主要有下述五项:

1. 调处。调处是实质性化解行政争议的重要途径(甚至是最重要的途径)。因为,许多行政争议久拖不决,难以化解,是因为根据现行法律、法规的明文规则和条文,当事人受到行政行为(特别是合法行政行为)侵犯、损害的权益在很多情况下无明确的法定救济途径。对此,有关国家权力机关只能根据法律的目的、原则、精神,根据情、理、法的统一和平衡,为当事人找出适当可行的救济途径、方法。这些行政争议案件到达检察机关前,大多已经经过复议,法院一审、二审乃至再审诸多环节,故行政检察不能再完全采用原解纷方式解纷,而只能和必须更多地运用较为灵活的调处方式,让争议双方互谅互让,以达成一个双方均能接受的解决问题的方案。

2. 协调督促。协调督促不同于调处,调处的对象是争议双方,而协调督促的对象是有关政府部门、有关国家机关。因为,进入检察监督的行政争议,往往非常复杂,无论采取哪种解决方式,都可能涉及多个政府部门、多个国家机关的权限,没有这些部门、机关(国土、规划、自然资源、生态环境等)的合作、协作,其解决方案很多根本没有可能实施。因此,检察机关欲实质性化解相应行政争议,必须耐心地做好与各部门、机关的协调督促工作。

3. 社会参与。社会参与不同于协调督促,协调督促的对象是有关政府部门、有关国家机关,社会参与的主体(检察机关联系协助解纷的对象)是社会团体(工会、妇联等)、行业协会(律协、注协、医协等)、基层群众性自治组织(村民委员会、居民委员会等)、企事业组织等。行政争议的当事人通常是这些团体、组织的成员,许多行政争议的化解需借助它们的配合、协助,才能顺利进行。行政检察监督要实质性化解行政争议,即应多开辟社会参与的渠道,尽可能联系有关团体、组织配合,多方协力,方能有效实现化解争议的目的。

4. 检察建议。检察建议是行政检察监督实质性化解行政争议的有效和必要手段。绝大多数争议的解决方案、措施,都有赖检察机关通过向有关机关、

组织、团体制发检察建议使之协助以得到落实。检察建议不仅具有解决具体争议案件的功能和作用,而且具有解决类案的功能和作用;不仅具有化解现有争议的功能和作用,而且具有防止和避免相应或类似争议在今后再次发生的功能和作用,如建议相应机关、组织、团体建立、健全、完善相关制度之类的检察建议。

5. 法律援助和法律救助。法律援助适用于行政争议案件中某些需要获得律师或其他方面法律帮助的当事人。在行政检察监督过程中,检察机关如果为实质性化解行政争议,需要帮助当事人获得国家赔偿或者行政补偿,或者需要在解决行政争议中同时解决某种民事争议,而当事人走这些法律途径又请不起律师。在这种情况下,检察机关可以帮助其联系司法行政部门或律师协会以获得免费法律援助。而法律救助则适用于行政争议案件中某些经济特别困难,又无法从其他法定渠道获得救助的当事人。在行政检察监督过程中,对于经济特别困难的当事人,检察机关可以协调民政部门或其他部门给予其经济救助,符合司法救助条件的,也可由检察机关直接给予当事人以司法救助。

如何理解推进法治建设第一责任人制度*

2014年党的十八届四中全会通过的《中共中央关于全面推进依法治国若干重大问题的决定》(以下简称《决定》)指出,“党政主要负责人是履行推进法治建设第一责任人”。2016年中办、国办发布《党政主要负责人履行推进法治建设第一责任人职责规定》。自此,“党政主要负责人是推进法治建设第一责任人”的制度在我国得以确立。

一、“推进法治建设第一责任人”的提出

《决定》及之后的党中央的一系列文件确立“党政主要负责人是推进法治建设第一责任人”这一制度主要有三个方面背景和原因。

其一,党中央通过对改革开放以后我国法治建设经验的总结,认识到“法治兴则国家兴”,而“法治兴”在很大程度上取决于党政主要负责人对法治建设的态度。党的十一届三中全会以来,我们党深刻总结我国社会主义法治建设的成功经验和相关教训,提出为了保障人民民主,必须加强法治,必须使民主制度化、法律化,把依法治国确定为党领导人民治理国家的基本方略,把依法执政确定为党治国理政的基本方式。30多年来,我国在科学立法、严格执法、公正司法和全民守法方面均取得了前所未有的进步,在运用法治促进经济社会发展方面更是取得了举世瞩目的成绩。尤其是一些经济和社会发展较快的地区在推进法治建设方面做得更好,所迈出的步伐更大。党中央通过总结这方面的经验,越来越坚定了这样的认识:民主政治、市场经济与法治有着极

---

* 该文原载于《中国党政干部论坛》2022年第7期。

密切的联系,要推进社会主义民主政治和市场经济的发展,必须同时推进法治,加强法治的保障。“法治兴则国家兴。”一个地区一个部门法治的推进,在很大程度上取决于该地区、该部门党政主要负责人对法治的认识和态度。凡是其党政主要负责人真正信仰法治、重视法治、推进法治的地区和部门(法治兴),社会经济发展就快。正是基于此,《决定》和中办、国办专门发文确定,各地区、各部门的党政主要负责人为履行推进法治建设第一责任人。

其二,党中央通过对一些地区、一些部门党政主要负责人“以言代法”“以权压法”教训的总结和反思,认识到法治建设的成败在很大程度上取决于党政主要负责人是否信仰法治、重视法治和真诚推进法治。改革开放以后,我国法治建设在整体上、全局上发展进步很快,但也有一些地区、一些部门党政负责人在一些时候甚至在较长时期内仍然“以言代法”“以权压法”。他们在会议上、口头上讲法治,而在行动上、实践中却行“人治”,凡事从个人“政绩”、功利和某种“风向”出发。例如,当上级领导强调 GDP 时,他们可以完全不顾及生态环境和自然资源保护法,为提高 GDP 而放任企业向江河湖泊排放污水废物,破坏森林、草原、滩涂等自然资源,并以权力压制司法机关依法受理环境污染、资源破坏受害人提起诉讼和寻求救济;当上级领导强调绿色发展时,他们可以完全不顾及市场主体权益保护法和营商环境保护法的执行,为增加他们的环保“政绩”而任意关停证照齐全、合法经营的企业,并以权力干预司法机关依法受理被违法关停企业受害人提起诉讼和寻求救济;当上级领导强调经济发展的相关指标和任务时,他们可以完全不顾及传染病防治法和突发事件应对法,放任企业和公民个人在新冠肺炎疫情期间违法聚集和不遵守防疫规则,对疫情风险不处置、不作为;当上级领导强调疫情防控的目标和任务时,他们又可以完全不顾及宪法关于尊重和保障人权的规定和各种法律关于公民权利保护的规定,对防疫措施“层层加码”,对所辖区域居民小区随意封控,对所辖市区随意实施“静态管理”;等等。这些地区和部门的党政负责人完全不是依法领导、依法决策、依法管理,而是看上级领导的“眼色”和特定时空的“风向”进行所谓的领导、决策和管理,并尽量运用手中权力去迎合上级的“眼色”和特定时空的“风向”,从而导致所辖地区和部门离法治建设的目标越来越远。正是基于对一些地区和部门中少数党政负责人这种非法治思维和非法治方式行事风格给所辖地区、部门法治建设造成严重消极影响的教训的反思,党的十八大以来，党中央一再强调和要求各地区、各部门的党政主要负责人履行推进法治建设第一责任人的职责。

其三，党中央通过对全面推进依法治国总目标实现途径和措施的深入研究，认识到党政主要负责人履行推进法治建设第一责任人的职责是实现全面推进依法治国总目标的重要途径和关键措施。《决定》确立了全面推进依法治国的总目标——建设中国特色社会主义法治体系和建设社会主义法治国家，并提出了一系列措施和途径。例如，加强宪法的实施和监督，推进科学立法、民主立法；推进依法行政，加快建设法治政府；保证公正司法，提高司法公信力；增强全民法治观念，推进法治社会建设；加强法治工作队伍建设，以及加强和改进党对全面推进依法治国的领导等。正是在“加强和改进党对全面推进依法治国的领导”这一关键性措施中，十八届四中全会确立了“党政主要负责人是履行推进法治建设第一责任人”的要求。因为党政主要负责人对待依法治国的态度，以及其是否能在所管辖地区、部门坚持依法治国、依法执政、依法行政，是依法治国总目标能否实现的最基本、最关键的条件。

二、“推进法治建设第一责任人”的提出对法治建设的重要影响

《决定》提出“党政主要负责人是履行推进法治建设第一责任人”的要求后，中国法治建设取得了诸多明显的进步。其中主要有下述五项。

其一，重大决策科学化、民主化、法治化程度大为提高。“党政主要负责人是推进法治建设第一责任人”的要求首先体现在重大决策上。现在各地区、各部门，无论是党委决策，还是政府决策，均很少再有“一把手”个人说了算和“三拍”决策（拍脑袋决策、拍胸脯保证、决策失误了拍屁股走人）的现象，大多能够遵守《重大行政决策程序暂行条例》规定的“公众参与、专家论证、风险评估、合法性审查、领导班子集体讨论决定和向社会公布”的法定程序，决策科学化、民主化程度大为提高，决策失误的概率大为降低。

其二，公民人权和其他合法权益的保障大为改善。在全面推进依法治国以前，一些地区、部门的党政“一把手”大权在握，很少用法律去约束自己的权力，也很少用法律去约束所在领导班子其他成员和下属的权力，从而导致一些公权力部门滥用权力、暴力执法等侵犯公民人权和其他合法权益的事件发生。但自中央确定“党政主要负责人是推进法治建设第一责任人”的要求后，上述

现象大为减少。有权必有责、用权受监督,行使权力先让法律顾问查阅法律规则和法律程序,违法侵权必依法赔偿,公民人权和其他合法权益的保障大为改善。

其三,政务诚信增加,营商环境大为优化。长期以来,某些公权力机关不讲诚信、不守承诺,随意单方面解除或变更与市场主体或公民个人签订的合同;擅自改变或撤回市场主体或公民个人已经依法取得的行政许可,从而给其造成重大损失。自中央确定"党政主要负责人是推进法治建设第一责任人"的要求后,这种情况有了很大改观。国务院于 2019 年发布《优化营商环境条例》,其中明确规定,地方各级人民政府及其有关部门应当履行向市场主体依法作出的政策承诺以及依法订立的各类合同,不得以行政区划调整、政府换届、机构或者职能调整以及相关责任人更替等为由违约毁约。因国家利益、社会公共利益需要改变政策承诺、合同约定的,应当依照法定权限和程序进行,并依法对市场主体因此受到的损失予以补偿。对于《优化营商环境条例》的上述规定,现在各地区、各部门党政主要负责人大多能够自觉遵守和督促下属机构和部门严格遵守,从而使我国营商环境大为改善和优化。

其四,推进统筹、兼顾和协调,科学发展水平大为增进。党中央提出"党政主要负责人是推进法治建设第一责任人"的要求后,大大提高了各地区各部门党政"一把手"尊法学法守法用法的自觉性,其法治思维较前大为增强,法律知识较前大为增多,许多党政主要负责人对各领域的法律和法理有了更全面的了解,从而不再片面为了经济发展而违反或规避有关生态环境保护的法律;不再片面为了生态环境保护而违反或规避有关保护市场主体信赖利益的法律;不再片面为了保护市场主体利益而违反或规避有关保护弱势群体利益,维护社会公平正义的法律。而是统筹兼顾经济、社会和生态环境的发展,依法协调各种社会群体的利益,一切以法律、法理为准,而不是只看上级领导"眼色"行事或者只凭自己的好恶行事。自中央确定"党政主要负责人是推进法治建设第一责任人"的要求后,绝大多数党政"一把手"的政绩观念、政绩标准发生了重大转变,逐渐将依法治理,推进全面、协调、可持续发展作为其政绩追求。

其五,法治解纷机制逐步形成,社会矛盾大为缓和。一个地区、一个部门,其党政主要负责人是否重视法治,是否自觉和善于运用法治思维、法治方式推进改革、发展，解决社会矛盾纠纷，是衡量该地区、部门法治建设成效的重要标准。过去一些地区和部门的党政负责人对法治不以为然，过分“迷信”权力的作用，他们面对社会矛盾、争议，特别是群体性事件，往往绕开或回避法治解纷渠道；要么试图通过抓人息事，要么试图通过花钱“买平安”。但结果往往是事与愿违，不仅事息不了，平安未获得，反而导致矛盾激化，事越来越大。自中央确定“党政主要负责人是推进法治建设第一责任人”的要求后，大多数党政“一把手”开始逐渐学会和习惯于运用法治思维和法治方式化解社会矛盾、争议，注重在所辖地区、部门建立和完善法治化的解纷机制，使之逐步形成和谐社会、平安社会的氛围。

三、落实《党政主要负责人履行推进法治建设第一责任人职责规定》，全面推进法治中国建设

2016 年中办、国办发布的《党政主要负责人履行推进法治建设第一责任人职责规定》，分别规定了各级党委主要负责人和各级政府主要负责人在推进法治建设中应当履行的主要职责（各六项）。如何落实这些职责？中共中央 2021 年发布的《法治中国建设规划（2020—2025 年）》提出了四项措施。

其一，将履行推进法治建设第一责任人职责情况列入党政主要负责人年终述职内容。这项措施意味着将党政主要负责人推进法治建设的成绩与其推进经济社会建设成绩一样纳入政绩考核范围。考察一个地区党政“一把手”年度政绩如何，不仅要看其所在地区的“金山银山”和“绿水青山”建设的情况，还要看其所在地区的法治建设情况。

其二，将法治建设与经济社会发展同部署、同推进、同督促、同考核、同奖惩。这“五同”有两个含义：一是确定法治建设与经济社会发展具有同等的实质地位，以防止将法治建设的地位虚化，避免让法治的重要性变成只是口头上和形式上的。二是确定法治建设的推进是全过程的，不仅要有部署，还要继之予以推进，推进中要进行督促，并最后要予以考核和奖惩，以防止只喊口号，没有推进落实，避免走过场而无实效。

其三，研究制定法治建设指标体系和考核标准。切实推进法治建设，需准确和公正考核党政主要负责人履行推进法治建设第一责任人职责的情况。为此，必须制定一套科学的法治建设指标体系和考核标准，这是一项非常艰巨和复杂的工作。法治建设指标体系和考核标准不同于经济社会发展指标体系和考核标准,其客观性、具体性、明确性的程度往往较低,有些指标和标准(如人民群众在对所在地区、部门所制定的规范性文件、所建立的法律制度、所作出的执法决定和司法判决裁定中感受到公平正义)的主观性、抽象性、弹性程度会比较大。因此,制定的指标和标准一定要力求科学,不能单纯设定一些形式法治的指标、标准(如所在地区制定了多少法规、规章,处理了多少诉讼、复议案件,作出了多少执法处罚决定,行政诉讼的胜诉率是多少,以及党委中心组组织了几次法律法规学习,听取了几次立法机关和政法部门的汇报等),形式法治的指标、标准虽然不可缺少,但实质法治的指标、标准(如运用法治思维和法治方式推进改革、发展和化解社会矛盾纠纷的情况)无疑应占最主要的地位。

其四,加强对重大法治问题的法治督察。党政主要负责人要履行推进法治建设第一责任人职责,必须加强对所辖地区、部门的法治督察,特别是加强对重大法治问题的法治督察。因为一个地区、一个部门党政主要负责人要推进所辖地区、部门的法治建设,就需要随时了解相应地区、部门法治建设的进展情况,随时解决相应地区、部门法治建设过程中的重大和突出问题,尤其是有关法治建设的一些共性问题。如经济建设与生态环境建设的平衡发展问题,新冠肺炎疫情防控与促进对外开放兼顾的问题,突发事件应对与保护人权及保护公民、法人和其他组织合法权益关系的协调问题等。党政主要负责人对在督察过程中发现的这些问题和因这些问题引发的矛盾、纠纷,应运用法治思维和法治方式随时加以有效解决。这种法治督察既是党政主要负责人落实其履行推进法治建设第一责任人职责的重要途径,又是其推进所辖地区、部门经济、社会和生态环境全面、协调、可持续和高质量发展的保障。

提高运用法治思维和法治方式的能力*

领导干部是全面依法治国的重要组织者、推动者、实践者。习近平总书记指出:“党领导立法、保证执法、支持司法、带头守法,主要是通过各级领导干部的具体行动和工作来体现、来实现。”①坚持以习近平法治思想为指导,加快推进法治中国建设,要坚持不懈抓牢抓紧领导干部这个“关键少数”,以有力举措确保领导干部带头尊法、学法、守法、用法,不断提高运用法治思维和法治方式的能力和本领,在建设中国特色社会主义法治体系、建设社会主义法治国家上不断取得新成效。

一、抓“关键少数”体现全面依法治国的内在要求

法治是中国共产党和中国人民的不懈追求。中国共产党领导人民为追求法治、探索法治、建设法治、推进法治、厉行法治进行艰辛奋斗,走过了不平凡的历程。党的十八大以来,以习近平同志为核心的党中央把全面依法治国纳入“四个全面”战略布局,作出一系列重大决策,提出一系列重大举措,推动新时代中国特色社会主义法治建设发生历史性变革,取得历史性成就,同时积累了宝贵经验。其中一个重要方面,就是全面依法治国要坚持抓住领导干部这个“关键少数”。领导干部是否具有运用法治思维和法治方式的能力,直接决定着推进全面依法治国的成效,也直接决定着法治能否成为我们党治国理政的基本方式。全面依法治国,需要各级领导干部把依法办事理念根植于头脑

---

* 该文原载于《人民日报》2022 年 7 月 20 日,第 11 版。

① 参见《提高运用法治思维和法治方式的能力》,载中华人民共和国司法部网站,http://www.chinalaw.gov.cn/pub/sfbgw/zwgkztzl/xxxcgcxjpfzsx/fzsxllqy/202207/t20220722_460344.html。

中,自觉用法律厘清权力边界,用法律约束权力行使,用法治保护人民群众的合法权益,确保严格按照法定权限和程序行使权力,不断推进各项治国理政活动制度化、法律化。

二、抓"关键少数"体现推进法治建设的客观需要

习近平总书记指出:"各级领导干部的信念、决心、行动,对全面推进依法治国具有十分重要的意义。"①党的十八大以来,以习近平同志为核心的党中央明确领导干部做尊法、学法、守法、用法的模范,是实现全面依法治国目标和任务的关键所在。采取一系列举措聚焦"关键少数",推动领导干部法治意识显著增强、法治素养持续提高。例如,建立法律顾问制度,设立公职律师,完善党政部门依法决策机制,建立行政机关内部重大决策合法性审查机制,建立重大决策终身责任追究制度及责任倒查机制等。新形势下,加快推进法治建设,需要各级领导干部进一步强化依法治国、依法执政观念,提高运用法治思维和法治方式深化改革、推动发展、化解矛盾、维护稳定、应对风险的能力,不断提升决策科学化、民主化、法治化水平。

三、抓"关键少数"能更好发挥领导干部的重要作用

当前,人民群众的民主意识、法治意识、权利意识普遍增强,全社会对公平正义的渴望比以往任何时候都更加强烈。各级领导干部应主动适应新时代全面依法治国工作要求,更好发挥"关键少数"对全党、全社会的风向标作用,带动尊法、学法、守法、用法、护法成为全体人民的共同追求和自觉行动。这就需要领导干部做到守法律、重程序,做到法定职责必须为、法无授权不可为,保护人民合法权益,自觉接受监督。树立正确用人导向,坚持把能不能依法办事、遵守法律作为考察识别干部的重要条件。在相同条件下,优先提拔、使用法治素养好、依法办事能力强的干部。压紧压实党政主要负责人履行推进法治建设第一责任人职责,依照《中国共产党问责条例》等有关党内法规和国家法律法规对不履行或不正确履行职责的予以问责,确保各级领导干部把责任担起来、把职责履行好。

---

① 参见《提高运用法治思维和法治方式的能力》,载中华人民共和国司法部网站,http://www.chinalaw.gov.cn/pub/sfbgw/zwgkztzl/xxxcgcxjpfzsx/fzsxllqy/202207/t20220722_460344.html。